Böll für Zeitgenossen
Ein kulturgeschichtliches Lesebuch

HARPER'S DEUTSCHE BIBLIOTHEK

VOLUME

6

Under the Editorship of
CLAUDE HILL
RUTGERS UNIVERSITY

Böll für Zeitgenossen
Ein kulturgeschichtliches Lesebuch

Edited by

RALPH LEY
Rutgers University

HARPER & ROW, PUBLISHERS
New York, Evanston, and London

Cover design based on photo courtesy of the German Information Center.

Photo of Heinrich Böll with his family on p. x courtesy Verlag Kiepenheuer & Witsch.

BOLL FUR ZEITGENOSSEN: *Ein Kulturgeschichtliches Lesebuch*

Copyright © 1970 by Ralph Ley

Printed in the United States of America. All rights reserved. No part of this book may be used or reproduced in any manner whatsoever without written permission except in the case of brief quotations embodied in critical articles and reviews. For information address Harper & Row, Publishers, Incorporated, 49 East 33rd Street, New York, N.Y. 10016.

Library of Congress Catalog Card Number: 71-95842

Contents

A FEW WORDS ABOUT THIS BOOK   xi

A FEW WORDS ABOUT HEINRICH BÖLL   xiii

ACKNOWLEDGMENTS   xxv

I Die Nazizeit

DIE NAZIZEIT   3

WANDERER, KOMMST DU NACH SPA...   6

WO WARST DU, ADAM? (CHAPTER 7)   16

II Nach dem Zusammenbruch

NACH DEM ZUSAMMENBRUCH   35

DIE BOTSCHAFT   38

LOHENGRINS TOD   43

MEIN TEURES BEIN   53

III Währungsreform und Wirtschaftswunder

WÄHRUNGSREFORM UND WIRTSCHAFTSWUNDER   59

GESCHÄFT IST GESCHÄFT   62

KERZEN FÜR MARIA   68

IV Die Stützen der Bundesrepublik

Die Stützen der Bundesrepublik   83

Wie in schlechten Romanen   87

Hauptstädtisches Journal   94

Ansichten eines Clowns (Chapter 4)   104

Ansichten eines Clowns (Chapter 5)   109

V Die Conditio humana

Die Conditio humana   119

Die Waage der Baleks   122

Die unsterbliche Theodora   130

Wenn Seamus einen Trinken will... (*Irisches Tagebuch, Chapter 13*)   135

VI Annemarie und Heinrich Böll als Übersetzer

Annemarie und Heinrich Böll als Übersetzer   141

Der Lachende Mann (*by J. D. Salinger*)   143

Übungen   161

Suggestions for Further Reading   183

Vocabulary   189

Fest bleibt das mitleidsvolle Herz.

                                                                   HÖLDERLIN

Der einzige Titel, auf den wir alle Anspruch haben, ist: Überlebende.

                                                  HEINRICH BÖLL

Heinrich Böll with his family

A Few Words about This Book

Böll für Zeitgenossen: Ein kulturgeschichtliches Lesebuch is in one sense a conventional textbook for the intermediate level. The selections do not vary too greatly in difficulty of style (with one possible exception), nor should they prove to be beyond the ability of a student beginning his second year of college German. For they have issued from the pen of an author who has consistently demonstrated a talent for transforming the language of the German man in the street into first-rate literature. In this respect Böll has successfully followed in the footsteps of a select few in more recent German literary history, among them Brecht, Dürrenmatt, and Plievier. It is hoped that most of the real difficulties the student is likely to encounter will be overcome by the fairly ample notes as well as an end vocabulary which aims at completeness.

In addition to stylistic excellence, Böll offers his readers a wide range of topical and lasting themes—the absurdity of war, the dehumanization of man, the apathy of the privileged, the exploitation of the underdog, the suffering of children and the inconsolability of childhood, the greed of the business man, the staying power of the family, the joys of love, the simple pleasures of humanity, the healing powers of compassion—as well as a wide variety of stylistic devices and shadings—humor, irony, satire, detachment, understatement, mood painting, elevated journalese, military jargon—the last parodied in the most difficult of our selections, *Hauptstädtisches Journal*, the diary of an incorrigible militarist.

If this textbook is conventional in one sense, it is somewhat unorthodox in another. It has to be because of the nature of the material itself. To edit a representative anthology of Böll's fiction and to ignore the fact that he is one of the most controversial of present-day German writers would be totally unjustifiable. Böll is an author who has always been rooted in the here and now. His fictional world mirrors the reality he has experienced; more precisely, it is an incorruptible reflection of the three "homelands" he has lived in: the Germany of Hitler, the Germany of total defeat, and the Germany of the economic miracle. The first appalled him, the second gave him hope, and the third Germany, the Federal Republic, makes him uncomfortable to the point of nausea. Consequently, if one has more than a modicum of interest in things German, one tends to be either violently pro-Böll or fiercely anti-Böll. Many Germans detest him for besmirching, as they view it, the good name of the Fatherland. Foreigners, on the other hand, (especially the Russians and, to a lesser extent, the French and the Americans) find him to their liking, because they see in his writings a confirmation of their uneasiness about the future of democracy in West Germany. The editor, too, feels that one of Böll's most significant achievements has been his accurate interpretation of the moral, social, and political developments throughout almost three decades of German history without ever sacrificing his integrity as an artist. To read Böll is to experience vicariously the flavor of the times through which he has lived—to become, in short, a contemporary of the author's generation. In this sense, then, the anthology becomes a cultural reader, somewhat after the fashion of Grimmelshausen's *Simplicius Simplicissimus,* which still lets us feel, better than any history book, what it was like to live in the unhappy Germany of the Thirty Year's War of the 1600s. As for the element of onesidedness, our only defense is to say with Böll: "Ungefährliche Bücher sind keine Bücher."

In addition to the four parts which treat more or less directly the present and recently past "Zeitgeist" in Germany, the anthology includes a section entitled "Die Conditio Humana" ("The Human Condition") to show that Böll's writings are by no means limited to that "Zeitgeist." The concluding selection is a translation by Böll and his wife of a popular American short story by J. D. Salinger. Some reasons for this seemingly unusual inclusion are given in the Introduction to Part VI. The editor feels it might be a profitable (and perhaps even enjoyable) experience for students to retranslate into English a work which caused the Bölls some difficulty. At the very least they will come to realize that in their own attempts at translation they will have had the complete sympathy of a writer who knows that there is no royal road to the mastery of a foreign language.

I should like to express my gratitude to my colleagues at Rutgers who aided me in the preparation of this book: to Professor Claude Hill, whose advice and positive criticism were inestimable because they were the acts of a friend rather than those of an editor; to Professor Josef Thanner, who unhesitatingly gave me hours of his time; and to Professors Johannes Nabholz, Joanna Ratych, and Lothar Zeidler, whose suggestions I appreciated. I wish also to thank Miss Phyllis Wisch of Harper & Row for her assistance while the book was in press. And as a victim of the mechanical revolution (I can't type) I am grateful to Mrs. Anne-marie Gordon for her indispensable technical assistance, especially her uncanny ability to decipher my illegible hand.

R. L.

September, 1969

Meae maritae subridenti, carae Teresiae, cuius animus Latinus meam maestitiam Germanicam saepe expellere potuit, hoc opusculum dedicetur.

A Few Words about Heinrich Böll

Four days before Christmas of the year 1917, at the onset of the cruelest winter of World War I, a son was born to the Viktor Bölls of Cologne, their eighth and sixth-surviving child, whom they christened Heinrich. Because he happened to be born in that year, the boy who later became the first writer of the Federal Republic of Germany to win international recognition had but one chance in three of living long enough to celebrate his twenty-eighth birthday in the "Year of Salvation" 1945. (Böll called it that because it marked the defeat of the Nazi government and brought with it the hope of a peaceful, unarmed, regenerated Germany.)

This grim statistical fact was recounted by Böll in an article appearing in a leading West German weekly (*Die Zeit*, Dec. 6, 1966). The article was addressed in the form of a letter to three fellow survivors of the "class of 1917," a bishop, a general, and a minister of the Bonn Republic. For Böll they were symbols of the rulers of a new Germany which had set out to build one of the largest armies on the continent of Europe less than a decade after the total defeat of the most destructive and criminal regime of our century. "In 1945 there were almost as many seventy-five-year-olds as those in our age group in Germany, there were far more sixty-six-year-olds, and twice as many fifty-six-year-olds". Böll dramatized his statistics by pointing out that the political and historical events through which his age group lived—or did not live—were very much like a game of Russian roulette. There was only one difference: the revolver of history which fired six times at the head of Böll and his "classmates" had four bullets in it, not one.

The world that Heinrich Böll has experienced and recorded in his writings is a world of fear. And if it is not somehow a gifted writer's honest representation of the human condition in our times, an accurate reflection of what contemporary man feels his world to be like, then it becomes difficult to account for Böll's wide appeal among both readers and literary critics. This appeal has in some respects been greater outside West Germany than within. Approximately a dozen years after the publication of his first book in 1949, his works had already been translated into eighteen languages and had sold two million copies, over half of them in foreign countries. This in itself is a remarkable feat for a writer who has drawn his material almost exclusively from German intellectual, political, and social life since 1939. There is another seeming paradox hard to explain if Böll is not a skillful and authentic recorder of the "Zeitgeist." He is a professed Catholic, a dedicated Christian whose faith is naively reflected in many of his books and explicitly so in one of his best, *Und sagte kein einziges Wort,* a work which may someday be regarded as the finest Christian novel of post-war Germany. Yet by 1961 his books had reached a circulation figure of approximately 900,000 in the Soviet Union, an officially atheistic country.

Only in West Germany have a fair number of critics been unkind to Böll. Their criticisms, although seemingly advanced on aesthetic grounds, have to a certain degree been colored by their political opposition to a writer who has been called the conscience of post-war Germany. Many West German critics are, in fact, violently pro- or anti-Böll depending upon their attitude to his interpretation of the spiritual, cultural, and political realities of their country. Böll's grave misgivings about the "new" Germany are reflected throughout his later work, beginning in 1953, and including his recently published short novel, *Ende einer Dienstfahrt.* In a biting article written in 1960, "Hierzulande," he records the following dialogue between himself and a German-Jewish emigré from Hitler's Germany who has returned to his native land for a short visit:

EMIGRÉ What distinguishes the people here from those in 1933?
BÖLL Nothing, naturally. (*Böll then corrects himself slightly*) They're better off economically than the people at that time.
EMIGRÉ Are there still Nazis in this country?
BÖLL Of course. Did you expect a mere date, the 8th of May, 1945, to change people? (*Germany officially surrendered on that date.*)

Böll's fear of and for a Germany which he feels has refused to come to terms with its undigested Nazi and militaristic past is but one of the major elements which constitute his world in a negative sense. He shares his pessimistic view of man's contemporary situation with two of the great literary moralists with whom he is at times compared—the atheistic humanist and quasi-existentialist Camus and the Marxist Brecht. The Frenchman refused to reconcile himself to a scheme of things in which children are made to suffer; the Communist playwright and poet could not accept a world in which a poem about trees verges on the criminal because it means silence in the face of injustice, a world in which a man is still able to laugh only because he has not as yet been told the "bad news." Like them Böll cannot resign himself to a world "in which," as a character in one of his novels says, "a motion of the hand and a misconstrued word can cost one one's life."

All three writers found some measure of relief from such a world and offered it to their contemporaries. In other words, their moral sensitivity and compassion

Böll für Zeitgenossen

made them committed writers, *écrivains engagés*, men with a message that, they hoped, would help reduce the sum of human suffering. Camus' commitment was to a philosophy of metaphysical defiance and of concern for the underdog based on the human integrity shown in man's spontaneous rebellion against injustice; Brecht's was to a rational world order which he equated with Communism and which, he was convinced, would make it possible for man to be a friend to man. Böll's commitment is not to atheistic humanism because he is naively Christian—unlike Camus, his starting point in faith is the goodness of God; nor is it to Communism, for he is basically a non-cerebral person who rejects all ideologies. On the practical level of action he has never gone beyond an intellectual position akin to an ethical and personalist Christianity. He is committed to a moral rearmament of the individual based on love of one's neighbor. The spiritual core of his ethos is expressed in what Christ called the second of the great commandments: to love one's neighbor as oneself. This ethical stance, which Böll has derived from his own commitment to Christianity first as a human being and only secondarily as a writer, brings him very close to the ultimate moral positions of Camus and Brecht. It accounts in large measure for his widespread popularity among non-Christians. Nobody realizes better than Böll and nobody has taken greater pains to point out that Christians do not enjoy a monopoly on goodness and basic decency. The protagonist of Böll's most controversial novel, *Ansichten eines Clowns*, is an agnostic and yet a better "Christian" in the practical sense than the straightlaced Catholic intellectuals who snub their dogmatic noses at him. This key point is implied in the epigraph of the novel, a scriptural quotation which is later addressed to the clown-hero by a genuine Christian who is scoffed at by the pillars of the ecclesiastical establishment:

> "You are an unbeliever, right? Don't say no: I can tell from your voice that you are an unbeliever. Right?"
> "Yes," I said.
> "That doesn't matter, not at all," he said. "There is a passage in Isaias, which is even cited by St. Paul in the Epistle to the Romans. Listen carefully: 'They to whom he [Christ] was not spoken of shall see, and they that have not heard shall understand.'"

Thus, in Böll's view both the believer and the non-believer fulfill the first of God's commandments through the second, for love of neighbor implies love of God. In this sense an atheist can be closer to God than the dogmatic Christians for whom "possession of their truth has become more important than the truth itself," to quote Böll again. And it is in this sense that Christians themselves have failed to live up to their responsibility. Asked what he thought of Christianity, Böll replied that he could find little evidence "that the Christians have overcome the world, have freed it from fear; from the fear in the jungle of the market place, where the beasts lurk; from the fear of the Jews, the fear of the Negroes, the fear of children, the sick. A Christian world would have to be a world without fear, and our world is not Christian, so long as fear is not diminished, but instead grows; not fear of death but fear of life and human beings, of powers and circumstances, fear of hunger and torture, fear of war; the atheists' fear of the Christians, the Christians' fear of the godless, a whole litany of fears."[1]

Böll's advocacy of Christian humanism is not essentially different from the secular humanism of a Camus or the theoretical humanism of a Marx (on the latter point Böll refuses to distinguish between Communism and Socialism). In fact, a growing dissatisfaction with the type of Christianity he sees upheld by the Christian Democrats, the most powerful political party of West Germany, and their staunch ally, the Catholic hierarchy, has led him to remark recently (*Die Zeit*, July 31, 1966) that he is perhaps "ein verhinderter Kommunist." In his opinion their Christian ideals amount to little more than private property, a strong army with which to defend it, and an almost pathological hatred of anything that remotely resembles Communism or Socialism. "In Spain," Böll once sadly observed, "bishops and students declare their solidarity with the workers. In Germany such a thing is inconceivable."

If fear and love represent the counterpoles of Böll's world, then it is not surprising that his literary characters, like those of many a writer with a moralist's bent, tend to pair off into "good guys" and "bad guys," or, to apply Böll's symbolism, into those who have eaten of the sacrament of the lamb and those who have partaken of the sacrament of the buffalo. The latter are represented by the rulers, makers, and manipulators of this world. Thanks to their ruthlessness, their insensitivity, their apathy, shrewdness and worldly wisdom, they feel right at home on a planet where human beings are regarded as means and not ends. Whether they are unregenerate fascists posing as convinced democrats, thick-headed militarists who have forgotten nothing and learned nothing, hypocritical churchmen indifferent to the plight of the poor, lay pillars of the Church who traffic in religion, pseudo-intellectuals who operate the media of mass culture with contempt for their audience, shrewd businessmen whose god is the almighty Mark, sharp-witted opportunists and pushers—for Böll they are all the "hangmen" of society. Their victims are the "lambs," the "little fellows" who are unable to compete and, at times, to survive, because their poorness in spirit and their simple goodness render them helpless in a ready-made world. What they do possess is the milk of human kindness and an appreciation of the most elementary bases of human happiness. Their world is held together by an implicit sense of

---

[1] Karlheinz Deschner, ed., *Was halten Sie vom Christentum?* (Munich: List Taschenbücher, 1957), p. 22 (*editor's translation*).

solidarity expressed in the most simple things and actions: an existential bond between man and wife, devotion to children, a smile from a sympathetic stranger, a gratuitous act of kindness, the capacity to appreciate the taste of just plain bread, the simple pleasure that comes from smoking a cigarette. They have the humility to recognize their weaknesses and sins and the capacity to diffuse compassion and love among their fellow born-losers in an otherwise indifferent and loveless world.

Part of the secret of Böll's success as a writer and of his strength as a moralist lies in his ability to create a sense of identification and intimacy between the reader and the rejects of his stories. (To this end he frequently employs first-person narrative and the interior monologue.) At the same time he enhances the reader's own scope for compassion without even the hint of a preachment. Thus, to cite but one of countless examples—a dangerous thing to do, because Böll does not lend himself to paraphrase—in his short story, *Kerzen für Maria*, the narrator, a soft-hearted manufacturer of candles whose lack of business sense or (less euphemistically) shrewdness has driven him to the brink of bankruptcy, asks for his supper bill in an unpretentious, out-of-the-way inn which reflects the world of the unsuccessful. He has just failed to conclude a business deal which was his last hope of staving off ruin. It is imperative that he count every penny in his pocket. And yet, when the proprietress laboriously adds up his bill and in the process keeps on making mistakes, his reaction is not one of anger or even annoyance. In the words of the narrator, already impressed by the innate goodness which seemed to exude from her entire person: "I began to like her even more because she seemed to make a mistake in her figures several times." After reading this in context we might be more inclined to cast an uncontemptuous eye upon a guileless middle-aged male checker in a large chain store who is miserable at figures. We are suddenly reminded of what we would at times like to become, especially in our more moral moments: dropouts from the rat race.

The poisonous seeds of National Socialism sprouted most among Böll's own generation of Germans, those who were in their highly impressionable teens when Hitler came to power. Yet Böll never succumbed, a fact which he attributes to two circumstances. He was first of all a native of Cologne, a city with a strong tradition of anti-militarism, anti-Prussianism, and liberal Catholicism, whose inhabitants, as Böll likes to recall, bombarded Hitler with flower pots and openly ridiculed the "bloodthirsty fop," Göring. Secondly, he was the child of pious, lower-middle-class parents who were tolerant, open-minded, and utterly devoid of class consciousness.

The author's paternal ancestors were British. Rather than abandon their Catholicism, they had fled the religious persecution of Henry VIII and had emigrated as artisans to Holland and eventually to the Rhineland. Böll's father owned a carpenter shop, where he and his assistants fashioned confession boxes and kneelers for the local Catholic churches. Thanks to the unpretentiousness of his parents, he was encouraged to seek out his playmates among the children of the working class in the so-called "red district" of Cologne, something which, Böll recalled years later, the "better" people would never have permitted their children to do. At the same time Böll's father transferred his own pacifist feelings to his youngest son. One of Böll's earliest recollections is that of his father standing in front of an equestrian statue of William II and denouncing the last German emperor as an idiot. At the age of nine his entrance into the "Gymnasium" or academic high school occasioned his separation from his lower-class friends. "I liked going there but could not understand why the others, the 'reds' and the 'not-better' Catholics could not go there with me. To this day I can't understand it," Böll wrote in 1965, alluding to the shocking fact that it is still a rare occurence when the son of a laborer graduates from a West German high school. During his "Gymnasium" days Böll witnessed the economic disintegration of Germany and the political turmoil of the last hours of the Weimar Republic with its strikes, demonstrations, and street fighting. His parents lost their home on the outskirts of Cologne. During recess fellow students of unemployed fathers begged him for a piece of bread.

In 1937, four years after Hitler's advent to power, Böll took his "Abitur," receiving the diploma which is necessary to matriculate at a German university. Most of his classmates had joined the Hitler Youth. Böll, encouraged by his family and close friends, refused to do so for moral, political, and aesthetic reasons (he couldn't stomach the appearance of the uniform). However, when he went to work in a bookstore as an apprentice in 1938—vestiges of the medieval guild system with its apprentice-journeyman-master paraphernalia are still operative in the German economy—he was automatically enrolled in the "Arbeitsfront," the Nazi labor organization. Yet he steadfastly absented himself from its meetings. After studying German philology at the University of Cologne for three months, he was called up by the army for a few weeks of training. The war broke out, and the few weeks turned into six years. Böll fought as an infantryman on Germany's eastern and western fronts, participated in the ugly Crimean campaign, was wounded four times, and all the while hoped that his country would lose the war. He often thought of deserting but was prevented by his inability to believe in the collective guilt of the Germans and by fear of reprisal against his family. The fact that he never rose above the modest rank of corporal is a telling indication of his contempt for the military; the fact that for six years he did not shirk the horrors of front warfare has given him as an author the moral credentials to put his jingoistic critics to shame. On April 9, 1945, Böll was taken prisoner by the Americans east of Cologne. It was for him an act of liberation. To this day the only grudge he holds against his liberators is the fact that they allowed the

German POW's to wear their medals. On September 15, 1945, he was released and, two months later, was able to return to his native city, now a pile of rubble able to harbor a mere 30,000 souls, one-twentieth of the pre-war population.

The bleak world of Böll's fiction is at times illuminated by acts of tenderness and compassion, by bonds of love and intuitive understanding which attest to man's spiritual potentialities. This thin but indelible streak of optimism has its deepest roots in Böll's relationship to the schoolteacher he married in 1942, a childhood friend, Annemarie Cech. More than anyone else, she enabled Böll to rise above the nausea of the war years and their aftermath and encouraged him in his ambition to be a writer, something which he had wanted to become for as long as he could remember. He had written five novels before he was twenty-one (the manuscripts of three were destroyed in the air raids on Cologne), but after 1939 personal disgust made it impossible for him to continue writing. Yet he and his wife wrote at least one letter a day to each other during the war. One does not have to look far to understand the reason for Böll's later emphasis on the marriage bond as the most sacred of human ties and a major source of strength for the alienated of society. Böll is also extremely grateful to those few strangers encountered during these years—and later fictionalized as, in the words of one critic, "angels of mercy"—whose elemental decency saved both his mother's and his own life and made it easier for his family to survive the years of hunger after Germany's defeat. There was the Nazi party functionary whose conscience prevented him from channeling an official denunciation of his mother for anti-Hitler remarks made in an air-raid shelter at a time when people were being executed for such crimes against the state (The man who denounced her, a careerist, was nominated to run for the Cologne parliament by the Christian Democratic Party in 1946!). Then there was the young lieutenant who threatened Böll with a court martial for the capital offense of forgetting the password while on sentry duty—Böll had awakened seconds before he appeared and was still in a daze—but then suddenly stuck his flashlight in Böll's face, laughed, and said: "You look as if you would someday write a book about this damn war," told him the password, left, and did not report him. In recounting this incident, Böll said, "I assume it was out of gratitude, in order not to make a liar out of this nice fellow who possibly saved my life, that I wrote my first book about the war ten years later." And finally there were the "compassionate American Negro, who took pity on my nakedness" and gave Böll a soft, warm, *civilian* flannel shirt in a POW camp; the Irish family in England that gratuitously sent the Bölls food packages after the war; and the farmer who did not skim the milk they bought from him at a time when there were "more honest black-market dealers than honest dealers" in Germany.

Because of the critical housing shortage in Cologne, Böll and his wife had to share an apartment with his family. Since he had to have proof of an occupation in order to get a rationing card, he had himself enrolled at the University of Cologne. Officially listed as a student, he made "no further use of this misleading designation." He eked out an existence by helping his brother Alois in the carpenter shop the latter had inherited from their father and by taking a job in the census bureau of the city of Cologne. All the while he was determined to become a successful writer; and when two of his short stories found their way into print in a literary monthly in 1947 (one of them, *Die Botschaft*, is included here), they caught the eye of a publishing house which had specialized in technical books but was now interested in expanding into the field of fiction. Böll signed a contract guaranteeing him a modest but regular monthly income. He produced three books at one-year intervals. The first, *Der Zug war pünktlich* (1949), recounts the last five days in the life of a young German soldier who is returning from furlough to the Russian front in the final year of the war. Even though convinced from the outset that the troop train is carrying him to his death, the young soldier is led to affirm the beauty of existence on the last day of his life. But a brief encounter with genuine human love leads him, ironically, to his death. In simple, sober, crystal-clear language Böll relentlessly maintains the mood of dreariness, desolation, and hopelessness encapsuling the young soldier and his comrades. This novella was followed in 1950 by a collection of short stories, *Wanderer, kommst du nach Spa . . .*, depicting the plight of the "little man" as passive victim of or mild rebel against the "system" in the Germany of the forties. Many of the stories take place in and around railroad stations and field hospitals, symbols of man's uprootedness, homelessness, and helplessness as he waits for only God knows what. This book established Böll's reputation as a master of short fiction. The critics liked his realistic dialogue and his terse style, his gift for understatement, his fine ear for colloquial language, his skill in sustaining a mood, in evoking atmosphere by concentrating on sensory details; they praised his ability to create a sympathetic bond between reader and passive hero. Böll's third book, *Wo warst du, Adam?* (1951), consisting of nine loosely connected chapters dealing with the fate of various German soldiers during the retreat through Hungary in 1944, is a powerful attack in sparse, unembellished language on the senselessness, futility, and waste of war. Without ever moralizing, Böll drives home his main contention that war is essentially a disease, no different from typhoid, utterly devoid of the heroic and romantic.

All three books were well received by the critics, but there were few readers. Each had a printing of 3,000 copies of which only a few hundred had been sold. Consequently, in late 1951 Böll's publishers informed him that they could no longer support him and terminated their contract with him. In that same year Böll received the first and most important of many literary prizes, bestowed on him by the most influential literary organization of post-war Germany, "Gruppe

47." In early 1952 he signed a contract with his present publishing house. The firm of Kiepenheuer and Witsch was willing to expend more money on promoting Böll's writings than his former publishers, who, after all, were primarily interested in professional publications. His first book under the new contract, *Und sagte kein einziges Wort*, was an immediate critical success and received widespread publicity because, instead of the usual 150 books out of an initial printing of 3,000, Böll's new publishers mailed out 500 to reviewers. Böll was now well on his way to becoming the most widely read author of Adenauer's Germany. The title of the book, taken from the words of a Negro spiritual: "And they nailed Him to the cross and He never said a mumbaling word," refers to the Christ-like suffering of Kathie Bogner, the wife of a veteran and outsider who is unwilling to adjust to post-war life in Germany and unable to live together with his wife and children in a squalid one-room flat. In the end the long-suffering and love of Kathie precariously hold the marriage together. The novel marks the first major (and highly successful) attempt in German literature to depict the effects of the war on family life. At the same time it lashes out at the rising materialism at the dawning of the economic miracle and at the hard-heartedness of sanctimonious Christians.

By 1954 Böll was an established author. He was able to build his own home in Müngersdorf, a suburb of Cologne, where he still lives with his wife and three sons. In addition he maintains a room in the city, where he can do his writing undisturbed—the address is still a secret. In that same year he made his first trip to Ireland, which has since become his second home. In 1958 he bought a little house and some land in the village of Dugort ("50 inhabitants, 15 in the winter") in the west country. His love affair with Ireland is recorded in his *Irisches Tagebuch* (1957), in which the simple piety, good-natured humor, and anti-materialism of the Irish (whose philosophy of life seems to be: "When God made time, He made plenty of it") is implicitly contrasted with the hectic materialism and deadly earnestness of his own countrymen.

Böll has continued to produce novels critical of the "Zeitgeist" in contemporary Germany. *Haus ohne Hüter* (1954), a novel technically more complex than his earlier works with its skillful use of flashback and leitmotif, depicts the world as seen through the eyes of two eleven-year-old boys whose fathers were killed in Russia. The influence of Dostoevski and Kierkegaard is strongly present in *Das Brot der frühen Jahre* (1955), in which a young washing machine repairman suddenly experiences an existential crisis and turns his back on an empty life based on the ethic of success that awaits him as the husband of the boss's daughter. Böll's most ambitious and, in the opinion of some critics, his best novel, *Billiard um Halbzehn* (1959), is reminiscent of Faulkner in its execution. In tracing the history of three generations of a stolid, respectable family of architects from the vantage point of a dozen characters, it offers a cultural insight into fifty years of German history, from the Kaiser's day to the "Wirtschaftswunder" of the fifties. The plot centers around the family's connection with the Abbey of St. Anthony. It was designed by the grandfather in 1908 as his first important commission; in 1945 it was blown to bits by his son to protest against a Church which officially tolerated Hitler and against a society "in which the destruction of cultural-historical monuments is regarded as more serious than the death of ordinary, anonymous human beings"; at the (narrative) time of the novel the grandson is helping to rebuild the abbey. The book vehemently indicts the political hypocrisy and spiritual vacuity existing in German society. (Böll received his initial inspiration for the novel in 1934, when he was just beginning to write. In that year he witnessed the decapitation ordered by Göring of four Communist youths. The youngest was seventeen, Böll's age at the time.) Böll's most bitter novel to date, *Ansichten eines Clowns* (1963), has as its protagonist a variety artist undergoing a personal and professional crisis. He is the scion of a wealthy industrialist family who in his compassionate idealism has dropped out of the society of the economic miracle and assumed the role of court jester, speaking the truth as he sees it. The book is starkly simple in execution, consisting of interior monologues and telephone calls for help which the hero makes from his hotel-room retreat in the course of a single evening. It makes plain the reason why, as Böll observed in 1966, there is not a single post-war novel which depicts the Federal Republic as a blooming, happy land: "A country is lived in, is habitable, when one can experience homesickness for it. There are many people all over the world who experience homesickness, but always and only for a Germany which no longer exists." Böll's most recent major effort is a long tale entitled *Ende einer Dienstfahrt* (1966). Written in a style which parodies the language of German officialdom, the book pokes fun at the so-called efficiency of the military and gently persiflages certain aspects of small-town life. The plot concerns the trial of a draftee of the new German army and his father who have staged a happening by openly setting fire to a jeep the young private had been ordered to drive all over Germany in order to "adjust its speedometer," i.e., "rack up" enough mileage to get it ready for inspection.

Since the early fifties Böll has turned more and more to humor, irony, and satire in his short stories. The collection of satires published under the title *Dr. Murkes gesammeltes Schweigen* (1958) has earned him the reputation of being one of the best satirists on the current German literary scene. The mania for pseudo-culture, for efficiency for efficiency's sake, for forgetting that there ever was a Herr Hitler, for a return to "normalcy": all these aspects of West German life are humorously but ungently given their due in this volume. In addition to his short stories, of which he has published fewer in recent years, Böll has written more than half a dozen radio plays. These deal mainly with specific moral problems, and, although not major works, have found general favor with the critics because of Böll's gift for creating dialogue. His one stage play, *Ein Schluck Erde* (1962), depicts a civilization living on rocks and artificial islands after a deluge presumably caused by an atomic holocaust, hungering for the simple life and its elemental joys: bread, love, and land. The play was meant as a protest against the scientific rationalization of modern man. With the collaboration of his wife Böll has also done a great deal of translating from English into German, including works by Shaw, Brendan Behan, and J. D. Salinger. At the same time he has written numerous articles and essays, defending his own position as an engaged writer and commenting on topical issues.

His most famous article, *Brief an einen jungen Katholiken* (1958), is addressed to a fictitious draftee of the new German army, warning him of the moral dangers of military life and castigating the Church for tending to equate sexual morality with morality in general. In the letter Böll recalls that the military chaplain who conducted the day of recollection for recruits when he was inducted into the army warned them pointedly of sexual dangers but never opened his mouth about Hitler, about anti-Semitism, or about a possible conflict between orders and one's conscience. Just as the Church had committed a tremendous theological error with respect to the real moral issues in Hitler's day, so too, Böll charged, it is now making a grave mistake in its support of German rearmament. An indication of the enmity Böll aroused with the publication of this highly charged letter is the fact that he was not allowed to read it over Southwest German Radio.

Böll has on occasion remarked that a writer as writer should not be praised or damned for his convictions and dispositions—they are, after all, *gratis*. He should be judged on the basis of his talent. However, in Böll's case the two elements are inseparable. Böll is a writer of stature because his spiritual outlook has gone into the fashioning of the characters, the mood, atmosphere, and setting of his fictional world. If one can say that Böll has afforded his readers the pleasure of gaining a deeper insight into the meaning of human dignity and decency through his talent and his ethos, then one has indeed said a great deal. "The beautiful," Thomas Aquinas once wrote, "is that which, when seen, pleases." No critic has pointed out the interconnection between spiritual outlook and artistic form in Böll's fiction more convincingly than Henri Plard, a Germanist at the University of Brussels: "The symbol of the cross contributes something to the understanding of the structure of Böll's novels. In the center of the picture those who have been crucified, killed by the hatred or the indifference of the world. Round about them those who crucify them with a clear conscience: public authority, respectable citizens, and—take notice—first and foremost the official representatives of mercy. But between the individual crosses or between the crosses and the little group of sympathizers messages are exchanged, so that peace enters into the heart of the sufferers. Victims, hangmen, as well as those who are apathetic and cowardly in their haughtiness: the world would be hell, that is to say a place of hopelessness, if now and again the weak flame of love did not burn."[2]

A moralist with proven talent, the humane and incorruptible conscience of his country as Thomas Mann once was, Heinrich Böll has been Germany's leading candidate for the Nobel Prize for almost a decade.

---

[2] Henri Plard, „Mut und Bescheidenheit: Krieg und Nachkrieg im Werk Heinrich Bölls," in *Der Schriftsteller Heinrich Böll*, ed. Ferdinand Melius, (4th rev. ed. Cologne: Kiepenheuer & Witsch, 1965), p. 69 (*editor's translation*).

Acknowledgments

Friedrich Middelhauve Verlag, Cologne, for "Wanderer, kommst du nach Spa...," Chapter 7 of *Wo warst du, Adam?*, "Die Botschaft," "Lohengrins Tod," "Mein teures Bein," "Geschäft ist Geschäft," and "Kerzen für Maria," from *1947 bis 1951* by Heinrich Böll, © 1949, 1950, 1961 by Friedrich Middelhauve Verlag.

Verlag Kiepenheuer & Witsch, Cologne, for "Wie in schlechten Romanen," "Die Waage der Baleks," "Die unsterbliche Theodora" from *Erzählungen, Hörspiel, Aufsätze* by Heinrich Böll, © 1961; for "Der lachende Mann" from *Kurz vor dem Krieg gegen die Eskimos und andere Kurzgeschichten* by Jerome D. Salinger, © 1961; for "Hauptstädtisches Journal" from *Doktor Murkes gesammeltes Schweigen und andere Satiren* by Heinrich Böll, © 1958; for Chapters 4 and 5 of *Ansichten eines Clowns* by Heinrich Böll, © 1963; and for "Wenn Seamus einen trinken will" from *Irisches Tagebuch* by Heinrich Böll, © 1957.

I
Die Nazizeit

Die Nazizeit

In an address delivered on War Memorial Day in 1957 Böll stated: "We like to hear it said that the times in which we are living are unique, are extraordinary—that they are! For never has the degree of indifference in the face of the overwhelming sum of pain, in the face of the litany of the suffering been so great." Böll does not want his countrymen to forget that the three and a half million German soldiers who "fell for the fatherland" in World War II gave their lives uselessly. The individual soldier did not die like the legendary hero of the inscriptions on war monuments; war and death are unheroic. To romanticize them is an insult to the dead and fosters that indifference which makes future wars possible. Of his fellow comrades he said near the end of his address: "We often witnessed their death, we heard from their mouth not quotations one can find on monuments, we heard screams, heard prayers and curses, we saw many of them grow still in a manner akin to contempt, a contempt which seemed to anticipate the oppressive indifference of posterity."

Böll's convictions are transferred to the plane of literature in one of his most famous short stories, *Wanderer, kommst du nach Spa.* ... The almost plotless work is its own commentary. Its effectiveness is due to the formal tension created by a lean, slightly ironic style which holds in check the author's profound disgust. Linked to this is the tension caused by the dying soldier's attempt to find out whether the emergency hospital to which he has been transported is the high school he had left three months before. By contrasting war and school, Böll suggests that a connection exists between Prussian military tradition and Nazism, between the Prussian educational system and the destruction of German cities like the Bendorf of our story, between Nazi ideology and the perversion of the German cultural heritage. And when at the end of the story the mutilated soldier is confronted by the mutilated quotation that has served chauvinistic celebrations of martial valor down through the ages, when he sees this motto written in his own handwriting and in six scripts invented by the civilized West seconds before we know he must die, there can only be nausea at the blight that war is. His senseless "sacrifice" in the early months of 1945, at a time when Germany had already lost the war, gives the hollowest of rings to the Nazi refrain: "To die for the 'Führer' is to live for Germany."

Böll's first novel, *Wo warst du, Adam?*, consists of nine loosely connected chapters depicting the individual fates of a number of officers and men who are introduced in the first chapter during a description of a troop review. In general, they come to their end in miserable and grotesque ways. The fastidious Lieutenant Greck, unable to retreat with his men because of a violent attack of gastric colic, crouches next to a stinking manure ditch and is spattered by a detonating shell moments before a building falls on top of him. The medic Schmitz accidentally steps on a live shell while waving a Red Cross flag at the cautiously advancing Russian tanks to indicate that there are only wounded soldiers in the hospital. The startled Russians blast away at everything in sight. In the final chapter, the hero of the novel, Corporal Feinhals (hero only because he plays a major role in three of the chapters and appears briefly in some of the others), after surviving six years of war, is blown to bits by a German shell at the threshold of his parents' house in no-man's land. All of this is told in bare, unembellished language, with dispassionate attention to realistic detail, and with compassion for suffering humanity. A flicker of relief from the cruelty and absurdity of war is occasioned by Feinhals's desperate attempt in Chapter 5 to regain some semblance of humanity. While convalescing in a Hungarian town, he falls in love with a devout Catholic school teacher whose parents are Jewish. She is a symbol of the innocence and goodness which cannot survive the war. Their brief encounter is abruptly terminated when Ilona is arrested by the Nazis and sent north to a concentration camp in a green moving van and Feinhals is forced into a red moving van which will take him south to the front to help stem the Russian breakthrough. Chapter 6 recounts the horrors of war undergone by the soldiers in the red truck, Chapter 7 the fate of the Jews in the green truck. Both trucks serve as a reminder of a double German shame: the useless expenditure of individual soldiers' lives in an immoral war and the coldly scientific sadism that resulted in the death of over six million individual Jews. By concentrating on the fate of one of these victims of the concentration camps, Ilona, Böll seeks to break down the apathy of contemporaries who find solace in the abstractness of big numbers. Once in that truck, Ilona has entered a world of matter-of-fact evil where indifference, efficiency, and murder are the order of the day, where survival depends on some horribly freakish quirk. In Filskeit, the camp commander, Böll has created a compound of Hitler and Eichmann. He is an insecure individual, a puritan who condemns the simple pleasures of life; humorless and without compassion, he is unable to form a warm attachment to another human being; rebuffed in his artistic career by a Jew, he seeks refuge in a racist ideology to compensate for physical and spiritual shortcomings. Like Hitler he is addicted to Wagnerian music. Like Eichmann he is squeamish about killing with his own hands and in civilian life is superficially no different from the ordinary citizen. The confrontation between Filskeit and Ilona, one the Mephistophelian necrophile, the other the exemplifier of the

Judeo-Christian tradition of love, gentleness, and nobility of soul, remains one of the best literary attempts to describe a part of German history that defies description.

Wanderer, kommst du nach Spa...
[1950]

Als der Wagen hielt, brummte der Motor noch eine Weile; draußen wurde irgendwo ein großes Tor aufgerissen. Licht fiel durch das zertrümmerte Fenster in das Innere des Wagens, und ich sah jetzt, daß auch die Glühbirne oben an der Decke zerfetzt war; nur ihr Gewinde[1] stak[2] noch in der Schrauböffnung, ein paar flimmernde Drähtchen mit Glasresten. Dann hörte der Motor auf zu brummen, und draußen schrie eine Stimme: „Die Toten hierhin, habt ihr Tote dabei?"[3]

„Verflucht", rief der Fahrer zurück, „verdunkelt ihr schon nicht mehr?"

„Da nützt kein Verdunkeln mehr,[4] wenn die ganze Stadt wie eine Fackel brennt", schrie die fremde Stimme. „Ob ihr Tote habt, habe ich gefragt?"

„Weiß nicht."

„Die Toten hierhin, hörst du? Und die anderen die Treppe hinauf in den Zeichensaal, verstehst du?"

„Ja, ja."

Aber ich war noch nicht tot, ich gehörte zu den anderen, und sie trugen mich die Treppe hinauf. Erst ging es[5] in einen langen, schwach beleuchteten Flur, dessen Wände mit grüner Ölfarbe gestrichen waren; krumme, schwarze, altmodische Kleiderhaken waren in die Wände eingelassen, und da waren Türen mit Emailleschildchen: VI a und VI b,[6] und zwischen diesen Türen hing, sanftglänzend unter Glas in einem schwarzen Rahmen, die Medea von Feuerbach[7] und blickte in die Ferne; dann kamen Türen mit V a and V b,[8] und dazwischen hing ein Bild des Dornausziehers,[9] eine wunderbare rötlich schimmernde Fotografie in braunem Rahmen.

---

[1] **Gewinde:** base
[2] **stak:** *past tense of* **stecken**
[3] **dabei:** with you
[4] **Da... mehr:** No sense blacking out
[5] **ging es:** we went
[6] *classroom numbers of the first or lowest form* (**die Sexta** *or* **erste Klasse**) *in a German academic high school, corresponding agewise to our fifth grade*
[7] **die Medea von Feuerbach:** *a painting of Medea with her children by the German classicistic painter Anselm Feuerbach (1829–1880)*
[8] *classroom numbers of the second form* (**die Quinta** *or* **zweite Klasse**)
[9] **der Dornauszieher:** "The Boy with the Thorn" (*famous sculpture of Greek antiquity*)

Auch die große Säule in der Mitte vor dem Treppenaufgang war da, und hinter ihr, lang und schmal, wunderbar gemacht, eine Nachbildung des Parthenonfrieses[10] in Gips, gelblich schimmernd, echt, antik, und alles kam, wie es kommen mußte: der griechische Hoplit,[11] bunt und gefährlich, wie ein Hahn sah er aus, gefiedert, und im Treppenhaus selbst, auf der Wand, die hier mit gelber Ölfarbe gestrichen war, da hingen sie alle der Reihe nach:[12] vom Großen Kurfürsten[13] bis Hitler...

Und dort, in dem schmalen kleinen Gang, wo ich endlich wieder für ein paar Schritte gerade auf meiner Bahre lag, da war das besonders schöne, besonders große, besonders bunte Bild des Alten Fritzen[14] mit der himmelblauen Uniform, den strahlenden Augen und dem großen, golden glänzenden Stern auf der Brust.

Wieder lag ich dann schief auf der Bahre und wurde vorbeigetragen an den Rassegesichtern: da war der nordische Kapitän mit dem Adlerblick und dem dummen Mund, die westische Moselanerin,[15] ein bißchen hager und scharf, der ostische Grinser mit der Zwiebelnase und das lange adamsapfelige Bergfilmprofil; und dann kam wieder ein Flur, wieder lag ich für ein paar Schritte gerade auf meiner Bahre, und bevor die Träger in die zweite Treppe hineinschwenkten, sah ich es noch eben:[16] das Kriegerdenkmal mit dem großen, goldenen Eisernen Kreuz[17] obendrauf und dem steinernen Lorbeerkranz.

Das ging alles sehr schnell: ich bin nicht schwer, und die Träger rasten. Immerhin: alles konnte auch Täuschung sein; ich hatte hohes Fieber, hatte überall Schmerzen. Im Kopf, in den Armen und Beinen, und mein Herz schlug wie verrückt; was sieht man nicht alles im Fieber!

Aber als wir an den Rassegesichtern vorbei waren, kam alles andere:[18] die drei Büsten von Cäsar, Cicero, Marc Aurel,[19] brav nebeneinander, wunderbar nachgemacht, ganz gelb und echt, antik und würdig standen sie an der Wand, und auch die Hermessäule[20] kam, als wir um die Ecke schwenkten, und ganz hinten im Flur — der Flur war hier rosenrot gestrichen — ganz, ganz hinten im Flur hing die große Zeusfratze[21] über dem Eingang zum Zeichensaal; doch die Zeusfratze war noch weit. Rechts sah ich durch das Fenster den Feuerschein, der ganze

---

[10] **der Parthenonfries:** the Parthenon frieze. (*The Parthenon was the temple of Athena on the Acropolis in Athens.*)
[11] **Hoplit:** hoplite (*heavily armed foot soldier of ancient Greece*)
[12] **der Reihe nach:** in succession
[13] **der Große Kurfürst:** the Great Elector. (*Frederick William of Brandenburg (1640–1688), who laid the foundations for the rise of Prussia as a European power*)
[14] **der Alte Fritz:** popular name for the greatest of Prussian kings, Frederick the Great (1740–1786)
[15] **Moselanerin:** woman from the Moselle River district of western Germany and northeastern France
[16] **sah ich es noch eben:** I could just see it
[17] **das Eiserne Kreuz:** Iron Cross (*German military decoration*)
[18] **alles andere:** the rest of it
[19] **Marc Aurel:** Marcus Aurelius (*Roman emperor [161–180], Stoic philosopher, author of the* Meditations)
[20] **Hermessäule:** herma (*a head of Hermes, messenger of the gods, placed on a quadrangular pillar; used as a signpost or milestone in ancient Greece*)
[21] **Zeusfratze:** grimacing mask of Zeus (*supreme god of the Greeks*)

Himmel war rot, und schwarze, dicke Wolken von Qualm zogen feierlich vorüber... Und wieder mußte ich links sehen, und wieder sah ich Schildchen über den Türen O I a und O I b,[22] und zwischen den bräunlichen muffigen Türen sah ich nur Nietzsches[23] Schnurrbart und seine Nasenspitze in einem goldenen Rahmen, denn sie hatten die andere Hälfte des Bildes mit einem Zettel überklebt, auf dem zu lesen war: „Leichte Chirurgie"...[24]

Wenn jetzt, dachte ich flüchtig... wenn jetzt... aber da war es schon: das Bild von Togo,[25] bunt und groß, flach wie ein alter Stich, ein prachtvoller Druck, und vorne, vor den Kolonialhäusern, vor den Negern und dem Soldaten, der da sinnlos mit seinem Gewehr herumstand, vor allem[26] war das große, ganz naturgetreu abgebildete Bündel Bananen: links ein Bündel, rechts ein Bündel, und auf der mittleren Banane im rechten Bündel, da war etwas hingekritzelt, ich sah es; ich selbst mußte es hingeschrieben haben...

Aber nun wurde die Tür zum Zeichensaal aufgerissen, und ich schwebte unter der Zeusbüste hinein und schloß die Augen. Ich wollte nichts mehr sehen. Der Zeichensaal roch nach Jod, Scheiße, Mull und Tabak, und es war laut. Sie setzten mich ab, und ich sagte zu den Trägern: „Steck mir 'ne[27] Zigarette in den Mund, links oben in der Tasche."

Ich spürte, wie einer mir an der Tasche herumfummelte, dann zischte ein Streichholz, und ich hatte die brennende Zigarette im Mund. Ich zog daran. „Danke", sagte ich.

Alles das, dachte ich, ist kein Beweis. Letzten Endes[28] gibt es in jedem Gymnasium einen Zeichensaal, Gänge, in denen krumme, alte Kleiderhaken in grün- und gelbgestrichene Wände eingelassen sind; letzten Endes ist es kein Beweis, daß ich in meiner Schule bin, wenn die Medea zwischen VI a und VI b hängt und Nietzsches Schnurrbart zwischen O I a and O I b. Gewiß gibt es eine Vorschrift, die besagt, daß er da hängen muß. Hausordnung für humanistische Gymnasien[29] in Preußen: Medea zwischen VI a und VI b, Dornauszieher dort, Cäser, Marc Aurel und Cicero im Flur und Nietzsche oben, wo sie schon Philosophie lernen. Parthenonfries, ein buntes Bild von Togo. Dornauszieher und Parthenonfries sind schließlich gute, alte, generationenlang bewährte Schulrequisiten,

---

[22] *classroom designations of the upper sixth or highest form* (**die Oberprima** *or* **neunte Klasse**) *corresponding agewise to the first year of college*

[23] *Friedrich Nietzsche (1844–1900), German philosopher whose writings on the "Overman" and the will to power were falsely exploited by the Nazis to support their racial theories*

[24] **Leichte Chirurgie:** Minor Surgery

[25] **Togo:** Togoland (*protectorate of the German Empire in West Africa* [1884–1919]; *mandated to Britain and France after World War I*)

[26] **vor allem:** in front of them all

[27] 'ne = eine

[28] **Letzten Endes:** After all

[29] **humanistisches Gymnasium:** *elite secondary school stressing Latin and Greek*

und gewiß bin ich nicht der einzige, der den Einfall gehabt hat, auf eine Banane zu schrieben: Es lebe[30] Togo. Auch die Witze, die sie in den Schulen machen, sind immer dieselben. Und außerdem besteht die Möglichkeit, daß ich Fieber habe, daß ich träume.

Schmerzen hatte ich jetzt nicht mehr. Im Auto war es noch schlimm gewesen; wenn sie durch die kleinen Schlaglöcher furhen, schrie ich jedesmal; da waren die großen Trichter schon besser: das Auto hob und senkte sich wie ein Schiff in einem Wellental.[31] Aber jetzt schien die Spritze schon zu wirken, die sie mir irgendwo im Dunkeln in den Arm gehauen[32] hatten: ich hatte gespürt, wie die Nadel sich durch die Haut bohrte und wie es unten am Bein ganz heiß wurde.

Es kann ja nicht wahr sein, dachte ich, so viele Kilometer kann das Auto ja gar nicht gefahren sein: fast dreißig. Und außerdem: du spürst nichts; kein Gefühl sagt es dir, nur die Augen; kein Gefühl sagt dir, daß du in deiner Schule bist, in deiner Schule, die du vor drei Monaten erst verlassen hast. Acht Jahre[33] sind keine Kleinigkeit, solltest du nach acht Jahren das alles nur mit den Augen erkennen?

Hinter meinen geschlossenen Lidern sah ich alles noch einmal, wie ein Film lief es ab: unterer Flur, grün gestrichen, Treppe rauf,[34] gelb gestrichen, Kriegerdenkmal, Flur, Treppe rauf, Cäsar, Cicero, Marc Aurel... Hermes, Nietzscheschnurrbart, Togo, Zeusfratze...

Ich spuckte meine Zigarette aus und schrie; es war immer gut, zu schreien; man mußte nur laut schreien; schreien war herrlich; ich schrie wie verrückt. Als sich jemand über mich beugte, machte ich immer noch nicht die Augen auf; ich spürte einen fremden Atem, warm und widerlich roch er nach Tabak und Zwiebeln, und eine Stimme fragte ruhig: „Was ist denn?"[35]

„Was[36] zu trinken", sagte ich, „und noch 'ne Zigarette, die Tasche oben."

Wieder fummelte einer[37] an meiner Tasche herum, wieder zischte ein Streichholz, und jemand steckte mir 'ne brennende Zigarette in den Mund.

„Wo sind wir?" fragte ich.

„In Bendorf."[38]

„Danke", sagte ich und zog.

Immerhin schien ich wirklich in Bendorf zu sein, zu Hause also, und wenn ich nicht außergewöhnlich hohes Fieber hatte, stand wohl fest, daß ich in einem

---

[30] **Es lebe:** Long live
[31] **Wellental:** high sea; *lit.*, wave trough
[32] **gehauen:** shot
[33] *During World War II the Nazis reduced the time of high school from nine to eight years.*
[34] **Treppe rauf=Treppe herauf:** up the stairs
[35] **Was ist denn?:** What's the matter?
[36] **Was=Etwas**
[37] **einer:** someone
[38] **Bendorf:** *small industrial city north of Coblenz on the right bank of the Rhine*

Wanderer, kommst du nach Spa...

humanistischen Gymnasium war: eine Schule war es bestimmt. Hatte die Stimme unten nicht geschrien: „Die anderen in den Zeichensaal!"? Ich war ein anderer, ich lebte; die lebten,[39] waren offenbar die anderen. Der Zeichensaal war also da, und wenn ich richtig hörte, warum sollte ich nicht richtig sehen, und dann stimmte es wohl auch, daß ich Cäsar, Cicero und Marc Aurel erkannt hatte, und das konnte nur in einem humanistischen Gymnasium sein; ich glaube nicht, daß sie diese Kerle in den anderen Schulen auf den Fluren an die Wand stellen.

Endlich brachte er mir Wasser: wieder roch ich den Tabak- und Zwiebelatem aus seinem Gesicht, und ich machte, ohne es zu wollen, die Augen auf: da war ein müdes, altes, unrasiertes Gesicht über einer Feuerwehruniform, und eine alte Stimme sagte leise: „Trink, Kamerad!"

Ich trank; es war Wasser, aber Wasser ist herrlich; ich spürte den metallenen Geschmack des Kochgeschirrs auf meinen Lippen, und es war schön zu spüren, welch eine Menge Wasser noch nachdrängte,[40] aber der Feuerwehrmann riß mir das Kochgeschirr von den Lippen und ging: ich schrie, aber er wandte sich nicht um, zuckte nur müde die Schultern und ging weiter; einer, der neben mir lag, sagte ruhig: „Hat gar keinen Zweck[41] zu brüllen, sie haben nicht mehr Wasser; die Stadt brennt, du siehst es doch."[42]

Ich sah es durch die Verdunkelung hindurch, es glühte und wummerte[43] hinter den schwarzen Vorhängen, Rot hinter Schwarz, wie in einem Ofen, auf den man neue Kohlen geschüttet hat. Ich sah es: ja, die Stadt brannte.

„Wie heißt die Stadt?" fragte ich den, der[44] neben mir lag.

„Bendorf", sagte er.

„Danke."

Ich blickte ganz gerade vor mich hin[45] auf die Fensterreihe und manchmal zur Decke. Die Decke war noch tadellos, weiß und glatt, mit einem schmalen klassizistischen Stuckrand; aber sie haben doch in allen Schulen klassizistische Stuckränder an den Decken in den Zeichensälen, wenigstens in den guten, alten humanistischen Gymnasien. Das ist doch klar.

Ich mußte mir jetzt zugestehen, daß ich im Zeichensaal eines humanistischen Gymnasiums in Bendorf lag. Bendorf hat drei humanistische Gymnasien: die Schule „Friedrich der Große", die Albertus[46]-Schule und — vielleicht brauche ich es nicht zu erwähnen — aber die letzte, die dritte war die Adolf-Hitler-Schule.

---

[39] **die lebten:** those who were alive
[40] **welch... nachdrängte:** what a lot of water was still to come
[41] **hat... Zweck:** there is no point
[42] **du siehst es doch:** as you can see
[43] **es glühte und wummerte:** there was a glow and a rumble
[44] **den, der:** the fellow who
[45] **ganz... hin:** straight ahead of me
[46] *St. Albertus Magnus (c. 1200–1280), greatest of the Scholastic philosophers born in Germany; teacher of St. Thomas Aquinas*

Hing nicht in der Schule „Friedrich der Große" das Bild des Alten Fritz besonders bunt, besonders schön, besonders groß im Treppenhaus? Ich war auf dieser Schule gewesen, acht Jahre lang, aber warum konnte nicht in den anderen Schulen dieses Bild genauso an derselben Stelle hängen, so deutlich und auffallend, daß es den Blick fangen mußte, wenn man die erste Treppe hinaufstieg?

Draußen hörte ich jetzt die schwere Artillerie schießen. Sonst war es fast ruhig; nur manchmal drang das Fressen[47] der Flammen durch, und im Dunkeln stürzte irgendwo ein Giebel ein. Die Artillerie schoß ruhig und regelmäßig, und ich dachte: Gute Artillerie! Ich weiß, das ist gemein, aber ich dachte es. Mein Gott, wie beruhigend war die Artillerie, wie gemütlich: dunkel und rauh, ein sanftes, fast feines Orgeln. Irgendwie vornehm. Ich finde, die Artillerie hat etwas Vornehmes, auch wenn sie schießt. Es hört sich so anständig an, richtig nach[48] Krieg in den Bilderbüchern... Dann dachte ich daran, wieviel Namen wohl auf dem Kriegerdenkmal stehen würden, wenn sie es wieder einweihten, mit einem noch größeren goldenen Eisernen Kreuz darauf und einem noch größeren steinernen Lorbeerkranz, und plötzlich wußte ich es: wenn ich wirklich in meiner alten Schule war, würde mein Name auch darauf stehen, eingehauen in Stein, und im Schulkalender würde hinter meinem Namen stehen—„zog von der Schule ins Feld und fiel für..."

Aber ich wußte noch nicht wofür und wußte noch nicht, ob ich in meiner alten Schule war. Ich wollte es jetzt unbedingt herauskriegen. Am Kriegerdenkmal war auch nichts Besonderes gewesen, nichts Auffallendes, es war wie überall, es war ein Konfektionskriegerdenkmal, ja, sie bekamen sie aus irgendeiner Zentrale...

Ich sah mir den Zeichensaal an, aber die Bilder hatten sie abgehängt, und was ist schon an ein paar Bänken zu sehen, die in einer Ecke gestapelt sind, und an den Fenstern, schmal und hoch, viele nebeneinander, damit viel Licht hereinfällt, wie es sich für einen Zeichensaal gehört?[49] Mein Herz sagte mir nichts. Hätte es nicht etwas gesagt,[50] wenn ich in dieser Bude gewesen wäre, wo ich acht Jahre lang Vasen gezeichnet und Schriftzeichen geübt hatte, schlanke, feine, wunderbar nachgemachte römische Glasvasen, die der Zeichenlehrer vorne auf einen Ständer setzte, und Schriften aller Art, Rundschrift, Antiqua, Römisch, Italienne? Ich hatte diese Stunden gehaßt wie nichts[51] in der ganzen Schule, ich hatte die Langeweile gefressen[52] stundenlang, und niemals hatte ich Vasen zeichnen können oder Schriftzeichen malen. Aber wo waren meine Flüche, wo war mein Haß angesichts dieser dumpfgetönten, langweiligen Wände? Nichts sprach in mir, und ich schüttelte stumm den Kopf.

---

[47] **das Fressen:** the roaring
[48] **richtig nach:** just like
[49] **wie es sich... gehört:** as is fitting ...
[50] **Hätte... gesagt,** Would it not have said something
[51] **wie nichts:** like nothing else
[52] **ich hatte... gefressen:** I had been totally bored

Immer wieder hatte ich radiert, den Bleistift gespitzt, radiert... nichts...

Ich wußte nicht genau, wie[53] ich verwundet war; ich wußte nur, daß ich meine Arme nicht bewegen konnte und das rechte Bein nicht, nur das linke ein bißchen; ich dachte, sie hätten mir die Arme an den Leib gewickelt, so fest, daß ich sie nicht bewegen konnte.

Ich spuckte die zweite Zigarette in den Gang zwischen den Strohsäcken und versuchte, meine Arme zu bewegen, aber es tat so weh, daß ich schreien mußte; ich schrie weiter; es war immer wieder schön,[54] zu schreien; ich hatte auch Wut, weil ich die Arme nicht bewegen konnte.

Dann stand der Arzt vor mir; er hatte die Brille abgenommen und blinzelte mich an; er sagte nichts; hinter ihm stand der Feuerwehrmann, der mir das Wasser gegeben hatte. Er flüsterte dem Arzt etwas ins Ohr, und der Arzt setzte die Brille auf: deutlich sah ich seine großen grauen Augen mit den leise zitternden Pupillen hinter den dicken Brillengläsern. Er sah mich lange an, so lange, daß ich wegsehen mußte, und er sagte leise: „Augenblick, Sie sind gleich an der Reihe..."[55]

Dann hoben sie den auf, der neben mir lag, und trugen ihn hinter die Tafel; ich blickte ihnen nach: sie hatten die Tafel auseinandergezogen und quer[56] gestellt und die Lücke zwischen Wand und Tafel mit einem Bettuch zugehängt; dahinter brannte grelles Licht...

Nichts war zu hören, bis das Tuch wieder beiseite geschlagen[57] und der, der neben mir gelegen hatte, hinausgetragen wurde; mit müden, gleichgültigen Gesichtern schleppten die Träger ihn zur Tür.

Ich schloß wieder die Augen und dachte, du mußt doch herauskriegen, was du für eine[58] Verwundung hast und ob du in deiner alten Schule bist.

Mir kam das alles so kalt und gleichgültig vor, als hätten sie mich durch das Museum einer Totenstadt getragen, durch eine Welt, die mir ebenso gleichgültig wie fremd war, obwohl meine Augen sie erkannten, nur meine Augen; es konnte doch nicht wahr sein, daß ich vor drei Monaten noch hier gesessen, Vasen gezeichnet und Schriften gemalt hatte, daß ich in den Pausen hinuntergegangen war mit meinen Marmeladenbutterbrot, vorbei an Nietzsche, Hermes, Togo, Cäsar, Cicero, Marc Aurel, ganz langsam bis in den Flur unten, wo die Medea hing, dann zum Hausmeister, zu Birgeler,[59] um Milch zu trinken, Milch in diesem dämmerigen kleinen Stübchen, wo man es auch riskieren konnte, eine Zigarette

---

[53] **wie:** how badly
[54] **immer wieder schön:** always a good feeling again
[55] **Augenblick... an der Reihe:** Wait a moment, you're next
[56] **quer:** at an angle
[57] **beiseite geschlagen (wurde):** was drawn aside
[58] **was... für eine:** what sort of...
[59] *name of the school custodian*

zu rauchen, obwohl es verboten war. Sicher trugen sie den, der neben mir gelegen hatte, unten hin, wo die Toten lagen, vielleicht lagen die Toten in Birgelers grauem kleinem Stübchen, wo es nach warmer Milch roch, nach Staub und Birgelers schlechtem Tabak...

Endlich kamen die Träger wieder herein, und jetzt hoben sie mich auf und trugen mich hinter die Tafel. Ich schwebte wieder, jetzt an der Tür vorbei, und im Vorbeischweben sah ich, daß auch das stimmte:[60] über der Tür hatte einmal ein Kreuz gehangen, als die Schule noch Thomas[61]-Schule hieß, und damals hatten sie das Kreuz weggemacht,[62] aber da blieb ein frischer dunkelgelber Fleck an der Wand, kreuzförmig, hart und klar, der fast noch deutlicher zu sehen war als das alte, schwache, kleine Kreuz selbst, das sie abgehängt hatten; sauber und schön blieb das Kreuzzeichen auf der verschossenen Tünche der Wand. Damals hatten sie aus Wut die ganze Wand neu gepinselt, aber es hatte nichts genützt; der Anstreicher hatte den Ton nicht richtig getroffen:[63] das Kreuz blieb da, bräunlich und deutlich, aber die ganze Wand war rosa. Sie hatten geschimpft,[64] aber es hatte nichts genützt: das Kreuz blieb da, braun und deutlich auf dem Rosa der Wand, und ich glaube, ihr Etat für Farbe war erschöpft und sie konnten nichts machen. Das Kreuz war noch da, und wenn man genau hinsah, konnte man sogar noch eine deutliche Schrägspur über dem rechten Balken[65] sehen, wo jahrelang der Buchsbaumzweig gehangen hatte, den der Hausmeister Birgeler dorthinter klemmte,[66] als es noch erlaubt war, Kreuze in die Schulen zu hängen...

Das alles fiel mir in der kleinen Sekunde ein, als ich an der Tür vorbeigetragen wurde hinter die Tafel, wo das grelle Licht brannte.

Ich lag auf dem Operationstisch und sah mich selbst ganz deutlich, aber sehr klein, zusammengeschrumpft, oben in dem klaren Glas der Glühbirne, winzig und weiß, ein schmales, mullfarbenes Paketchen wie ein außergewöhnlich subtiler Embryo: das war also ich da oben.

Der Arzt drehte mir den Rücken zu und stand an einem Tisch, wo er in Instrumenten herumkramte; breit und alt stand der Feuerwehrmann vor der Tafel und lächelte mich an; er lächelte müde und traurig, und sein bärtiges, schmutziges Gesicht war wie das Gesicht eines Schlafenden; an seiner Schulter vorbei[67] auf

---

[60] **stimmte:** jibed
[61] *St. Thomas Aquinas* (c. 1225–1274), most influential Catholic philosopher of the Middle Ages, and with St. Augustine, of all times. Studied under Albertus Magnus in Cologne, not far from the Bendorf of our story.
[62] *The Nazis banned crucifixes from the confessional (state-supported religious) schools.*
[63] **der Anstreicher... getroffen:** the painter hadn't found the right tint (a sarcastic allusion to Hitler, who once wanted to become an artist but never got beyond the picture-postcard-painting stage)
[64] **Sie hatten geschimpft:** They had cursed (a veiled comparison between the Nazis and those who reviled Christ on the cross)
[65] **Schrägspur... Balken:** diagonal trace above the right beam (of the cross)
[66] **dort hinter klemmte:** stuck behind there (i.e., behind the cross)
[67] **an seiner Schulter vorbei:** over his shoulder

der schmierigen Rückseite der Tafel sah ich etwas, was mich zum ersten Male, seitdem ich in diesem Totenhaus war, mein Herz spüren machte:[68] irgendwo in einer geheimen Kammer meines Herzens erschrak ich tief und schrecklich, und es fing heftig an zu schlagen: da war meine Handschrift an der Tafel. Oben in der obersten Zeile. Ich kenne meine Handschrift: es ist schlimmer, als wenn man sich im Spiegel sieht, viel deutlicher, und ich hatte keine Möglichkeit, die Identität meiner Handschrift zu bezweifeln. Alles andere war kein Beweis gewesen, weder Medea noch Nietzsche, nicht das dinarische[69] Bergfilmprofil noch die Banane aus Togo, und nicht einmal das Kreuzzeichen über der Tür: das alles war in allen Schulen dasselbe, aber ich glaube nicht, daß sie in anderen Schulen mit meiner Handschrift an die Tafeln schreiben. Da stand er noch, der Spruch, den wir damals hatten schreiben müssen, in diesem verzweifelten Leben, das erst drei Monate zurücklag: Wanderer, kommst du nach Spa...[70]

Oh, ich weiß, die Tafel war zu kurz gewesen, und der Zeichenlehrer hatte geschimpft, daß ich nicht richtig eingeteilt[71] hatte, die Schrift zu groß[72] gewählt, und er selbst hatte es kopfschüttelnd in der gleichen Größe darunter geschrieben: Wanderer, kommst du nach Spa...

Siebenmal stand es da: in meiner Schrift, in Antiqua, Fraktur, Kursiv, Römisch, Italienne und Rundschrift; siebenmal deutlich und unerbittlich: Wanderer, kommst du nach Spa...

Der Feuerwehrmann war jetzt auf einen leisen Ruf des Arztes hin[73] beiseite getreten, so sah ich den ganzen Spruch, der nur ein bißchen verstümmelt war, weil ich die Schrift zu groß gewählt hatte, der Punkte zu viele.[74]

Ich zuckte hoch,[75] als ich einen Stich in den linken Oberschenkel spürte, ich wollte mich aufstützen, aber ich konnte es nicht: ich blickte an mir herab, und nun sah ich es: sie hatten mich ausgewickelt, und ich hatte keine Arme mehr, auch kein rechtes Bein mehr, und ich fiel ganz plötzlich nach hinten, weil ich mich nicht aufstützen konnte; ich schrie; der Arzt und der Feuerwehrmann blickten mich entsetzt an, aber der Arzt zuckte nur die Schultern und drückte weiter auf den Kolben seiner Spritze, der langsam und ruhig nach unten sank; ich wollte wieder auf die Tafel blicken, aber der Feuerwehrmann stand nun ganz nah neben

---

[68] **was mich... mein Herz spüren machte:** which made me aware of my heart...
[69] **dinarisch:** Dinaric (*pertaining to the racial features of the natives of the Dinaric Alps near Yugoslavia's Adriatic Coast*)
[70] **Wanderer, kommst du nach Spa...:** *The beginning of the famous inscription by the lyric poet Simonides of Ceos commemorating the valor and martial discipline of the three hundred Spartans under Leonidas who had fallen at the Pass of Thermopylae (480 B.C.). The entire inscription reads:* "Stranger, if you should come to Sparta, then announce there that you have seen us lying here as the law commanded."
[71] **eingeteilt:** spaced (*the words*)
[72] **die Schrift zu groß:** too large a script
[73] **auf... hin:** at...
[74] **der Punkte zu viele:** of the points (I had selected) too many
[75] **zuckte hoch:** jerked up

mir und verdeckte sie; er hielt mich an den Schultern fest, und ich roch nur noch den brandigen, schmutzigen Geruch seiner verschmierten Uniform, sah nur sein müdes, trauriges Gesicht, und nun erkannte ich ihn: es war Birgeler.

„Milch", sagte ich leise...

(*Übungen* on page 161)

Wo warst du, Adam? (Chapter 7)
[1951]

Der grüne Möbelwagen hatte einen ausgezeichneten Motor. Die beiden Männer vorn im Führerhaus, die sich am Steuerrad abwechselten, sprachen nicht viel miteinander, aber wenn sie miteinander sprachen, sprachen sie fast nur von dem Motor. ,,Dolles Ding", sagten sie hin und wieder, schüttelten erstaunt die Köpfe und lauschten gebannt diesem starken, dunklen, sehr regelmäßigen Brummen, in dem kein falscher oder beunruhigender Ton aufkam. Die Nacht war warm und dunkel, und die Straße, auf der sie unentwegt nördlich[1] fuhren, war manchmal verstopft von Heeresfahrzeugen, Pferdefuhrwerken, und es geschah ein paarmal, daß sie plötzlich bremsen mußten, weil sie marschierende Kolonnen zu spät erkannten und fast hineingefahren wären in diese merkwürdige formlose Masse dunkler Gestalten, deren Gesichter sie mit ihren Scheinwerfern anstrahlten. Die Straßen waren schmal, zu schmal, um Möbelwagen, Panzer, marschierende Kolonnen aneinander vorbeizulassen, aber je weiter sie nördlich kamen, um so leerer wurde die Straße, und sie konnten lange Zeit unbehelligt den grünen Möbelwagen auf Höchsttouren[2] laufen lassen: der Lichtkegel ihres Scheinwerfers beleuchtete Bäume und Häuser, schoß manchmal in einer Kurve in ein Feld, ließ scharf und klar die Pflanzen herausspringen, Maisstauden oder Tomaten. Zuletzt blieb die Straße leer, die Männer gähnten nun, und sie hielten irgendwo in einem Dorf auf einer Nebenstraße, um eine Rast zu machen; sie packten ihre Brotbeutel aus, schlürften den heißen und sehr starken Kaffee aus ihren Feldflaschen, öffneten dünne runde Blechbüchsen, aus denen sie Schokolade nahmen, und schmierten sich in aller Ruhe[3] Butterbrote, sie öffneten ihre Butterdosen, rochen am Inhalt, schmierten dick die Butter aufs Brot, bevor sie große Scheiben Wurst darüberwarfen, die Wurst war rot und mit Pfefferkörnern durchsetzt. Die Männer aßen gemütlich.[4] Ihre grauen und müden Gesichter belebten sich, und der eine, der jetzt links saß und zuerst fertig war, zündete sich eine Zigarette an und nahm einen Brief aus der Tasche; er entfaltete ihn und nahm aus den Falten des Papiers ein Foto: das Foto zeigte ein reizendes kleines Mädchen, das mit einem Kaninchen auf

---

[1] **unentwegt nördlich:** due north
[2] **auf Höchsttouren:** at full speed
[3] **in aller Ruhe:** calmly
[4] **aßen gemütlich:** took their time eating

einer Wiese spielte. Er hielt das Bild dem hin, der[5] neben ihm saß, und sagte: „Guck mal, nett, nicht wahr—meine Kleine", er lachte, „ein Urlaubskind." Der andere antwortete kauend, starrte auf das Bild und murmelte: „Nett—Urlaubskind?—Wie alt ist sie denn?"

„Drei Jahre."

„Hast du kein Bild von deiner Frau?"

„Doch." Der[6] links saß, nahm seine Brieftasche heraus—stockte aber plötzlich und sagte:

„Hör mal, die sind wohl verrückt geworden..." Aus dem Inneren des grünen Möbelwagens kamen ein sehr heftiges dunkles Gemurmel und die schrillen Schreie einer Frauenstimme.

„Mach mal Ruhe",[7] sagte der, der am Steuer saß.

Der andere öffnete die Wagentür und blickte auf die Dorfstraße hinaus—es war warm und dunkel draußen, und die Häuser waren unbeleuchtet, es roch nach Mist, sehr stark nach Kuhmist, und in einem der Häuser bellte ein Hund. Der Mann stieg aus, fluchte leise über den tiefen und weichen Dreck der Dorfstraße und ging langsam um den Wagen herum. Draußen war das Gemurmel nur sehr schwach zu hören,[8] es war eher wie[9] ein sanftes Brummen im Inneren eines Kastens, aber jetzt bellten schon zwei Hunde im Dorf, dann drei, und irgendwo wurde ein Fenster plötzlich hell, und die Silhouette eines Mannes wurde sichtbar. Der Fahrer—er hieß Schröder—hatte keine Lust, die schweren Polstertüren hinten zu öffnen, es schien ihm nicht der Mühe wert,[10] er nahm seine Maschinenpistole und schlug ein paarmal heftig mit dem stählernen Griff gegen die Wand des Möbelwagens, es wurde sofort still. Dann sprang Schröder auf den Reifen, um nachzusehen, ob der Stacheldraht über der verschlossenen Luke[11] noch fest war. Der Stacheldraht war noch fest.

Er ging ins Fahrerhaus zurück: Plorin war mit dem Essen fertig, trank jetzt Kaffee und rauchte und hatte das Bild des dreijährigen Mädchens mit dem Kaninchen vor sich liegen. „Wirklich ein nettes Kind", sagte er und hob für einen Augenblick seinen Kopf. „Sie sind jetzt still—hast du kein Bild von deiner Frau?"

„Doch." Schröder nahm jetzt seine Brieftasche wieder heraus, schlug sie auf und entnahm ihr ein zerschlissenes Foto: das Foto zeigte eine kleine, etwas breit gewordene Frau in einem Pelzmantel. Die Frau lächelte töricht, ihr Gesicht war etwas ältlich und müde, und man hätte glauben können, daß die schwarzen Schuhe

---

[5] **Er hielt das Bild dem hin, der:** He held the picture out to the fellow who
[6] **Der:** The fellow who
[7] **Mach mal Ruhe:** Go and quiet them down
[8] **war das Gemurmel... zu hören:** the murmuring could only be heard faintly
[9] **eher wie:** more like
[10] **der Mühe wert:** worth the effort
[11] **Luke:** ventilator

mit den viel zu hohen Absätzen ihr Schmerzen bereiteten.[12] Ihr dichtes und schweres dunkelblondes Haar lag in Dauerwellen. „Hübsche Frau", sagte Plorin.— „Fahren wir weiter."

„Ja", sagte Schröder, „mach voran." Er warf noch einen Blick hinaus: es bellten jetzt viele Hunde im Dorf, und viele Fenster waren erleuchtet, und die Leute riefen sich[13] irgend etwas im Dunkeln zu.

„Los", sagte er und warf die Wagentür fest zu, „mach voran."

Plorin fing an zu schalten, der Motor sprang sofort an; Plorin ließ ihn ein paar Sekunden laufen, gab dann Gas, und langsam schob sich der grüne Möbelwagen auf die Landstraße. „Ganz dolles Ding", sagte Plorin, „ganz dolles Ding, dieser Motor."

Das Geräusch des Motors erfüllte das ganze Führerhaus, ihre Ohren waren voll von diesem Summen, aber als sie ein Stück[14] weitergefahren waren, hörten sie doch wieder dieses dunkle Gemurmel aus dem Inneren des Wagens. „Sing etwas", sagte Plorin zu Schröder.

Schröder sang. Er sang laut und kräftig, nicht sehr schön und nicht ganz richtig, aber mit inniger Teilnahme.[15] Die gefühlvollen Stellen[16] der Lieder sang er besonders innig, und man hätte an manchen Stellen annehmen können, er würde weinen, so gefühlvoll sang er, aber er weinte nicht. Ein Lied, das ihm besonders zu gefallen schien, war „Heidemarie",[17] es schien sein Lieblingslied zu sein. Er sang fast eine ganze Stunde lang sehr laut, und nach einer Stunde wechselten die beiden ihre Plätze, und jetzt sang Plorin.

„Gut, daß der Alte[18] uns nicht singen hört", sagte Plorin lachend. Auch Schröder lachte, und Plorin sang wieder. Er sang fast dieselben Lieder, die Schröder gesungen hatte, aber er sang offenbar am liebsten „Graue[19] Kolonnen", er sang dieses Lied am häufigsten, er sang es langsam, er sang es schnell, und die besonders schönen Stellen, an denen die Trostlosigkeit und Größe des Heldenlebens am deutlichsten herauskommen, diese Stellen sang er besonders langsam und betont[20] und manchmal mehrmals hintereinander.[21] Schröder, der jetzt am Steuer saß, blickte starr auf die Straße, ließ den Wagen auf Höchsttouren laufen und pfiff leise mit. Sie hörten jetzt nichts mehr aus dem Inneren des grünen Möbelwagens.

Es wurde langsam kühl vorn, sie schlugen[22] sich Decken um die Beine und

---

[12] **ihr Schmerzen bereiteten:** were painful for her
[13] **sich:** to each other
[14] **ein Stück:** for a while
[15] **mit inniger Teilnahme:** with feeling
[16] **Stellen:** passages
[17] **Heidemarie:** Heather-Mary (*a sentimental love song with a catchy tune*
[18] **der Alte:** the "old man"
[19] *The German Army wore gray uniforms.*
[20] **betont:** with emphasis
[21] **mehrmals hintereinander:** with several encores
[22] **schlugen:** wrapped

tranken während der Fahrt hin und wieder einen Schluck Kaffee aus ihren Flaschen. Sie hatten aufgehört zu singen, aber im grünen Möbelwagen drin[23] war es jetzt still. Es war überhaupt still; alles schlief draußen, die Landstraße war leer und naß, es schien geregnet zu haben hier, und die Dörfer, durch die sie fuhren, waren wie tot. Sie leuchteten kurz in der Dunkelheit auf,[24] einzelne Häuser, manchmal eine Kirche an der Haupstraße—für einen Augenblick tauchten sie aus der Dunkelheit hoch und wurden hinter ihnen gelassen.

Morgens gegen vier machten sie die zweite Pause. Sie waren jetzt beide müde, ihre Gesichter grau und schmal und verschmutzt, und sie sprachen kaum noch miteinander; die Stunde, die sie noch zu fahren hatten, kam ihnen unendlich vor. Sie hielten nur kurz an der Straße, wuschen sich mit etwas Schnaps durchs Gesicht, aßen widerwillig ihre Butterbrote und spülten den Rest des Kaffees hinterher.[25] Sie aßen den Rest der erfrischenden Schokolade aus ihren schmalen Blechbüchsen und steckten sich Zigaretten an. Es war ihnen wohler,[26] als sie weiterfuhren, und Schröder, der jetzt wieder am Steuer saß, pfiff leise vor sich hin, während Plorin, in eine Decke eingewickelt, schlief. Im Inneren des grünen Möbelwagens war es ganz still.

Es fing leise an zu regnen, und es dämmerte, als sie von der Hauptstraße abbogen, sich durch die engen Gassen eines Dorfes ins freie Feld[27] wühlten[28] und langsam durch einen Wald zu fahren begannen. Nebel stieg auf, und als der Wagen aus dem Wald herausfuhr, kam eine Wiese, auf der Baracken standen, und wieder kam ein kleiner Wald, eine Wiese, und der Wagen hielt und hupte heftig vor einem großen Tor, das aus Balken und Stacheldraht bestand. Neben dem Tor waren ein schwarzweißrotes Schilderhaus und ein großer Wachtturm, auf dem ein Mann mit Stahlhelm an einem MG[29] stand. Die Tür wurde vom Posten geöffnet, der Posten grinste ins Fahrerhaus hinein, und der grüne Möbelwagen fuhr langsam in die Umzäunung.

Der Fahrer stieß seinen Nachbarn[30] an, sagte zu ihm: „Wir sind da", und sie öffneten das Fahrerhaus und stiegen mit ihrem Gepäck aus.

Im Walde zwitscherten die Vögel, die Sonne kam im Osten herauf und beleuchtete die grünen Bäume. Sanfter Dunst lag über allem.

Schröder und Plorin gingen müde auf eine Baracke zu, die hinter dem Wachtturm stand. Als sie die paar Stufen zur Baracke hinaufstiegen, sahen sie eine ganze

---

[23] **im... drin**: inside ...
[24] **Sie leuchteten kurz... auf**: For a brief moment they (*houses, etc.*) flashed up ...
[25] **spülten... hinterher**: they washed down ...
[26] **Es war ihnen wohler**: They felt better
[27] **ins freie Feld**: into the open country
[28] **sich... wühlten**: wound their way ...
[29] **MG=Maschinengewehr**: machine gun
[30] **Nachbarn**: buddy

Kolonne abfahrbereiter Wagen auf der Lagerstraße stehen. Im Lager war es still, nichts bewegte sich, nur die Kamine des Krematoriums qualmten heftig.

Der Oberscharführer hockte an einem Tisch und war eingeschlafen. Die beiden Männer grinsten ihn müde an, als er aufschreckte, und sagten: „Wir sind da."

Er erhob sich, reckte sich und sagte gähnend: „Gut", er steckte sich schläfrig eine Zigarette an, strich sich durchs Haar, setzte eine Mütze auf, rückte das Koppel gerade und warf einen Blick in den Spiegel und rieb sich den Dreck aus den Augenwinkeln. „Wieviel sind es?" fragte er.

„Siebenundsechzig", sagte Schröder; er warf einen Packen Papier auf den Tisch.

„Der Rest?"[31]

„Ja—der Rest", sagte Schröder. „Was gibt's Neues?"

„Wir hauen ab—heute abend."

„Sicher?"

„Ja—die Luft wird zu heiß."[32]

„Wohin?"

„Richtung Großdeutschland,[33] Abteilung Ostmark."[34]

Der Oberscharführer lachte. „Geht schlafen", sagte er, „es wird wieder eine anstrengende Nacht; wir fahren pünktlich heute abend um sieben."

„Und das Lager?" fragte Plorin.

Der Scharführer nahm seine Mütze ab, kämmte sich sorgfältig und legte mit der rechten Hand seine Tolle zurecht. Er war ein hübscher Bursche, braunhaarig und schmal. Er seufzte.

„Das Lager", sagte er, „es gibt kein Lager mehr—bis heute abend[35] wird's kein Lager mehr geben—es ist leer."

„Leer?" fragte Plorin; er hatte sich gesetzt und strich langsam mit seinem Ärmel über die Maschinenpistole, die feucht geworden war.

„Leer", sagte der Oberscharführer, er grinste leicht, zuckte die Schultern, „ich sage euch, das Lager ist leer—genügt euch das nicht?"

„Abtransportiert?"[36] fragte Schröder, der schon an der Tür stand.

„Verflucht", sagte der Scharführer, „laßt mich endlich in Frieden,[37] ich sagte

---

[31] **Der Rest?** Is that the lot?
[32] **die Luft wird zu heiß:** things are getting too hot (*because of the Soviet advance through Hungary and Poland*)
[33] **Großdeutschland:** Greater Germany (*The Germany of 1937 together with the incorporated territories, such as Austria, Bohemia, and a part of western Poland*)
[34] **Abteilung Ostmark:** Department of the "Eastern March" (*Nazi designation for Austria after its incorporation into Greater Germany*)
[35] **bis heute abend:** by tonight
[36] **Abtransportiert?:** Is it being transported?
[37] **laßt mich endlich in Frieden:** will you leave me in peace!

leer, nicht abtransportiert—bis auf[38] den Chor." Er grinste. „Der Alte ist ja verrückt mit seinem Chor. Paßt auf,[39] er schleppt ihn wieder mit..."

„Ach so",[40] sagten die beiden zusammen, „ach so...", und Schröder fügte hinzu: „Der Alte ist wirklich verrückt mit seiner Singerei." Sie lachten alle drei.

„Also wir gehen", sagte Plorin, „ich lasse die Kiste stehen, ich kann nicht mehr."[41]

„Laß sie stehen", sagte der Oberscharführer. „Willi kann sie wegfahren."

„Also—wir sind weg..."[42] Die beiden Fahrer gingen hinaus.

Der Oberscharführer nickte und trat ans Fenster und blickte auf den grünen Möbelwagen, der auf der Lagerstraße stand, da, wo die fahrbereite Kolonne anfing. Das Lager war ganz still. Der grüne Möbelwagen wurde erst eine Stunde später geöffnet, als Obersturmführer Filskeit ins Lager kam. Filskeit war schwarzhaarig, mittelgroß, und sein blasses und intelligentes Gesicht strömte ein Fluidum von Keuschheit aus. Er war streng, sah auf Ordnung[43] und duldete keinerlei Unkorrektheit. Er handelte nur nach den Vorschriften. Er nickte, als der Posten ihn grüßte, warf einen Blick auf den grünen Möbelwagen und trat in die Wachstube. Der Oberscharführer grüßte und meldete.

„Wieviel sind es?" fragte Filskeit.

„Siebenundsechzig, Herr Obersturmführer."

„Schön", sagte Filskeit, „ich erwarte sie in einer Stunde zum Singen." Er nickte lässig, verließ die Wachstube wieder und ging über den Lagerplatz. Das Lager war viereckig, ein Quadrat aus vier mal vier Baracken mit einer kleinen Lücke an der Südseite, dort, wo das Tor war. An den Ecken waren Wachttürme. In der Mitte standen Küchenbaracken, eine Klobaracke, und in der einen Ecke des Lagers neben dem südöstlichen Wachtturm war das Bad, neben dem Bad das Krematorium. Das Lager war vollkommen still, nur einer der Posten—es war der auf dem nordöstlichen Wachtturm—sang leise etwas vor sich hin, sonst war vollkommene Stille. Aus der Küchenbaracke stieg jetzt dünner blauer Rauch auf, und aus dem Krematorium kam dicker schwarzer Qualm, der zum Glück südlich abzog; das Krematorium qualmte schon lange in dichten heftigen Schwaden— Filskeit überblickte alles, nickte und ging in seinen Dienstraum, der neben der Küche lag. Er warf seine Mütze auf den Tisch und nickte befriedigt: alles war in Ordnung. Er hätte lächeln können bei diesem Gedanken, aber Filskeit lächelte nie. Er fand das Leben sehr ernst, den Dienst noch ernster, aber am ernstesten die Kunst.

---

[38] **bis auf:** except
[39] **Paßt auf:** Just wait and see
[40] **Ach so:** No kidding
[41] **ich lasse... mehr:** I'll leave the crate here, I can't drive anymore
[42] **wir sind weg:** we're on our way
[43] **sah auf Ordnung:** maintained discipline

Obersturmführer Filskeit liebte die Kunst, die Musik. Er war mittelgroß, schwarzhaarig, und manche fanden sein blasses, intelligentes Gesicht schön, aber das kantige und zu große Kinn zog den zarten Teil seines Gesichts zu sehr nach unten und gab seinem intelligenten Gesicht den Ausdruck einer ebenso erschreckenden wie überraschenden Brutalität.[44]

Filskeit war früher einmal Musikstudent gewesen, aber er liebte die Musik zu sehr, um jene Spur von Nüchternheit aufzubringen, die dem Professional nicht fehlen darf: er wurde Bankbeamter und blieb ein leidenschaftlicher Liebhaber der Musik. Sein Steckenpferd war der Chorgesang.

Er war ein fleißiger und ehrgeiziger Mensch, sehr zuverlässig, und er hatte es als Bankbeamter sehr bald zum Abteilungsleiter gebracht.[45] Aber seine wirkliche Leidenschaft galt der Musik, dem Chorgesang. Zuerst dem reinen Männergesang.

In einer Zeit, die schon sehr lange zurücklag, war er Chorleiter des MGV Concordia[46] gewesen, damals war er achtundzwanzig, aber das war fünfzehn Jahre her[47]—und man hatte ihn zum Chorleiter erwählt, obwohl er Laie war. Man hätte keinen Berufsmusiker finden können, der leidenschaftlicher und genauer die Ziele des Vereins gefördert hätte. Es war faszinierend, sein blasses, leise zuckendes Gesicht zu sehen und seine schmalen Hände, wenn er den Chor dirigierte. Die Sangesbrüder fürchteten ihn wegen seiner Genauigkeit, kein falscher Ton entging ihm, er brach in Raserei aus, wenn jemandem eine Schlampigkeit unterlief,[48] und es war eine Zeit gekommen, in der diese biederen und braven Sänger seiner Strenge und seines unermüdlichen Fleißes überdrüssig wurden und einen anderen Chorleiter wählten. Gleichzeitig hatte er den Kirchenchor seiner Pfarre geleitet, obwohl die Liturgie ihm nicht zusagte. Aber damals hatte er nach jeder Möglichkeit gegriffen, einen Chor unter seine Hände[49] zu bekommen. Der Pfarrer wurde im Volk[50] der „Heilige" genannt, es war ein milder, etwas törichter Mann, der gelegentlich sehr streng aussehen konnte: weißhaarig schon und alt, und von Musik verstand er nichts. Aber er wohnte immer den Chorproben bei, und manchmal lächelte er leise, und Filskeit haßte dieses Lächeln: es war das Lächeln der Liebe, einer mitleidigen, schmerzlichen Liebe. Auch wurde manchmal das Gesicht des Pfarrers streng, und Filskeit fühlte, wie sein Widerwille gegen die Liturgie gleichzeitig mit seinem Haß gegen dieses Lächeln stieg. Dies Lächeln des „Heiligen" schien zu sagen: zwecklos—zwecklos—aber ich liebe dich. Er wollte nicht geliebt werden, und er haßte diese kirchlichen Gesänge und das Lächeln des

---

[44] **einer ebenso... Brutalität:** of a brutality as terrifying as it was surprising
[45] **hatte es... gebracht:** had been promoted...
[46] **MGV=Männergesangverein:** men's glee club; **Concordia** (*Latin*): Harmony
[47] **her:** ago
[48] **wenn jemandem... unterlief:** if somebody happened to get slovenly
[49] **unter seine Hände:** under his control
[50] **im Volk:** by his parishioners

Pfarrers immer mehr, und als die Concordia ihn wegschickte, verließ er den Kirchenchor. Er dachte oft an dieses Lächeln, diese schemenhafte Strenge und diesen „jüdischen" Liebesblick, wie er es nannte, der ihm zugleich nüchtern und liebevoll erschien, und es bohrte in seiner Brust von Haß und Qual...[51]

Nachfolger wurde ein Studienrat, der gern gute Zigarren rauchte, Bier trank und sich schmutzige Witze erzählen ließ.[52] All dies hatte Filskeit verabscheut: er rauchte nicht, trank nicht und hatte für Frauen nichts übrig.[53]

Angezogen vom Rassegedanken, der seinen geheimen Idealen entsprach, trat er bald darauf in die Hitler-Jugend[54] ein, avancierte dort schnell zum Singleiter eines Gebietes,[55] schuf Chöre, Sprechchöre und entdeckte seine Liebhaberei: den gemischten Chor. Wenn er zu Hause war — er hatte ein schlichtes, kasernenmäßig eingerichtetes Zimmer in einer Vorstadt von Düsseldorf[56] — widmete er sich der Chorliteratur und allen Schriften über den Rassegedanken, die er bekommen konnte. Das Ergebnis dieses langen und eingehenden Studiums war eine eigene Schrift,[57] die er „Wechselbeziehungen zwischen Chor und Rasse" nannte. Er reichte sie einer staatlichen Musikhochschule ein und bekam sie, mit einigen ironischen Randbemerkungen versehen, zurück. Erst später erfuhr Filskeit, daß der Direktor dieser Schule Neumann hieß und Jude war.

1933[58] verließ er endgültig den Bankdienst, um sich ganz seinen musikalischen Aufgaben innerhalb der Partei zu widmen. Seine Schrift wurde von einer Musikschule positiv begutachtet[59] und nach einigen Kürzungen in einer Fachzeitschrift abgedruckt. Er hatte den Rang eines Oberbannführers der Hitler-Jugend, betreute aber auch die SA[60] und die SS,[61] er war Spezialist für Sprechchor, Männerchor und gemischten Chor. Seine Führereigenschaften waren unbestritten. Als der Krieg ausbrach, sträubte er sich, unabkömmlich gestellt zu werden,[62] bewarb sich mehrmals bei den Totenkopfverbänden[63] und wurde zweimal nicht angenommen, weil er schwarzhaarig war, zu klein und offenbar dem pyknischen[64] Typus angehörte. Niemand wußte, daß er oft stundenlang verzweifelt zu Hause vor dem Spiegel

---

[51] **es bohrte... Qual**: his heart was filled with hatred and torment
[52] **sich schmutzige Witze erzählen ließ**: had no objection to being told dirty jokes
[53] **nichts übrig**: no use
[54] **Hitler-Jugend**: Hitler Youth (*Nazi party youth organization*)
[55] **Singleiter eines Gebietes**: regional choir leader
[56] **Düsseldorf**: *large industrial city on the right bank of the Rhine in northwestern Germany*
[57] **eine eigene Schrift**: a pamphlet of his own
[58] *the year Hitler came to power in Germany*
[59] **positiv begutachtet**: approved
[60] **SA = Sturmabteilung**: storm trooper detachment of the Nazi party
[61] **SS = Schutzstaffel**: Elite Guard (*established in 1929 as Hitler's elite bodyguard under Heinrich Himmler; the SS later ran the Nazi concentration camps*)
[62] **sträubte... werden**: struggled against being classified indispensable
[63] **bewarb sich... Totenkopfverbänden**: tried several times to join the Death's Head units (*the most notorious branch of the SS, organized in 1933 for concentration camp duty*)
[64] **pyknisch**: pyknic (*having a body type characterized by roundness of contour, squatness, fleshiness*)

stand und sah, was nicht zu übersehen war: er gehörte nicht dieser Rasse an, die er glühend verehrte und der Lohengrin angehört hatte.[65]

Aber bei seiner dritten Meldung nahmen die Totenkopfverbände ihn an, weil er ausgezeichnete Zeugnisse von allen Parteiorganisationen vorlegte.

In den ersten Kriegsjahren litt er unter[66] seinem musikalischen Ruf sehr: statt an die Front wurde er auf Kurse geschickt,[67] später Kursusleiter und dann Leiter eines Kursus für Kursusleiter, er leitete die gesangliche Ausbildung ganzer SS-Armeen, und eine seiner Meisterleistungen war ein Chor von Legionären, die dreizehn verschiedenen Nationen und achtzehn verschiedenen Sprachen angehörten, aber in ausgezeichneter gesanglicher Übereinstimmung eine Chorpartie aus dem „Tannhäuser"[68] sangen. Er bekam später das Kriegsverdienstkreuz erster Klasse, eine der seltensten Auszeichnungen in der Armee, aber erst als er sich zum zwanzigsten Male freiwillig für den Truppendienst meldete, wurde er zu einem Kursus abkommandiert und kam endlich an die Front: er bekam ein kleines Konzentrationslager in Deutschland 1943, und endlich 1944 wurde er Kommandant eines Gettos in Ungarn, und später, als dieses Getto wegen des Heranrückens der Russen geräumt werden mußte, bekam er dieses kleine Lager im Norden.

Es war sein Ehrgeiz, alle Befehle korrekt[69] auszuführen. Er hatte bald entdeckt, welche ungeheure musikalische Kapazität in den Häftlingen steckte: das überraschte ihn bei Juden, und er wandte das Auswahlprinzip in der Weise an, daß[70] er jeden Neuankömmling zum Vorsingen bestellte und seine gesangliche Leistung auf der Karteikarte mit Noten versah, die zwischen null und zehn lagen. Null bekamen nur wenige—sie kamen sofort in den Lagerchor, und wer[71] zehn hatte, hatte wenig Aussicht, länger als zwei Tage am Leben[72] zu bleiben. Wenn er Transporte abstellen mußte, wählte er die Häftlinge so aus, daß er immer einen Stamm an[73] guten Sängern und Sängerinnen behielt und sein Chor immer vollzählig blieb. Auf diesen Chor, den er selbst mit einer Strenge leitete, die noch aus der Zeit des MGV Concordia stammte, auf diesen Chor war er stolz. Er hätte mit diesem Chor jede Konkurrenz bezwungen, aber leider blieben die einzigen Zuhörer die sterbenden Häftlinge und die Wachmannschaften.

---

[65] **der Lohengrin angehört hatte:** to which Lohengrin had belonged (*Lohengrin was a legendary German knight of the Holy Grail and the hero of an opera by Richard Wagner, Hitler's favorite composer.*)
[66] **unter:** from
[67] **auf Kurse geschickt:** sent to take courses
[68] **Tannhäuser:** *opera by Wagner based on the legend of Tannhäuser, a German knight and poet of the 13th century*
[69] **korrekt:** flawlessly; according to the book
[70] **in der Weise..., daß:** ... in the following way:
[71] **wer:** anyone who
[72] **am Leben:** alive
[73] **einen Stamm an:** a supply of

Aber Befehle waren ihm heiliger als selbst die Musik, und es waren in der letzten Zeit[74] viele Befehle gekommen, die seinen Chor geschwächt hatten: die Gettos und Lager in Ungarn wurden geräumt, und weil die großen Lager, in die er früher Juden geschickt hatte, nicht mehr existierten und sein kleines Lager keinen Bahnanschluß hatte, mußte er sie alle im Lager töten, aber es blieben auch jetzt noch Kommandos genug—Küche und Krematorium und Badeanstalt—, Kommandos genug, um wenigstens die ausgezeichneten Sänger sicherzustellen.

Filskeit tötete nicht gern. Er selbst hatte noch nie getötet, und das war eine seiner Enttäuschungen: er konnte es nicht. Er sah ein, daß es notwendig war, und bewunderte die Befehle, die er strikte ausführen ließ; es kam wohl nicht darauf an,[75] daß man die Befehle gern ausführte, sondern daß man ihre Notwendigkeit einsah, sie ehrte und sie ausführte...

Filskeit trat ans Fenster und blickte hinaus: hinter dem grünen Möbelwagen waren zwei Lastwagen vorgefahren, die Fahrer waren eben abgestiegen und stiegen müde die Stufen zur Wachstube hinauf.

Hauptscharführer Blauert kam mit fünf Mann[76] durchs Tor und öffnete die großen, schweren Polstertüren des Möbelwagens: die Leute drinnen schrien—das Tageslicht schmerzte ihren Augen—, sie schrien lange und laut, und die[77] jetzt absprangen, taumelten dorthin, wo Blauert sie hinwies.

Die erste war eine junge Frau in grünem Mantel und dunklem Haar; sie war schmutzig, und ihr Kleid schien zerrissen zu sein, sie hielt ängstlich ihren Mantel zu und hatte ein zwölf- oder dreizehnjähriges Mädchen am Arm. Die beiden hatten kein Gepäck.

Die Leute, die aus dem Wagen taumelten, stellten sich auf dem Appellplatz auf, und Filskeit zählte sie leise mit: es waren einundsechzig Männer, Frauen und Kinder, sehr verschieden in Kleidung, Haltung und Alter. Aus dem grünen Möbelwagen kam nichts mehr—sechs schienen tot zu sein. Der grüne Möbelwagen fuhr langsam an und hielt oben vor dem Krematorium. Filskeit nickte befriedigt: sechs Leichen wurden dort abgeladen und in die Baracke geschleppt.

Das Gepäck der Ausgeladenen[78] wurde vor der Wachstube gestapelt. Auch die beiden Lastwagen wurden entladen: Filskeit zählte die Fünferreihen, die sich langsam füllten:[79] es waren neunundzwanzig Fünferreihen. Hauptscharführer Blauert sagte durchs Megaphon: „Alle herhören![80] Sie befinden sich in einem Durchgangslager. Ihr Aufenthalt hier wird sehr kurz sein. Sie werden einzeln zur

---

[74] **in der letzten Zeit:** lately
[75] **es kam wohl nicht darauf an:** of course, what mattered was not
[76] **Mann:** enlisted men (*collective singular*)
[77] **die:** those who
[78] **der Ausgeladenen:** of the unloaded prisoners
[79] **sich... füllten:** were filled ...
[80] **Alle herhören!:** Listen, all of you (*infinitive of command*)

Häftlingskartei gehen, dann zum Herrn Lagerkommandanten, der Sie einer persönlichen Prüfung unterziehen wird—später müssen alle zum Bad und zur Entlausung, dann wird es für alle heißen Kaffee geben. Wer den geringsten Widerstand leistet, wird sofort erschossen." Er zeigte auf die Wachttürme, deren MG jetzt auf den Appellplatz geschwenkt hatten, und auf die fünf Mann, die mit entsicherten Maschinenpistolen hinter ihm standen.

Filskeit ging ungeduldig hinter seinem Fenster auf und ab. Er hatte einige blonde Juden entdeckt. Es gab viele blonde Juden in Ungarn. Filskeit liebte sie noch weniger als die dunklen, obwohl Exemplare darunter[81] waren, die jedes Bilderbuch der nordischen Rasse hätten schmücken können.

Er sah, wie die erste Frau, diese[82] in dem grünen Mantel und dem zerrissenen Kleid, in die Baracke trat, wo die Kartei war, und er setzte sich und legte seine entsicherte Pistole neben sich auf den Tisch. In wenigen Minuten würde sie hier sein und ihm vorsingen.

Ilona[83] wartete schon seit[84] zehn Stunden auf die Angst. Aber die Angst kam nicht. Sie hatte viele Dinge über sich ergehen lassen müssen und empfunden[85] in diesen zehn Stunden: Ekel und Entsetzen, Hunger und Durst, Atemnot und Verzweiflung, als[86] das Licht sie traf, und eine merkwürdig kühle Art von Glück, wenn es für Minuten oder Viertelstunden gelang,[87] allein zu sein—aber auf die Angst hatte sie vergeblich gewartet. Die Angst kam nicht. Diese Welt, in der sie seit zehn Stunden lebte, war gespenstisch, so gespenstisch wie die Wirklichkeit—gespenstisch wie die Dinge, die sie davon gehört hatte. Aber davon zu hören, hatte ihr mehr Angst gemacht, als nun darin zu sein.[88] Sie hatte nicht mehr viele Wünsche, einer dieser Wünsche war, allein zu sein, um wirklich beten zu können.

Sie hatte sich ihr Leben ganz anders vorgestellt. Es war bisher sauber und schön verlaufen, planmäßig, ziemlich genau so, wie[89] sie es sich vorgestellt hatte—auch, wenn sich ihre Pläne als falsch herausgestellt hatten—, aber dies hier hatte sie nicht erwartet. Sie hatte damit gerechnet, davon verschont zu bleiben.[90]

Wenn alles gut ging, war[91] sie in einer halben Stunde tot. Sie hatte Glück, sie war die erste. Sie wußte wohl, was es für Badeanstalten waren, von denen dieser Mensch gesprochen hatte, sie hatte damit zu rechnen, zehn Minuten Todesqualen

---

[81] **darunter:** among them
[82] **diese:** the one
[83] *name of the young woman in the green coat*
[84] **wartete schon seit:** had been waiting
[85] **Sie hatte... empfunden:** She had had to put up with and had experienced a great deal
[86] **und Verzweiflung, als:** and (finally) despair, when
[87] **wenn es... gelang:** when she managed...
[88] **Aber davon... darin zu sein.:** But hearing about it (this world) had caused her greater fear than experiencing it now.
[89] **ziemlich genau so, wie:** pretty much the way
[90] **Sie hatte... zu bleiben.:** She had figured she would be spared this.
[91] **war:** would be

auszustehen, aber das schien ihr noch so weit entfernt, daß auch das ihr keine Angst machte. Auch im Auto hatte sie viele Dinge erduldet, die sie persönlich betrafen, aber nicht in sie drangen. Jemand hatte sie zu vergewaltigen versucht, ein Kerl, dessen Geilheit sie im Dunkeln roch und den sie vergebens jetzt wiederzuerkennen versuchte. Ein anderer hatte sie vor ihm geschützt, ein älterer Mann, der ihr später zugeflüstert hatte, er sei wegen einer Hose verhaftet worden, wegen einer einzigen Hose, die er einem Offizier abgekauft hatte;[92] aber auch diesen hatte sie jetzt nicht wiedererkannt. Der andere Kerl hatte ihre Brüste im Dunkeln gesucht, ihr Kleid zerrissen und sie in den Nacken geküßt—aber zum Glück hatte der andere sie von ihm getrennt. Auch den Kuchen hatte man ihr aus der Hand geschlagen, dieses kleine Paket, das einzige, was sie mitgenommen hatte—es war auf den Boden gefallen, und im Dunkeln, auf der Erde herumtastend, hatte sie nur noch einige Teigbrocken erwischt,[93] die mit Schmutz und Butterkrem durchsetzt waren. Mit Maria[94] zusammen hatte sie sie gegessen—ein Teil des Kuchens war in ihrer Manteltasche zerquetscht worden—aber Stunden später hatte sie gefunden, daß er wunderbar schmeckte, sie zog kleine klebrige Klumpen aus der Tasche, gab dem Kind davon[95] und aß selbst, und sie fand, daß er wunderbar schmeckte, dieser zerdrückte schmutzige Kuchen, den sie restlos aus ihrer Manteltasche herauskratzte. Einige hatten sich das Leben genommen,[96] sie verbluteten fast lautlos, seltsam keuchend und stöhnend in der Ecke, bis ihre Nachbarn in dem ausfließenden Blut ausglitten und irrsinnig schrien. Aber sie hatten aufgehört zu schreien, als der Posten gegen die Wand klopfte—es klang drohend und schrecklich, dieses Pochen, es konnte kein Mensch sein, der klopfte, sie waren schon lange nicht mehr unter Menschen...

Sie wartete auch vergebens auf die Reue; es war sinnlos gewesen, daß sie sich von diesem Soldaten[97] trennte, den sie sehr gern hatte, dessen Namen sie nicht einmal genau wußte, es war vollkommen sinnlos. Die Wohnung der Eltern war schon leer, und sie fand dort nur das verwirrte und erschreckte Kind ihrer Schwester, die kleine Maria, die aus der Schule gekommen war und die Wohnung leer gefunden hatte. Die Eltern und Großeltern waren schon weg—Nachbarn erzählten, daß sie mittags schon abgeholt worden seien. Und es war sinnlos, daß sie dann ins Getto liefen, um dort die Eltern und Großeltern zu suchen: sie betraten es wie

---

[92] *In Chapter 4 of the novel a German lieutenant had illegally sold to the old Jewish tailor a pair of military trousers he was wearing over another pair.*
[93] **erwischt:** retrieved
[94] *Ilona's niece, about twelve years old*
[95] **davon:** some
[96] **sich das Leben genommen:** committed suicide
[97] *Feinhals, the German corporal who had fallen in love with Ilona and waited in vain for her to return to him. She had gone home to fetch her mother so that they could bring some things to their relatives who, she had heard, were being evacuated from the ghetto. Ilona's own family was permitted to live outside the ghetto because her father had been an officer with a "magnificent" record in World War I—he had lost both legs.*

Wo warst du, Adam? (Chapter 7)

immer durch die Hinterzimmer eines Friseurgeschäftes und rannten durch die leeren Straßen und kamen gerade recht,[98] um in diesen Möbelwagen gepackt zu werden, der abfahrbereit dort stand und in dem sie die Angehörigen zu finden hofften. Sie fanden Eltern und Großeltern nicht, sie waren nicht in diesem Wagen. Ilona fand es erstaunlich, daß niemand von den Nachbarn auf die Idee gekommen war, in die Schule zu laufen und sie zu warnen, aber auch Maria war nicht auf die Idee gekommen. Es hätte wahrscheinlich auch nichts genützt, wenn jemand sie gewarnt hätte... Im Auto hatte ihr jemand eine brennende Zigarette in den Mund gesteckt, später erfuhr sie, daß es der Mann war, der wegen der Hose mitgenommen worden war. Es war die erste Zigarette, die sie rauchte, und sie fand, daß es sehr erfrischend und sehr wohltuend war. Sie wußte nicht, wie ihr Wohltäter hieß, niemand gab sich zu erkennen,[99] weder dieser keuchende, geile Bursche noch ihr Wohltäter, und wenn ein Streichholz aufflammte, schienen die Gesichter alle gleich zu sein: entsetzliche Gesichter voller Angst und Haß.

Aber sie hatte auch lange Zeit beten können: im Kloster hatte sie alle Gebete, alle Litaneien und große Teile der Liturgie hoher Festtage auswendig gelernt, und sie war jetzt froh, sie zu kennen. Zu beten erfüllte sie mit einer kühlen Heiterkeit. Sie betete nicht, um irgend etwas zu bekommen oder von irgend etwas verschont zu werden, nicht um einen schnellen, schmerzlosen Tod oder um[100] ihr Leben, sie betete einfach, und sie war froh, als sie sich hinten an die Polstertür lehnen konnte und wenigstens am Rücken allein war—erst hatte sie umgekehrt gestanden, mit dem Rücken in die Masse hinein,[101] und als sie müde war und sich fallen ließ, einfach nach hinten, hatte ihr Körper wohl in dem Mann, auf den sie fiel, diese tolle Begierde erweckt, die sie erschreckte, aber nicht kränkte—fast im Gegenteil, sie spürte etwas, wie wenn sie teil an ihm hätte, an diesem Unbekannten...[102]

Sie war froh, als sie frei stand, wenigstens mit dem Rücken allein gegen dieses Polster, das für die Schonung guter Möbel gedacht[103] war. Sie hielt Maria fest an sich gedrückt und war froh, daß das Kind schlief. Sie versuchte, mit der gleichen Andacht zu beten wie sonst, aber es gelang ihr nicht, es blieb wie ein kühles gedankliches Meditieren. Sie hatte sich ihr Leben ganz anders vorgestellt: mit dreiundzwanzig hatte sie ihr Staatsexamen gemacht, dann war sie ins Kloster gegangen—die Verwandten waren enttäuscht, aber billigten ihren Entschluß. Sie war ein ganzes Jahr im Kloster gewesen, es war eine schöne Zeit, und wenn sie

---

[98] **gerade recht:** just at the right time
[99] **gab sich zu erkennen:** revealed his identity
[100] **um:** for
[101] **mit... hinein:** with her back to the mass of people
[102] **fast... Unbekannten:** on the contrary, she felt almost as if she had some kind of bond with him, with this stranger
[103] **gedacht:** designed

wirklich Nonne geworden wäre, wäre sie jetzt Schulschwester in Argentinien, in einem sehr schönen Kloster gewiß; aber sie war nicht Nonne geworden, der Wunsch zu heiraten und Kinder zu haben war so stark in ihr, daß er auch nach einem Jahr nicht überwunden war—und sie war in die Welt zurückgekehrt. Sie wurde eine sehr erfolgreiche Lehrerin, und sie war es gern, sie liebte ihre beiden Fächer Deutsch und Musik sehr und hatte die Kinder gern, sie konnte sich kaum etwas Schöneres denken als einen Kinderchor, sie war sehr erfolgreich mit ihrem Kinderchor, den sie in der Schule gründete, und die Gesänge der Kinder, diese lateinischen Gesänge, die sie zu den Festen einübte,[104] hatten eine wirklich engelhafte Neutralität[105]—eine freie innere Freude war es, aus der heraus[106] die Kinder sangen, Worte sangen, die sie nicht verstanden und die schön waren. Das Leben erschien ihr schön—lange Zeit, fast immer. Was sie schmerzte, war nur dieser Wunsch nach Zärtlichkeit und Kindern, es schmerzte sie, weil sie niemanden fand; es gab viele Männer, die sich für sie interessierten, manche gestanden ihr auch ihre Liebe, und von einigen ließ sie sich küssen, aber sie wartete auf etwas, das sie nicht hätte beschreiben können, sie nannte es nicht Liebe—es gab viele Arten von Liebe, eher hätte sie es Überraschung nennen mögen, und sie hatte geglaubt, diese Überraschung zu spüren, als der Soldat, dessen Namen sie nicht kannte, neben ihr an der Landkarte stand und die Fähnchen einsteckte.[107] Sie wußte, daß er in sie verliebt war, er kam schon zwei Tage lang für Stunden zu ihr und plauderte mit ihr, und sie fand ihn nett, obwohl seine Uniform sie etwas beunruhigte und erschreckte, aber plötzlich, in diesen paar Minuten, als sie neben ihm stand, er[108] sie vergessen zu haben schien, hatten sein ernstes und schmerzliches Gesicht und seine Hände, mit denen er die Karte von Europa absuchte, sie überrascht, sie hatte Freude empfunden und hätte singen können. Er war der erste, den sie wiederküßte...

Sie ging langsam die Stufen zur Baracke hinauf und zog Maria hinter sich her; erstaunt blickte sie auf, als der Posten ihr die Mündung der Maschinenpistole in die Seite stieß und schrie: „Schneller—schneller." Sie ging schneller. Drinnen saßen drei Schreiber an den Tischen; große Packen Karteikarten lagen vor ihnen, die Karten waren so groß wie Deckel von Zigarrenkisten. Sie wurde zum ersten Tisch gestoßen, Maria zum zweiten, und an den dritten Tisch kam ein alter Mann, der zerlumpt und unrasiert war und ihr flüchtig zulächelte, sie lächelte zurück; es schien ihr Wohltäter zu sein.

Sie nannte ihren Namen, ihren Beruf, ihr Geburtsdatum und ihre Religion und

---

[104] **zu den Festen einübte**: prepared for the Feast Days
[105] **engelhafte Neutralität**: angelic neutrality (*angels are theologically sexless*)
[106] **aus der heraus**: out of which
[107] **und die Fähnchen einsteckte**: and stuck the little flags (into the map) (*The map was in Ilona's classroom, where the German soldier she suddenly fell in love with first met her.*)
[108] **er = (und als) er**

Wo warst du Adam? (Chapter 7)   29

war erstaunt, als der Schreiber sie nach ihrem Alter fragte. „Dreiundzwanzig", sagte sie.

Noch eine halbe Stunde, dachte sie. Vielleicht würde sie doch Gelegenheit haben, noch ein wenig[109] allein zu sein. Sie war erstaunt, wie gelassen es in dieser Verwaltung des Todes zuging.[110] Alles ging mechanisch, etwas gereizt, ungeduldig: diese Menschen taten ihre Arbeit mit der gleichen Mißlaune, wie[111] sie jede andere Büroarbeit getan hätten, sie erfüllten lediglich eine Pflicht, eine Pflicht, die ihnen lästig war, die sie aber erfüllten. Man tat ihr nichts, sie wartete immer noch auf die Angst, vor der sie sich gefürchtet hatte. Sie hatte damals große Angst gehabt, als sie aus dem Kloster zurückkam, große Angst, als sie mit dem Koffer zur Straßenbahn ging und mit ihren nassen Fingern das Geld umklammert hielt: diese Welt war ihr fremd und häßlich vorgekommen, in die sie sich zurückgesehnt hatte, um einen Mann und Kinder zu haben—eine Reihe von Freuden, die sie im Kloster nicht finden konnte und die sie jetzt, als sie zur Straßenbahn ging, nicht mehr zu finden hoffte, aber sie schämte sich sehr, schämte sich dieser Angst...

Als sie zur zweiten Baracke ging, suchte sie in den Reihen der Wartenden nach Bekannten, aber sie entdeckte keinen, sie stieg die Stufen hinauf, der Posten winkte ihr ungeduldig, einzutreten, als sie vor der Tür zögerte, und sie trat ein und zog Maria hinter sich her: das schien verkehrt zu sein, zum zweiten Male entdeckte sie Brutalität, als der Posten das Kind von ihr wegriß und es, als es sich sträubte, an den Haaren zog. Sie hörte Maria schreien und trat mit ihrer Karteikarte ins Zimmer. Im Zimmer war nur ein[112] Mann, der die Uniform eines Offiziers trug; er hatte einen sehr eindrucksvollen schmalen, silbernen Orden in Kreuzform auf der Brust, sein Gesicht sah blaß und leidend aus, und als er den Kopf hob, um sie anzusehen, erschrak sie über sein schweres Kinn, das ihn fast entstellte. Er streckte stumm die Hand aus, sie gab ihm die Karte und wartete: noch immer keine Angst. Der Mann las die Karte durch, sah sie an und sagte ruhig: „Singen Sie etwas."

Sie stutzte. „Los", sagte er ungeduldig, „singen Sie etwas—ganz gleich was..."[113]

Sie sah ihn an und öffnete den Mund. Sie sang die Allerheiligenlitanei nach einer Vertonung, die sie erst kürzlich entdeckt und herausgelegt hatte, um sie mit den Kindern einzustudieren. Sie sah den Mann während des Singens genau an, und nun wußte sie plötzlich, was Angst war, als er aufstand und sie anblickte.

---

[109] **noch ein wenig:** for a little while yet
[110] **wie gelassen... zuging:** how smoothly things operated in this administrative office of death
[111] **wie:** with which
[112] **ein:** a single
[113] **ganz gleich was:** it doesn't matter what

Sie sang weiter, während das Gesicht vor ihr sich verzerrte wie ein schreckliches Gewächs, das einen Krampf zu bekommen schien. Sie sang schön, und sie wußte nicht, daß sie lächelte, trotz der Angst, die langsam höher stieg und ihr wie zum Erbrechen im Hals saß...[114]

Seitdem sie angefangen hatte zu singen, war es still geworden, auch draußen, Filskeit starrte sie an: sie war schön — eine Frau — er hatte noch nie eine Frau gehabt — sein Leben war in tödlicher Keuschheit verlaufen — hatte sich, wenn er allein war, oft vor dem Spiegel abgespielt,[115] in dem er vergebens Schönheit und Größe und rassische Vollendung suchte — hier war es: Schönheit und Größe und rassische Vollendung, verbunden mit etwas, das ihn vollkommen lähmte: Glauben. Er begriff nicht, daß[116] er sie weitersingen ließ, noch über die Antiphon hinaus[117] — vielleicht träumte er — und in ihrem Blick, obwohl er sah, daß sie zitterte — in ihrem Blick war etwas fast wie Liebe — oder war es Spott — Fili, Redemptor mundi, Deus,[118] sang sie — er hatte noch nie eine Frau so singen hören.

Spiritus Sancte, Deus[119] — kräftig war ihre Stimme, warm und von unglaublicher Klarheit. Offenbar träumte er — jetzt würde sie singen: Sancta Trinitas, unus Deus[120] — er kannte es noch — und sie sang es:

Sancta Trinitas — Katholische Juden? dachte er — ich werde wahnsinnig. Er rannte ans Fenster und riß es auf: draußen standen sie und hörten zu, keiner rührte sich. Filskeit spürte, daß er zuckte, er versuchte zu schreien, aber aus seinem Hals kam nur ein heiseres tonloses Fauchen, und von draußen kam diese atemlose Stille, während die Frau weitersang:

Sancta Dei Genitrix[121]... er nahm mit zitternden Fingern seine Pistole, wandte sich um, schoß blindlings auf die Frau, die stürzte und zu schreien anfing — jetzt fand er seine Stimme wieder, nachdem die ihre[122] nicht mehr sang. „Umlegen",[123] schrie er, „alle umlegen, verflucht — auch den Chor — raus mit ihm — raus aus der Baracke[124] —", er schoß sein ganzes Magazin leer auf die Frau, die am Boden lag und unter Qualen ihre Angst erbrach...

Draußen fing die Metzelei an.

(*Übungen* on page 163)

---

[114] **und (die) ihr wie zum Erbrechen im Hals saß**: and which lodged in her throat as if about to be vomited
[115] **(sein Leben) hatte sich... abgespielt**: (his life) had been acted out...
[116] **Er begriff nicht, daß**: He couldn't understand why
[117] **noch über die Antiphon hinaus**: even past the antiphon
[118] **Fili, Redemptor mundi, Deus** (*Latin*): O Son, Redeemer of the world, God
[119] **Spiritus Sancte, Deus**: O Holy Spirit, God
[120] **Sancta Trinitas, unus Deus**: O Holy Trinity, one God
[121] **Sancta Dei Genitrix**: O Holy Mother of God
[122] **die ihre**: hers
[123] **Umlegen**: Kill them (*infinitive of command*)
[124] **raus mit ihm — raus aus der Baracke**: get them out — get them out of the barracks

II

Nach dem Zusammenbruch

Nach dem Zusammenbruch

"With us," Böll once explained to a Jewish emigré from Hitler's Reich, "you will never hear anybody say: Germany was beaten; you will always hear 'Zusammenbruch' ('collapse'). The words 'nach dem Zusammenbruch' designate the period from May of 1945 to the currency reform, or, in retrospect, this period is called: 'vor der Währungsreform.'" The three short stories included in this section form part of what has come to be known as "Trümmerliteratur," or "literature of the ruins." The ablest representative of this literature of experience which describes the effects of the "collapse" is Heinrich Böll. Its background is the Germany of 1945–1948. By the time the Nazis surrendered unconditionally, Germany had been reduced to a state far worse even than it had to endure as a result of the Thirty Years' War. Every city with a population of over 50,000 was little more than rubble; millions of soldiers had died in battle, millions more were languishing in POW camps; millions of Germans at home were hungry, homeless, jobless, without hope; whole families were forced to live in underground bunkers without light, heat, and water. There were over 1,500,000 war-wounded, of whom at least half had a fifty percent disability or worse; there were nearly a million widows; over 250,000 children had been made orphans; over 1,250,000 children had lost a mother or a father. During those three years after the "collapse," clothes and medicine were practically unobtainable. Food was so scarce in the cities that the official ration was 1,500 calories, and Germans were lucky if they got 900 (the daily requirement to maintain health under normal working conditions is 2,650, according to United Nations experts). Money had little value in a black market barter economy whose most precious items were American cigarettes and coffee. Two packs of cigarettes were equal in value to the monthly salary of a teacher. With that same salary a teacher could purchase no more than two pounds of flour and one-half pound of butter on the black market. Böll who himself was arrested for tinkering with the recording disc of his electricity meter, wrote of that period: "In the first years after the war there was besides the dust and the stillness something else . . . : a lack of possessions. Everyone possessed his bare life and, in addition, whatever he could get his hands on: pieces of coal, wood, books, building materials. Everyone could have rightly accused everyone else of theft. Anybody who did not freeze to death in a destroyed city must have stolen his wood or his coal, and if he didn't starve to death, he must have procured his food illegally...."

The narrator of the first story in this part, *Die Botschaft,* is a "Heimkehrer," one of countless thousands of POW's released months or years after the war ended. It has many ingredients of a typical Böll story: the first-person form, the sustained atmosphere of gloom and cheerlessness, the sinner (a war widow) sketched with love and leniency, the drafty railroad station appearing both at the beginning and end as a symbol of uprootedness and loneliness, the stress on bread and tobacco without which life becomes completely hopeless and intolerable, the smile which forms a bridge of understanding between the victims of a harsh world, and the strong undercurrent of a Christian compassion which says: "Do not judge, that you may not be judged."

In *Lohengrins Tod* innocent children are depicted as the victims of war, specifically a thirteen-year-old-boy who has fallen off a freight train while attempting to pilfer coal to keep his younger brothers alive, and a little girl born out of wedlock to a German mother and (presumably) a displaced Russian father. The setting of the story could well be the terrible winter of 1945–1946 or the winter of 1946–1947, the longest and coldest of the century, when organized bands of Germans attacked guarded coal trains transporting this scarce commodity from the crippled Ruhr to France and the Low Countries. The marauders were actually encouraged by the Archbishop of Cologne: "One cannot stop men from taking the things they desperately need to stay alive if they cannot obtain them through work or by begging." The story employs one of Böll's favorite devices, the *stil indirect libre,* which he often uses in the absense of first-person narrative to form a bond between reader and protagonist. As in the previous story, the element of grace is present. It is suggested by the nun's attempt to baptize a child who has not been allowed to be a child.

Our third story, *Mein teures Bein,* is an early indication of Böll's gift for satire and humor. It shows a disabled "Heimkehrer" in mild rebellion against "them," the faceless system of officialdom, of a German bureaucracy which will function under any and all regimes, whether democratic or totalitarian. The narrator is unable to arouse a shred of human feeling in the official on behalf of the cherished and costly leg (*teuer* means both) the state has taken away from him and now restored in the form of a niggardly pension of seventy marks a month (or, expressed in terms of the black market economy, half a cigarette a week) and of an offer of a sedentary job in a comfort station. But he can derive a modicum of satisfaction from his encounter. Not only is he offered the opportunity to express the frontline-soldier's disdain for officers, but he is also able to put a dent in the officious politeness of the bureaucrat by attacking him on his own grounds.

With these stories Böll has fulfilled what by his own definition are the purposes of "Trümmerliteratur," for they serve to remind his fellow Germans that "the human being does not only exist to be administered, and that the destructions in our world are not merely external, and not so negligible that one can presume to heal them within a few years."

Die Botschaft
[1947]

Kennen Sie jene Drecknester, wo man sich vergebens fragt, warum die Eisenbahn dort eine Station errichtet hat; wo die Unendlichkeit über ein paar schmutzigen Häusern und einer halbverfallenen Fabrik erstarrt scheint; ringsum Felder, die zur ewigen Unfruchtbarkeit verdammt sind; wo man mit einem Male[1] spürt, daß sie trostlos sind, weil kein Baum und nicht einmal[2] ein Kirchturm zu sehen ist? Der Mann mit der roten Mütze, der den Zug endlich, endlich wieder abfahren läßt, verschwindet unter einem großen Schild mit hochtönendem Namen, und man glaubt, daß er nur bezahlt wird, um zwölf Stunden am Tage[3] mit Langeweile zugedeckt zu schlafen. Ein grauverhangener Horizont über öden Äckern, die niemand bestellt.

Trotzdem war ich nicht der einzige, der ausstieg; eine alte Frau mit einem großen braunen Paket entstieg dem Abteil neben mir, aber als ich den kleinen schmuddeligen Bahnhof verlassen hatte, war sie wie von der Erde verschluckt,[4] und ich war einen Augenblick ratlos, denn ich wußte nun nicht, wen ich nach dem Wege fragen sollte. Die wenigen Backsteinhäuser mit ihren toten Fenstern und gelblich-grünen Gardinen sahen aus, als könnten sie unmöglich bewohnt sein,[5] und quer zu dieser Andeutung einer Straße verlief eine schwarze Mauer, die zusammenzubrechen schien. Ich ging auf die finstere Mauer zu, denn ich fürchtete mich, an eins dieser Totenhäuser zu klopfen. Dann bog ich um die Ecke und las gleich neben[6] dem schmierigen und kaum lesbaren Schild „Wirtschaft" deutlich und klar mit weißen Buchstaben auf blauem Grund „Hauptstraße". Wieder ein paar Häuser, die eine schiefe Front bildeten, zerbröckelnder Verputz, und gegenüber, lang und fensterlos, die düstere Fabrikmauer wie eine Barriere ins Reich der Trostlosigkeit. Einfach meinem Gefühl nach[7] ging ich links herum, aber da war der Ort plötzlich zu Ende; etwa zehn Meter weit lief noch die Mauer, dann

---

[1] **mit einem Male:** all of a sudden
[2] **nicht einmal:** not even
[3] **am Tage:** a day
[4] **war sie wie... verschluckt:** the ground seemed to have swallowed her up
[5] **als könnten... sein:** as if they could not possibly be inhabited
[6] **gleich neben:** right next to
[7] **Einfach meinem Gefühl nach:** Simply on instinct

begann ein flaches, grauschwarzes Feld mit einem kaum sichtbaren grünen Schimmer, das irgendwo mit dem grauen himmelhohen Horizont zusammenlief, und ich hatte das schreckliche Gefühl, am Ende der Welt wie vor einem unendlichen Abgrund[8] zu stehen, als sei ich verdammt, hineingezogen zu werden in diese unheimlich lockende, schweigende Brandung der völligen Hoffnungslosigkeit.

Links stand ein kleines, wie[9] plattgedrücktes Haus, wie es sich Arbeiter nach Feierabend[10] bauen; wankend, fast taumelnd bewegte ich mich darauf zu.[11] Nachdem ich eine ärmliche und rührende[12] Pforte durchschritten hatte, die von einem kahlen Heckenrosenstrauch überwachsen war, sah ich die Nummer, und ich wußte, daß ich am rechten Haus war.

Die grünlichen Läden, deren Anstrich längst verwaschen war, waren fest geschlossen, wie[13] zugeklebt; das niedrige Dach, dessen Traufe ich mit der Hand erreichen konnte, war mit rostigen Blechplatten geflickt. Es war unsagbar still, jene Stunde, wo die Dämmerung noch eine Atempause macht, ehe sie grau und unaufhaltsam über den Rand der Ferne quillt. Ich stockte einen Augenblick lang vor der Haustür, und ich wünschte mir, ich wäre gestorben, damals... anstatt nun hier zu stehen, um in dieses Haus zu treten. Als ich dann die Hand heben wollte, um zu klopfen, hörte ich drinnen ein girrendes Frauenlachen; dieses rätselhafte Lachen, das ungreifbar ist und je nach[14] unserer Stimmung uns erleichtert oder uns das Herz zuschnürt. Jedenfalls konnte so nur eine Frau lachen, die nicht allein war, und wieder stockte ich, und das brennende, zerreißende Verlangen quoll in mir auf, mich hineinstürzen zu lassen in die graue Unendlichkeit des sinkenden Dämmers, die nun über dem weiten Feld hing und mich lockte, lockte... und mit meiner allerletzten Kraft pochte ich heftig gegen die Tür.

Erst war Schweigen, dann Flüstern — und Schritte, leise Schritte von Pantoffeln, und dann öffnete sich die Tür, und ich sah eine blonde, rosige Frau, die auf mich wirkte wie eins jener unbeschreiblichen Lichter, die die düsteren Bilder Rembrandts erhellen bis in den letzten Winkel. Golden-rötlich brannte sie wie ein Licht vor mir auf in dieser Ewigkeit von Grau und Schwarz. Sie wich mit einem leisen Schrei zurück und hielt mit zitternden Händen die Tür, aber als ich meine Soldatenmütze abgenommen und mit heiserer Stimme gesagt hatte: „'n Abend",[15] löste sich[16] der Krampf des Schreckens aus diesem merkwürdig formlosen Gesicht,

---

[8] **am Ende... Abgrund:** at the edge of the world, in front of a bottomless abyss, as it were
[9] **wie:** as it were
[10] **nach Feierabend:** on their own time
[11] **bewegte ich mich darauf zu:** I headed for it
[12] **und rührende:** and (at the same time) touching
[13] **wie:** as if
[14] **je nach:** depending upon
[15] **'n Abend = guten Abend**
[16] **löste sich:** disappeared

Die Botschaft

und sie lächelte beklommen und sagte „Ja". Im Hintergrund tauchte eine muskulöse, im Dämmer des kleinen Flures verschwimmende Männergestalt auf. „Ich möchte zu[17] Frau Brink", sagte ich leise. „Ja", sagte wieder diese tonlose Stimme, die Frau stieß nervös eine Tür tuf. Die Männergestalt verschwand im Dunkeln. Ich betrat eine enge Stube, die mit ärmlichen Möbeln vollgepfropft war und worin der Geruch von schlechtem Essen und sehr guten Zigaretten sich festgesetzt hatte. Ihre weiße Hand huschte zum Schalter, und als nun das Licht auf sie fiel, wirkte sie[18] bleich und zerflossen, fast leichenhaft, nur das helle rötliche Haar war lebendig und warm. Mit immer noch zitternden Händen hielt sie das dunkelrote Kleid über den schweren Brüsten krampfhaft zusammen, obwohl es fest zugeknöpft war—fast als fürchte sie, ich könne sie erdolchen. Der Blick ihrer wäßrigen blauen Augen war ängstlich und schreckhaft, als stehe sie, eines furchtbaren Urteils gewiß,[19] vor Gericht. Selbst die billigen Drucke an den Wänden, diese süßlichen Bilder, waren wie ausgehängte Anklagen.

„Erschrecken Sie nicht", sagte ich gepreßt,[20] und ich wußte im gleichen Augenblick, daß das der schlechteste Anfang war, den ich hatte wählen können, aber bevor ich fortfahren konnte, sagte sie seltsam ruhig:[21] „Ich weiß alles, er ist tot... tot." Ich konnte nur nicken. Dann griff ich in meine Tasche, um ihr die letzten Habseligkeiten zu überreichen, aber im Flur rief eine brutale Stimme „Gitta!" Sie blickte mich verzweifelt an, dann riß sie die Tür auf und rief kreischend: „Warte fünf Minuten— verdammt—", und krachend schlug die Tür wieder zu,[22] und ich glaubte mir vorstellen zu können, wie sich der Mann feige hinter dem Ofen verkroch. Ihre Augen sahen trotzig, fast triumphierend zu mir auf.

Ich legte langsam den Trauring, die Uhr und das Soldbuch mit den verschlissenen Fotos auf die grüne samtene Tischdecke. Da schluchzte sie plötzlich wild und schrecklich wie ein Tier. Die Linien ihres Gesichtes waren völlig verwischt, schneckenhaft weich und formlos, und helle, kleine Tränen purzelten zwischen ihren kurzen, fleischigen Fingern hervor. Sie rutschte auf das Sofa und stützte sich mit der Rechten auf den Tisch, während ihre Linke mit den ärmlichen Dingen spielte. Die Erinnerung schien sie wie[23] mit tausend Schwertern zu durchschneiden. Da wußte ich, daß der Krieg niemals zu Ende sein würde, niemals, solange noch irgendwo eine Wunde blutete, die er geschlagen[24] hat.

---

[17] **Ich möchte zu:** I'm looking for
[18] **wirkte sie:** she seemed
[19] **eines furchtbaren Urteils gewiß:** certain of a dreadful judgment
[20] **gepreßt:** in a strained tone of voice
[21] **seltsam ruhig:** in a strangely calm way
[22] **krachend schlug die Tür... zu:** banged the door shut...
[23] **wie:** so to speak
[24] **geschlagen:** inflicted

Ich warf alles, Ekel, Furcht und Trostlosigkeit, von mir ab wie eine lächerliche Bürde und legte meine Hand auf die zuckende, üppige Schulter, und als sie nun das erstaunte Gesicht zu mir wandte, sah ich zum ersten Male in ihren Zügen Ähnlichkeit mit jenem Foto eines hübschen, liebevollen Mädchens, das ich wohl viele hundert Male hatte ansehen müssen, damals...

„Wo war es—setzen Sie sich doch[25]—, im Osten?"[26] Ich sah es ihr an, daß sie jeden Augenblick wieder in Tränen ausbrechen würde.

„Nein... im Westen, in der Gefangenschaft[27]... wir waren mehr als hunderttausend..."

„Und wann?" Ihr Blick war gespannt und wach und unheimlich lebendig, und ihr ganzes Gesicht war gestrafft und jung — als hinge ihr Leben an meiner Antwort. „Im Juli 45", sagte ich leise.

Sie schien einen Augenblick zu überlegen, und dann lächelte sie—ganz rein und unschuldig, und ich erriet, warum sie lächelte.

Aber plötzlich war mir, als[28] drohe das Haus über mir zusammenzubrechen, ich stand auf. Sie öffnete mir, ohne ein Wort zu sagen, die Tür und wollte sie[29] mir aufhalten, aber ich wartete beharrlich, bis sie vor mir hinausgegangen war; und als sie mir ihre kleine, etwas feiste Hand gab, sagte sie mit einem trockenen Schluchzen: „Ich wußte es, ich wußte es, als ich ihn damals — es ist fast drei Jahre her — zum Bahnhof brachte", und dann setzte sie ganz leise hinzu: „Verachten Sie mich nicht."

Ich erschrak vor diesen Worten bis ins Herz—mein Gott, sah ich denn wie ein Richter aus? Und ehe sie es verhindern konnte, hatte ich diese kleine, weiche Hand geküßt, und es war das erste Mal in meinem Leben, daß ich einer Frau die Hand küßte.

Draußen war es dunkel geworden, und wie in Angst gebannt[30] wartete ich noch einen Augenblick vor der verschlossenen Tür. Da hörte ich sie drinnen schluchzen, laut und wild, sie war an die Haustür gelehnt, nur durch die Dicke des Holzes von mir getrennt, und in diesem Augenblick wünschte ich wirklich, daß das Haus über ihr zusammenbrechen und sie begraben möchte.

Dann tastete ich mich langsam und unheimlich vorsichtig, denn ich fürchtete jeden Augenblick in einem Abgrund zu versinken, bis zum Bahnhof zurück. Kleine Lichter brannten in den Totenhäusern, und das ganze Nest schien weit, weit[31] vergrößert. Selbst hinter der schwarzen Mauer sah ich kleine Lampen,

---

[25] **setzen Sie sich doch:** do sit down
[26] **im Osten:** on the Eastern Front
[27] **im Westen, in der Gefangenschaft:** on the Western Front, in a POW camp
[28] **war mir, als:** I felt as if
[29] **sie:** it (the door)
[30] **wie in Angst gebannt:** as if held spellbound by fear
[31] **weit, weit:** tremendously

die unendlich großen Höfe zu beleuchten schienen. Dicht und schwer war der Dämmer geworden, nebelhaft dunstig[32] und undurchdringlich.

In der zugigen, winzigen Wartehalle stand außer mir noch ein älteres Paar, fröstelnd in eine Ecke gedrückt. Ich wartete lange, die Hände in den Taschen und die Mütze über die Ohren gezogen, denn es zog kalt von den Schienen her,[33] und immer, immer tiefer sank die Nacht wie ein ungeheures Gewicht.

„Hätte man nur etwas mehr Brot und ein bißchen Tabak", murmelte hinter mir der Mann. Und immer wieder beugte ich mich vor, um in die sich ferne zwischen matten Lichtern verengende Parallele der Schienen zu blicken.[34]

Aber dann wurde die Tür jäh aufgerissen, und der Mann mit der roten Mütze, diensteifrigen Gesichts,[35] schrie, als ob er es in die Wartehalle eines großen Bahnhofs rufen müsse: „Personenzug nach Köln[36] fünfundneunzig Minuten Verspätung!"

Da war mir, als sei ich für mein ganzes Leben in Gefangenschaft geraten.[37]

(*Übungen* on page 165)

---

[32] **nebelhaft dunstig**: as hazy as a fog
[33] **es zog... her**: there was a cold draft from the direction of the tracks
[34] **um... zu blicken**: in order to look at the parallel of the tracks narrowing in the distance between faint lights
[35] **diensteifrigen Gesichts**: with the zeal of officialdom written on his face (*genitive of description*)
[36] **Köln**: Cologne (*important industrial city on the Rhine in northwestern Germany*)
[37] **Da... geraten.**: At that moment I felt as if I had been made a prisoner of war for the rest of my life.

Lohengrins Tod
[1950]

Die Treppe hinauf trugen sie die Bahre etwas langsamer. Die beiden Träger waren ärgerlich, sie hatten vor einer Stunde schon ihren Dienst angefangen[1] und noch keine Zigarette Trinkgeld gemacht,[2] und der eine von ihnen war der Fahrer des Wagens, und Fahrer brauchen eigentlich nicht zu tragen. Aber vom Krankenhaus hatten sie keinen zum Helfen heruntergeschickt, und sie konnten den Jungen doch nicht im Wagen liegen lassen; es war noch eine eilige Lungenentzündung[3] abzuholen und ein Selbstmörder, der in den letzten Minuten[4] abgeschnitten worden war. Sie waren ärgerlich, und plötzlich trugen sie die Bahre wieder weniger langsam. Der Flur war nur schwach beleuchtet, und es roch natürlich nach Krankenhaus.

„Warum sie ihn nur[5] abgeschnitten haben?" murmelte der eine, und er meinte den Selbstmörder, es war der hintere Träger, und der vordere brummte zurück: „Hast recht, wozu eigentlich?" Da er sich dabei umgewandt hatte, stieß er hart gegen die Türfüllung, und der, der auf der Bahre lag, erwachte und stieß schrille, schreckliche Schreie aus; es waren die Schreie eines Kindes.

„Ruhig, ruhig", sagte der Arzt, ein junger mit einem studentischen Kragen, blondem Haar und einem nervösen Gesicht. Er sah zur Uhr: es war acht Uhr, und er müßte eigentlich längst abgelöst sein.[6] Schon über eine Stunde wartete er vergebens auf Dr. Lohmeyer, aber vielleicht hatten sie ihn verhaftet; jeder konnte heute[7] jederzeit verhaftet werden. Der junge Arzt zückte automatisch sein Hörrohr, er hatte den Jungen auf der Bahre ununterbrochen angesehen, jetzt erst fiel sein Blick auf die Träger, die ungeduldig wartend an der Tür standen; er fragte ärgerlich: „Was ist los, was wollen Sie noch?"

„Die Bahre", sagte der Fahrer, „kann man ihn nicht umbetten? Wir müssen schnell weg."

---

[1] **ihren Dienst angefangen**: gone on duty
[2] **noch keine... gemacht**: hadn't been tipped a single cigarette yet
[3] **eilige Lungenentzündung**: urgent pneumonia case
[4] **in den letzten Minuten**: at the last minute
[5] **Warum... nur**: Why in the world...
[6] **müßte... sein**: should have been relieved long ago
[7] **heute**: in these times

„Ach, klar,[8] hier!" Der Arzt deutete auf das Ledersofa. In diesem Augenblick kam die Nachtschwester, sie sah gleichgültig, aber ernst aus. Sie packte den Jungen oben an den Schultern, und einer der Träger, nicht der Fahrer, packte ihn einfach an den Beinen.

Das Kind schrie wieder wie irrsinnig,[9] und der Arzt sagte hastig: „Still, ruhig, ruhig, wird nicht so schlimm sein..."

Die Träger warteten immer noch. Dem gereizten Blick des Arztes antwortete wieder der eine. „Die Decke", sagte er ruhig. Die Decke gehörte ihm gar nicht, eine Frau auf der Unfallstelle hatte sie hergegeben, weil man doch[10] den Jungen mit diesen kaputten Beinen nicht so ins Krankenhaus fahren konnte. Aber der Träger meinte, das Krankenhaus würde sie behalten, und das Krankenhaus hatte genug Decken, und die Decke würde der Frau doch nicht wiedergegeben, und dem Jungen gehörte sie ebensowenig wie dem Krankenhaus, und das hatte genug.[11] Seine Frau würde die Decke schon sauber kriegen,[12] und für Decken gaben sie heute eine Menge.[13]

Das Kind schrie immer noch! Sie hatten die Decke von den Beinen gewickelt und schnell dem Fahrer gegeben. Der Arzt und die Schwester blickten sich an. Das Kind sah gräßlich aus: Der ganze Unterkörper schwamm in Blut, die kurze Leinenhose war völlig zerfetzt, die Fetzen hatten sich mit dem Blut zu einer schauerlichen Masse vermengt. Die Füße waren bloß, und das Kind schrie beständig, schrie mit einer furchtbaren Ausdauer und Regelmäßigkeit.

„Schnell", flüsterte der Arzt, „Schwester, Spritze, schnell, schnell!" Die Schwester hantierte sehr geschickt und flink, aber der Arzt flüsterte immer wieder: „Schnell, schnell!" Sein Mund klaffte haltlos in dem nervösen Gesicht. Das Kind schrie unablässig, aber die Schwester konnte einfach die Spritze nicht schneller fertigmachen.

Der Arzt fühlte den Puls des Jungen, sein bleiches Gesicht zuckte vor Erschöpfung.[14] „Still", flüsterte er einige Male wie irr,[15] „sei doch still!" Aber das Kind schrie, als sei es nur geboren, um zu schreien. Dann kam die Schwester endlich mit der Spritze, und der Arzt machte sehr flink und geschickt die Injektion.

Als er die Nadel seufzend aus der zähen, fast ledernen Haut zog, öffnete sich die Tür, und eine Nonne trat schnell und erregt ins Zimmer, aber als sie den Verunglückten sah und den Arzt, schloß sie den Mund, den sie geöffnet hatte, und trat

---

[8] **Ach, klar**: But of course
[9] **wie irrsinnig**: like mad
[10] **doch**: simply
[11] **das hatte genug**: it (the hospital) had enough (blankets)
[12] **würde... kriegen**: would manage to get the blanket clean
[13] **heute eine Menge**: a pile (of money) in these times
[14] **zuckte vor Erschöpfung**: quivered with exhaustion
[15] **wie irr**: frantically

langsam und still näher. Sie nickte dem Arzt und der blassen Laienschwester freundlich zu und legte dem Jungen die Hand auf die Stirn.[16] Das Kind schlug die Augen ganz senkrecht auf und blickte erstaunt auf die schwarze Gestalt zu seinen Häupten.[17] Es schien fast, als beruhige es sich durch den Druck der kühlen Hand auf seiner Stirn, aber die Spritze wirkte jetzt schon. Der Arzt hielt sie noch in der Hand, und er seufzte noch einmal tief auf, denn es war jetzt still, wunderbar still, so still, daß alle ihren Atem hören konnten. Sie sagten kein Wort.

Das Kind spürte wohl keine Schmerzen mehr, ruhig und neugierig blickte es um sich.

„Wieviel?" fragte der Arzt die Nachtschwester leise.

„Zehn", antwortete sie ebenso.[18]

Der Arzt zuckte die Schultern. „Bißchen viel, mal sehen.[19] Helfen Sie uns ein wenig, Schwester Lioba?"

„Gewiß", sagte die Nonne hastig und schien aus tiefem Brüten aufzuschrecken. Es war sehr still. Die Nonne hielt den Jungen an Kopf und Schultern, die Nachtschwester an den Beinen, und sie zogen ihm die blutgetränkten Fetzen ab. Das Blut hatte sich, wie sie jetzt sahen, mit etwas Schwarzem gemischt, alles war schwarz, die Füße des Jungen waren voll Kohlenstaub, auch seine Hände, alles war nur Blut, Tuchfetzen und Kohlenstaub, dicker, fast öliger Kohlenstaub.

„Klar", murmelte der Arzt, „beim Kohlenklauen vom fahrenden Zug gestürzt, was?"[20]

„Ja", sagte der Junge mit brüchiger Stimme, „klar."

Seine Augen waren wach, und es war[21] ein seltsames Glück darin. Die Spritze mußte herrlich gewirkt haben. Die Nonne zog das Hemd ganz hoch und rollte es auf der Brust des Jungen zusammen, oben unter dem Kinn. Der Oberkörper war mager, lächerlich mager wie der einer[22] älteren Gans. Oben am Schlüsselbein waren die Löcher seltsam dunkel beschattet,[23] große Hohlräume, worin sie ihre ganze weiße, breite Hand hätte verbergen können. Nun sahen sie auch die Beine, das, was von den Beinen noch heil war.[24] Sie waren ganz dünn und sahen fein aus und schlank. Der Arzt nickte den Frauen zu und sagte: „Wahrscheinlich doppelte Fraktur beiderseits,[25] müssen röntgen."

Die Nachtschwester wusch mit einem Alkohollappen die Beine sauber, und

---

[16] **legte... Stirn:** placed her hand on the boy's forehead
[17] **zu seinen Häupten:** over his head (*obsolete dative plural*)
[18] **ebenso:** in the same manner (*i.e.*, softly)
[19] **Bißchen viel, mal sehen.:** (You gave him) a little too much, we'll wait and see.
[20] **(bist du) gestürzt, was?:** you fell, eh?
[21] **es war:** there was
[22] **wie der einer:** like that of an
[23] **Oben... beschattet:** Up around the collar bone the hollows had a curiously dark shadowing
[24] **das, was... heil war:** the parts of his legs that were still intact
[25] **beiderseits:** in both legs

dann sah es schon nicht mehr so schlimm aus. Das Kind war nur so gräßlich mager. Der Arzt schüttelte den Kopf, während er den Verband anlegte. Er machte sich jetzt wieder Sorgen um Lohmeyer, vielleicht hatten sie ihn doch geschnappt,[26] und selbst wenn er nichts ausplaudern würde, es war doch eine peinliche Sache, ihn sitzenzulassen wegen dem Strophanthin[27] und selbst in Freiheit zu sein, während man im anderen Falle am Gewinn beteiligt gewesen wäre.[28] Verdammt, es war sicher halb neun, und es war so unheimlich still jetzt, auf der Straße war nichts zu hören. Er hatte den Verband fertig,[29] und die Nonne zog das Hemd wieder herunter bis über die Lenden. Dann ging sie zum Schrank, nahm eine weiße Decke heraus und legte sie über den Jungen.

Die Hände wieder auf der Stirn des Jungen, sagte sie zum Arzt, der sich die Hände wusch: „Ich kam eigentlich wegen der kleinen Schranz,[30] Herr Doktor, ich wollte Sie nur nicht beunruhigen, während Sie den Jungen hier behandelten."

Der Arzt hielt im Abtrocknen inne,[31] sein Gesicht verzerrte sich ein wenig, und die Zigarette, die an der Unterlippe hing, zitterte.

„Was", fragte er, „was ist denn[32] mit der kleinen Schranz?"

Die Blässe in seinem Gesicht war jetzt fast gelblich.

„Ach, das Herzchen will nicht mehr,[33] es will einfach nicht mehr, es scheint zu Ende zu gehen."[34]

Der Arzt nahm die Zigarette wieder in die Hand und hängte das Handtuch an den Nagel neben dem Waschbecken.

„Verdammt", rief er hilflos, „was soll ich da tun, ich kann doch nichts tun!"

Die Nonne hielt die Hand immer noch auf der Stirn des Jungen. Die Nachtschwester versenkte die blutigen Lappen in dem Abfalleimer, dessen Nickeldeckel flirrende Lichter an die Wand malte.

Der Arzt blickte nachdenklich zu Boden, plötzlich hob er den Kopf, sah noch einmal auf den Jungen und stürzte zur Tür: „Ich seh mir's mal an."

„Brauchen Sie mich nicht?" fragte die Nachtschwester hinter ihm her;[35] er steckte den Kopf noch einmal herein:

„Nein, bleiben Sie hier, machen Sie den Jungen fertig zum Röntgen und versuchen Sie schon, die Krankengeschichte aufzunehmen."

---

[26] **geschnappt:** (*coll.*) nabbed
[27] **Strophanthin:** strophanthin (*a poisonous crystalline compound used as a heart stimulant; a black market item after the war*)
[28] **selbst in Freiheit... gewesen wäre:** not to be in jail oneself, whereas otherwise the profits would have been shared
[29] **hatte den Verband fertig:** had finished applying the bandage
[30] **der kleinen Schranz:** the little Schranz girl
[31] **hielt im Abtrocknen inne:** stopped drying his hands
[32] **was ist denn:** what is the matter
[33] **das Herzchen will nicht mehr:** her little heart refuses to go on
[34] **es scheint zu Ende zu gehen:** it seems to be giving out
[35] **fragte... hinter ihm her:** ... called after him

Das Kind war noch sehr still, und auch die Nachtschwester stand jetzt neben dem Ledersofa.

„Weiß deine Mutter Bescheid?" fragte die Nonne.

„Ist tot."

Die Schwester wagte nicht, nach dem Vater zu fragen.

„Wen muß man benachrichtigen?"

„Meinen älteren Bruder, aber der ist jetzt nicht zu Hause. Doch die Kleinen müßten es wissen, die sind jetzt allein."

„Welche Kleinen denn?"

„Hans und Adolf, die warten ja, bis ich das Essen machen komme."[36]

„Und wo arbeitet dein älterer Bruder denn?"

Der Junge schwieg, und die Nonne fragte nicht weiter.

„Wollen Sie schreiben?"

Die Nachtschwester nickte und ging an den kleinen weißen Tisch, der mit Medikamenten und Reagenzgläsern bedeckt war. Sie zog das Tintenfaß näher, tauchte die Feder ein und glättete den weißen Bogen mit der linken Hand.

„Wie heißt du?" fragte die Nonne den Jungen.

„Becker."

„Welche Religion?"

„Nix.[37] Ich bin nicht getauft."

Die Nonne zuckte zusammen, das Gesicht der Nachtschwester blieb unbeteiligt.

„Wann bist du geboren?"

„33... am zehnten September."

„Noch in der Schule, ja?"

„Ja."

„Und... den Vornamen!" flüsterte die Nachtschwester der Nonne zu.

„Ja... und der Vorname?"

„Grini."

„Wie?"[38] Die beiden Frauen blickten sich lächelnd an.

„Grini", sagte der Junge langsam und ärgerlich wie alle Leute, die einen außergewöhnlichen Vornamen haben.

„Mit i?" fragte die Nachtschwester.

„Ja, mit zwei i", und er wiederholte noch einmal: „Grini."

Er hieß eigentlich Lohengrin, denn er war 1933 geboren, damals, als die ersten Bilder Hitlers auf den Bayreuther Festspielen[39] durch alle Wochenschauen liefen.[40] Aber die Mutter hatte ihn immer Grini genannt.

---

[36] **das Essen machen komme:** come to fix the meal
[37] **Nix** (*coll.*)=**Nichts**
[38] **Wie?:** How's that?
[39] **auf den Bayreuther Festspielen:** at the Bayreuth Festival (*annual music festival of Wagnerian operas in Bayreuth, Bavaria. Lohengrin is the title character of an opera by Wagner, Hitler's favorite composer.*)
[40] **durch... liefen:** were shown in all the newsreels

Lohengrins Tod

Der Arzt stürzte plötzlich herein, seine Augen waren verschwommen vor Erschöpfung, und die dünnen blonden Haare hingen in dem jungen und doch sehr zerfurchten Gesicht.

„Kommen Sie schnell, schnell, alle beide.[41] Ich will noch eine Transfusion versuchen, schnell."

Die Nonne warf einen Blick auf den Jungen.

„Ja, ja", rief der Arzt, „lassen Sie ihn ruhig einen Augenblick allein."[42]

Die Nachtschwester stand schon an der Tür.

„Willst du schön ruhig[43] liegenbleiben, Grini?" fragte die Nonne.

„Ja", sagte das Kind.

Aber als sie alle raus[44] waren, ließ er die Tränen einfach laufen. Es war, als hätte die Hand der Nonne auf seiner Stirn sie zurückgehalten. Er weinte nicht aus Schmerz, er weinte vor Glück. Und doch auch aus Schmerz und Angst. Nur wenn er an die Kleinen dachte, weinte er aus Schmerz, und er versuchte, nicht an sie zu denken, denn er wollte aus Glück weinen. Er hatte sich noch nie im Leben so wunderbar gefühlt wie jetzt nach der Spritze. Es[45] floß wie eine wunderbare, ein bißchen warme[46] Milch durch ihn hin, machte ihn schwindelig und zugleich wach, und es[47] schmeckte ihm köstlich auf der Zunge, so köstlich wie nie etwas im Leben,[48] aber er mußte doch immer an die Kleinen denken. Hubert würde vor morgen früh nicht zurückkommen, und Vater kam ja erst in drei Wochen,[49] und Mutter... und die Kleinen waren jetzt ganz allein, und er wußte genau, daß sie auf jeden Tritt, jeden geringsten Laut auf der Treppe lauerten, und es gab so unheimlich viele Laute auf der Treppe und so unheimlich viele Enttäuschungen für die Kleinen. Es bestand wenig Aussicht, daß Frau Großmann sich ihrer annehmen[50] würde: sie hatte es nie getan, warum gerade heute, sie hatte es nie getan, sie konnte doch nicht wissen, daß er... daß er verunglückt war. Hans würde Adolf vielleicht trösten, aber Hans war selbst sehr schwach und weinte beim geringsten Anlaß. Vielleicht würde Adolf Hans trösten, aber Adolf war erst fünf und Hans schon acht, es war eigentlich wahrscheinlicher, daß Hans Adolf trösten würde. Aber Hans war so furchtbar schwach, und Adolf war robuster. Wahrschienlich würden sie alle beide weinen, denn wenn es auf sieben Uhr ging,[51] hatten sie keine Freude mehr an ihren Spielen, weil sie Hunger hatten und wußten, daß er um halb acht

---

[41] **alle beide:** both of you
[42] **lassen... allein:** don't worry, you can leave him alone for a moment
[43] **schön ruhig:** nice and quiet-like
[44] **raus=heraus**
[45] **Es:** Something
[46] **ein bißchen warme:** lukewarm
[47] **es:** this something
[48] **so köstlich... im Leben:** more delicious than anything he had ever tasted in his life
[49] **kam ja erst in drei Wochen:** wouldn't be coming home for three weeks, of course
[50] **sich ihrer annehmen:** help them
[51] **wenn es auf sieben Uhr ging:** when it was getting on toward seven

48 *Böll für Zeitgenossen*

kommen und ihnen zu essen geben würde. Und sie würden nicht wagen, an das Brot zu gehen; nein, das würden sie nie mehr[52] wagen, er hatte es ihnen zu streng verboten, seitdem sie ein paarmal alles, alles, die ganze Wochenration aufgegessen hatten; an die Kartoffeln hätten sie ruhig gehen können,[53] aber das wußten sie ja nicht. Hätte er ihnen doch gesagt,[54] daß sie an die Kartoffeln gehen durften. Hans konnte schon ganz gut Kartoffeln kochen; aber sie würden es nicht wagen, er hatte sie zu streng bestraft, ja, er hatte sie sogar schlagen müssen, denn es ging ja einfach nicht, daß sie das ganze Brot aufaßen;[55] es ging einfach nicht, aber er wäre jetzt froh gewesen, wenn er sie nie bestraft hätte, dann würden sie jetzt an das Brot gehen und hätten wenigstens keinen Hunger. So saßen sie da und warteten, und bei jedem Geräusch auf der Treppe sprangen sie erregt auf und steckten ihre blassen Gesichter in den Türspalt, so wie er sie so oft, oft schon, vielleicht tausendmal gesehen hatte. Oh, immer sah er zuerst ihre Gesichter, und sie freuten sich. Ja, auch nachdem er sie geschlagen hatte, freuten sie sich, wenn er kam; sie sahen ja alles ein.— Und nun war jedes Geräusch eine Enttäuschung, und sie würden Angst haben. Hans zitterte schon, wenn er nur einen Polizisten sah; vielleicht würden sie so laut weinen, daß Frau Großmann schimpfen würde, denn sie hatte abends gern Ruhe, und dann würden sie vielleicht doch weiter weinen, und Frau Großmann würde nachsehen kommen, und dann erbarmte sie sich ihrer;[56] sie war gar nicht so übel,[57] Frau Großmann. Aber Hans würde nie von selbst[58] zu Frau Großmann gehen, er hatte so furchtbare Angst vor ihr, Hans hatte vor allem Angst...

Wenn sie doch wenigstens an die Kartoffeln gingen!

Seitdem er wieder an die Kleinen dachte, weinte er nur noch aus Schmerz. Er versuchte die Hand vor die Augen zu halten, um die Kleinen nicht zu sehen, dann spürte er, daß die Hand naß wurde, und er weinte noch mehr. Er versuchte sich klarzuwerden, wie spät es war. Es war sicher neun, vielleicht zehn, und das war furchtbar. Er war sonst nie nach halb acht nach Hause gekommen, aber der Zug war heute scharf bewacht gewesen, und sie mußten schwer aufpassen,[59] die Luxemburger schossen so gern. Vielleicht hatten sie im Kriege nicht viel schießen können, und sie schossen eben gern;[60] aber ihn kriegten sie nicht,[61] nie, sie hatten ihn noch nie

---

[52] **nie mehr:** never again
[53] **an die Kartoffeln... können:** they could have simply helped themselves to the potatoes
[54] **Hätte er ihnen doch gesagt:** If only he had told them
[55] **es ging... aufaßen:** it simply wasn't right for them to eat up all of the bread
[56] **erbarmte sie sich ihrer:** she would feel sorry for them
[57] **sie war gar nicht so übel:** she wasn't at all such a bad sort
[58] **von selbst:** on his own
[59] **schwer aufpassen:** be extra careful
[60] *The freight train was transporting coal from the Ruhr to the Grand Duchy of Luxembourg and therefore guarded by Luxembourgian soldiers. The tiny country had been overrun by the Germans in a single day in May, 1940 and was not liberated until late in the war. Hence, the Luxembourgians had little opportunity to do much fighting.*
[61] **ihn kriegten sie nicht:** they wouldn't get him

gekriegt, er war ihnen immer durchgeflutscht. Mein Gott, ausgerechnet Anthrazit, den konnte er unmöglich durchgehen lassen.[62] Anthrazit, für Anthrazit zahlten sie glatt ihre siebzig bis achtzig Mark, und den sollte er durchgehen lassen! Aber die Luxemburger hatten ihn nicht gekriegt, er war mit den Russen fertig geworden, mit den Amis und den Tommys[63] und den Belgiern, sollten ihn ausgerechnet die Luxemburger schnappen, diese lächerlichen Luxemburger? Er war ihnen durchgeflutscht, rauf auf die Kiste,[64] den Sack gefüllt und runtergeschmissen,[65] und dann nachgeschmissen, was man immer noch[66] holen konnte. Aber dann, ratsch, hielt der Zug ganz plötzlich, und er wußte nur, daß er wahnsinnige Schmerzen gehabt hatte, bis er nichts mehr wußte, und dann wieder, als er hier in der Tür wach wurde und das weiße Zimmer sah. Und dann gaben sie ihm die Spritze. Er weinte jetzt wieder nur vor Glück. Die Kleinen waren nicht mehr da; das Glück war etwas Herrliches, er hatte es noch gar nicht gekannt; die Tränen schienen das Glück zu sein, das Glück floß aus ihm heraus, und doch wurde es nicht kleiner in seiner Brust, dieses flimmernde, süße, kreisende Stück, dieser seltsame Klumpen, der in Tränen aus ihm herausquoll, wurde nicht kleiner...

Plötzlich hörte er das Schießen der Luxemburger, sie hatten Maschinenpistolen, und es klang schauerlich in den frischen Frühlingsabend; es roch nach Feld, nach Eisenbahnqualm, Kohlen und ein bißchen auch nach richtigem[67] Frühling. Zwei Geschosse bellten in den Himmel, der ganz dunkelgrau war, und ihr Echo kam tausendfältig auf ihn zurück, und es prickelte auf seiner Brust wie von Nadelstichen;[68] diese verdammten Luxemburger sollten ihn nicht kriegen,[69] sie sollten ihn nicht kaputtschießen! Die Kohlen, auf denen er jetzt flach ausgestreckt lag, waren hart und spitz, es war Anthrazit, und sie gaben achtzig, bis zu achtzig Mark für den Zentner. Ob[70] er den Kleinen mal Schokolade kaufen sollte? Nein, es würde nicht reichen, für Schokolade nahmen sie vierzig, bis zu fünfundvierzig; so viel konnte er nicht abschleppen; mein Gott, einen Zentner für zwei Tafeln Schokolade; und die Luxemburger waren ganz verrückte Hunde, sie schossen schon wieder, und seine nackten Füße waren kalt und taten weh von dem spitzen Anthrazit, und sie waren schwarz und schmutzig, er fühlte es. Die Schüsse rissen große Löcher in den Himmel, aber den Himmel konnten sie doch nicht kaputtschießen, oder ob[71] die Luxemburger den Himmel kaputtschießen konnten?...

---

[62] **den konnte... lassen:** he couldn't possibly pass that up
[63] **Amis, Tommys** (*coll.*): Americans, British
[64] **(he)rauf auf die Kiste:** (had quickly climbed) to the top of the crate (*i.e.*, freight car)
[65] **(he)runtergeschmissen**
[66] **was... immer noch:** whatever else...
[67] **richtigem:** real
[68] **es prickelte... Nadelstichen:** his chest prickled as if stung by needles
[69] **sollten ihn nicht kriegen:** were not going to get him
[70] **Ob:** (He wondered) whether (*This construction occurs several times.*)
[71] **oder ob:** or maybe

Ob er der Schwester denn sagen mußte, wo sein Vater war und wo Hubert nachts hinging? Die hatten ihn nicht gefragt, und man sollte nicht antworten, wenn man nicht gefragt war. In der Schule hatten sie es gesagt... verdammt, die Luxemburger... und die Kleinen... die Luxemburger sollten aufhören zu schießen, er mußte zu den Kleinen... sie waren wohl verrückt, total übergeschnappt, diese Luxemburger. Verdammt, nein, er sagt es der Schwester einfach nicht, wo der Vater war und wo der Bruder nachts hinging, und vielleicht würden die Kleinen doch von dem Brot nehmen... oder von den Kartoffeln... oder vielleicht würde Frau Großmann doch merken, daß da etwas nicht stimmte, denn es stimmte etwas nicht;[72] es war seltsam, eigentlich stimmte immer was nicht.[73] Der Herr Rektor würde auch schimpfen. Die Spritze tat gut, er fühlte den Pick, und dann war plötzlich das Glück da! Diese blasse Schwester hatte das Glück in die Spritze getan,[74] und er hatte ja ganz genau gehört, daß sie zuviel Glück in die Spritze getan hatte, viel zuviel Glück, er war gar nicht so dumm. Grini mit zwei i... nee,[75] ist ja tot...[76] nee, vermißt. Das Glück war herrlich, er wollte vielleicht den Kleinen mal das Glück in der Spritze kaufen;[77] man konnte ja alles kaufen... Brot... ganze Berge von Brot...

Verdammt, mit zwei i, kennen sie denn hier die besten deutschen Namen nicht?...

„Nix", schrie er plötzlich, „ich bin nicht getauft."

Ob die Mutter nicht überhaupt noch lebte? Nee, die Luxemburger hatten sie erschossen, nee die Russen... nee, wer weiß, vielleicht hatten die Nazis sie erschossen, sie hatte so furchtbar geschimpft... nee, die Amis... ach, die Kleinen sollten ruhig Brot essen, Brot essen... einen ganzen Berg Brot wollte er den Kleinen kaufen... Brot in Bergen... einen ganzen Güterwagen voll Brot... voll Anthrazit; und das Glück in der Spritze.

Mit zwei i, verdammt!

Die Nonne lief auf ihn zu, griff sofort nach dem Puls und blickte unruhig um sich.[78] Mein Gott, ob sie den Arzt rufen sollte? Aber sie konnte das phantasierende Kind nun nicht mehr allein lassen. Die kleine Schranz war tot, hinüber, Gott sei Dank,[79] dieses kleine Mädchen mit dem Russengesicht! Wo der Arzt nur blieb ...[80] sie rannte um das Ledersofa herum...

„Nix", schrie das Kind, „ich bin nicht getauft."

---

[72] **es stimmte etwas nicht**: there was something wrong
[73] **eigentlich... nicht**: actually there was always something wrong
[74] **getan**: put
[75] **nee** (*coll.*)=nein
[76] **ist ja tot**: (she, *i.e.*, his mother) is dead, of course
[77] **er wollte... kaufen**: maybe someday he could buy his little brothers the happiness in the injection
[78] **blickte unruhig um sich**: glanced about uneasily
[79] **tot, hinüber, Gott sei Dank**: dead and gone, thanks be to God
[80] **Wo der Arzt nur blieb**: Where could the doctor be?

Lohengrins Tod

Der Puls drohte regelrecht überzuschnappen.[81] Der Nonne stand Schweiß auf der Stirn. „Herr Doktor, Herr Doktor!" rief sie laut, aber sie wußte ganz genau, daß kein Laut durch die gepolsterte Tür drang...

Das Kind wimmerte jetzt erbärmlich.

„Brot... einen ganzen Berg Brot für die Kleinen... Schokolade... Anthrazit... die Luxemberger, diese Schweine, sie sollen nicht schießen, verdammt, die Kartoffeln, ihr könnt ruhig an die Kartoffeln gehen... geht doch an die Kartoffeln! Frau Großmann... Vater... Mutter... Hubert... durch den Türspalt, durch den Türspalt."

Die Nonne weinte vor Angst, sie wagte nicht wegzugehen, das Kind begann jetzt zu wühlen, und sie hielt es an den Schultern fest. Das Ledersofa war so scheußlich glatt. Die kleine Schranz war tot, das kleine Herzchen war im Himmel. Gott sei ihr gnädig; ach gnädig... sie war ja unschuldig, ein kleines Engelchen, ein kleines häßliches Russenengelchen... aber nun war sie hübsch...

„Nix", schrie der Junge und versuchte, mit den Armen um sich zu schlagen, „ich bin nicht getauft."

Die Nonne blickte erschreckt auf. Sie lief zum Wasserbecken, hielt den Jungen ängstlich im Auge,[82] fand kein Glas, lief zurück, streichelte die fiebrige Stirn. Dann ging sie an das kleine weiße Tischchen und ergriff ein Reagenzglas. Das Reagenzglas war schnell voll Wasser, mein Gott, wie wenig Wasser in so ein Reagenzglas geht...

„Glück", flüsterte das Kind, „tun Sie viel Glück in die Spritze, alles, was Sie haben, auch für die Kleinen..."

Die Nonne bekreuzigte sich feierlich, sehr langsam, dann goß sie das Wasser aus dem Reagenzglas über die Stirn des Jungen und sprach unter Tränen: „Ich taufe dich...", aber das Kind, von dem kalten Wasser plötzlich ernüchtert, hob den Kopf so plötzlich, daß das Glas aus der Hand der Schwester fiel und auf dem Boden zerbrach. Der Junge blickte die erschreckte Schwester mit einem kleinen Lächeln an und sagte matt: „Taufen... ja...", dann sank er so heftig zurück, daß sein Kopf mit einem dumpfen Schlag[83] auf das Ledersofa fiel, und sein Gesicht sah nun schmal aus und alt, erschreckend gelb, wie[84] er so regungslos dalag, die Hände zum Greifen gespreizt...

„Ist er geröntgt?" rief der Arzt, der lachend mit Dr. Lohmeyer ins Zimmer trat. Die Schwester schüttelte nur den Kopf. Der Arzt trat näher, griff automatisch nach seinem Hörrohr, ließ es aber wieder los und blickte Lohmeyer an. Lohmeyer nahm den Hut ab. Lohengrin war tot...

(*Übungen* on page 166)

---

[81] **drohte regelrecht überzuschnappen:** was actually threatening to accelerate out of control (i.e., clearly seemed to portend a fatal issue)
[82] **hielt... im Auge:** kept an eye on ...
[83] **dumpfen Schlag:** thud
[84] **wie:** as

Mein teures Bein
[1950]

Sie haben mir jetzt eine Chance gegeben. Sie haben mir eine Karte geschrieben, ich soll zum Amt[1] kommen, und ich bin zum Amt gegangen. Auf dem Amt waren sie sehr nett. Sie nahmen meine Karteikarte und sagten: „Hm." Ich sagte auch: „Hm."

„Welches Bein?" fragte der Beamte.

„Rechts."

„Ganz?"

„Ganz."

„Hm", machte er wieder.[2] Dann durchsuchte er verschiedene Zettel. Ich durfte mich setzen.

Endlich fand der Mann einen Zettel, der ihm der richtige zu sein schien. Er sagte: „Ich denke, hier ist etwas für Sie. Eine nette Sache. Sie können dabei[3] sitzen. Schuhputzer in einer Bedürfnisanstalt auf dem Platz der Republik. Wie wäre das?"[4]

„Ich kann nicht Schuhe putzen; ich bin immer schon aufgefallen wegen schlechten Schuhputzens."

„Das können Sie lernen", sagte er. „Man kann alles lernen. Ein Deutscher kann alles. Sie können, wenn Sie wollen, einen kostenlosen Kursus mitmachen."

„Hm", machte ich.

„Also gut?"

„Nein", sagte ich, „ich will nicht. Ich will eine höhere Rente haben."

„Sie sind verrückt", erwiderte er sehr freundlich und milde.

„Ich bin nicht verrückt, kein Mensch kann mir mein Bein ersetzen, ich darf nicht einmal mehr Zigaretten verkaufen,[5] sie machen jetzt schon Schwierigkeiten."

Der Mann lehnte sich weit in seinen Stuhl zurück und schöpfte eine Menge Atem.[6] „Mein lieber Freund", legte er los, „Ihr Bein ist ein verflucht teures Bein.

---

[1] **Amt:** government (employment) agency
[2] **machte er wieder:** he repeated
[3] **dabei:** in this job
[4] **Wie wäre das?:** How does that suit you?
[5] **ich darf... verkaufen:** I can't even sell cigarettes anymore (*From 1945 to 1948, many Germans resorted to the black market sale of cigarettes to make a living.*)
[6] **schöpfte eine Menge Atem:** took a big breath

Ich sehe, daß Sie neunundzwanzig Jahre sind, von Herzen gesund,[7] überhaupt vollkommen gesund, bis auf[8] das Bein. Sie werden siebzig Jahre alt. Rechnen Sie sich bitte aus, monatlich siebzig Mark, zwölfmal im Jahr, also einundvierzig mal zwölf mal siebzig. Rechnen Sie das bitte aus, ohne die Zinsen, und denken Sie doch nicht, daß Ihr Bein das einzige Bein ist. Sie sind auch nicht der einzige, der wahrscheinlich lange leben wird. Und dann Rente erhöhen! Entschuldigen Sie, aber Sie sind verrückt."

„Mein Herr", sagte ich, lehnte mich nun gleichfalls zurück und schöpfte eine Menge Atem, „ich denke, daß Sie mein Bein stark unterschätzen. Mein Bein ist viel teurer, es ist ein sehr teures Bein. Ich bin nämlich nicht nur von Herzen, sondern leider auch im Kopf vollkommen gesund. Passen Sie mal auf."

„Meine Zeit ist sehr kurz."

„Passen Sie auf!" sagte ich. „Mein Bein hat nämlich einer Menge von Leuten das Leben gerettet, die heute eine nette Rente beziehen."

Die Sache war damals so: Ich lag ganz allein irgendwo vorne und sollte aufpassen, wann sie kämen, damit die anderen zur richtigen Zeit stiftengehen konnten. Die Stäbe hinten waren am Packen[9] und wollten nicht zu früh, aber auch nicht zu spät stiftengehen. Erst waren wir zwei, aber den haben sie totgeschossen, der kostet nichts mehr. Er war zwar verheiratet, aber seine Frau ist gesund und kann arbeiten, Sie brauchen keine Angst zu haben. Der war also furchtbar billig. Er war erst vier Wochen Soldat und hat nichts gekostet als eine Postkarte[10] und ein bißchen Kommißbrot. Das war einmal ein braver Soldat, der hat sich wenigstens richtig totschießen lassen.[11] Nun lag ich aber da allein und hatte Angst, und es war kalt, und ich wollte auch stiftengehen, ja, ich wollte gerade stiftengehen, da..."[12]

„Meine Zeit ist sehr kurz", sagte der Mann und fing an, nach seinem Bleistift zu suchen.

„Nein, hören Sie zu", sagte ich, „jetzt wird es erst interessant. Gerade als ich stiftengehen wollte, kam die Sache mit dem Bein. Und weil ich ja doch liegenbleiben mußte, dachte ich, jetzt kannst du's auch durchgeben,[13] und ich hab's durchgegeben, und sie hauten alle ab, schön der Reihe nach,[14] erst die Division, dann das Regiment, dann das Bataillon, und so weiter, immer hübsch der Reihe

---

[7] **von Herzen gesund**: of sound heart
[8] **bis auf**: except for
[9] **Die Stäbe... Packen**: The headquarters personnel in the rear were in the process of packing up
[10] the postcard which served as a notice of induction
[11] **Das war einmal... totschießen lassen**: Now there was a good soldier, he at least got himself properly shot to death.
[12] **Ich wollte gerade stiftengehen, da...**: I was just about to beat it, when...
[13] **jetzt... durchgeben** now you may as well transmit (by field telephone) it (i.e., the news that the enemy was attacking)
[14] **schön der Reihe nach**: in proper order

nach.[15] Eine dumme Geschichte,[16] sie vergaßen nämlich, mich mitzunehmen, verstehen Sie! Sie hatten's so eilig. Wirklich eine dumme Geschichte, denn hätte ich das Bein nicht verloren, wären sie alle tot, der General, der Oberst, der Major, immer schön der Reihe nach, und Sie brauchten[17] ihnen keine Rente zu zahlen. Nun rechnen Sie mal aus, was mein Bein kostet. Der General ist zweiundfünfzig, der Oberst achtundvierzig und der Major fünfzig, alle kerngesund, von Herzen und im Kopf, und sie werden bei ihrer militärischen Lebensweise mindestens achtzig, wie Hindenburg.[18] Bitte rechnen Sie jetzt aus: einhundertsechzig mal zwölf mal dreißig, sagen wir ruhig[19] durchschnittlich dreißig, nicht wahr? Mein Bein ist ein wahnsinnig teures Bein geworden, eines der teuersten Beine, die ich mir denken kann, verstehen Sie?"

„Sie sind doch verrückt", sagte der Mann.

„Nein", erwiderte ich, „ich bin nicht verrückt. Leider bin ich von Herzen ebenso gesund wie im Kopf, und es ist schade, daß ich nicht auch zwei Minuten, bevor das mit dem Bein kam,[20] totgeschossen wurde. Wir hätten viel Geld gespart."

„Nehmen Sie die Stelle an?" fragte der Mann.

„Nein", sagte ich und ging.

(*Übungen* on page 167)

---

[15] **immer hübsch der Reihe nach**: always in proper order
[16] **eine dumme Geschichte**: an awkward affair
[17] **brauchten**: would have to
[18] *Field Marshal Paul von Hindenburg (1847–1934), most popular German general of World War I, and from 1925 to his death president of the Weimar Republic. His senility made it easier for Hitler to assume the chancellorship in 1933.*
[19] **sagen wir ruhig** let us simply say
[20] **bevor... kam**: before the thing with my leg happened

III

Währungsreform und Wirtschaftswunder

Währungsreform und Wirtschaftswunder

On June 17, 1948, a West German mother in desperate need of medicine for her sick child was told by her druggist that the item was unobtainable. Three days later the druggist informed her that by some miracle he was able to supply the medicine. Yet he had received no deliveries in the interval. The "miracle" was the monetary reform of June 20, imposed by the western Allies to stabilize the mark. Overnight the market was flooded with hoarded goods, and the farmers began rushing the foodstuffs they had hidden to the city markets. Although it was hard on the "little man," the value of whose bank account or savings was reduced by more than ninety percent, the reform favored the capitalist. His resources in factories, real estate, and stocks were left intact and his debts were generally reduced by nine-tenths. Thus began the economic boom, and it has lasted to the present day with only one minor recession in the mid-sixties. Early external indications of the new prosperity were the demand on the part of a more corpulent public for three instead of four side-seats together with wider corridors in railway cars and wider seats in movie houses. In June of 1952 the president of the Rhineland-Westphalia Diet informed a relieved membership that the seats which had been installed in the lean year of 1946 (when there had been ten thousand hospital patients in the state capital suffering from the effects of hunger) would be replaced by larger ones.

As a result of the sudden boom, the West Germans have been moulded by their industrial society to an extent regarded as unhealthy by many non-establishment critics. Their aspirations are centered around material prosperity and their social ideal has become the person who has made it to the top. A man is valued in relation to the size of his bank account, and consumption has become a way of life. In the bitter words of Böll, written in 1960, "Today Marx would no longer say religion is the opium of the people; he would in all likelihood say that consumption is the opium of the people and therefore its religion."

Böll is opposed to the materialism of the new Germany on two related counts. In his estimation the "Wirtschaftswunder" represents a sell-out of the past. In other words, the Germans have been turned into a nation of amnesiacs. Any hope that they would seriously come to grips with the historical and social causes that produced Hitler and the concentration camps has been shattered by the "business as usual" syndrome. "Only those who endanger the turnover have a chance of provoking the Germans. The death of their neighbors and friends has not taught them to esteem life. Pain has not become wisdom, grief has not become strength, they are poor in an absurd way, since in the face of the constant threat [to the economy] they are not even capable of truly enjoying their relative prosperity. The hunger of the years 'before the currency reform' has not even made them wise enough to take real delight in the blessings of the moment; not even from their wretchedness has any seasoning sprung; anybody whose memory goes back a mere ten years or more is regarded as sick or should be put into a deep sleep so that he can wake up again invigorated to meet the present. . . . If there are the beginnings of collective guilt in this country, then they existed from that moment when with the monetary reform the clearance sale on pain, grief, and memories was initiated."[1]

The sudden prosperity has also made it difficult for democracy to take firm root in West Germany. Physically liberated from their past by the occupying powers, who imposed democracy from above, the Germans, according to Böll, have not liberated themselves spiritually. Politics has become an adjunct of big business; its sole purpose is to make sure that the standard of living will continually rise. The Federal Republic has become "a country of insipidly smiling government politicians," "a country of the greatest economic and military potency and of complete political impotency."

The short story *Geschäft ist Geschäft* is an example of Böll's uncanny ability to anticipate the temper of the times. It is probably the earliest warning note in German literature on the deleterious effects of the economic miracle. Both the theme of the story and its protagonist foreshadow Böll's first major attack in novel form, *Und sagte kein einziges Wort* (1953), on the materialization of German life. On the one hand there are those who can forget the war. They have no trouble adjusting to their new surroundings and no qualms about making the transition from legal dishonesty and human warmth to hard-heartedness and calculating honesty. And then there are those who cannot forget the past, members of a lost generation whom the absurdities of war have rendered too old to care but left too young to die. Many of them, like Böll and his narrator, had no time to get settled before the war, to learn a trade or enter a profession. What saved Böll was his driving ambition to be a writer; the narrator-spokesman for Böll's generation is sustained only by a colossal indifference to a society on the make whose conscience is insensitively clear.

In *Kerzen für Maria* Böll hints at a definition of success which is in marked contrast to the spirit of materialism. The narrator is a failure in the eyes of a

---

[1] Heinrich Böll, *Erzählungen, Hörspiele, Aufsätze* (Cologne: Kiepenheuer & Witsch, 1961), pp. 436-437 (*editor's translation*).

mammonish society because he does not have the stomach for meeting his competition in devotional items. While others are turning outward to the making of money, he turns inward. Inspired by a young couple who make their peace with God and with each other through the confessional after a night of love which he cannot begrudge them, the narrator recaptures the sense of sin he had gradually lost in the turmoil of the world. Thanks to a style as unadorned as those fixtures of the story which clash with the fancy apartment of the successful purveyor of religious goods with the phoney smile, and as simple as the guileless outsiders he compassionately portrays, Böll never crosses the precarious line separating feeling from sentimentality. Conveyed without moralization, the sentiment of the story is identical with and therefore as ludicrous as the meaning of the words: "How blest are those who know that they are poor; the kingdom of Heaven is theirs. . . . How blest are those of a gentle spirit; they shall have the earth for their possession." Böll's antidote for the "Wirtschaftswunder" is the Sermon on the Mount.

Geschäft ist Geschäft
[1950]

Mein Schwarzhändler ist jetzt ehrlich geworden; ich hatte ihn lange nicht gesehen, schon seit Monaten nicht, und nun entdeckte ich ihn heute in einem ganz anderen Stadtteil, an einer verkehrsreichen Straßenkreuzung. Er hat dort eine Holzbude, wunderbar weißlackiert mit sehr solider Farbe;[1] ein prachtvolles, stabiles, nagelneues Zinkdach schützt ihn vor Regen und Kälte, und er verkauft Zigaretten, Dauerlutscher, alles jetzt legal. Zuerst habe ich mich gefreut; man freut sich doch, wenn jemand in die Ordnung des Lebens zurückgefunden hat. Denn damals, als ich ihn kennenlernte, ging es ihm schlecht,[2] und wir waren traurig. Wir hatten unsere alten Soldatenkappen über der Stirn, und wenn ich gerade Geld hatte,[3] ging ich zu ihm, und wir sprachen manchmal miteinander, vom Hunger, vom Krieg; und er schenkte mir manchmal eine Zigarette, wenn ich kein Geld hatte; ich brachte ihm dann schon einmal[4] Brotmarken mit, denn ich kloppte gerade Steine[5] für einen Bäcker, damals.

Jetzt schien es ihm gut zu gehen. Er sah blendend aus. Seine Backen hatten jene Festigkeit, die nur von regelmäßiger Fettzufuhr herrühren kann, seine Miene war selbstbewußt, und ich beobachtete, daß er ein kleines, schmutziges Mädchen mit heftigen Schimpfworten bedachte[6] und wegschickte, weil ihm fünf Pfennig zu einem Dauerlutscher fehlten.[7] Dabei fletschte er dauernd mit der Zunge im Mund herum,[8] als hätte er stundenlang Fleischfasern aus den Zähnen zu zerren.

Er hatte viel zu tun; sie kauften viele Zigaretten bei ihm,[9] auch Dauerlutscher.

Vielleicht hätte ich es nicht tun sollen—ich ging zu ihm, sagte „Ernst"[10] zu ihm und wollte mit ihm sprechen. Damals hatten wir uns alle geduzt, und die Schwarzhändler sagten auch du zu einem.

---

[1] **mit sehr solider Farbe:** with a very good paint
[2] **ging es ihm schlecht:** things were going badly for him
[3] **wenn ich gerade Geld hatte:** if I happened to have some money
[4] **dann schon einmal:** now and then
[5] **ich kloppte** (*dial. for* klopfte) **gerade Steine:** I happened to have a job breaking stones
[6] **mit heftigen Schimpfworten bedachte:** showered with some awfully abusive language
[7] **weil ihm... fehlten:** because she was short five pennies for a toffee-on-a-stick
[8] **Dabei fletschte... herum:** At the same time he was continually rubbing his tongue around in his mouth
[9] **bei ihm:** from him
[10] **Ernst:** Ernest; Ernie

Er war sehr erstaunt, sah mich merkwürdig an[11] und sagte: „Wie meinen Sie?"[12] Ich sah, daß er mich erkannte, daß ihm selber aber wenig daran lag, erkannt zu werden.[13]

Ich schwieg. Ich tat so, als[14] hätte ich nie Ernst zu ihm gesagt, kaufte ein paar Zigaretten, denn ich hatte gerade[15] etwas Geld, und ging. Ich beobachtete ihn noch eine Zeitlang; meine Bahn kam nicht, und ich hatte auch gar keine Lust, nach Hause zu gehen. Zu Hause kommen immer Leute, die Geld haben wollen; meine Wirtin für die Miete und der Mann, der das Geld für den Strom kassiert. Außerdem darf ich zu Hause nicht rauchen; meine Wirtin riecht alles, sie ist dann sehr böse, und ich bekomme zu hören, daß ich wohl Geld für Tabak, aber keins für die Miete habe. Denn es ist eine Sünde, wenn die Armen rauchen oder Schnaps trinken. Ich weiß, daß es Sünde ist, deshalb tue ich es heimlich, ich rauche draußen, und nur manchmal, wenn ich wach liege und alles still ist, wenn ich weiß, daß bis morgens[16] der Rauch nicht mehr zu riechen ist, dann rauche ich auch zu Hause.

Das Furchtbare ist, daß ich keinen Beruf habe. Man muß ja jetzt einen Beruf haben. Sie sagen es. Damals sagten sie alle, es wäre nicht nötig, wir brauchten nur Soldaten. Jetzt sagen sie, daß man einen Beruf haben muß. Ganz plötzlich. Sie sagen, man ist faul, wenn man keinen Beruf hat. Aber es stimmt nicht. Ich bin nicht faul, aber die Arbeiten, die sie von mir verlangen, will ich nicht tun. Schutt räumen und Steine tragen und so.[17] Nach zwei Stunden bin ich schweißüberströmt, es schwindelt mir vor den Augen,[18] und wenn ich dann zu den Ärzten komme, sagen sie, es ist nichts. Vielleicht sind es die Nerven. Sie reden jetzt viel von Nerven. Aber ich glaub', es ist Sünde, wenn die Armen Nerven haben. Arm sein und Nerven haben, ich glaube, das ist mehr, als sie vertragen.[19] Meine Nerven sind aber bestimmt hin;[20] ich war zu lange Soldat. Neun Jahre, glaube ich. Vielleicht mehr, ich weiß nicht genau. Damals hätte ich gern einen Beruf gehabt, ich hatte große Lust, Kaufmann zu werden. Aber damals—wozu davon reden;[21] jetzt habe ich nicht einmal mehr Lust, Kaufmann zu werden. Am liebsten liege ich auf dem Bett und träume. Ich rechne mir dann aus, wieviel hunderttausend Arbeitstage sie an so einer Brücke bauen oder an einem großen Haus, und ich

---

[11] **sah mich merkwürdig an:** gave me an odd look
[12] **Wie meinen Sie?:** Come again?
[13] **daß ihm... werden:** that he himself, however, wasn't particularly anxious to be recognized
[14] **Ich tat so, als:** I pretended that
[15] **hatte gerade:** happened to have
[16] **bis morgens:** by morning
[17] **und so:** and the like
[18] **es schwindelt mir vor den Augen:** my eyes begin to swim
[19] **als sie vertragen:** than they can stand
[20] **hin:** shot
[21] **wozu davon reden:** why talk about it?

Geschäft ist Geschäft

denke daran, daß sie in einer einzigen Minute Brücke und Haus kaputtschmeißen können. Wozu da noch arbeiten?[22] Ich finde es sinnlos, da noch zu arbeiten. Ich glaube, das ist es, was mich verrückt macht, wenn ich Steine tragen muß oder Schutt räumen, damit sie wieder ein Café bauen können.

Ich sagte eben, es wären die Nerven, aber ich glaube, das ist es: daß es sinnlos ist.

Im Grunde genommen[23] ist mir egal, was sie denken. Aber es ist schrecklich, nie Geld zu haben. Man muß einfach Geld haben. Man kommt nicht daran vorbei.[24] Da ist ein Zähler, und man hat eine Lampe, manchmal braucht man natürlich Licht, knipst an, und schon fließt das Geld oben aus der Birne heraus. Auch wenn man kein Licht braucht, muß man bezahlen, Zählermiete. Überhaupt: Miete. Man muß anscheinend ein Zimmer haben. Zuerst habe ich in einem Keller gewohnt, da war es nicht übel, ich hatte einen Ofen und klaute mir Briketts; aber da haben sie mich aufgestöbert, sie kamen von der Zeitung, haben mich geknipst, einen Artikel geschrieben mit einem Bild: Elend eines Heimkehrers.[25] Ich mußte einfach umziehen. Der Mann vom Wohnungsamt sagte, es wäre eine Prestigefrage für ihn, und ich mußte das Zimmer nehmen. Manchmal verdiene ich natürlich auch Geld. Das ist klar. Ich mache Besorgungen, trage Briketts und stapele sie fein säuberlich[26] in eine Kellerecke. Ich kann wunderbar Briketts stapeln, ich mache es auch billig. Natürlich verdiene ich nicht viel, es langt nie für die Miete, manchmal für den Strom, ein paar Zigaretten und Brot...

Als ich jetzt an der Ecke stand, dachte ich an alles.

Mein Schwarzhändler, der jetzt ehrlich geworden ist, sah mich manchmal mißtrauisch an. Dieses Schwein kennt mich ganz genau, man kennt sich doch,[27] wenn man zwei Jahre fast täglich miteinander gesprochen hat. Vielleicht glaubt er, ich wollte bei ihm[28] klauen. So dumm bin ich nicht, da zu klauen, wo es von Menschen wimmelt und wo jede Minute eine Straßenbahn ankommt, wo sogar ein Schupo an der Ecke steht. Ich klaue an ganz anderen Stellen: natürlich klaue ich manchmal, Kohlen und so. Auch Holz. Neulich habe ich sogar ein Brot in einer Bäckerei geklaut. Es ging unheimlich schnell und einfach. Ich nahm einfach das Brot und ging hinaus, ich bin ruhig gegangen, erst an der nächsten Ecke habe ich angefangen zu laufen. Man hat eben keine Nerven mehr.

Ich klaue doch nicht an einer solchen Ecke, obwohl das manchmal einfach ist, aber meine Nerven sind dahin. Es kamen viele Bahnen, auch meine, und ich

---

[22] **Wozu da noch arbeiten?:** Then why go on working in such a situation?
[23] **Im Grunde genommen:** At bottom
[24] **Man kommt nicht daran vorbei:** There's no getting around it.
[25] **eines Heimkehrers:** of a returnee (*i.e.,* a soldier who returned home from a POW camp.)
[26] **fein säuberlich:** nice and neat
[27] **man kennt sich doch:** you surely know one another
[28] **bei ihm:** from him

habe ganz genau gesehen, wie Ernst mir zuschielte, als meine kam. Dieses Schwein weiß noch ganz genau, welche Bahn meine ist!

Aber ich warf die Kippe von der ersten Zigarette weg, machte eine zweite an und blieb stehen. So weit bin ich also schon, daß[29] ich die Kippen wegschmeiße. Doch es schlich da jemand herum,[30] der die Kippen aufhob, und man muß auch an die Kameraden denken. Es gibt noch welche,[31] die Kippen aufheben. Es sind nicht immer dieselben. In der Gefangenschaft[32] sah ich Obersten, die Kippen aufhoben, der da aber[33] war kein Oberst. Ich habe ihn beobachtet. Er hatte sein System, wie eine Spinne, die im Netz hockt, hatte er[34] irgendwo in einem Trümmerhaufen sein Standquartier, und wenn gerade eine Bahn angekommen oder abgefahren war, kam er heraus und ging seelenruhig am Bordstein vorbei und sammelte die Kippen ein. Am liebsten wäre ich zu ihm gegangen und hätte mit ihm gesprochen, ich fühle, daß ich zu ihm gehöre:[35] aber ich weiß, das ist sinnlos; diese Burschen sagen nichts.

Ich weiß nicht, was mit mir los war, aber ich hatte an diesem Tage gar keine Lust, nach Hause zu fahren. Schon das Wort: zu Hause. Es war mir jetzt alles egal, ich ließ noch eine Bahn fahren[36] und machte noch eine Zigarette an. Ich weiß nicht, was uns fehlt. Vielleicht entdeckt es eines Tages ein Professor und schreibt es in die Zeitung: sie haben für alles eine Erklärung. Ich wünsche nur, ich hätte noch die Nerven zum Klauen wie im Krieg. Damals ging es schnell und glatt. Damals, im Krieg, wenn es etwas zu klauen gab, mußten wir immer klauen gehen; da hieß es: der macht das schon,[37] und wir sind klauen gegangen. Die anderen haben nur mitgefressen, mitgesoffen, haben es nach Hause geschickt und alles,[38] aber sie hatten nicht geklaut. Ihre Nerven waren tadellos, und die weiße Weste war tadellos.[39]

Und als wir nach Hause kamen, sind sie aus dem Krieg ausgestiegen wie aus einer Straßenbahn, die gerade dort etwas langsamer fuhr, wo sie wohnten, sie sind abgesprungen, ohne den Fahrpreis zu bezahlen. Sie haben eine kleine Kurve genommen, sind eingetreten, und siehe da:[40] das Vertiko stand noch, es war nur

---

[29] **So weit bin ich also schon, daß:** So I have already reached the point where
[30] **es schlich da jemand herum:** somebody was creeping about there
[31] **welche = irgendwelche:** some (buddies)
[32] **in der Gefangenschaft:** in the POW camp
[33] **der da aber:** but that fellow there
[34] *The verb is inverted because the preceding elliptical* **wie** *clause depends on it.*
[35] **daß... gehöre:** that I have something in common with him
[36] **ich ließ noch eine Bahn fahren:** I let another trolley go by
[37] **da hieß es: der macht das schon:** then the word was: don't worry, he'll do it
[38] **und alles:** and all that
[39] *a play on the word* **tadellos** *(which means "immaculate," "blameless" and "in excellent condition,") and on the figure of speech* **eine weiße Weste haben** *(lit., to have a white vest, i.e., to be blameless). Hence,* **Ihre Nerven... Weste war tadellos:** Their nerves were in excellent condition and their souls immaculate.
[40] **Sie haben... siehe da:** They took a little bend in the road, entered (their homes), and lo and behold:

Geschäft ist Geschäft 65

ein bißchen Staub in der Bibliothek, die Frau hatte Kartoffeln im Keller, auch Eingemachtes; man umarmte sie ein bißchen, wie es sich gehörte, und am nächsten Morgen ging man fragen, ob die Stelle noch frei[41] war: die Stelle war noch frei. Es war alles tadellos, die Krankenkasse lief weiter, man ließ sich ein bißchen entnazifizieren[42]—so wie man zum Friseur geht, um den lästigen Bart abnehmen zu lassen—, man erzählte von Orden, Verwundungen, Heldentaten und fand, daß man schließlich doch ein Prachtbengel sei: man hatte letzten Endes[43] nichts als seine Pflicht getan. Es gab sogar wieder Wochenkarten bei der Straßenbahn, das beste Zeichen, daß wirklich alles in Ordnung war.

Wir aber fuhren inzwischen weiter mit der Straßenbahn und warteten, ob irgendwo eine Station käme, die uns bekannt genug vorgekommen wäre, daß wir auszusteigen riskiert hätten: die Haltestelle kam nicht. Manche fuhren noch ein Stück[44] mit, aber sie sprangen auch bald irgendwo ab und taten jedenfalls so,[45] als wenn sie am Ziel wären.

Wir aber fuhren weiter und weiter, der Fahrpreis erhöhte sich automatisch, und wir hatten außerdem für großes und schweres Gepäck den Preis zu entrichten: für die bleierne Masse des Nichts, die wir mitzuschleppen hatten; und es kamen eine Menge Kontrolleure, denen wir achselzuckend unsere leeren Taschen zeigten. Runterschmeißen[46] konnten sie uns ja nicht, die Bahn fuhr zu schnell—„und wir sind ja Menschen"—, aber wir wurden aufgeschrieben,[47] aufgeschrieben, immer wieder wurden wir notiert,[48] die Bahn fuhr immer schneller; die[49] raffiniert waren, sprangen schnell noch ab, irgendwo, immer weniger wurden wir, und immer weniger hatten wir Mut und Lust auszusteigen. Insgeheim hatten wir uns vorgenommen, das Gepäck in der Straßenbahn stehenzulassen, es dem Fundbüro zur Versteigerung[50] zu überlassen, sobald wir an der Endstation angekommen wären; aber die Endstation kam nicht, der Fahrpreis wurde immer teurer, das Tempo immer schneller, die Kontrolleure immer mißtrauischer, wir sind eine äußerst verdächtige Sippschaft.

Ich warf auch die Kippe von der dritten Zigarette weg und ging langsam auf

---

[41] **frei**: open; available
[42] **man... entnazifizieren**: one got oneself denazified a little (*Denazification represented the screening of former Nazi party members in order (1) to remove from public life those found most guilty of past activism and (2) to mete out "punishments of atonement"—ranging from ten years' imprisonment to the loss of one's driver's license. For many who received lesser or no punishment, this was a convenient way to publicly whitewash one's past and to become respectable once again without having to experience a crisis of conscience or genuine remorse.*)
[43] **letzten Endes**: after all
[44] **noch ein Stück**: a little farther
[45] **taten jedenfalls so**: in any case acted
[46] **Runterschmeißen** = **Herunterschmeißen**
[47] **wir wurden aufgeschrieben**: our names were taken down
[48] **wurden wir notiert**: our names were recorded
[49] **die**: those who
[50] **zur Versteigerung**: to be auctioned off publicly

die Haltestelle zu; ich wollte jetzt nach Hause fahren. Mir wurde schwindelig: man sollte nicht auf den nüchternen Magen[51] so viel rauchen, ich weiß. Ich blickte nicht mehr dorthin, wo mein ehemaliger Schwarzhändler jetzt einen legalen Handel betreibt; gewiß habe ich kein Recht, böse zu sein; er hat es geschafft,[52] er ist abgesprungen, sicher im richtigen Augenblick, aber ich weiß nicht, ob es dazu gehört, die Kinder anzuschnauzen, denen fünf Pfennig zu einem Dauerlutscher fehlen.[53] Vielleicht gehört das zum[54] legalen Handel: ich weiß nicht.

Kurz bevor meine Straßenbahn kam, ging auch der Kumpel wieder seelenruhig vorne am Bordstein vorbei und schritt die Front der Wartenden ab,[55] um die Kippen aufzusammeln. Sie sehen das nicht gern, ich weiß. Es wäre ihnen lieber, es gäbe das nicht,[56] aber es gibt es...

Erst als ich einstieg, habe ich noch einmal Ernst angesehen, aber er hat weggeguckt und laut geschrien: Schokolade, Bonbons, Zigaretten, alles frei![57] Ich weiß nicht, was los ist,[58] aber ich muß sagen, daß er mir früher besser gefallen hat, wo[59] er nicht jemand wegzuschicken brauchte, dem fünf Pfennig fehlten;[60] aber jetzt hat er ja ein richtiges[61] Geschäft, und Geschäft ist Geschäft.

(*Übungen* on page 168)

---

[51] **auf den nüchternen Magen:** on an empty stomach
[52] **er hat es geschafft:** he made it
[53] **ob es dazu gehört... fehlen:** whether bawling out kids who are short five pennies for a toffee-on-a-stick goes with it
[54] **gehört das zum:** that is required in a
[55] **schritt die Front der Wartenden ab:** sized up those waiting (to get on the trolley)
[56] **Es wäre... das nicht:** They would much rather it didn't exist
[57] **alles frei!:** Everything off the rationing list! (*In 1949 Dr. Ludwig Erhard, Minister of Economics of the fledgling Federal Republic of Germany, removed all rationing controls, which helped stimulate the* Wirtschaftswunder *or economic boom.*)
[58] **was los ist:** what it is
[59] **daß er... wo:** that I liked him better before, when
[60] **dem fünf Pfennig fehlten:** who was short five pennies
[61] **richtiges:** real

Kerzen für Maria
[1950]

Mein Aufenthalt in dieser Stadt war nur vorübergehend; zu einer bestimmten Stunde gegen Abend hatte ich den Vertreter einer Firma zu besuchen, die sich mit dem Plan trug, möglicherweise einen Artikel zu übernehmen, dessen Vertrieb uns einiges Kopfzerbrechen macht:[1] Kerzen. Wir haben unser ganzes Geld in die Herstellung eines riesigen Postens gesteckt, indem wir die Stromknappheit als einen Dauerzustand voraussetzten;[2] wir sind sehr fleißig gewesen, sparsam und ehrlich, und wenn ich sage: wir, so meine ich meine Frau und mich. Wir sind Hersteller, Verkäufer, Wiederverkäufer, alle Stufen innerhalb der gesegneten Ordnung des Handels vereinigen wir in uns: Vertreter sind wir, Arbeiter, Reisende, Fabrikanten.

Aber wir haben unsere Rechnung ohne den Wirt gemacht.[3] Der Bedarf an Kerzen ist heute gering. Die Stromkontingentierung ist aufgehoben, auch die meisten Keller sind wieder elektrisch beleuchtet, und im gleichen Augenblick, wo unser Fleiß, unsere Mühe, alle unsere Schwierigkeiten ihr Ziel erreicht zu haben schienen: die Herstellung eines riesigen Postens Kerzen, in diesem Augenblick war die Nachfrage erloschen.

Unsere Versuche, Verbindung mit jenen religiösen Handlungen aufzunehmen,[4] die die sogenannten Devotionalien vertreiben, erwiesen sich als zwecklos. Jene Handlungen hatten Kerzen genug gehortet, außerdem bessere als unsere, solche, die mit Verzierungen versehen waren, grünen, roten, blauen und gelben Bändern, mit goldenen Sternchen bestickt, die sich—gleich Aeskulaps Schlange um dessen Stab—an ihnen hochwinden[5] und ihnen ein ebenso andachtsvolles wie schönes Aussehen verleihen; auch solche verschiedener Größe und Dicke, während unsere

---

[1] **die sich... Kopfzerbrechen macht:** which was seriously thinking about the possibility of taking over an item, the selling of which is causing us to rack our brains somewhat
[2] *After the war there was a shortage of electric power in Germany. Few had reckoned with the sudden economic boom that began after 1948.*
[3] **wir haben... gemacht:** we reckoned without our host (*i.e.,* we neglected an important factor in our calculations)
[4] **Verbindung... aufzunehmen:** to establish (business) contacts...
[5] **die sich... hochwinden:** which (ribbons) wind themselves around them (the candles)—like the serpent around the rod of Aesculapius (*Aesculapius was the Greek god of healing to whom serpents were sacred.*)

alle gleich sind[6] und von einfacher Form; sie haben etwa die Länge einer halben Elle, sind glatt, gelb, schmucklos, und einzig die Schönheit der Einfachheit ist ihnen eigen.

Wir mußten uns gestehen, falsch kalkuliert zu haben; neben der glänzenden Ware, wie sie die Devotionalienhandlungen ausstellen,[7] wirken unsere Kerzen allzu arm, und niemand kauft etwas Ärmliches. Auch unsere Bereitschaft, im Preise herabzugehen, hat dem Absatz unseres Artikels keine Steigerung gebracht. Andererseits fehlt uns natürlich das Geld, andere Muster zu planen oder gar herzustellen, da die Einkünfte, die wir aus dem geringen Verkauf des hergestellten Postens erzielen, kaum ausreichend sind, unseren Lebensunterhalt und die stets wachsenden Unkosten zu decken; denn ich muß nun immer weitere Reisen[8] machen, um wirkliche oder scheinbare Interessenten zu besuchen, muß stets weiter im Preis heruntergehen, und wir wissen, daß uns kein anderer Ausweg bleiben wird, als den großen Rest zu verschleudern und durch eine andere Arbeit Geld zu verdienen.

In diese Stadt hatte mich der Brief eines Großvertreters gerufen, der angedeutet hatte, er würde einen größeren Posten zu annehmbarem Preise absetzen. Töricht genug, hatte ich ihm Glauben geschenkt,[9] eine weite Reise gemacht und jenen Burschen besucht. Seine Wohnung war prachtvoll, üppig, großzügig, schwungvoll möbliert, und das große Kontor, in dem er mich empfing, war vollgestopft mit den verschiedensten Mustern jener Artikel, die seiner Branche Geld einbringen. Da waren lange Regale mit gipsernen Maria-Theresien,[10] Josephsstatuen, Marien,[11] blutende Herzen Jesu, sanftäugige blondhaarige Büßerinnen, auf deren Gipssockel in den verschiedensten Sprachen in erhabenen Buchstaben zu lesen war, golden oder rot: Madeleine, Maddalena, Magdalena;[12] Krippen im ganzen[13] oder in einzelnen Teilen, Ochsen, Esel, Jesuskinder aus Wachs oder Gips, Hirten und Engel aller Altersstufen: Säuglinge, Jünglinge, Kinder, Greise, gipserne Palmblätter mit goldenen oder silbernen Hallelujas, Weihwasserbecken aus Stahl, Gips, Kupfer, Ton: geschmackvolle, geschmacklose.

Er selbst—ein jovialer Bursche mit rotem Gesicht—ließ mich Platz nehmen, heuchelte erst Interesse und bot mir eine Zigarre an. Ich mußte ihm berichten, wieso wir diesem Fabrikationszweig uns verschrieben hatten, und nachdem ich

---

[6] **unsere alle gleich sind:** ours are all the same
[7] **neben... ausstellen:** compared with the glittering merchandise displayed in the religious goods stores
[8] **immer weitere Reisen:** longer and longer trips
[9] **hatte ich ihm Glauben geschenkt:** had given credence to what he said
[10] **Maria Theresien:** statues of Maria Theresa (*Archduchess of Austria, 1740–1780, wife of the Holy Roman Emperor, Francis I.*)
[11] **Josephsstatuen, Marien:** statues of St. Joseph and of Mary
[12] *The French, Italian, and German spellings, respectively, of St. Mary Magdalen*
[13] **im ganzen:** complete

Kerzen für Maria

berichtet hatte, daß uns als Erbe des Krieges nichts verblieben war als ein riesiger Stapel Stearin, den meine Frau aus vier brennenden Lastwagen vor unserem zerstörten Haus gerettet und den später niemand als sein Eigentum zurückgefordert hatte, nachdem meine Zigarre ungefähr zu einem Viertel[14] geraucht war, sagte er plötzlich ohne jeden Übergang.: „Es tut mir leid, daß ich Sie habe herkommen lassen, aber ich habe mir die Sache anders überlegt."[15] Meine plötzliche Blässe mag ihm doch seltsam vorgekommen sein. „Ja", fuhr er fort, „es tut mir wirklich aufrichtig leid, aber ich bin nach Erwägung aller Möglichkeiten zur Einsicht gekommen,[16] daß Ihr Artikel nicht gehen[17] wird. Wird nicht gehen! Glauben Sie mir! Tut mir leid!" Er lächelte, zuckte die Schultern und hielt mir die Hand hin. Ich ließ die brennende Zigarre liegen und ging.

Es war inzwischen dunkel geworden, und die Stadt war mir vollkommen fremd. Obwohl mich trotz allem eine gewisse Erleichterung befiel, hatte ich das schreckliche Gefühl, nicht nur arm, betrogen, Opfer einer falschen Idee, sondern auch lächerlich zu sein. Offenbar taugte ich nicht zum sogenannten Lebenskampf, nicht zum Fabrikanten und Händler. Nicht einmal zu einem Spottpreis wurden unsere Kerzen gekauft, sie waren zu schlecht, um in der devotionalistischen Konkurrenz zu bestehen,[18] und wahrscheinlich würden wir sie nicht einmal geschenkt loswerden,[19] während andere, schlechtere Kerzen gekauft wurden. Niemals würde ich das Geheimnis des Handels entdecken, wenn ich auch das Geheimnis der Kerzenherstellung mit meiner Frau gefunden hatte.

Ich schleppte müde meinen schweren Musterkoffer zur Haltestelle der Straßenbahn und wartete lange. Die Dunkelheit war sanft und klar, es war Sommer. Lampen brannten an den Straßenkreuzungen, Menschen schlenderten durch den Abend, es war still; ich stand an einem großen Rondell—am Rande dunkle leere Bürogebäude—in meinem Rücken ein kleiner Park; ich hörte Rauschen von Wasser, und als ich mich umwandte, sah ich eine große marmorne Frau dort stehen, aus deren starren Brüsten dünne Rinnsale in ein Kupferbecken flossen; mir wurde kühl,[20] und ich spürte, daß ich müde war. Endlich kam die Bahn;[21] sanfte Musik strömte aus hellerleuchteten Cafés, aber der Bahnhof lag in einem leeren, stillen Stadtteil. Die große schwarze Tafel dort verriet lediglich die Abfahrt eines Zuges, der mich nur halbwegs nach Hause bringen, dessen Benutzung[22] mich eine ganze Nacht Wartesaal, Schmutz und widerliche Bouillon im Bahnhof eines hotellosen Ortes kosten würde. Ich wandte mich um und trat auf den

---

[14] **zu einem Viertel**: one quarter of the way down
[15] **ich habe... überlegt**: I have reconsidered the matter
[16] **zur Einsicht gekommen**: concluded
[17] **gehen**: sell
[18] **um... zu bestehen**: in order to meet the competition in devotional items
[19] **würden... loswerden**: we wouldn't get rid of them even if we gave them away
[20] **mir wurde kühl**: I began to feel chilly
[21] **Bahn**: trolley
[22] **dessen Benutzung**: (and) taking which

Vorplatz zurück, zählte im Schein einer Gaslaterne mein Geld: neun Mark, Rückfahrkarte und ein paar Groschen. Ein paar Autos standen dort, die schon ewig dort zu warten schienen, kleine Bäume, die gestutzt waren wie Rekruten. Brave Bäumchen, dachte ich, gute Bäumchen, gehorsame Bäumchen. Weiße Arztschilder waren an ein paar unbeleuchteten Häusern zu sehen, durch das Schaufenster eines Cafés blickte ich in eine Versammlung leerer Polsterstühle, denen ein Geiger mit wilden Bewegungen Schluchzer vorsetzte, die zwar Steine, kaum aber einen Menschen hätten rühren können. Endlich entdeckte ich im Chor[23] einer schwarzen Kirche ein grüngestrichenes Schild: Logis. Ich trat dort ein.

Hinter mir hörte ich die Straßenbahn in das heller erleuchtete, stärker belebte Viertel[24] zurückfahren. Der Flur war leer, und ich trat nach rechts in eine kleine Stube, die vier Tische und zwölf Stühle enthielt; Blechkästen mit Bier- und Limonadenflaschen standen links auf einer eingebauten Theke. Alles sah sauber und schmucklos aus. Grüner Rupfen war mit rosenförmigen Kupfernägeln an die Wand geheftet, von schmalen braunen Leisten durchbrochen.[25] Auch die Stühle waren grün überzogen mit einem sanften, samtartigen Stoff. Gelbliche Vorhänge waren dicht vor die Fenster gezogen,[26] und hinter der Theke führte ein klappenartiges Fenster in eine Küche. Ich stellte den Koffer ab, zog einen Stuhl näher und setzte mich. Ich war sehr müde.

Es war so still hier, stiller noch als der Bahnhof, der seltsamerweise abseits lag vom Geschäftszentrum, eine dumpfe dunkle Halle, die von den leisen Geräuschen einer unsichtbaren Emsigkeit erfüllt war: Emsigkeit hinter verschlossenen Schaltern, Emsigkeit hinter hölzernen Absperrungen.

Auch hungrig war ich, und die völlige Nutzlosigkeit dieser Reise bedrückte mich sehr. Ich war froh, daß ich noch eine Weile in diesem sanften schmucklosen Raum allein blieb. Ich hätte gern geraucht, fand aber keine Zigarette und bereute nun, die Zigarre bei dem Groß-Devotionalisten liegengelassen zu haben. Obwohl ich Grund gehabt hätte, über die Zwecklosigkeit auch dieser Reise bedrückt zu sein, verstärkte sich in mir das Gefühl einer Erleichterung, für die ich keinen Namen wußte und die ich mir nicht hätte erklären können, aber vielleicht war ich insgeheim froh, nun endgültig aus dem Gewerbe der Frömmigkeitsartikel ausgestoßen zu sein.

Ich war nicht untätig gewesen nach dem Kriege, ich hatte aufgeräumt, Schutt gefahren,[27] Steine geputzt, gemauert, Sand gefahren, Kalk geholt, hatte Anträge gestellt,[28] immer wieder Anträge gestellt, hatte Bücher gewälzt, sorgsam diesen

---

[23] **im Chor:** at the back
[24] **stärker belebte Viertel:** more bustling section of town
[25] **von schmalen braunen Leisten durchbrochen:** interspaced with narrow brown moldings
[26] **dicht vor die Fenster gezogen:** drawn tight in front of the windows
[27] **gefahren:** carted
[28] **hatte Anträge gestellt:** had made (all kinds of) applications

Haufen Stearin verwaltet; unabhängig von allen, die mir ihre Erfahrungen hätten mitteilen können, hatte ich die Herstellungsweise von Kerzen gefunden, schönen, einfachen, guten Kerzen, die mit einem sanften Gelb gefärbt waren, das ihnen die Hoheit schmelzenden Bienenwachses verlieh. Ich hatte alles getan, um mir eine Existenz zu gründen,[29] wie die Leute so schön sagen: etwas zu tun, das Geld einbringt, und obwohl ich hätte traurig sein müssen[30]—erfüllte mich gerade diese vollkommene Nutzlosigkeit meiner Bemühungen mit einer Freude, die ich noch nicht gekannt hatte.

Ich war nicht kleinlich gewesen, ich hatte Leuten, die in lichtlosen Löchern hockten, Kerzen geschenkt, hatte jede Gelegenheit, mich zu bereichern, vermieden; ich hatte gehungert und mich mit Leidenschaft diesem Erwerbszweig gewidmet, aber obwohl ich hätte erwarten können, für meine gewisse[31] Anständigkeit belohnt zu werden, war ich fast froh, offenbar keines Lohnes würdig[32] zu sein.

Flüchtig auch dachte ich: Vielleicht wäre es doch besser gewesen, Schuhwichse herzustellen, wie ein Bekannter uns geraten hatte, andere Ingredienzien dem Grundstoff beizumischen, Rezepte zusammenzustellen, Pappdosen zu erwerben, sie zu füllen.

Mitten in mein Brüten trat die Wirtin ein, eine schlanke, ältere Frau, ihr Kleid war grün, grün wie die Bier- und Limonadenflaschen auf der Theke. Sie sagte freundlich: „Guten Abend." Ich erwiderte ihren Gruß, und sie fragte: „Bitte?"[33]

„Ein Zimmer, wenn Sie eins frei haben."

„Gewiß", sagte sie, „zu welchem Preis?"

„Das billigste."

„Drei fünfzig."[34]

„Schön", sagte ich erfreut, „vielleicht etwas zu essen?"

„Gewiß."

„Brot, etwas Käse und Butter und...", ich streifte die Flaschen auf der Theke mit einem Blick,[35] „vielleicht Wein."

„Gewiß", sagte sie, „eine Flasche?"

„Nein, nein! Ein Glas und—was wird das kosten?"

Sie hatte sich hinter die Theke gestellt, schon den Haken zurückgeschoben, um das Fensterchen zu öffnen, und hielt jetzt inne. „Alles?" fragte sie.

„Bitte alles."[36]

---

[29] **um mir eine Existenz zu gründen:** in order to get established
[30] **ich hätte traurig sein müssen:** I had every reason to be sad
[31] **gewisse:** relative
[32] **keines Lohnes würdig:** deserving of no reward
[33] **Bitte?** Yes, please?
[34] **Drei (Mark) fünfzig (Pfennig):** *(almost 90 cents)*
[35] **ich streifte... mit einem Blick:** I cast a quick glance at the bottles on the counter
[36] **„Alles?" fragte sie. „Bitte alles.":** "Will that be all?" she asked. "That's all, thank you."

Sie griff unter den Tisch, nahm Notizblock und Bleistift, und es war jetzt wieder still, während sie langsam schrieb und rechnete. Ihre ganze Erscheinung strömte, wie sie dort stand, trotz aller Kühle eine beruhigende Güte aus. Außerdem wurde sie mir sympathischer, da sie sich mehrmals zu verrechnen schien. Sie schrieb langsam die Posten hin, addierte stirnrunzelnd, schüttelte den Kopf, strich wieder durch, schrieb alles neu,[37] addierte wieder, diesmal ohne Stirnrunzeln, und schrieb mit dem grauen Stift unten das Ergebnis hin; dann sagte sie leise: „Sechs zwanzig—nein sechs, verzeihen Sie."

Ich lächelte. „Schön. Haben Sie auch Zigarren?"

„Gewiß." Sie langte wieder unter die Theke und hielt mir eine Schachtel hin. Ich nahm zwei und dankte. Die Frau gab murmelnd die Bestellung in die Küche durch und verließ den Raum.

Sie war kaum gegangen, als die Tür aufgestoßen wurde und ein junger, schmaler Bursche erschien, unrasiert, in hellem Regenmantel; hinter ihm sah ich ein hutloses Mädchen in einem bräunlichen Mantel. Die beiden traten leise, fast schüchtern näher, sagten knapp „Guten Abend" und wandten sich zur Theke. Der Bursche trug die lederne, abgenutzte Einkaufstasche des Mädchens, und obwohl er sichtlich bemüht war, Haltung zu zeigen, Mut und das Benehmen eines Mannes, der täglich mit seinem Mädchen im Hotel übernachtet, sah ich doch, daß seine Unterlippe zitterte und winzige Schweißtröpfchen an seinen Bartstoppeln hingen. Die beiden standen dort wie Wartende[38] in einem Laden. Ihre Hutlosigkeit, die Einkaufstasche als einziges Gepäck gaben ihnen das Aussehen von Fliehenden,[39] die irgendeine Übergangsstation erreicht haben. Das junge Mädchen war schön, ihre Haut war lebendig, warm und leicht gerötet, und das schwere braune Haar, das lose über die Schultern fiel, schien fast zu schwer für ihre zierlichen Füße; sie bewegte nervös die schwarzen staubigen Schuhe, indem sie öfter, als erforderlich gewesen wäre, das Standbein wechselte; dem Burschen fielen ein paar Haarsträhnen, die er hastig zurückstrich, immer wieder in die Stirn, und sein kleiner runder Mund zeigte den Ausdruck einer schmerzlichen und zugleich glücklichen Entschlossenheit. Die beiden vermieden es offenbar, sich anzusehen, sprachen auch nicht miteinander, und ich war froh, daß ich mich umständlich mit meiner Zigarre beschäftigen, sie abschneiden, anzünden, das Ende mißtrauisch betrachten, noch einmal anzünden und rauchen konnte. Jede Sekunde des Wartens mußte eine Pein sein, ich spürte es, denn auch das Mädchen, mochte sie noch so kühn aussehen und glücklich erscheinen,[40] wechselte nun immer öfter das Standbein, zupfte an ihrem Mantel, und der junge Mann fuhr sich immer öfter in die Stirn,[41]

---

[37] **neu:** over again
[38] **wie Wartende:** like people waiting
[39] **von Fliehenden:** of fugitives
[40] **mochte sie noch… erscheinen:** no matter how bold she looked and how happy she seemed
[41] **fuhr sich immer öfter in die Stirn:** passed his hand across his brow more and more frequently

aus der nun keine Haarsträhne mehr zurückzustreichen war. Endlich erschien die Frau wieder, sagte leise: „Guten Abend" und setzte die Flasche auf die Theke.

Ich sprang sofort auf und sagte zur Wirtin: „Wenn ich Ihnen die Mühe abnehmen[42] darf?" Sie sah mich erstaunt an, stellte dann das Glas hin, gab mir den Korkenzieher und fragte den jungen Mann: „Bitte?" Während ich die Zigarre in den Mund nahm, den Zieher in den Korken bohrte, hörte ich, wie der junge Mann fragte: „Können wir zwei Zimmer haben?"

„Zwei?" fragte die Wirtin, und in diesem Augenblick hatte ich den Pfropfen gelöst, und ich sah von der Seite, daß das Mädchen jäh errötete, der Bursche heftiger noch auf seine Unterlippe biß und mit einem knappen Öffnen des Mundes[43] sagte: „Ja, zwei."

„Oh, danke", sagte die Wirtin zu mir, goß das Glas voll und reichte es mir. Ich ging an meinen Tisch zurück, begann in kleinen Schlucken den sanften Wein zu trinken und wünschte nur, daß die unvermeidliche Zeremonie nun nicht wieder durch das Erscheinen meines Essens hinausgezögert würde. Aber das Eintragen in ein Buch, Ausfüllen von Zetteln und Vorlegen bläulicher Ausweise,[44] alles ging schneller, als ich gedacht hatte; und einmal, als der junge Mann die Ledertasche öffnete, um die Ausweise herauszuholen, sah ich dort fettige Kuchentüten, einen zusammengeknüllten Hut, Zigarettenschachteln, eine Baskenmütze und ein zerschlissenes rötliches Portemonnaie.

Die ganze Zeit über[45] suchte das Mädchen Haltung zu bewahren; sie betrachtete unbeteiligt die Limonadenflaschen, das Grün des Rupfenbezuges und die rosenförmigen Nägel, aber die Röte wich nicht mehr von ihrem Gesicht, und als endlich alles erledigt war, gingen die beiden hastig und grußlos mit ihren Schlüsseln nach oben. Bald wurde mein Essen durch die Klappe gereicht; die Wirtin brachte mir den Teller, und als wir uns anblickten, lächelte sie nicht, wie ich erwartet hatte, sondern blickte ernst an mir vorbei und sagte: „Guten Appetit."

„Danke", sagte ich. Sie blieb stehen.

Ich fing langsam an zu essen, nahm Brot, Butter und Käse. Sie stand immer noch neben mir. Ich sagte: „Lächeln Sie."

Sie lächelte wirklich, seufzte dann und sagte: „Ich kann nichts daran ändern."

„Möchten Sie es?"

„O ja", sagte sie heftig und setzte sich neben mich auf einen Stuhl, „ich möchte es. Ich möchte manches[46] ändern. Aber wenn er zwei Zimmer verlangt; hätte er eins verlangt...", sie stockte.

---

[42] **Ihnen die Mühe abnehmen:** save you the trouble
[43] **mit einem knappen Öffnen des Mundes:** just barely opening his mouth
[44] *By law identification is required to register at a hotel in Germany*
[45] **die ganze Zeit über:** all this time
[46] **manches:** some things

„Wie?"⁴⁷ fragte ich.

„Wie?" machte sie wütend nach, „ich hätte ihn hinausgeschmissen."

„Wozu?" sagte ich müde und nahm den letzten Bissen in den Mund. Sie schwieg. Wozu, dachte ich, wozu? Gehört nicht den Liebenden die Welt, waren nicht die Nächte mild genug, waren nicht andere Türen offen, schmutzigere vielleicht, aber Türen, die man hinter sich schließen konnte. Ich blickte in mein leeres Glas und lächelte...

Die Wirtin war aufgestanden, hatte ihr dickes Buch geholt, einen Packen Formulare und sich wieder neben mich gesetzt.

Sie beobachtete mich, während ich alles ausfüllte. Vor der Spalte „Beruf" stockte ich, sah auf und blickte in ihr lächelndes Gesicht. „Warum zögern Sie", fragte sie ruhig, „haben Sie keinen Beruf?"

„Ich weiß nicht."

„Sie wissen nicht?"

„Ich weiß nicht, ob ich Arbeiter, Reisender, Fabrikant, Erwerbsloser oder nur Vertreter bin... aber Vertreter wessen...⁴⁸", dann schrieb ich schnell „Vertreter" hin und gab ihr das Buch zurück. Einen Augenblick dachte ich daran, ihr Kerzen anzubieten, zwanzig, wenn sie wollte, für ein Glas Wein oder zehn für eine Zigarre, ich weiß nicht, warum ich es unterließ, vielleicht war ich nur zu müde, nur zu faul, aber am anderen⁴⁹ Morgen war ich froh, es nicht getan zu haben. Ich zündete meine erloschene Zigarre wieder an und stand auf. Die Frau hatte das Buch zugeklappt, die Zettel dazwischengeschoben und gähnte.

„Wünschen Sie Kaffee morgen früh?" fragte sie.

„Nein, danke, ich werde sehr früh zum Bahnhof gehen. Gute Nacht."

„Gute Nacht", sagte sie.

Aber am anderen Morgen schlief ich lange. Der Flur, den ich abends flüchtig gesehen hatte—mit dunkelroten Teppichen belegt—, blieb die ganze Nacht still. Auch das Zimmer war ruhig. Der ungewohnte Wein hatte mich müde gemacht und zugleich froh. Das Fenster stand offen, und ich erblickte gegen den ruhigen, dunkelblauen Sommerhimmel nur das finstere Dach der Kirche gegenüber; weiter rechts sah ich den bunten Widerschein von Lichtern in der Stadt, hörte den Lärm der belebteren Viertel. Ich legte mich mit der Zigarre ins Bett, um die Zeitung zu lesen, schlief aber gleich ein...

Es war acht vorüber,⁵⁰ als ich wach wurde. Der Zug, den ich hatte benutzen wollen, war schon abgefahren, und ich bereute, nicht geweckt worden zu sein. Ich wusch mich, beschloß, mich rasieren zu lassen, und ging hinunter. Das kleine

---

⁴⁷ **Wie?**: How's that?
⁴⁸ **wessen**: for whom
⁴⁹ **anderen**: following
⁵⁰ **acht vorüber**: past eight

grüne Zimmer war jetzt hell und freundlich, die Sonne schien durch die dünnen Vorhänge hinein, und ich war erstaunt, gedeckte Frühstückstische zu sehen mit Brotkrümeln, leeren Marmeladenschälchen und Kaffeekannen. Ich hatte das Gefühl gehabt, in diesem stillen Haus der einzige Gast zu sein. Ich bezahlte einem freundlichen Mädchen meine Rechnung und ging.

Draußen war ich erst unschlüssig. Der kühle Schatten der Kirche umfing mich. Die Gasse war schmal und sauber; rechts neben dem Eingang des Logierhauses hatte ein Bäcker seinen Laden geöffnet, Brote und Brötchen leuchteten hellbraun und gelb in den Schaukästen, irgendwo standen Milchkannen vor einer Tür, zu der eine schmale dünnblaue Spur vertropfter Milch hinführte. Die gegenüberliegende Straßenseite war nur mit einer hohen schwarzen Mauer aus Quadern bebaut;[51] durch ein großes, halbkreisförmiges Tor sah ich grünen Rasen und trat dort ein. Ich stand in einem Klostergarten. Ein altes flachdachiges Gebäude, dessen steinerne Fensterumrandungen rührend weiß gekalkt waren, lag inmitten eines grünen Rasens; steinerne Sarkophage im Schatten von Trauerweiden. Ein Mönch trottete über einen Fliesenweg auf die Kirche zu.[52] Als er an mir vorüberkam, grüßte er nickend, ich nickte wieder, und als er in die Kirche trat, folgte ich ihm, ohne zu wissen warum.

Die Kirche war leer. Sie war alt und schmucklos, und als ich gewohnheitsmäßig meine Hand ins Weihwasserbecken tauchte und zum Altar hin[53] niederkniete, sah ich, daß die Kerzen eben verlöscht sein mußten,[54] eine schmale, schwärzliche Rauchfahne stieg von ihnen auf in die helle Luft; niemand war zu sehen, keine Messe schien an diesem Morgen mehr gelesen zu werden.[55] Unwillkürlich folgte ich mit den Augen der schwarzen Gestalt, die flüchtig und unbeholfen vor dem Tabernakel niederkniete und dann in einem Seitenschiff verschwand. Ich trat näher und blieb erschrocken stehen: dort stand ein Beichtstuhl, das junge Mädchen vom Abend vorher kniete in einer Bank davor, das Gesicht in den Händen verborgen, und am Rand des Schiffes stand der junge Mann, scheinbar unbeteiligt, die lederne Einkaufstasche in der einen Hand, die andere lose herabhängend, und blickte zum Altar...

Ich hörte jetzt in dieser Stille, daß mein Herz angefangen hatte zu schlagen, lauter, heftiger, seltsam erregt, auch spürte ich, daß der junge Mann mich anblickte, wir sahen uns in die Augen,[56] er erkannte mich und wurde rot. Immer noch kniete

---

[51] **Die gegenüberliegende... bebaut:** The only structure on the other side of the street was a high black wall made of square stones
[52] **auf die Kirche zu:** in the direction of the church
[53] **zum Altar hin:** toward the altar
[54] **eben verlöscht sein mußten:** must have just been put out
[55] **keine Messe... werden:** it appeared as if no more Masses would be celebrated this morning *(two lighted candles must always be on the altar during the celebration of Mass)*
[56] **uns in die Augen:** straight at one another

das junge Mädchen da mit bedecktem Gesicht, immer noch stieg ein feiner, kaum sichtbarer Rauchfaden von den Kerzen auf. Ich setzte mich auf eine Bank, legte den Hut neben mich und stellte den Koffer ab. Mir war, als erwachte ich erst jetzt,[57] bisher hatte ich gleichsam alles nur mit den Augen gesehen, teilnahmslos —Kirche, Garten, Straße, Mädchen und Mann—alles war nur Kulisse, die ich unbeteiligt streifte,[58] aber während ich nun zum Altar blickte, wünschte ich, daß der junge Mann auch beichten gehen möchte. Ich fragte mich selbst, wann ich zum letzten Mal gebeichtet hatte, fand mich kaum zurecht mit Jahren,[59] grob gerechnet mußten es sieben Jahre sein, aber als ich weiter nachdachte, stellte ich etwas viel Schlimmeres fest: ich fand keine Sünde. So sehr ich jetzt auch ehrlich suchte,[60] ich fand keine Sünde, die des Beichtens wert[61] gewesen wäre, und ich wurde sehr traurig. Ich spürte, daß ich schmutzig war, voll von Dingen, die abgewaschen werden mußten, aber nirgendwo war da etwas, was grob, schwer, scharf und klar als Sünde hätte bezeichnet werden können. Mein Herz schlug immer heftiger. Abends vorher hatte ich das junge Paar nicht beneidet, aber nun spürte ich Neid mit der innig dort knienden Gestalt, die immer noch ihr Gesicht verborgen hielt und wartete. Völlig unbewegt und unbeteiligt stand der junge Mann dort.

Ich war wie ein Kübel Wasser, der lange an der Luft[62] gestanden hat; er sieht sauber aus, nichts entdeckt man in ihm, wenn man ihn flüchtig betrachtet: niemand hat Steine, Schmutz oder Unrat hineingeworfen, er stand im Flur oder Keller eines wohlanständigen Hauses; auf seinem makellosen Boden ist nichts zu entdecken; alles ist klar, ruhig, und doch, wenn man hineingreift in dieses Wasser, rinnt durch die Hand ein unfaßbarer widerlicher feiner Schmutz, der keine Gestalt, keine Form, fast kein Ausmaß zu haben scheint. Man spürt nur, daß er da ist. Und wenn man tiefer hineingreift in dieses makellose Becken, findet man auf seinem Boden eine dicke unanzweifelbare Schicht dieses feinen, ekelhaften gestaltlosen Schmutzes, für den man keinen Namen findet; ein sattes, fast bleiernes Sediment aus[63] diesen unsagbar feinen Schmutzkörnchen, die der Luft der Anständigkeit entnommen sind.

Ich konnte nicht beten, ich hörte nur mein Herz schlagen und wartete darauf, daß das Mädchen in den Beichtstuhl treten würde. Endlich hob sie die Hände hoch, legte einen Augenblick ihr Gesicht darauf, stand auf und trat in den hölzernen Kasten.

---

[57] **Mir war... jetzt:** I felt as if I were waking up only now
[58] **streifte:** looked at in passing
[59] **fand mich... Jahren:** could hardly figure out the number of years (since my last confession) (*Before confessing his sins to a priest, the penitent must tell how long it has been since his last confession.*)
[60] **so sehr... suchte:** no matter how honestly I now examined my conscience
[61] **des Beichtens wert:** worth confessing (*a penitent is not required to confess trivial or venial sins*)
[62] **an der Luft:** exposed to the air
[63] **aus:** composed of

Kerzen für Maria

Der junge Mann rührte sich immer noch nicht. Er stand da teilnahmslos, nicht dazu gehörend,[64] unrasiert, bleich, immer noch auf seinem Gesicht den Ausdruck einer sanften und doch festen Entschlossenheit. Als das Mädchen zurückkam, setzte er plötzlich die Tasche auf den Boden und trat in den Stuhl...[65]

Ich konnte immer noch nicht beten, keine Stimme sprach zu mir oder in mir, nichts rührte sich, nur mein Herz schlug, und ich konnte meine Ungeduld nicht zähmen, stand auf, ließ den Koffer stehen, überquerte den Gang und stellte mich in dem Seitenschiff vor eine Bank. In der vordersten Bank kniete die junge Frau vor einer alten steinernen Madonna, die auf einem völlig unbenutzten schmucklosen Altar stand. Das Gesicht der Mutter Gottes war grob, aber lächelnd, ein Stück ihrer Nase fehlte, die blaue Bemalung ihres Mantels war abgebröckelt, und die goldenen Sterne darauf waren nur noch wie etwas hellere Flecken[66] zu sehen; ihr Zepter war zerbrochen, und von dem Kinde, das sie im Arm trug, waren nur noch der Hinterkopf und ein Teil der Füße zu sehen. Das mittlere Stück, der Leib, war herausgefallen,[67] und sie hielt lächelnd diesen Torso im Arm. Ein armer Orden schien Besitzer dieser Kirche.

„Oh, wenn ich doch beten könnte!" betete ich. Ich fühlte mich hart, nutzlos, schmutzig, reuelos, nicht einmal eine Sünde hatte ich vorzuweisen, das einzige, was ich besaß, war mein heftig schlagendes Herz und das Bewußtsein, schmutzig zu sein...

Der junge Mann streifte mich leise, als er hinten an mir vorüberging, ich schrak auf und trat in den Beichtstuhl...

Als ich mit dem Kreuzzeichen entlassen worden war, hatten die beiden die Kirche schon verlassen. Der Mönch schob den violetten Vorhang des Beichtstuhles beiseite, öffnete das Türchen und trottete langsam an mir vorbei; wieder beugte er unbeholfen die Knie vor dem Altar.

Ich wartete, bis ich ihn hatte verschwinden sehen, dann überquerte ich schnell den Gang, beugte selbst die Knie, holte meinen Koffer ins Seitenschiff und öffnete ihn: da lagen sie alle, gebündelt von den sanften Händen meiner Frau, schmal, gelb, einfach, und ich blickte auf den kalten schmucklosen Steinsockel, auf dem die Madonna stand, und bereute zum ersten Male, daß mein Koffer nicht schwerer war. Dann riß ich das erste Bündel auf und zündete ein Streichholz an...

Indem ich eine Kerze an der Flamme der anderen erhitzte,[68] klebte ich sie alle fest auf den kalten Sockel, der das weiche Wachs schnell hart werden ließ, alle klebte ich sie auf,[69] bis der ganze Tisch mit unruhig flackernden Lichtern bedeckt

---

[64] **nicht dazu gehörend:** out of place
[65] **Stuhl:** (confession) box
[66] **wie etwas hellere Flecken:** as somewhat lighter spots
[67] **war herausgefallen:** had fallen off
[68] **Indem ich... erhitzte:** By heating ...
[69] **alle klebte ich sie auf:** I stuck them all on

war und mein Koffer leer. Ich ließ ihn stehen, raffte meinen Hut auf, beugte noch einmal meine Knie vor dem Altar und ging; es schien, als flöhe ich...

Und nun erst, als ich langsam zum Bahnhof ging, fielen mir alle meine Sünden ein, und mein Herz war leichter als je...

(*Übungen* on page 168)

IV

Die Stützen der Bundesrepublik

Die Stützen der Bundesrepublik

On May 11, 1968, Heinrich Böll spoke out against the enactment of West Germany's Emergency Law before 30,000 demonstrators. They had descended upon Bonn to protest a piece of legislation permitting the government to suspend constitutional rights in time of national crisis. Maintaining that the proposed law resembled the emergency law of the prewar Weimar Republic utilized by Hitler to introduce Nazi rule in 1933, they feared that its misuse could pave the way for another dictatorship. Böll's own concern in this regard reflects grave misgivings about the future of democracy in Germany. He believes that the basic difference between the Germans of 1933 and the West Germans of today is the present economic prosperity which, in the words of former Chancellor Erhard, has brought about the "soulless materialism" of the great majority of Germans. The steel and coal barons who financed Hitler's rise to power in return for huge profits have their counterpart in industrial managers (many of whom played significant roles in the Nazi war economy) whose participation in democratic government is cynical and purely commercial. Thanks to the pernicious system of financing political parties permitted in West Germany, the country's leading party, the Christian Democrats, is heavily dependent on support from the industrialists. The result has been a situation in which big business dictates economic policy. West Germany has become the most capitalist country in the world, manipulated by an industrial class without a social conscience whose definition of freedom is the freedom to make uncontrolled profits. Its disdain for the politicians in Bonn is matched by the political apathy of an electorate seventy-five percent of whom, according to a public opinion poll taken by the Allensbach Institute in 1957, would refuse to declare their firm opposition to a return of the Nazis (forty-eight percent of those polled said that Hitler would have been one of Germany's greatest statesmen if only he had not declared war). The Federal Republic is today virtually a one-party state without meaningful political opposition—a dangerous situation for strengthening the weak tradition of democracy. (Böll recently observed that the Christian Democrats are anything but Christian and their junior partners in the Grand Coalition, the Social Democrats, anything but socialist.)

Böll's uneasiness is also caused by the creation of the "Bundeswehr," whose 465,000 men make up the strongest and best-equipped force in Europe outside the Iron Curtain; by the fact that its senior officers and many of their subordinates were molded in the old "Wehrmacht" which helped to plan and carry out Hitler's wars of oppression; by the fact that the government condoned the official hypocrisy of letting former SS-men up to the rank of lieutenant colonel join the "Bundeswehr"; by the fact that it has once again become a mark of social distinction to have one's wartime rank and title printed on visiting cards; by the fact that over seven hundred ex-servicemen's organizations exist in West Germany, a large percentage of whose leaders are anti-democratic and neo-Nazi.

What no doubt grieves Böll the most is the conviction that his own church is supporting the government far more strongly than it did in the time of Hitler. Its present-day authority and influence have been bought at a deadly price: complete political conformity to the will of the Christian Democrats. The entire Catholic hierarchy and every lay organization came out in support of rearmament. And like the government the Church's interest in social justice has been minimal. In his "Letter to a Young Catholic," about to be drafted into the "Bundeswehr," Böll wrote with both bitterness and sadness of church-state relationships in Nazi Germany: "When I was your age, it was for me a moral danger of high degree when the Vatican became the first state to conclude a treaty with Hitler ... Soon after the conclusion of this treaty ... it was regarded as fashionable to go to the communion rail in an SA uniform, as both chic and fashionable; but it was not only that, it was also logical, and when one went on duty after the celebration of Mass, one could cheerfully join in singing: 'When the blood of the Poles, the blood of the Russians, the blood of the Jews [spurts up from our knives]; now thirty million Poles, Russians, and Jews are dead ..."[1]

The primary concern of a church which tolerated the Nazi state and has refused to learn the bitter lessons of history Böll described in the same letter: "When the question of German rearmament was under discussion, the leadership of the Catholic Youth Federation published a memorandum in which somebody had been at great pains to find the most suitable type of missal for the German soldier of the future; it would have to be 'sturdy enough to withstand wear and tear' but at the same time be embellished with 'good quality thin printing paper' and a 'flexible cloth binding.' These are the kinds of things that worry the German Catholics. Each of the phrases of this sentence practically deserves a pamphlet all to itself: 'sturdy enough to withstand wear and tear,' 'good quality thin printing paper,' 'flexible cloth binding.' I have seen too many men die in Russia, in field hospitals and on battlefields, and I can only feel that this sentence is nothing but a diabolical blasphemy, whose root cause I am forced to seek in the insipid 'aestheticising' of German Catholics. In view of the death suffered by the brothers and

---

[1] Heinrich Böll, *Erzählungen-Hörspiele-Ausfsätze* (Cologne: Kiepenheuer & Witsch, 1961), p. 391 (*editor's translation*).

sisters of the author of this sentence, and by neighbors and classmates of his who were dragged off to Auschwitz, only medically certified feeblemindedness could induce me to pardon these words...."[2]

In the three selections in this part, Böll translates the realities of post-war German life into fiction. The first, *Wie in schlechten Romanen,* is a terse masterpiece of understatement. It captures the atmosphere of moral decay emanating from a business-oriented society. The story concerns a man whose marriage is spiritually ruined when in the course of a single evening he learns that his wife is not a tenderhearted, harmlessly efficient "Hausfrau" taught the social graces by sheltering nuns but rather a self-assured, somewhat ruthless hypocrite. It is her vanity and ambition, not her love, which set her husband a task that makes a fool of him. In a state of existential shock he retaliates by capitulating to a "I'll scratch your back, Jack, if you scratch mine" type of society, for he has lost what mattered most to him: love and respect for his wife. Other men might take to drink, but our hero will drown himself in the murky waters of the "Wirtschaftswunder."

In *Hauptstädtisches Journal* the tone abruptly changes from sorrow to barely disguised contempt. In the person of the arrogant and condescendingly affable Colonel Erich von Machorka-Muff, Böll ridicules the unsubtle inner workings of the military mind which refuses to learn anything but has forgotten nothing after two world wars. In this parody of an incorrigible, sentimental militarist the author mordantly satirizes the German warrior caste and its re-emergence after the "Zusammenbruch." He also manages to include in his attack the three remaining pillars of the Federal Republic: the industrialist, the ecclesiastic, and the politician. What is most disturbing about this work is that Böll's effective satire makes it difficult to determine easily where reality ends and where exaggeration begins.

Böll's most bitter and controversial book to date, *Ansichten eines Clowns,* consists of twenty-five chapters of inner monologue in which Hans Schnier, a socially alienated variety artist, reviews his life. The monologues are interrupted by telephone calls which Hans makes from his apartment in a desperate attempt to obtain money and to win back Marie Derkum, the woman he loves. An agnostic, he has lived for six years with the Catholic Marie and considers her his wife before the eyes of God and man despite the fact that he has refused to be married civilly or in church. When Marie, prodded by her Catholic friends, leaves him to marry Züpfner, a prominent layman (because she can no longer stand "living in sin"), the clown-hero regards her new relationship as adulterous. The novel begins when Hans returns home to Bonn, heartbroken and penniless. Via the telephone, the symbol of his alienation, he hopes to reach those he considers his friends and to force those he detests to speak with him. Unsuccessful in his telephone quest

---

[2] *Ibid.,* pp. 390-391.

for money and Marie, even turned down by his younger brother Leo who refuses to break seminary rules to come to the aid of the distraught performer, Hans ends up as a singing beggar on the steps of the Bonn railroad station—but not before he has exposed the hypocrisy, conformism, hard-heartedness, and pseudo-intellectualism of certain leading lights, both lay and clerical, of the German upper and middle classes. Among them are his father, a coal magnate who had prospered under the Nazis, and his mother, a zealous patriot during the war and now a spokesman for racial harmony.

The clown's antagonism toward the Catholic Church derives in large measure from his advocacy of a theology of marriage influenced by a personalist philosophy and reflects the anti-legalistic trends of thought which surfaced during the second Vatican Council (the clown strongly admires Pope John). The fundamental reason for his critical attitude toward contemporary West German society is made most obvious in the two chapters of the novel offered here. It has to do with a phenomenon which startled the Allies at the end of the war: the servile eagerness with which the Germans cooperated with their conquerors and the speed with which they professed the principles of democracy. Behavior such as this has forced Böll to conclude that the only social realities that the Germans have adopted in the course of their history are obedience and subordination. As a guest lecturer at the University of Frankfurt in 1966 he told his audience: "The Germans like to obey as much as they like to demand obedience. The most embarrassing scene—embarrassing is, I think, the right expression here, the war was over and I felt liberated, felt I was a full-fledged civilian again and not just a civilian forced to masquerade as a soldier—the most embarrassing scene I can recall is the snappy, eager way some of my fellow prisoners reported for the first roll call in an American POW camp. Only a few hours after they had been preaching 'murder' and 'hold out at all costs,' they declared their readiness to be trained as propagators of democratic ideas ... The poetry of this moment, its precise details: liberated, yet captured, barely, just barely surviving, the easy-going manner of the American captain, who—he really believed in what he was doing, believed too, that he was thereby promising us peace and happiness—promised us beer and sausages, and the strange presentiment that soon I, who was not yet free but only liberated, would become the prisoner of these snappy, eager, servile men who would want to change me into something I already was by birth and origin: a democrat—I have never been able to put this into words."[3] What Böll has succeeded in putting into words is the sociological reality implicit in this scene. Chapters 4 and 5 of *Ansichten eines Clowns* are a partial answer to Böll's question: "Did you expect a mere date, the 8th of May, 1945, to change people?"

---

[3] Heinrich Böll, *Frankfurter Vorlesungen* (Cologne: Kiepenheuer & Witsch, 1966), pp. 38-39 (editor's translation).

Wie in schlechten Romanen
[1956]

Für den Abend hatten wir die Zumpens eingeladen, nette Leute, deren Bekanntschaft ich meinem Schweigervater verdanke; seit unserer Hochzeit bemüht er sich, mich mit Leuten bekannt zu machen, die mir geschäftlich nützen können, und Zumpen kann mir nützen: er ist Chef einer Kommission, die Aufträge bei großen Siedlungen vergibt,[1] und ich habe in ein Ausschachtungsunternehmen eingeheiratet.

Ich war nervös an diesem Abend, aber meine Frau, Bertha, beruhigte mich. „Die Tatsache", sagte sie, „daß er überhaupt kommt, bedeutet schon etwas. Versuche nur, das Gespräch vorsichtig auf[2] den Auftrag zu bringen. Du weißt, daß morgen der Zuschlag erteilt wird."

Ich stand hinter der Haustürgardine und wartete auf Zumpen. Ich rauchte, zertrat die Zigarettenstummel und schob die Fußmatte darüber. Wenig später stellte ich mich hinter das Badezimmerfenster und dachte darüber nach, warum Zumpen die Einladung wohl angenommen hatte; es konnte ihm nicht viel daran liegen,[3] mit uns zu Abend zu essen, und die Tatsache, daß der Zuschlag für die große Ausschreibung,[4] an der ich mich beteiligt hatte, morgen erteilt werden sollte, hätte ihm die Sache so peinlich machen müssen, wie sie mir war.[5]

Ich dachte auch an den Auftrag: es war ein großer Auftrag, und ich würde 20 000 Mark daran verdienen, und ich wollte das Geld gerne haben.

Bertha hatte meinen Anzug ausgewählt: dunkler Rock, eine etwas hellere Hose und die Krawattenfarbe neutral. Solche Dinge hat sie zu Hause gelernt und im Pensionat bei den Nonnen. Auch, was man den Gästen anbietet: wann man den Kognak reicht, wann den Wermut, wie man den Nachtisch assortiert: es ist wohltuend, eine Frau zu haben, die solche Sachen genau weiß.

Aber auch Bertha war nervös: Als sie mir ihre Hände auf die Schultern legte, berührten sie meinen Hals, und ich spürte, daß die Daumen feucht und kalt waren.

---

[1] **die Aufträge... vergibt:** which awards contracts for large housing developments
[2] **auf:** around to
[3] **es konnte ihm nicht viel daran liegen:** it couldn't matter much to him
[4] **der Zuschlag für die große Ausschreibung:** the contract resulting from the large-scale open bidding
[5] **hätte ihm... wie sie mir war:** must have made this engagement as embarrassing to him as it was to me

„Es wird schon gut gehen", sagte sie. „Du wirst den Auftrag bekommen."

„Mein Gott", sagte ich, „es geht für mich um[6] 20 000 Mark, und du weißt, wie gut wir sie gebrauchen können."

„Man soll", sagte sie leise, „den Namen Gottes nie im Zusammenhang mit Geld nennen!"

Ein dunkles Auto hielt vor unserem Haus, ein Fabrikat, das mir unbekannt war, aber italienisch aussah. „Langsam", flüsterte Bertha, „warte, bis sie geklingelt haben, laß sie zwei oder drei Sekunden stehen,[7] dann geh langsam zur Tür und öffne."

Ich sah die Zumpens die Treppe heraufkommen: er ist schlank und groß, hat ergraute Schläfen, einer von der Sorte, die man vor dreißig Jahren „Schwerenöter" nannte; Frau Zumpen ist eine von den mageren dunklen Frauen, bei deren Anblick[8] ich immer an Zitronen denken muß. Ich sah Zumpens Gesicht an,[9] daß es furchtbar langweilig für ihn war, mit uns zu essen.

Dann klingelte es, und ich wartete eine, wartete zwei Sekunden, ging langsam zur Tür und öffnete.

„Ach", sagte ich, „es ist wirklich nett, daß Sie zu uns gekommen sind!"

Wir gingen mit den Kognakgläsern in der Hand durch unsere Wohnung, die Zumpens gern sehen wollten. Bertha blieb in der Küche, um aus einer Tube Mayonnaise auf die Appetithappen zu drücken; sie macht das nett; herzförmige Muster, Mäander, kleine Häuschen. Den Zumpens gefiel unsere Wohung; sie lächelten sich an, als sie in meinem Arbeitszimmer den großen Schreibtisch sahen, auch mir kam er in diesem Augenblick ein wenig zu groß vor.

Zumpen lobte einen kleinen Rokokoschrank, den ich von Großmutter zur Hochzeit[10] bekommen hatte, und eine Barockmadonna in unserem Schlafzimmer.

Als wir ins Eßzimmer zurückkamen, hatte Bertha serviert; auch das hatte sie nett gemacht, so schön und doch sehr natürlich, und es wurde ein gemütliches Essen. Wir sprachen über Filme und Bücher, über die letzten Wahlen, und Zumpen lobte die verschiedenen Käsesorten, und Frau Zumpen lobte den Kaffee und die Törtchen. Dann zeigten wir Zumpens die Fotos von unserer Hochzeitsreise: Bilder von der bretonischen Küste,[11] spanische Esel und Straßenbilder aus Casablanca.[12]

Wir tranken jetzt wieder Kognak, und als ich aufstehen und den Karton mit den Fotos aus unserer Verlobungszeit holen wollte, gab mir Bertha ein Zeichen,

---

[6] **es geht für mich um:** for me it is a matter of
[7] **stehen:** stand there; wait
[8] **bei deren Anblick:** at the sight of whom
[9] **Ich sah Zumpens Gesicht an:** I could tell from Zumpen's face
[10] **zur Hochzeit:** as a wedding present
[11] **die bretonische Küste:** the coast of Brittany (*in northwestern France*
[12] port on Morocco's Atlantic coast

und ich holte den Karton nicht. Es wurde für zwei Minuten ganz still, weil wir keinen Gesprächsstoff mehr hatten, und wir dachten alle an den Auftrag; ich dachte an die 20 000 Mark, und es fiel mir ein, daß ich die Flasche Kognak von der Steuer abschreiben konnte. Zumpen blickte auf die Uhr, sagte: „Schade: es ist zehn; wir müssen weg. Es war ein so netter Abend!" Und Frau Zumpen sagte: „Reizend war es, und ich hoffe, wir werden Sie einmal bei uns sehen."

„Gern würden wir kommen", sagte Bertha, und wir standen noch eine halbe Minute herum, dachten wieder alle an den Auftrag, und ich spürte, daß Zumpen darauf wartete, daß ich ihn beiseite nehmen und mit ihm darüber sprechen würde. Aber ich tat es nicht. Zumpen küßte Bertha die Hande, und ich ging voran, öffnete die Türen und hielt unten Frau Zumpen den Schlag[13] auf.

„Warum", sagte Bertha sanft, „hast du nicht mit ihm über den Auftrag gesprochen? Du weißt doch, daß morgen der Zuschlag erteilt wird."

„Mein Gott", sagte ich, „ich wußte nicht, wie ich die Rede darauf hätte bringen sollen."[14]

„Bitte",[15] sagte sie sanft, „du hättest ihn unter irgendeinem Vorwand in dein Arbeitszimmer bitten, dort mit ihm sprechen müssen.[16] Du hast doch bemerkt, wie sehr er sich für Kunst interessiert. Du hättest sagen sollen: Ich habe da noch ein Brustkreuz aus dem 18. Jahrhundert, vielleicht würde es Sie interessieren, das zu sehen, und dann..."

Ich schwieg, und sie seufzte und band sich die Schürze um. Ich folgte ihr in die Küche; wir sortierten die restlichen Appetithappen in den Eisschrank, und ich kroch auf dem Boden herum, um den Verschluß für die Mayonnaisetube zu suchen. Ich brachte den Rest des Kognaks weg, zählte die Zigarren: Zumpen hatte nur eine geraucht; ich räumte die Aschenbecher leer,[17] aß stehend noch ein Törtchen und sah nach, ob noch Kaffee in der Kanne war. Als ich in die Küche zurückkehrte, stand Bertha mit dem Autoschlüssel in der Hand da.

„Was ist denn los?" fragte ich.

„Natürlich müssen wir hin",[18] sagte sie.

„Wohin?"

„Zu Zumpens", sagte sie, „was denkst du dir?"[19]

„Es ist gleich halb elf."[20]

---

[13] **den Schlag:** the car door
[14] **wie ich... sollen:** how to bring the conversation round to that
[15] **Bitte:** Now see here
[16] **du hättest... sprechen müssen:** you should have invited him into your study on some pretext or other and talked to him there
[17] **räumte die Aschenbecher leer:** emptied the ashtrays
[18] **hin:** go over there
[19] **was denkst du dir?:** what did you think?
[20] **gleich halb elf:** almost ten-thirty

Wie in schlechten Romanen

„Und wenn es Mitternacht wäre", sagte Bertha, "soviel ich weiß,[21] geht es um 20 000 Mark. Glaub nicht, daß die so zimperlich sind."

Sie ging ins Badezimmer, um sich zurechtzumachen, und ich stand hinter ihr und blickte ihr zu, wie sie den Mund abwischte, die Linien neu zog,[22] und zum ersten Male fiel mir auf, wie breit und einfältig dieser Mund ist. Als sie mir den Krawattenknoten festzog, hätte ich sie küssen können, wie ich es früher immer getan hatte, wenn sie mir die Krawatte band, aber ich küßte sie nicht.

In der Stadt waren die Cafés und die Restaurants hell erleuchtet. Leute saßen draußen auf den Terrassen, und in silbernen Eisbechern und Eiskübeln fing sich das Laternenlicht. Bertha blickte mich ermunternd an; aber sie blieb im Auto, als wir an Zumpens Haus hielten, und ich drückte sofort auf die Klingel und war erstaunt, wie schnell die Tür geöffnet wurde. Frau Zumpen schien nicht erstaunt, mich zu sehen; sie trug einen schwarzen Hausanzug mit losen flatternden Hosenbeinen, mit gelben Blumen benäht, und mehr als je zuvor mußte ich an Zitronen denken.

„Entschuldigen Sie", sagte ich, „ich möchte Ihren Mann sprechen."

„Er ist noch[23] ausgegangen", sagte sie, „er wird in einer halben Stunde zurück sein."

Im Flur sah ich viele Madonnen, gotische und barocke, auch Rokokomadonnen, wenn es die überhaupt gibt.[24]

„Schön", sagte ich, „wenn Sie erlauben, komme ich in einer halben Stunde zurück."

Bertha hatte sich eine Abendzeitung gekauft: sie las darin, rauchte, und als ich mich neben sie setzte, sagte sie: „Ich glaube, du hättest auch mit ihr darüber sprechen können."

„Woher weißt du denn, daß er nicht da war?"

„Weil ich weiß, daß er im Gaffel-Club[25] sitzt und Schach spielt, wie jeden Mittwochabend um diese Zeit."

„Das hättest du mir früher sagen können."

„Versteh mich doch", sagte Bertha und faltete die Abendzeitung zusammen. „Ich möchte dir doch helfen, möchte, daß du es von dir aus lernst,[26] solche Sachen zu erledigen. Wir hätten nur Vater anzurufen brauchen, und er hätte mit einem einzigen Telefongespräch die Sache für dich erledigt, aber ich will doch, daß du allein[27] den Auftrag bekommst."

---

[21] **soviel ich weiß**: all I know is
[22] **blickte ihr zu... neu zog**: watched her as she wiped her mouth and drew in new outlines
[23] **noch**: again
[24] **wenn es die überhaupt gibt**: if there are any such things
[25] **Gaffel-Club**: *possibly* Corporation Club (*Gaffel* is a Cologne dialect word meaning guild or corporation)
[26] **es von dir aus lernst**: learn on your own initiative
[27] **allein**: by yourself

„Schön", sagte ich, „was machen wir also: warten wir die halbe Stunde oder gehen wir gleich 'rauf[28] und reden mit ihr?"

„Am besten gehen wir gleich 'rauf", sagte Bertha.

Wir stiegen aus und fuhren zusammen im Aufzug nach oben. „Das Leben", sagte Bertha, „besteht daraus, Kompromisse zu schließen und Konzessionen zu machen."

Frau Zumpen war genauso wenig erstaunt wie eben,[29] als ich allein gekommen war. Sie begrüßte uns, und wir gingen hinter ihr her in das Arbeitszimmer ihres Mannes. Frau Zumpen holte die Kognakflasche, schenkte ein, und noch bevor ich etwas von dem Auftrag hatte sagen können, schob sie mir einen gelben Schnellhefter zu: „Siedlung Tannenidyll"[30] las ich und blickte erschrocken auf Frau Zumpen, auf Bertha, aber beide lächelten, und Frau Zumpen sagte: „Öffnen Sie die Mappe", und ich öffnete sie; drinnen lag ein zweiter, ein rosenfarbener Schnellhefter, und ich las auf diesem „Siedlung Tannenidyll— Ausschachtungsarbeiten", ich öffnete auch diesen Deckel,[31] sah meinen Kostenanschlag als obersten[32] liegen; oben an den Rand hatte jemand mit Rotstift geschrieben: „Billigstes Angebot!"

Ich spürte, wie ich vor[33] Freude rot wurde, spürte mein Herz schlagen und dachte an die 20 000 Mark.

„Mein Gott", sagte ich leise und klappte den Aktendeckel zu, und diesmal vergaß Bertha, mich zu ermahnen.

„Prost",[34] sagte Frau Zumpen lächelnd, „trinken wir also."[35]

Wir tranken, und ich stand auf und sagte: „Es ist vielleicht plump, aber Sie verstehen vielleicht, daß ich jetzt nach Hause möchte."

„Ich verstehe Sie gut", sagte Frau Zumpen, „es ist nur noch eine Kleinigkeit zu erledigen." Sie nahm die Mappe, blätterte sie durch und sagte: „Ihr Kubikmeterpreis liegt dreißig Pfennig unter dem Preis des Nächstbilligeren. Ich schlage vor, Sie setzen den Preis noch um fünfzehn Pfennig herauf:[36] so bleiben Sie immer noch der Billigste und haben doch viertausendfünfhundert Mark mehr. Los, tun Sie's gleich!" Bertha nahm den Füllfederhalter aus ihrer Handtasche und hielt ihn mir hin, aber ich war zu aufgeregt, um zu schreiben; ich gab die Mappe Bertha und beobachtete sie, wie sie mit ruhiger Hand den Meterpreis umänderte, die Endsumme neu schrieb[37] und die Mappe an Frau Zumpen zurückgab.

---

[28] **'rauf = herauf**
[29] **wie eben:** as before; as a little while ago
[30] **Siedlung Tannenidyll:** Fir Tree Haven Housing Development
[31] **Deckel = Aktendeckel:** folder
[32] **als obersten:** on top of the pile
[33] **vor:** with
[34] **Prost:** Cheers! (*from Latin* prosit: may it be of advantage)
[35] **trinken wir also:** well, let's drink to it
[36] **Sie setzen... herauf:** you jack up the price an additional fifteen pfennigs
[37] **neu schrieb:** rewrote

„Und nun", sagte Frau Zumpen, „nur noch eine Kleinigkeit. Nehmen Sie Ihr Scheckbuch und schreiben Sie einen Scheck über[38] dreitausend Mark aus, es muß ein Barscheck sein und von Ihnen diskontiert."

Sie hatte das zu mir gesagt, aber Bertha war es, die unser Scheckbuch aus ihrer Handtasche nahm und den Scheck ausschrieb.

„Er wird gar nicht gedeckt sein", sagte ich leise.

„Wenn der Zuschlag erteilt wird, gibt es einen Vorschuß, und dann wird er gedeckt sein", sagte Frau Zumpen.

Vielleicht habe ich das, als es geschah, gar nicht begriffen. Als wir im Aufzug hinunterfuhren, sagte Bertha, daß sie glücklich sei, aber ich schwieg.

Bertha wählte einen anderen Weg, wir fuhren durch stille Viertel, Licht sah ich in offenen Fenstern, Menschen auf Balkonen sitzen und Wein trinken; es war eine helle und warme Nacht.

„Der Scheck war für Zumpen?" fragte ich nur einmal leise, und Bertha antwortete ebenso leise: „Natürlich."

Ich blickte auf Berthas kleine bräunliche Hände, mit denen sie sicher und ruhig steuerte. Hände, dachte ich, die Schecks unterschreiben und auf Mayonnaisetuben drücken, und ich blickte höher—auf ihren Mund und spürte auch jetzt keine Lust, ihn zu küssen.

An diesem Abend half ich Bertha nicht, den Wagen in die Garage zu setzen, ich half ihr auch nicht beim Abwaschen.[39] Ich nahm einen großen Kognak, ging in mein Arbeitszimmer hinauf und setzte mich an meinen Schreibtisch, der viel zu groß für mich war. Ich dachte über etwas nach, stand auf, ging ins Schlafzimmer und blickte auf die Barockmadonna, aber auch dort fiel mir das, worüber ich nachdachte, nicht ein.

Das Klingeln des Telefons unterbrach mein Nachdenken; ich nahm den Hörer auf und war nicht erstaunt, Zumpens Stimme zu hören.

„Ihrer Frau", sagte er, „ist ein kleiner Fehler unterlaufen.[40] Sie hat den Meterpreis nicht um[41] fünfzehn, sondern um fünfundzwanzig Pfennige erhöht."

Ich überlegte einen Augenblick und sagte dann: „Das ist kein Fehler, das ist mit meinem Einverständnis geschehen."

Er schwieg erst und sagte dann lachend: „Sie hatten also vorher die verschiedenen Möglichkeiten durchgesprochen?"

„Ja", sagte ich.

„Schön, dann schreiben Sie noch einen Scheck über tausend[42] aus."

---

[38] **über**: for
[39] **beim Abwaschen**: with the dishes
[40] **„Ihrer Frau... unterlaufen."**: "Your wife inadvertently made a little mistake," he said.
[41] **um**: by
[42] **noch einen Scheck über tausend**: another check for a thousand

„Fünfhundert", sagte ich, und ich dachte: Es ist wie in schlechten Romanen — genau so ist es.

„Achthundert", sagte er, und ich sagte lachend: „Sechshundert", und ich wußte, obwohl ich keine Erfahrung hatte, daß er jetzt siebenhundertfünfzig sagen würde, und als er es wirklich sagte, sagte ich „ja" und hing ein.

Es war noch nicht Mitternacht, als ich die Treppe hinunterging und Zumpen den Scheck ans Auto brachte; er war allein und lachte, als ich ihm den zusammengefalteten Scheck hineinreichte.[43] Als ich langsam ins Haus ging, war von Bertha noch nichts zu sehen; sie kam nicht, als ich ins Arbeitszimmer zurückging; sie kam nicht, als ich noch einmal hinunterging, um mir noch ein Glas Milch aus dem Eisschrank zu holen, und ich wußte, was sie dachte; sie dachte: Er muß darüber kommen,[44] und ich muß ihn allein lassen, er muß das begreifen.

Aber ich begriff das nie, und es war auch unbegreiflich.

(*Übungen* on page 170)

---

[43] **hineinreichte**: reached in and gave
[44] **darüber kommen**: get over it

Hauptstädtisches Journal[1]

[1958]

MONTAG:

Leider kam ich zu spät an, als daß ich noch hätte ausgehen oder jemanden besuchen können;[2] es war 23.30 Uhr,[3] als ich ins Hotel kam, ich war müde. So blieb mir nur vom Hotelzimmer aus der Blick auf diese Stadt, die so von Leben sprüht; wie das brodelt, pulsiert, fast überkocht: da stecken Energien,[4] die noch nicht alle freigelegt sind. Die Hauptstadt ist noch nicht das, was sie sein könnte. Ich rauchte eine Zigarre gab, mich ganz dieser faszinierenden Elektrizität[5] hin, zögerte, ob ich nicht doch Inn anrufen könne,[6] ergab mich schließlich seufzend und studierte noch einmal mein wichtiges Material. Gegen Mitternacht ging ich ins Bett: hier fällt es mir immer schwer,[7] schlafen zu gehen. Diese Stadt ist dem Schlafe abhold.

NACHTS NOTIERT:

Merkwürdiger, sehr merkwürdiger Traum: Ich ging durch einen Wald von Denkmälern; regelmäßige Reihen; in kleinen Lichtungen waren zierliche Parks angelegt, in deren Mitte wiederum ein Denkmal stand; alle Denkmäler waren gleich; Hunderte, nein Tausende: ein Mann in Rührt-euch-Stellung, dem Faltenwurf seiner weichen Stiefel nach[8] offenbar Offizier, doch waren Brust, Gesicht, Sockel an allen Denkmälern noch mit einem Tuch verhangen—plötzlich wurden alle Denkmäler gleichzeitig enthüllt, und ich erkannte, eigentlich ohne allzusehr überrascht zu sein, daß *ich* es war, der auf dem Sockel stand; ich bewegte mich auf dem Sockel, lächelte, und da auch die Umhüllung des Sockels gefallen war, las ich viele Tausende Male meinen Namen: *Erich von Machorka-Muff*.[9] Ich lachte, und tausendfach kam das Lachen aus meinem eigenen Munde auf mich zurück.

---

[1] **Hauptstädtisches Journal:** Capital-City Diary (*i.e.*, Bonn Diary)
[2] **als daß ich... können:** to be able to go out again or call on anybody
[3] **23.30 Uhr:** 2330 hours (*i.e.*, 11:30 p.m.)
[4] **da stecken Energien:** there sources of energy are hidden
[5] **Elektrizität:** electrical energy (*i.e.*, the lights of the city)
[6] **nicht doch Inn anrufen könne:** shouldn't after all call up Inna
[7] **fällt es mir immer schwer:** it is always difficult for me
[8] **dem Faltenwurf... nach:** judging by the creases of his soft boots
[9] *a name rich in unpleasant connotations:* **Mache** (*coll.*): pretence, fraud; **Orkan:** hurricane; **Muff:** moldy smell

94   *Böll für Zeitgenossen*

DIENSTAG:

Von einem tiefen Glücksgefühl erfüllt, schlief ich wieder ein, erwachte frisch und betrachtete mich lachend im Spiegel: solche Träume hat man nur in der Hauptstadt. Während ich mich noch rasierte, der erste Anruf von Inn. (So nenne ich meine alte Freundin Inniga von Zaster-Pehnunz,[10] aus jungem Adel, aber altem Geschlecht: Innigas Vater, Ernst von Zaster, wurde zwar von Wilhelm dem Zweiten[11] erst zwei Tage vor dessen Abdankung geadelt, doch habe ich keine Bedenken, Inn als ebenbürtige Freundin anzusehen.)

Inn war am Telefon— wie immer— süß, flocht einigen Klatsch ein und gab mir auf ihre Weise zu verstehen, daß das Projekt, um dessentwillen[12] ich in die Hauptstadt gekommen bin, bestens vorangeht. „Der Weizen blüht",[13] sagte sie leise, und dann, nach einer winzigen Pause: „Heute noch[14] wird das Baby getauft." Sie hängte schnell ein, um zu verhindern, daß ich in meiner Ungeduld Fragen stellte. Nachdenklich ging ich ins Frühstückszimmer hinunter: Ob[15] sie tatsächlich schon die Grundsteinlegung gemeint hat? Noch sind meinem aufrichtig-kernigen Soldatengemüt Inns Verschlüsselungen unklar.

Im Frühstücksraum wieder diese Fülle markiger Gesichter, vorwiegend guter Rasse:[16] meiner Gewohnheit gemäß[17] vertrieb ich mir die Zeit, indem ich mir vorstellte,[18] wer für welche Stellung wohl zu gebrauchen sei, noch bevor[19] mein Ei geschält war, hatte ich zwei Regimentsstäbe bestens besetzt, einen Divisionsstab, und es blieben noch Kandidaten für den Generalstab übrig; das sind so Planspiele, wie sie einem alten Menschenkenner wie mir liegen.[20] Die Erinnerung an den Traum erhöhte meine gute Stimmung: merkwürdig, durch einen Wald von Denkmälern zu spazieren, auf deren Sockeln man sich selber erblickt. Merkwürdig. Ob die Psychologen wirklich schon alle Tiefen des Ich erforscht haben?

Ich ließ mir meinen Kaffee in die Halle bringen, rauchte eine Zigarre und beobachtete lächelnd die Uhr: 9.56 Uhr— ob Heffling pünktlich sein würde? Ich hatte ihn sechs Jahre lang nicht gesehen, wohl hin und wieder mit ihm korrespondiert

---

[10] *a name with one connotation:* **Zaster** *(coll.)* money, dough; **Penonse** *(dial.)* money
[11] *William II, last Emperor of the Germans, abdicated on November 10, 1918, one day before the Armistice, and fled to Holland where he died in 1941.*
[12] **um dessentwillen:** in behalf of which
[13] **Der Weizen blüht:** We're sitting pretty; we're in clover *(lit., the wheat is in bloom)*
[14] **Heute noch:** Today already
[15] **Ob:** I wonder whether *(indirect questions beginning with* **ob** *and not introduced by a main verb occur a number of times)*
[16] **vorwiegend guter Rasse:** the great majority of good stock
[17] **meiner Gewohnheit gemäß:** as is my habit
[18] **indem ich mir vorstellte:** by imagining
[19] **noch bevor:** and even before
[20] **das sind so Planspiele... liegen:** those are, so to speak, map exercises, which come naturally to an experienced judge of men like myself

Hauptstädtisches Journal 95

(den üblichen Postkartenwechsel, den man mit Untergebenen im Mannschaftsrang[21] pflegt).

Tatsächlich ertappte ich mich dabei, um Hefflings Pünktlichkeit zu zittern;[22] ich neige eben dazu, alles symptomatisch zu sehen: Hefflings Pünktlichkeit wurde für mich zu *der* Pünktlichkeit der Mannschaftsdienstgrade. Gerührt dachte ich an den Ausspruch meines alten Divisiöners Welk von Schnomm,[23] der zu sagen pflegte: „Macho, Sie sind und bleiben ein Idealist." (Das Grabschmuckabonnement für Schnomms Grab erneuern!)[24]

Bin ich ein Idealist? Ich versank in Grübeln, bis Hefflings Stimme mich aufweckte: ich blickte zuerst auf die Uhr: zwei Minuten nach zehn (dieses winzige Reservat an Souveränität habe ich ihm immer belassen) — dann ihn an:[25] fett ist der Bursche geworden, Rattenspeck um den Hals herum, das Haar gelichtet, doch immer noch das phallische Funkeln in seinen Augen, und sein „Zur Stelle, Herr Oberst"[26] klang wie in alter Zeit. „Heffling!" rief ich, klopfte ihm auf die Schultern und bestellte einen Doppelkorn für ihn. Er nahm Haltung an,[27] während er den Schnaps vom Tablett des Kellners nahm; ich zupfte ihn am Ärmel, führte ihn in die Ecke, und bald waren wir in Erinnerungen vertieft: „Damals bei Schwichi-Schwaloche,[28] wissen Sie noch, die neunte...?"[29]

Wohltuend zu bemerken, wie wenig der kernige Geist des Volkes von modischen Imponderabilien[30] angefressen werden kann; da findet sich doch immer noch die lodenmantelige Biederkeit,[31] das herzhafte Männerlachen und stets die Bereitschaft zu einer kräftigen Zote. Während Heffling mir einige Varianten des uralten Themas zuflüsterte, beobachtete ich, daß Murcks-Maloche[32] — verabredungsgemäß, ohne mich anzusprechen — die Halle betrat und in den hinteren Räumen des Restaurants verschwand. Ich gab Heffling durch einen Blick auf meine Armbanduhr zu verstehen, daß ich eilig sei, und mit dem gesunden Takt des einfachen Volkes begriff er gleich, daß er zu gehen habe. „Besuchen Sie uns einmal, Herr Oberst, meine Frau würde sich freuen." Herzhaft lachend gingen wir

---

[21] **im Mannschaftsrang**: in the ranks
[22] **dabei, um... zittern**: feeling very nervous about Heffling's punctuality
[23] *Again connotations*: **welk** *means both* withered *and* flabby; *the sound* **Schnomm** (*six consonants!*), *coupled with the monosyllables* **Welk** *and* **von,** *suggests military pithiness and harshness.*
[24] **erneuern**: (I must remember) to renew
[25] **dann ihn an** = dann (blickte ich) ihn an
[26] **Zur Stelle, Herr Oberst**: Present, Colonel!
[27] **Er nahm Haltung an**: He stood at attention
[28] *A word-play on the "funny-sounding" names of the countless Slavic hamlets* (**SchwaLOCHe**) *through which the German army advanced and retreated in Word War II*
[29] **die neunte...**: the ninth (division)
[30] **von modischen Imponderabilien**: by the constantly changing fashions
[31] **die lodenmantelige Biederkeit**: the simple homespun virtues (**lodenmantelig** *means having the quality of a cloak made from loden cloth, a coarse woolen cloth regarded as being traditionally German*)
[32] *cf.* **Murkser** (*coll.*): bungler; murderer

zusammen zur Portiersloge, und ich versprach Heffling, ihn zu besuchen. Vielleicht bahnte sich[33] ein kleines Abenteuer mit seiner Frau an; hin und wieder habe ich Appetit auf die derbe Erotik der niederen Klassen, und man weiß nie, welche Pfeile Amor in seinem Köcher noch in Reserve hält.

Ich nahm neben Murcks Platz, ließ Hennessy kommen[34] und sagte, nachdem der Kellner gegangen war, in meiner direkten Art:

„Nun, schieß los, ist es wirklich soweit?"[35]

„Ja, wir haben's geschafft." Er legte seine Hand auf meine, sagte flüsternd; „Ich bin ja so froh, so froh, Macho."

„Auch ich freue mich", sagte ich warm, „daß einer meiner Jugendträume Wirklichkeit geworden ist. Und das in einer Demokratie."

„Eine Demokratie, in der wir die Mehrheit des Parlaments auf unserer Seite haben, ist weitaus besser als eine Diktatur."

Ich spürte das Bedürfnis, mich zu erheben; mir war feierlich zumute; historische Augenblicke haben mich immer ergriffen.

„Murcks", sagte ich mit tränenerstickter Stimme, „es ist also wirklich wahr?"

„Es ist wahr, Macho", sagte er.

„Sie steht?"[36]

„Sie steht... heute wirst du die Einweihungsrede halten.[37] Der erste Lehrgang ist schon einberufen.[38] Vorläufig sind die Teilnehmer noch in Hotels untergebracht, bis das Projekt öffentlich deklariert[39] werden kann."

„Wird die Öffentlichkeit — wird sie es schlucken?"

„Sie wird es schlucken — sie schluckt alles", sagte Murcks.

„Steh auf, Murcks", sagte ich. „Trinken wir, trinken wir auf den Geist, dem dieses Gebäude dienen wird: auf den Geist militärischer Erinnerungen!"

Wir stießen an und tranken.

Ich war zu ergriffen, als daß ich am Vormittag noch zu ernsthaften Unternehmungen fähig gewesen wäre;[40] ruhelos ging ich auf mein Zimmer, von dort in die Halle, wanderte durch diese bezaubernde Stadt, nachdem Murcks ins Ministerium gefahren war. Obwohl ich Zivil trug, hatte ich das Gefühl, einen Degen hinter mir, neben mir herzuschleppen; es gibt Gefühle, die eigentlich nur in

---

[33] **bahnte sich... an:** ... would get started
[34] **ließ Hennesy kommen:** ordered some Hennessy (*a fine French brandy*)
[35] **Nun... soweit?:** Well, fire away! Has the moment really come?
[36] **Sie steht?:** It's up? (*i.e., the academy mentioned later on in the text*)
[37] **halten:** give
[38] **Der erste... einberufen.:** The first class has already been called up.
[39] **öffentlich deklariert:** officially declared open
[40] **Ich war... wäre:** I was too moved to be able to engage in any serious undertakings during the morning

einer Uniform Platz haben.[41] Wieder, während ich so durch die Stadt schlenderte, erfüllt von der Vorfreude auf das Tête-à-tête mit Inn, beschwingt von der Gewißheit, daß mein Plan Wirklichkeit geworden sei — wieder hatte ich allen Grund,[42] mich eines Ausdrucks von Schnomm zu erinnern: „Macho, Macho", pflegte er zu sagen, „immer mit dem Kopf in den Wolken."[43] Das sagte er auch damals, als mein Regiment nur noch aus dreizehn Männern bestand und ich vier von diesen Männern wegen Meuterei erschießen ließ.

Zur Feier[44] des Tages genehmigte ich mir in der Nähe des Bahnhofs einen Aperitif, blätterte einige Zeitungen durch, studierte flüchtig ein paar Leitartikel zur Wehrpolitik und versuchte mir vorzustellen, was Schnomm — lebte er noch[45] — gesagt hätte, würde er[46] diese Artikel lesen. „Diese Christen", hätte er gesagt, „diese Christen — wer hätte das von ihnen erwarten können!"[47]

Endlich war es soweit, daß ich ins Hotel gehen und mich zum Rendezvous mit Inn umziehen konnte:[48] Ihr Hupsignal — ein Beethovenmotiv — veranlaßte mich, aus dem Fenster zu blicken; aus ihrem zitronengelben Wagen winkte sie mir zu; zitronengelbes Haar, zitronengelbes Kleid, schwarze Handschuhe. Seufzend, nachdem ich ihr eine Kußhand zugeworfen, ging ich zum Spiegel, band meine Krawatte und stieg die Treppe hinunter; Inn wäre die richtige Frau für mich, doch ist sie schon siebenmal geschieden und begreiflicherweise dem Experiment Ehe gegenüber[49] skeptisch; auch trennen uns weltanschauliche Abgründe: Sie stammt aus streng protestantischem, ich aus streng katholischem Geschlecht — immerhin verbinden uns Ziffern symbolisch: wie sie siebenmal geschieden ist, bin ich siebenmal verwundet. Inn!! Noch kann ich mich nicht ganz daran gewöhnen, auf der Straße geküßt zu werden...

Inn weckte mich gegen 16.17 Uhr: starken Tee und Ingwergebäck hatte sie bereit, und wir gingen schnell noch einmal das Material über Hürlanger-Hiß[50] durch, den unvergessenen Marschall, dessen Andenken[51] wir das Haus zu weihen gedenken.

Schon während ich, den Arm über Inns Schulter gelegt, in Erinnerungen an ihr Liebesgeschenk verloren, noch einmal die Akten über Hürlanger studierte,

---

[41] **Platz haben:** are in place
[42] **allen Grund:** every reason
[43] **immer... Wolken:** you've always got your head in the clouds (*i.e.*, you're an idealist)
[44] **Zur Feier:** To celebrate
[45] **lebte er noch:** were he still alive
[46] **würde er:** if he were to
[47] *The ruling Christian Democrats under the leadership of Adenauer were in the process of creating the largest single western European army under NATO command, an army totally inconceivable in 1945.*
[48] **war es soweit... konnte:** it was time for me to go to the hotel and change for my rendezvous with Inna
[49] **dem Experiment Ehe gegenüber:** with respect to the experiment called marriage
[50] *Again, word plays*—**Hure:** whore; **langen:** to suffice; to reach after; **hissen:** to hoist (a flag)
[51] **dessen Andenken:** to whose memory

hörte ich Marschmusik; Trauer beschlich mich, denn diese Musik,[52] wie alle inneren Erlebnisse dieses Tages, in Zivil zu erleben, fiel mir unsäglich schwer.

Die Marschmusik und Inns Nähe lenkten mich vom Aktenstudium ab; doch hatte Inn mir mündlich genügend berichtet,[53] so daß ich für meine Rede gewappnet war. Es klingelte, als Inn mir die zweite Tasse Tee einschenkte; ich erschrak, aber Inn lächelte beruhigend. „Ein hoher[54] Gast", sagte sie, als sie aus der Diele zurückkam, „ein Gast, den wir nicht hier empfangen können." Sie deutete schmunzelnd auf das zerwühlte Bett, das noch in köstlicher Liebesunordnung dalag. „Komm", sagte sie. Ich stand auf, folgte ihr etwas benommen und war aufrichtig überrascht, in ihrem Salon mich dem Verteidigungsminister gegenüberzusehen. Dessen[55] aufrichtig-derbes Gesicht glänzte. „General von Machorka-Muff", sagte er strahlend, „willkommen in der Hauptstadt!"

Ich traute meinen Ohren nicht. Schmunzelnd überreichte mir der Minister meine Ernennungsurkunde.

Zurückblickend kommt es mir vor, als hätte ich einen Augenblick geschwankt und ein paar Tränen unterdrückt; doch weiß ich nicht sicher, was sich wirklich in meinem Inneren abspielte; nur entsinne ich mich noch, daß mir entschlüpfte:[56] „Aber Herr Minister — die Uniform — eine halbe Stunde vor Beginn der Feierlichkeiten..." Schmunzelnd — oh, die treffliche Biederkeit dieses Mannes! — blickte er zu Inn hinüber, Inn schmunzelte zurück, zog einen geblümten Vorhang, der eine Ecke des Zimmers abteilte, zurück, und da hing sie, hing meine Uniform, ordengeschmückt... Die Ereignisse, die Erlebnisse überstürzten sich in einer Weise, daß ich rückblickend nur noch in kurzen Stichworten ihren Gang notieren kann:

Wir erfrischten den Minister mit einem Trunk Bier, während ich mich in Inns Zimmer umzog.

Fahrt zum Grundstück, das ich zum ersten Male sah; außerordentlich bewegte mich der Anblick dieses Geländes, auf dem also mein Lieblingsprojekt Wirklichkeit werden soll: die *Akademie für militärische Erinnerungen*, in der jeder ehemalige Soldat vom Major aufwärts Gelegenheit haben soll, im Gespräch mit Kameraden, in Zusammenarbeit mit der kriegsgeschichtlichen Abteilung des Ministeriums seine Memoiren niederzulegen; ich denke, daß ein sechswöchiger Kursus genügen könnte, doch ist das Parlament bereit, die Mittel auch für Dreimonatskurse zur Verfügung zu stellen. Außerdem dachte ich daran, in einem Sonderflügel einige gesunde Mädchen aus dem Volke[57] unterzubringen, die den von Erinnerungen

---

[52] **Musik** *is the direct object of* **erleben**
[53] **mir mündlich genügend berichtet:** provided me with enough details verbally
[54] **hoher:** important; high-ranking
[55] **Dessen:** His
[56] **mir entschlüpfte:** the following words escaped my lips
[57] **Mädchen aus dem Volke:** working-class girls

hart geplagten Kameraden[58] die abendlichen Ruhestunden versüßen könnten. Sehr viel Mühe habe ich darauf verwendet, die treffenden Inschriften zu finden. So soll der Hauptflügel in goldenen Lettern die Inschrift tragen: MEMORIA DEXTERA EST;[59] der Mädchenflügel, in dem auch die Bäder liegen sollen, hingegen die Inschrift: BALNEUM ET AMOR MARTIS DECOR.[60] Der Minister gab mir jedoch auf der Hinfahrt zu verstehen, diesen Teil meines Planes noch nicht zu erwähnen; er fürchtete — vielleicht mit Recht — den Widerspruch christlicher Fraktionskollegen, obwohl — wie er schmunzelnd meinte — über einen Mangel an Liberalisierung nicht geklagt werden könne.[61]

Fahnen säumten das Grundstück, die Kapelle spielte: *Ich hatt' einen Kameraden*,[62] als ich neben dem Minister auf die Tribüne zuschritt. Da der Minister in seiner gewohnten Bescheidenheit es ablehnte, das Wort zu ergreifen,[63] stieg ich gleich aufs Podium, musterte erst die Reihe der angetretenen Kameraden, und, von Inn durch ein Augenzwinkern ermuntert, fing ich zu sprechen an:

„Herr Minister, Kameraden! Dieses Gebäude, das den Namen *Hürlanger-Hiß-Akademie für militärische Erinnerungen* tragen soll, bedarf keiner Rechtfertigung. Einer Rechtfertigung aber bedarf der Name Hürlanger-Hiß, der lange — ich möchte sagen, bis heute — als diffamiert gegolten hat. Sie alle wissen, welcher Makel auf diesem Namen ruht: Als die Armee des Marschalls Emil von Hürlanger-Hiß bei Schwichi-Schwaloche den Rückzug antreten mußte, konnte Hürlanger-Hiß nur 8500 Mann Verluste nachweisen. Nach Berechnungen erfahrener Rückzugsspezialisten des Tapir — so nannten wir im vertrauten Gespräch Hitler,[64] wie Sie wissen — hätte seine Armee aber bei entsprechendem Kampfesmut 12 300 Mann Verluste haben müssen. Sie wissen auch, Herr Minister und meine Kameraden, wie schimpflich Hürlanger-Hiß behandelt wurde: Er wurde nach Biarritz[65] strafversetzt, wo er an einer Hummervergiftung starb. Jahre — vierzehn Jahre insgesamt — hat diese Schmach auf seinem Namen geruht. Sämtliches Material über Hürlangers Armee fiel in die Hände der Handlanger des Tapir, später in die der[66] Alliierten, aber heute, heute", rief ich und machte eine Pause, um den

---

[58] **den von... Kameraden:** *for the comrades severely plagued with memories*
[59] **Memoria Dextera Est.** (*Latin*): *It is right to remember.* "*Right*" *is undoubtedly intended to mean both "fitting" and "right-wing."*
[60] **Balneum... Decor.** (*Latin*): *The baths and love are the fitting embellishments of war.*
[61] **nicht geklagt werden könne:** *no one could complain*
[62] *One of the most popular of German war songs, usually played at military funerals. It was written by the Romantic poet Ludwig Uhland during the Wars of Liberation against Napoleon (1813–1815).*
[63] **es ablehnte, das Wort zu ergreifen:** *declined to begin the proceedings*
[64] *A safer and more fitting term to describe Hitler than* **Schwein** *on the part of the generals who suffered bitterly under the dictator's no-retreat strategy which cost the German Army dearly on the Eastern Front. Besides being a hoglike animal, the tapir has a very flexible snout (Hitler as liar) and brown skin (Hitler's brown party uniform), and favors the night for its activities (Hitler as ominous sneak).*
[65] *An elegant sea resort in France (at that time under German occupation), on the Bay of Biscay near Spain*
[66] **in die der = in die (Hände) der**

folgenden Worten den nötigen Nachdruck zu verleihen — „heute kann als nachgewiesen gelten,[67] und ich bin bereit, das Material der Öffentlichkeit vorzulegen, es kann als nachgewiesen gelten, daß die Armee unseres verehrten Marschalls bei Schwichi-Schwaloche Verluste von insgesamt 14 700 Mann — ich wiederhole: 14 700 Mann — gehabt hat; es kann damit als bewiesen gelten, daß seine Armee mit beispielloser Tapferkeit gekämpft hat, und sein Name ist wieder rein."

Während ich den ohrenbetäubenden Applaus über mich ergehen ließ, bescheiden die Ovation von mir auf den Minister ablenkte, hatte ich Gelegenheit, in den Gesichtern der Kameraden zu lesen, daß auch sie von der Mitteilung überrascht waren; wie geschickt hat doch Inn ihre Nachforschungen betrieben!

Unter den Klängen von *Siehst du im Osten das Morgenrot*[68] nahm ich aus des Maurers Hand Kelle und Stein entgegen und mauerte den Grundstein ein, der ein Foto von Hürlanger-Hiß und eines seiner Achselstücke enthielt.

An der Spitze der Truppe marschierte ich vom Grundstück zur Villa *Zum goldenen Zaster*, die uns Inns Familie zur Verfügung gestellt hat, bis die Akademie fertig ist. Hier gab es einen kurzen, scharfen Umtrunk, ein Dankeswort des Ministers, die Verlesung eines Kanzlertelegramms, bevor der gesellige Teil[69] anfing.

Der gesellige Teil wurde eröffnet durch ein Konzert für sieben Trommeln, das von sieben ehemaligen Generälen gespielt wurde; mit Genehmigung des Komponisten, eines Hauptmanns mit musischen[70] Ambitionen, wurde verkündet, daß es das Hürlanger-Hiß-Gedächtnisseptett genannt werden solle. Der gesellige Teil wurde ein voller Erfolg: Lieder wurden gesungen, Anekdoten erzählt, Verbrüderungen fanden statt, aller Streit wurde begraben.

MITTWOCH:

Es blieb uns gerade eine Stunde Zeit, uns auf den feierlichen Gottesdienst vorzubereiten; in lockerer Marschordnung zogen wir dann gegen 7.30 Uhr zum Münster. Inn stand in der Kirche neben mir, und es erheiterte mich, als sie mir zuflüsterte, daß sie in einem Oberst ihren zweiten, in einem Oberstleutnant ihren fünften und in einem Hauptmann ihren sechsten Mann erkannte: „Und dein achter", flüsterte ich ihr zu, „wird[71] ein General." Mein Entschluß war gefaßt; Inn errötete; sie zögerte nicht, als ich sie nach dem Gottesdienst in die Sakristei führte, um sie dem Prälaten, der zelebriert hatte, vorzustellen. „Tatsächlich, meine Liebe", sagte dieser,[72] nachdem wir die kirchenrechtliche Situation besprochen

---

[67] **kann... gelten:** it can be regarded as proved
[68] **Siehst du im Osten das Morgenrot:** Can you see the dawn rising in the East (*a song popular during the Nazi years, calling upon all Germans to unite in defense of a new dawn of freedom*)
[69] **gesellige Teil:** social hour
[70] **musischen:** artistic
[71] **wird:** will be
[72] **dieser:** the latter

hatten, „da keine Ihrer vorigen Ehen kirchlich[73] geschlossen wurde, besteht kein Hindernis, Ihre Ehe mit Herrn General von Machorka-Muff kirchlich zu schließen."

Unter solchen Auspizien verlief unser Frühstück, das wir à deux[74] einnahmen, fröhlich; Inn war von[75] einer neuen, mir unbekannten Beschwingtheit. „So fühle ich mich immer", sagte sie, „wenn ich Braut bin." Ich ließ Sekt kommen.[76]

Um unsere Verlobung, die wir zunächst geheimzuhalten beschlossen, ein wenig zu feiern, fuhren wir zum Petersberg[77] hinauf, wo wir von Inns Kusine, einer geborenen Zechine,[78] zum Essen eingeladen waren. Inns Kusine war süß.

Nachmittag und Abend gehörten ganz der Liebe, die Nacht dem Schlaf.

DONNERSTAG:

Noch kann ich mich nicht ganz daran gewöhnen, daß ich nun hier wohne und arbeite; es ist zu traumhaft! hielt am Morgen mein erstes Referat:[79] „Die Erinnerung als geschichtlicher Auftrag."

Mittags Ärger. Murcks-Maloche besuchte mich im Auftrage[80] des Ministers in der Villa *Zum goldenen Zaster* und berichtete über eine Mißfallensäußerung der Opposition unserem Akademieprojekt gegenüber.[81]

„Opposition", fragte ich, „was ist das?" Murcks klärte mich auf. Ich fiel wie aus allen Wolken.[82] „Was ist denn nun",[83] fragte ich ungeduldig, „haben wir die Mehrheit oder haben wir sie nicht?"

„Wir haben sie", sagte Murcks.

„Na also,"[84] sagte ich. Opposition — merkwürdiges Wort, das mir keineswegs

---

[73] **kirchlich:** in church *or* in accordance with the laws of the Church (*The adverb can imply that all of Protestant Inna's former spouses were Catholics, who, in the eyes of their church, entered into invalid marriages with Inna because they were not married before a priest. The prelate is being extremely accommodating because of the arduous investigations that a close look at this situation would necessitate. Böll is clearly satirizing those churchmen who together with the military [the general] and the industrialists [Inna] supported Hitler and are now supporting West Germany's right to have nuclear weapons.*

[74] **à deux** (*French*): for two; intimately

[75] **war von:** was filled with

[76] **Ich ließ Sekt kommen.:** I ordered champagne.

[77] *A picturesque mountain over 1,000 feet high overlooking the Rhine a few miles south of Bonn. On its summit is a huge resort hotel, where the Petersberg Protocol of November, 1949, was signed by Adenauer and the western allied high commissioners, establishing the legality of the Federal Republic of Germany.*

[78] **Zechine:** zechin (*an old Italian gold coin*). *Böll again associates money with Inna's family.*

[79] **hielt... Referat:** gave my first lecture this morning

[80] **im Auftrage:** by order

[81] **der Opposition... gegenüber:** on the part of the opposition party with respect to our academy project

[82] **Ich fiel wie aus allen Wolken.:** I was absolutely thunderstruck.

[83] **Was ist denn nun:** What's the matter now

[84] **Na also:** Well, then!

behagt; es erinnert mich auf eine so fatale Weise an Zeiten, die ich vergangen glaubte.[85]

Inn, der ich beim Tee über meinen Ärger berichtete, tröstete mich.

„Erich", sagte sie und legte mir ihre kleine Hand auf den Arm, „unserer Familie hat noch keiner[86] widerstanden."

(*Übungen* on page 171)

---

[85] *The time of the Weimar Republic (1919–1933), when the military was severely restricted by the Treaty of Versailles and vigorously opposed by certain liberal, socialist, and pacifist elements in Germany.*
[86] **noch keiner:** no one yet

Ansichten eines Clowns (Chapter 4)
[1963]

Ich bin in Bonn[1] geboren und kenne hier viele Leute: Verwandte, Bekannte, ehemalige Mitschüler. Meine Eltern wohnen hier, und mein Bruder Leo, der unter Züpfners Patenschaft konvertiert ist,[2] studiert hier katholische Theologie. Meine Eltern würde ich notwendigerweise einmal sehen müssen, schon um[3] die Geldgeschichten mit ihnen zu regeln. Vielleicht werde ich das auch einem Rechtsanwalt übergeben. Ich bin in dieser Frage noch unentschlossen. Seit dem Tod meiner Schwester Henriette existieren meine Eltern für mich nicht mehr als solche. Henriette ist schon siebzehn Jahre tot. Sie war sechzehn, als der Krieg zu Ende ging, ein schönes Mädchen, blond, die beste Tennisspielerin zwischen Bonn und Remagen.[4] Damals hieß es, die jungen Mädchen sollten sich freiwillig zur Flak melden, und Henriette meldete sich im Februar 1945. Es ging alles so rasch und reibungslos, daß ichs[5] gar nicht begriff. Ich kam aus der Schule, überquerte die Kölner[6] Straße und sah Henriette in der Straßenbahn sitzen, die gerade in Richtung Bonn abfuhr. Sie winkte mir zu und lachte, und ich lachte auch. Sie hatte einen kleinen Rucksack auf dem Rücken, einen hübschen dunkelblauen Hut auf[7] und den dicken blauen Wintermantel mit dem Pelzkragen an.[7] Ich hatte sie noch nie mit Hut gesehen, sie hatte sich immer geweigert, einen aufzusetzen. Der Hut veränderte sie sehr. Sie sah wie eine junge Frau aus. Ich dachte, sie mache einen Ausflug, obwohl es eine merkwürdige Zeit für Ausflüge war. Aber den Schulen war damals alles zuzutrauen.[8] Sie versuchten sogar, uns im Luftschutzkeller Dreisatz beizubringen, obwohl wir die Artillerie schon hörten. Unser Lehrer Brühl sang mit uns „Frommes und Nationales"[9], wie er es nannte,

---

[1] *Once a sleepy university town, now the bustling capital of West Germany; located on the left bank of the Rhine.*
[2] **der unter Züpfners Patenschaft konvertiert ist:** who was a convert (to Catholicism) with Züpfner as sponsor (*The clown's parents are staunchly Protestant. Regarding Züpfner, see p. 110, note 15.*)
[3] **schon um:** if only to
[4] *A town on the Rhine about 15 miles south of Bonn. The Allies first crossed the German Rhine here when on March 7, 1945 the U.S. Ninth Army was surprised to find the Remagen Bridge intact.*
[5] **ichs = ich es**
[6] **Kölner:** Cologne (*Bonn lies about 15 miles south of Cologne*)
[7] **hatte... auf, an:** had on ...
[8] **Aber den Schulen... zuzutrauen.:** But in those days the schools were capable of anything.
[9] **Frommes und Nationales:** devotional and patriotic songs

worunter[10] er „Ein Haus voll Glorie schauet"[11] wie[12] „Siehst du im Osten das Morgenrot"[13] verstand. Nachts, wenn es für eine halbe Stunde einmal ruhig wurde, hörte man immer nur marschierende Füße: italienische Kriegsgefangene (es war uns in der Schule erklärt worden, warum die Italiener jetzt nicht mehr Verbündete waren, sondern als Gefangene bei uns arbeiteten, aber ich habe bis heute nicht begriffen, wieso[14]), russische Kriegsgefangene, gefangene Frauen, deutsche Soldaten; marschierende Füße die ganze Nacht hindurch. Kein Mensch wußte genau, was los war.

Henriette sah wirklich aus, als mache sie einen Schulausflug. Denen war alles zuzutrauen.[15] Manchmal, wenn wir zwischen den Alarmen in unserem Klassenraum saßen, hörten wir durchs offene Fenster richtige[16] Gewehrschüsse, und wenn wir erschrocken zum Fenster hinblickten, fragte der Lehrer Brühl uns, ob wir wüßten, was das bedeute. Wir wußten es inzwischen: es war wieder ein Deserteur oben im Wald erschossen worden. „So wird es allen gehen",[17] sagte Brühl, „die sich weigern, unsere heilige deutsche Erde gegen die jüdischen Yankees zu verteidigen." (Vor kurzem traf ich ihn noch einmal, er ist jetzt alt, weißhaarig, Professor an einer Pädagogischen Akademie und gilt als ein Mann mit „tapferer politischer Vergangenheit", weil er nie in der Partei war.)

Ich winkte noch einmal hinter der Straßenbahn her,[18] in der Henriette davonfuhr, ging durch unseren Park nach Hause, wo meine Eltern mit Leo schon bei Tisch saßen.[19] Es gab Brennsuppe, als Hauptgericht Kartoffeln mit Soße und zum Nachtisch einen Apfel. Erst beim Nachtisch fragte ich meine Mutter, wohin denn Henriettes Schulausflug führe. Sie lachte ein bißchen und sagte: „Ausflug. Unsinn. Sie ist nach Bonn gefahren, um sich bei der Flak zu melden. Schäle den Apfel nicht so dick. Junge, sieh mal hier", sie nahm tatsächlich die Apfelschalen von meinem Teller, schnippelte daran herum und steckte die Ergebnisse ihrer Sparsamkeit, hauchdünne Apfelscheiben, in den Mund. Ich sah Vater an. Er blickte auf seinen Teller und sagte nichts. Auch Leo schwieg, aber als ich meine

---

[10] **worunter:** by which
[11] **Ein Haus voll Glorie schauet:** Behold a House of Glory (*a Catholic hymn sung at church dedication feasts whose fifth stanza runs as follows:* "Many thousands have already shed / their blood with holy joy, / our ranks are closed tight — *a line similar to one contained in a popular Nazi marching song, the* Horst Wessel Lied — /in the great fervor of our faith")
[12] **wie:** as well as
[13] See p. 101, note 68.
[14] *In 1943 Italy surrendered to the Allies and declared war on Germany, but the Fascists under Mussolini remained loyal to Hitler.*
[15] **Denen war alles zuzutrauen.:** They were capable of anything.
[16] **richtige:** actual
[17] **So wird es allen gehen:** That's what all those will get
[18] **hinter der Straßenbahn her:** in the direction of the streetcar
[19] **bei Tisch saßen:** were having dinner

Mutter noch einmal ansah, sagte sie mit ihrer sanften Stimme: „Du wirst doch einsehen,[20] daß jeder das Seinige tun muß, die jüdischen Yankees von unserer heiligen deutschen Erde wieder zu vertreiben." Sie warf mir einen Blick zu, mir wurde unheimlich,[21] sie sah dann Leo mit dem gleichen Blick an, und es schien mir, als sei sie drauf und dran, auch uns beide gegen die jüdischen Yankees zu Felde[22] zu schicken. „Unsere heilige deutsche Erde", sagte sie, „und sie sind schon tief in der Eifel[23] drin." Mir war zum Lachen zu Mute,[24] aber ich brach in Tränen aus, warf mein Obstmesser hin und lief auf mein Zimmer. Ich hatte Angst, wußte sogar warum, hätte es aber nicht ausdrücken können, und ich wurde rasend, als ich an die verfluchten Apfelschalen dachte. Ich blickte auf die mit dreckigem Schnee bedeckte deutsche Erde[25] in unserem Garten, zum Rhein, über die Trauerweiden hinweg[26] aufs Siebengebirge,[27] und diese ganze Szenerie kam mir idiotisch vor. Ich hatte ein paar von diesen „jüdischen Yankees" gesehen: auf einem Lastwagen wurden sie vom Venusberg runter[28] nach Bonn zu einer Sammelstelle gebracht: sie sahen verfroren aus, ängstlich und jung; wenn ich mir unter Juden[29] überhaupt etwas vorstellen konnte, dann eher etwas wie die Italiener, die noch verfrorener als die Amerikaner aussahen, viel zu müde, um noch ängstlich zu sein. Ich trat gegen[30] den Stuhl, der vor meinem Bett stand, und als er nicht umfiel, trat ich noch einmal dagegen. Er kippte endlich und schlug die Glasplatte auf meinem Nachttisch in Stücke. Henriette mit blauem Hut und Rucksack. Sie kam nie mehr zurück, und wir wissen bis heute nicht, wo sie beerdigt ist. Irgendjemand kam nach Kriegsende zu uns und meldete, daß sie „bei Leverkusen[31] gefallen" sei.

Diese Besorgnis um die heilige deutsche Erde ist auf eine interessante Weise komisch, wenn ich mir vorstelle, daß ein hübscher[32] Teil der Braunkohlenaktien sich seit zwei Generationen in den Händen unserer Familie befindet. Seit siebzig Jahren verdienen die Schniers an den Wühlarbeiten,[33] die die heilige deutsche Erde erdulden muß: Dörfer, Wälder, Schlösser fallen vor[34] den Baggern wie die Mauern Jerichos.

---

[20] **Du wirst doch einsehen:** You do understand, don't you
[21] **mir wurde unheimlich:** I had a strange feeling
[22] **zu Felde:** into battle
[23] **Eifel:** Eifel Mountains (*between Belgium and Luxembourg on the west and the Rhine on the east*)
[24] **Mir war... zu Mute:** I felt like laughing
[25] **auf die... Erde:** at the German soil covered with dirty snow
[26] **über die Trauerweiden hinweg:** past the weeping willows
[27] **aufs Siebengebirge:** to the (region of the) Seven Mountains (*picturesque highlands southeast of Bonn*)
[28] **vom Venusberg (he)runter:** down from Venus Mountain (*a hill just to the west of Bonn*)
[29] **unter Juden:** by the word "Jew"
[30] **trat gegen:** kicked
[31] **bei Leverkusen:** near Leverkusen (*a small industrial city on the Rhine just north of Cologne*)
[32] **hübscher:** considerable
[33] **verdienen... Wühlarbeiten:** the Schnier family has been making money out of the raking and digging (**Wühlarbeit** *also means figuratively "subversive activity"*)
[34] **vor:** before; in the path of

Erst ein paar Tage später erfuhr ich, wer auf die „jüdischen Yankees" Urheberrecht hätte anmelden können:[35] Herbert Kalick, damals vierzehn, mein Jungvolkführer, dem meine Mutter großzügigerweise unseren Park zur Verfügung stellte, auf daß[36] wir alle in der Handhabung von Panzerfäusten ausgebildet würden. Mein achtjähriger Bruder Leo machte mit, ich sah ihn mit einer Übungspanzerfaust auf der Schulter am Tennisplatz vorbeimarschieren, im Gesicht einen Ernst, wie ihn nur Kinder haben können. Ich hielt ihn an und fragte ihn: „Was machst du da?" Und er sagte mit todernstem Gesicht: „Ich werde ein Werwolf,[37] du vielleicht nicht?" „Doch",[38] sagte ich und ging mit ihm am Tennisplatz vorbei zum Schießstand, wo Herbert Kalick gerade die Geschichte von dem Jungen erzählte, der mit zehn[39] schon das Eiserne Kreuz erster Klasse[40] bekommen hatte, irgendwo im fernen Schlesien,[41] wo er mit Panzerfäusten drei russische Panzer erledigt hatte. Als einer der Jungen fragte, wie dieser Held geheißen habe, sagte ich: „Rübezahl",[42] Herbert Kalick wurde ganz gelb im Gesicht und schrie: „Du schmutziger Defätist." Ich bückte mich und warf Herbert eine Handvoll Asche ins Gesicht. Sie fielen alle über mich her, nur Leo verhielt sich neutral, weinte, half mir aber nicht, und in meiner Angst schrie ich Herbert ins Gesicht: „Du Nazischwein." Ich hatte das Wort irgendwo gelesen, an einen Bahnübergang auf die Schranke geschrieben. Ich wußte gar nicht genau, was es bedeutete, hatte aber das Gefühl, es könne hier angebracht sein. Herbert Kalick brach sofort die Schlägerei ab und wurde amtlich: er verhaftete mich, ich wurde im Schießstandschuppen zwischen Schießscheiben und Anzeigestöcken eingesperrt, bis Herbert meine Eltern, den Lehrer Brühl und einen Parteimenschen zusammengetrommelt hatte. Ich heulte vor[43] Wut, zertrampelte die Schießscheiben und schrie den Jungen draußen, die mich bewachten, immer wieder zu: „Ihr Nazischweine". Nach einer Stunde wurde ich in unser Wohnzimmer zum Verhör geschleppt. Der Lehrer Brühl war kaum zu halten.[44] Er sagte immer wieder: „Mit Stumpf und Stiel ausrotten,[45] ausrotten mit Stumpf und Stiel", und ich weiß bis heute nicht genau, ob er das körperlich oder sozusagen geistig meinte. Ich werde ihm demnächst an die Adresse[46] der Pädagogischen Hochschule schreiben und ihn um der historischen

---

[35] **wer auf... können:** who could have applied for the copyright for the phrase "Jewish Yankees"
[36] **auf daß:** so that
[37] **Werwolf:** Werewolf (*member of one of the partisan groups the Nazis hastily attempted to organize in the closing months of the war to stem the Allied advance into the Fatherland; cf.* **Wehrwolf:** resistance-wolf.
[38] **du vielleicht nicht? Doch:** aren't you? Of course I am
[39] **mit zehn:** at the age of ten
[40] **das Eiserne Kreuz erster Klasse:** the Iron Cross First Class (*military decoration*)
[41] **Schlesien:** Silesia (*in eastern Germany; today it is Polish territory*)
[42] **Rübezahl:** Rape-tail; Old Nip (*mountain sprite of the Riesengebirge or Giants' Mountains in Silesia; American equivalent in context would be "the little old wine-maker"*)
[43] **vor:** with
[44] **war kaum zu halten:** almost lost control of himself
[45] **Mit Stumpf und Stiel ausrotten:** Extirpate them root and branch
[46] **an die Adresse:** care of

Ansichten eines Clowns (Chapter 4)

Wahrheit willen[47] um Aufklärung bitten. Der Parteimensch, der stellvertretende Ortsgruppenleiter Lövenich, war ganz vernünftig. Er sagte immer: „Bedenken Sie doch, der Junge ist noch keine elf",[48] und weil er fast beruhigend auf mich wirkte, beantwortete ich sogar seine Frage, woher ich das ominöse Wort kenne: „Ich habe es gelesen, auf der Bahnschranke an der Annabergerstraße." „Es hat Dir nicht jemand gesagt",[49] fragte er, „ich meine du hast es nicht gehört, mündlich?" „Nein", sagte ich. „Der Junge weiß ja gar nicht, was er sagt", sagte mein Vater und legte mir die Hand auf die Schulter. Brühl warf meinem Vater einen bösen Blick zu, blickte dann ängstlich zu Herbert Kalick. Offenbar galt Vaters Geste als gar zu arge[50] Sympathiekundgebung. Meine Mutter sagte weinend mit ihrer sanften, dummen Stimme: „Er weiß ja nicht, was er tut, er weiß es nicht— ich müßte ja sonst meine Hand von ihm zurückziehen."[51]—„Zieh sie nur zurück", sagte ich. Alles das spielte sich in unserem Riesenwohnzimmer ab mit den pompösen, dunkel gebeizten Eichenmöbeln, mit Großvaters Jagdtrophäen oben auf dem breiten Eichenbord, Humpen, und den schweren, bleiverglasten Bücherschränken. Ich hörte die Artillerie oben in der Eifel, kaum zwanzig Kilometer entfernt, manchmal sogar ein Maschinengewehr. Herbert Kalick, blaß, blond, mit seinem fanatischen Gesicht, als eine Art Staatsanwalt fungierend, schlug dauernd mit den Knöcheln auf die Anrichte und forderte: „Härte, Härte, unnachgiebige Härte." Ich wurde dazu verurteilt, unter Herberts Aufsicht im Garten einen Panzergraben auszuwerfen, und noch am Nachmittag[52] wühlte ich, der Schnierschen[53] Tradition folgend, die deutsche Erde auf, wenn auch—was der Schnierschen Tradition widersprach—eigenhändig. Ich grub den Graben quer durch Großvaters Lieblingsrosenbeet, genau auf die Kopie des Apoll von Belvedere zu,[54] und ich freute mich schon auf den Augenblick, wo[55] die Marmorstatue meinem Wühleifer erliegen würde; ich freute mich zu früh; sie wurde von einem kleinen sommersprossigen Jungen erlegt, der Georg hieß. Er sprengte sich selbst und den Apoll in die Luft durch eine Panzerfaust, die er irrtümlich zur Explosion brachte.[56] Herbert Kalicks[57] Kommentar zu diesem Unfall war lakonisch. „Zum Glück war Georg ja ein Waisenkind."

(*Übungen* on page 172)

---

[47] **um... willen:** in the interests of historical truth
[48] **ist noch keine elf:** isn't quite eleven yet
[49] **Es hat dir nicht jemand gesagt:** Didn't someone say it to you
[50] **gar zu arge:** far too strong
[51] **meine Hand von ihm zurückziehen:** turn my back on him (*lit.*, withdraw my hand from him)
[52] **noch am Nachmittag:** that same afternoon
[53] **Schnierschen:** Schnier family
[54] **genau auf... zu:** heading straight for the copy of the Apollo Belvedere (*the statue of Apollo in the Belvedere of the Vatican Museum*)
[55] **wo:** when
[56] **irrtümlich zur Explosion brachte:** fired off by mistake
[57] *In Chapter 17 the clown learns that Kalick, now a "big shot," has just been awarded the Federal Cross of Merit for "his services in spreading democratic ideas among the young."*

Ansichten eines Clowns (Chapter 5)
[1963]

Ich suchte im Telefonbuch die Nummern aller Leute zusammen, mit denen ich würde sprechen müssen; links schrieb ich untereinander die Namen derer, die ich anpumpen konnte: Karl Emonds, Heinrich Behlen, beides Schulkameraden, der eine[1] ehemals Theologiestudent, jetzt Studienrat, der andere Kaplan, dann Bela Brosen, die Geliebte meines Vaters—rechts untereinander die übrigen, die ich nur im äußersten Fall[2] um Geld bitten würde: meine Eltern, Leo (den ich um Geld bitten konnte, aber er hat nie welches,[3] er gibt alles her), die Kreismitglieder:[4] Kinkel, Fredebeul, Blothert, Sommerwild, zwischen diesen beiden Namensäulen: Monika Silvs, um deren Namen ich eine hübsche Schleife malte. Karl Emonds mußte ich ein Telegramm schicken und ihn um einen Anruf bitten. Er hat kein Telefon. Ich hätte Monika gern als erste[5] angerufen, würde sie aber als letzte[5] anrufen müssen: Unser Verhältnis zueinander ist in einem Stadium, wo es sowohl physisch wie metaphysisch unhöflich wäre, wenn ich sie verschmähte.[6] Ich war in diesem Punkt in einer fürchterlichen Situation: monogam, lebte ich wider Willen[7] und doch naturgemäß zölibatär, seitdem Marie in „metaphysischem Schrecken", wie sie es nannte, von mir geflohen ist.[8] Tatsächlich war ich in Bochum[9] mehr oder weniger absichtlich ausgerutscht, hatte mich aufs Knie fallen lassen,[10] um die begonnene Tournee abbrechen und nach Bonn fahren zu können. Ich litt auf eine kaum noch erträgliche[11] Weise unter dem, was in Maries religiösen

---

[1] **der eine:** the one
[2] **im äußersten Fall:** as a last resort
[3] **welches:** any
[4] **Kreismitglieder:** group members (*lay and clerical members of a "progressive" Catholic intellectual circle in Bonn whom the clown has met through his "mistress" and whose "phoniness" he exposes in the course of the novel*)
[5] **als erste:** first; **als letzte:** last
[6] *Monika is a good friend of the clown, a warm, compassionate person whom he respects and likes and who has up to now kept her strong feelings for him in check.*
[7] **wider Willen:** against my will
[8] *A reference to Marie's leaving the clown when her Catholic upbringing and pressure from her Catholic friends within the "Kreis" combined to frighten her into the realization that as a common-law spouse she was living in sin with the clown, a man she loved but who refused to acknowledge the justice of Catholic legalisms concerning the religious upbringing of any children they might have*
[9] *industrial city in northwest Germany*
[10] **hatte mich aufs Knie fallen lassen:** had let myself fall on my knee
[11] **kaum noch erträgliche:** almost unbearable

Büchern irrtümlich als „fleischliches Verlangen"[12] bezeichnet wird. Ich hatte Monika viel zu gern,[13] um mit ihr das Verlangen nach einer anderen Frau zu stillen. Wenn in diesen religiösen Büchern stünde: Verlangen nach einer Frau, so wäre das schon grob genug, aber einige Stufen besser als „fleischliches Verlangen".[14] Ich kenne nichts Fleischliches außer Metzgerläden, und selbst die sind nicht ganz fleischlich. Wenn ich mir vorstelle, daß Marie diese Sache, die sie nur mit mir tun sollte, mit Züpfner macht,[15] steigert sich meine Melancholie zur Verzweiflung. Ich zögerte lange, bevor ich auch Züpfners Telefonnummer heraussuchte und unter die Kolonne derjenigen schrieb, die ich nicht anzupumpen gedachte. Marie würde mir Geld geben, sofort, alles, was sie besaß, und sie würde zu mir kommen und mir beistehen, besonders, wenn sie erführe, welche Serie von Mißerfolgen mir beschieden gewesen ist,[16] aber sie würde nicht ohne Begleitung[17] kommen. Sechs Jahre sind eine lange Zeit, und sie gehört nicht in Züpfners Haus, nicht an seinen Frühstückstisch, nicht in sein Bett. Ich war sogar bereit, um sie[18] zu kämpfen, obwohl das Wort kämpfen fast nur körperliche Vorstellungen bei mir auslöst, also Lächerliches:[19] Rauferei mit Züpfner. Marie war für mich noch nicht tot, so wie[20] meine Mutter eigentlich für mich tot ist. Ich glaube, daß die Lebenden tot sind, und die Toten leben, nicht wie die Christen und Katholiken es glauben. Für mich ist ein Junge, wie dieser Georg, der sich mit einer Panzerfaust in die Luft sprengte, lebendiger als meine Mutter. Ich sehe den sommersprossigen, ungeschickten Jungen da auf der Wiese vor dem Apoll, höre Herbert Kalick schreien: „Nicht so,[21] nicht so—"; höre die Explosion, ein paar, nicht sehr viele Schreie, dann Kalicks Kommentar: „Zum Glück war Georg ja ein Waisenkind", und eine halbe Stunde später beim Abendessen an jenem Tisch, wo man über mich zu Gericht[22] gesessen hatte, sagte meine Mutter zu Leo: „Du wirst es einmal besser machen als dieser dumme Junge, nicht wahr!" Leo nickt, mein Vater blickt zu mir herüber, findet in den Augen seines zehnjährigen Sohnes keinen Trost.

---

[12] **fleischliches Verlangen:** desires of the flesh
[13] **Ich hatte Monika viel zu gern:** I liked Monika much too much
[14] *The clown believes all love-making is an inseparable admixture of the bodily and of something higher.*
[15] *Züpfner is the upstanding and prominent Catholic whom Marie has married to salve her conscience; the clown regards her as his true spouse because they love one another, have lived together as man and wife for six years, and have in fact fulfilled all but one of the ecclesiastical requirements for a valid marriage—the witness of a priest, a condition which the clown considers an affront to his human integrity. Hence, in the eyes of the clown, Marie's relationship with Züpfner is adultery.*
[16] **welche Serie... gewesen ist:** the series of failures which had befallen me (*a reference to the clown's miserable performances under the influence of alcohol*)
[17] **ohne Begleitung:** alone
[18] **um sie:** for her
[19] **also Lächerliches:** in other words, something ridiculous
[20] **so wie:** the way
[21] **Nicht so:** Not like that
[22] **zu Gericht:** in judgment

Meine Mutter ist inzwischen schon seit Jahren Präsidentin des Zentralkomitees der Gesellschaften zur Versöhnung rassischer Gegensätze; sie fährt zum Anne-Frank-Haus,[23] gelegentlich sogar nach Amerika und hält vor amerikanischen Frauenklubs Reden über die Reue der deutschen Jugend, immer noch mit ihrer sanften, harmlosen Stimme, mit der sie Henriette wahrscheinlich zum Abschied[24] gesagt hat: „Machs gut, Kind."[25] Diese Stimme konnte ich jederzeit am Telefon hören, Henriettes Stimme nie mehr. Sie hatte eine überraschend dunkle Stimme und ein helles Lachen. Einmal fiel ihr mitten in einem Tennismatch der Schläger aus der Hand, sie blieb auf dem Platz stehen und blickte träumend in den Himmel, ein anderes Mal ließ sie während des Essens den Löffel in die Suppe fallen; meine Mutter schrie auf, beklagte die Flecken auf Kleid und Tischtuch; Henriette hörte das gar nicht, und als sie wieder zu sich kam,[26] nahm sie nur den Löffel aus dem Suppenteller, wischte ihn an der Serviette ab und aß weiter; als sie ein drittes Mal, während des Kartenspielens am Kamin, in diesen Zustand verfiel, wurde meine Mutter richtig böse. Sie schrie: „Diese verdammte Träumerei", und Henriette blickte sie an und sagte ruhig: „Was ist denn,[27] ich habe einfach keine Lust mehr", und warf die Karten, die sie noch in der Hand hatte, ins Kaminfeuer. Meine Mutter holte die Karten aus dem Feuer, verbrannte sich die Finger dabei, rettete aber die Karten bis auf[28] eine Herzsieben, die angesengt war, und wir konnten nie mehr Karten spielen, ohne an Henriette zu denken, wenn auch meine Mutter so zu tun versuchte „als wäre nichts gewesen".[29] Sie ist gar nicht boshaft, nur auf eine unbegreifliche Weise dumm, und sparsam. Sie duldete nicht, daß ein neues Kartenspiel gekauft wurde,[30] und ich nehme an, daß die angesengte Herzsieben immer noch im Spiel[31] ist und meine Mutter sich nichts dabei denkt, wenn sie ihr beim Patiencenlegen in die Hand kommt.[32] Ich hätte gern mit Henriette telefoniert, aber die Vermittlung für solche Gespräche haben die Theologen noch nicht erfunden. Ich suchte die Nummer meiner Eltern, die ich immer wieder vergesse, aus dem Telefonbuch: Schnier Alfons, Dr. h. c.[33] Generaldirektor. Der Doktor h. c. war mir neu. Während ich die Nummer wählte, ging

---

[23] *The house in Amsterdam where Anne Frank hid out for two years is now a shrine dedicated to the memory of Nazi concentration camp victims.*
[24] **zum Abschied:** in bidding farewell
[25] **Machs gut, Kind.:** Take care, my child.
[26] **zu sich kam:** came to
[27] **Was ist denn:** What's the matter
[28] **bis auf:** except for
[29] **so zu tun... gewesen:** tried to behave "as if nothing had happened"
[30] **Sie duldete... wurde:** She wouldn't permit us to buy a new deck of cards
[31] **im Spiel:** in the deck
[32] **sich nichts... in die Hand kommt:** doesn't give it a thought when it turns up while she is playing solitaire
[33] **h. c.:** honoris causa (*Latin*), *honorary doctor's degree*

Ansichten eines Clowns (Chapter 5)

ich in Gedanken nach Hause, die Koblenzer Straße runter,[34] in die Ebertallee,[35] schwenkte links zum Rhein ab. Eine knappe Stunde zu Fuß. Schon hörte ich das Mädchen:

„Hier bei Dr. Schnier."[36]

„Ich möchte Frau Schnier sprechen", sagte ich.

„Wer ist am Apparat?"

„Schnier", sagte ich, „Hans, leiblicher Sohn jener besagten Dame." Sie schluckte, überlegte einen Augenblick, und ich spürte durch die sechs Kilometer lange Leitung hindurch, daß sie zögerte. Sie roch[37] übrigens sympathisch, nur nach Seife und ein bißchen nach frischem Nagellack. Offenbar war ihr meine Existenz zwar bekannt, aber sie hatte keine klaren Anweisungen mich betreffend.[38] Wohl nur dunkle Gerüchte im Ohr: Außenseiter, radikaler Vogel.

„Darf ich sicher sein", fragte sie schließlich, „daß es sich nicht um einen Scherz handelt?"

„Sie dürfen sicher sein", sagte ich, „notfalls bin ich bereit, Auskunft über die besonderen Merkmale meiner Mutter zu geben. Leberfleck links unterhalb des Mundes, Warze..."

Sie lachte, sagte: „Gut" und stöpselte durch. Unser Telefonsystem ist kompliziert. Mein Vater hat allein drei verschiedene Anschlüsse: einen roten Apparat für die Braunkohle, einen schwarzen für die Börse und einen privaten, der weiß ist. Meine Mutter hat nur zwei Telefone: ein schwarzes fürs Zentralkomitee der Gesellschaften zur Versöhnung rassischer Gegensätze und ein weißes für Privatgespräche. Obwohl meiner Mutter privates Bankkonto einen sechsstelligen Saldo zu ihren Gunsten aufweist, laufen[39] die Rechnungen fürs Telefon (und natürlich die Reisespesen nach Amsterdam und anderswohin) aufs Konto des Zentralkomitees. Das Telefonmädchen hatte falsch gestöpselt, meine Mutter meldete sich geschäftsmäßig an ihrem schwarzen Apparat: „Zentralkomitee der Gesellschaften zur Versöhnung rassischer Gegensätze."

Ich war sprachlos. Hätte sie gesagt: „Hier Frau Schnier", hätte ich wahrscheinlich gesagt: „Hier Hans, wie geht's, Mama?" Statt dessen sagte ich: „Hier spricht ein durchreisender Delegierter des Zentralkomitees jüdischer Yankees, verbinden Sie mich bitte mit Ihrer Tochter." Ich war selbst erschrocken. Ich hörte, daß meine Mutter aufschrie, dann seufzte sie auf eine Weise, die mir deutlich machte, wie alt sie geworden ist. Sie sagte: „Das kannst du wohl nie vergessen, wie?"[40]

---

[34] **die Koblenzer Straße (he)runter**: down Coblenz Street (*Coblenz is a city on the Rhine about 36 miles southeast of Bonn*)
[35] *avenue named after Friedrich Ebert, first president of the Weimar Republic (1919–1925) and a Social Democrat. After the war, many streets named in honor of prominent Nazis received names with a more democratic flavor.*
[36] **Hier bei Dr. Schnier**: Dr. Schnier's residence
[37] *The clown has a hypersensitive organ of smell, which permits him to detect odors over the telephone.*
[38] **mich betreffend**: about me
[39] **laufen**: are charged
[40] **wie?**: eh?

Ich war selbst nahe am Weinen[41] und sagte leise: „Vergessen? Sollte ich das, Mama?" Sie schwieg, ich hörte nur dieses für mich so erschreckende Altfrauenweinen. Ich hatte sie seit fünf Jahren nicht gesehen, und sie mußte jetzt über sechzig sein. Einen Augenblick lang hatte ich tatsächlich geglaubt, sie könnte ihrerseits durchstöpseln und mich mit Henriette verbinden. Sie redet jedenfalls immer davon, daß sie „vielleicht sogar einen Draht[42] zum Himmel" habe; neckisch tut sie das, wie jedermann heute von seinen Drähten spricht: ein Draht zur Partei, zur Universität, zum Fernsehen, zum Innenministerium.

Ich hätte Henriettes Stimme so gern gehört, und wenn sie nur „nichts" gesagt hätte oder meinetwegen nur „Scheiße". In ihrem Mund hatte es nicht eine Spur gemein[43] geklungen. Als sie es zu Schnitzler sagte, wenn der von ihrer mystischen Begabung sprach, hatte es so schön geklungen wie Schnee (Schnitzler war ein Schriftsteller, einer der Schmarotzer, die während des Krieges bei uns lebten, und er hatte, wenn Henriette in ihren Zustand verfiel, immer von einer mystischen Begabung gesprochen, und sie hatte einfach „Scheiße" gesagt, wenn er davon anfing).[44] Sie hätte auch etwas anderes sagen können: „Ich habe diesen doofen Fohlenach heute wieder geschlagen",[45] oder etwas Französisches: „*La condition du Monsieur le Comte est parfaite.*"[46] Sie hatte mir manchmal bei den Schularbeiten geholfen und wir hatten immer darüber gelacht, daß sie in anderer Leute Schularbeiten so gut, bei den eigenen[47] so schlecht war.

Statt dessen hörte ich nur das Altfrauenweinen meiner Mutter, und ich fragte: „Wie geht's Papa?"

„Oh", sagte sie, „er ist alt geworden—alt und weise."

„Und Leo?"

„Oh, Leo, der ist fleißig, fleißig", sagte sie, „man prophezeit ihm eine Zukunft als Theologe."

„O Gott", sagte ich, "ausgerechnet Leo eine Zukunft[48] als Theologe."

„Es war ja ziemlich bitter für uns, als er übertrat", sagte meine Mutter, "aber der Geist weht ja, wo er will."

Sie hatte ihre Stimme wieder ganz in der Gewalt, und ich war für einen Augenblick versucht,[49] sie nach Schnitzler zu fragen, der immer noch bei uns zu Hause aus- und eingeht.[50] Er war ein dicklicher, gepflegter[51] Bursche, der damals immer

---

[41] **nahe am Weinen:** on the verge of crying
[42] **Draht:** private line
[43] **eine Spur gemein:** the least bit vulgar
[44] **davon anfing:** started on this
[45] **Ich habe... geschlagen:** I beat up that stupid Fohlenach fellow again today
[46] **La condition... parfaite.** (*French*): The condition of the Count is perfect.
[47] **bei den eigenen:** at her own
[48] **eine Zukunft:** with a future
[49] **versucht:** tempted
[50] **bei uns... eingeht:** comes and goes at our house
[51] **gepflegter:** well-groomed

Ansichten eines Clowns (Chapter 5)

vom edlen Europäertum, vom Selbstbewußtsein der Germanen schwärmte. Aus Neugierde hatte ich später einmal einen seiner Romane gelesen. „Französische Liebschaft", langweiliger als der Titel versprach. Das überwältigend Originelle[52] darin war die Tatsache, daß der Held, ein gefangener französischer Leutnant, blond war, und die Heldin, ein deutsches Mädchen von der Mosel,[53] dunkelhaarig. Er zuckte jedesmal zusammen, wenn Henriette—im ganzen glaube ich zweimal—„Scheiße" sagte, und behauptete, eine mystische Begabung könne durchaus übereingehen mit der „zwanghaften Sucht, häßliche Wörter herauszuschleudern" (dabei[54] war das bei Henriette gar nicht zwanghaft, und sie „schleuderte" das Wort gar nicht, sie sagte es einfach vor sich hin[55]), und schleppte zum Beweis die fünfbändige *Christliche Mystik* von Görres[56] an. In seinem Roman ging es natürlich fein zu,[57] da „klingt die Poesie französischer Weinnamen wie Kristall, das Liebende aneinanderstoßen, um einander zu feiern".[58] Der Roman endet mit einer heimlichen Trauung; die aber brachte Schnitzler den Undank der Reichsschrifttumskammer ein,[59] die ihm Schreibverbot auferlegte, etwa für zehn Monate. Die Amerikaner nahmen ihn mit offenen Armen als Widerstandskämpfer in den Kulturdienst,[60] und er rennt heute durch Bonn und erzählt bei jeder Gelegenheit, er habe von den Nazis Schreibverbot gehabt. Ein solcher Heuchler braucht nicht einmal zu lügen, um immer richtig zu liegen.[61] Dabei[62] war er es, der meine Mutter zwang, uns zum Dienst zu schicken, mich ins Jungvolk und Henriette in den BDM.[63] „In dieser Stunde, gnädige Frau, müssen wir einfach zusammenhalten, zusammenstehen, zusammen leiden." Ich seh ihn am Kaminfeuer stehen, mit einer von Vaters Zigarren in der Hand. „Gewisse Ungerechtigkeiten,[64] deren Opfer ich geworden bin, können nicht meine klare objektive Einsicht trüben, daß der Führer"—seine Stimme bebte tatsächlich—„der Führer die Rettung schon in

---

[52] **Das überwältigend Originelle:** What was stunningly original
[53] **Mosel:** Moselle River region (*western Germany*)
[54] **dabei:** yet
[55] **vor sich hin:** to herself
[56] **Joseph von Görres** (1776–1848), *an important figure of the Romantic movement in Germany and, after his conversion, a leading Catholic intellectual of conservative outlook deeply interested in mysticism.*
[57] **In seinem... fein zu:** It goes without saying that in his novel things were done in grand style
[58] **klingt die Poesie... zu feiern:** (*lit.*) the poetry of French wine names rings out like crystal (glasses) which lovers clink in order to extol each other. (*The Nazis favored writers for their political reliability and not their artistic talents.*)
[59] **die aber brachte... ein:** however, this fetched Schnitzler the ingratitude of the National Socialist Writers' Chamber (*set up by Hitler's Minister of Propaganda, Josef Goebbels, in 1934 as a means of indoctrinating and supervising writers in Nazi Germany; only members could publish; Jews and other "enemies of the state" were excluded*)
[60] **den Kulturdienst:** their cultural information service
[61] **um immer richtig zu liegen:** in order to turn up always on the right side
[62] **dabei:** yet
[63] **BDM = Bund deutscher Mädel:** League of German Maidens(*female counterpart of the Hitler Youth*)
[64] *i.e., his being suspended from writing*

der Hand hat."[65] Gesprochen etwa eineinhalb Tage, bevor die Amerikaner Bonn eroberten.

„Was macht eigentlich[66] Schnitzler?" fragte ich meine Mutter.

„Großartig", sagte sie, „im Auswärtigen Amt kann man ohne ihn gar nicht mehr auskommen." Sie hat das alles natürlich vergessen, erstaunlich genug, daß die jüdischen Yankees überhaupt bei ihr noch Erinnerungen auslösen. Ich bereute schon längst nicht mehr, daß ich mein Gespräch mit ihr so angefangen hatte.

„Und was macht Großvater?" fragte ich.

„Phantastisch", sagte sie, „unverwüstlich. Feiert bald seinen neunzigsten.[67] Es bleibt mir ein Rätsel, wie er das macht."

„Das ist sehr einfach", sagte ich, „diese alten Knaben werden weder von Erinnerungen noch von Gewissensqualen zermürbt. Ist er zu Hause?"

„Nein", sagte sie, „er ist[68] für sechs Wochen nach Ischia."[69]

Wir schwiegen beide, ich war meiner Stimme immer noch nicht ganz sicher, sie ihrer wieder vollkommen,[70] als sie mich fragte: „Aber der eigentliche Zweck deines Anrufs—es geht dir wieder schlecht, wie ich höre. Du hast berufliches Pech—hat man mir erzählt."

„So?" sagte ich, „du fürchtest wohl, ich würde Euch um Geld angehen, aber das brauchst du doch nicht zu fürchten, Mama. Ihr gebt mir ja doch keins.[71] Ich werde den Rechtsweg beschreiten, ich brauche das Geld nämlich, weil ich nach Amerika fahren will. Dort hat mir jemand eine Chance geboten. Ein jüdischer Yankee übrigens, aber ich werde alles tun, keine rassischen Gegensätze aufkommen zu lassen." Sie war weiter vom Weinen entfernt denn je.[72] Ich hörte, bevor ich auflegte, nur noch, daß sie irgendetwas von Prinzipien sagte. Übrigens hatte sie gerochen, wie sie immer gerochen hat: nach nichts. Eins ihrer Prinzipien: „Eine Dame strömt keinerlei Art von Geruch aus."[73] Wahrscheinlich hat mein Vater aus diesem Grund eine so hübsche Geliebte, die sicherlich keinerlei Geruch ausströmt, aber so aussieht, als sei sie wohlriechend.

(*Übungen* on page 173)

---

[65] **die Rettung schon in der Hand hat:** already has the instrument of our salvation in his hands
[66] **eigentlich:** these days
[67] **Feiert bald seinen neunzigsten.:** Will soon be celebrating his ninetieth (birthday).
[68] **ist:** has gone
[69] *a beautiful island at the entrance to the Bay of Naples, famous for its hot springs*
[70] **sie ihrer wieder vollkommen (sicher):** she was completely sure of hers again
[71] **Ihr gebt mir ja doch keins.:** You wouldn't give me any (money) anyway.
[72] **weiter vom Weinen entfernt denn je:** further from crying than ever
[73] **strömt... aus:** gives off no odor of any kind

V

Die Conditio Humana

Die Conditio Humana

Although the vast majority of Böll's works have a German setting and deal with certain aspects of contemporary German life, his appeal as a writer has been worldwide. This is partly due to the fact that many of the things he criticizes with respect to his native land are also found in other countries; they are, in fact, common phenomena of twentieth-century life. It is also due to Böll's artistic ability to depict characters and situations with which the reader can identify because they are universally human. And thirdly, for a relentless but compassionate moralist to be provincial is a contradiction in terms; the inconsolability that Böll offers his readers stems from a painful awareness that our world, as the author once observed when defending his commitment to social justice, is a world in which two out of every three human beings go to bed hungry every night, in which Brazilian children who have never known the taste of milk are dying every day, in which the stench of exploitation is overwhelming.

The three selections of this section are pieces that constitute part of the puzzle that is man: "the glory, jest, and riddle of the universe." The first holds a unique position in the body of Böll's works in that the setting is not modern or contemporary, although the theme certainly is. The turn-of-the-century exploitation of Austrian peasants by the nobility is an example of man's abuse of man as ancient as the slave labor of the Egyptians and as modern as the practice of jacking up prices in ghetto chain stores the day welfare checks are issued. The story of the Balek scales, told objectively and without commentary, is reminiscent of the best protest literature that German prose has to offer: Kleist's *Michael Kohlhaas* with its controlled sense of outrage and Brecht's *Calendar Stories* with their disciplined compassion.

The second piece, *Die unsterbliche Theodora*, is an example of the humor which, Böll feels, makes possible one's existence in this world. Anybody who lives on a planet where atom-bomb-carrying satellites are no longer an illusion and does not commit suicide, Böll wrote in 1960, "either continues to live automatically on the basis of that idiotic optimism which a clock radiates by ticking on and on, or must possess the grain of humor which occasionally, at least, delivers him from the feeling of his own importance." Bodo Bengelmann's saving grace is a sense of humor which prevents him from taking himself too seriously, but he is done in through a fit of laughter occasioned by the humorlessness of society. The story is a good-natured parody, direct or implied, of a host of things, among them the public's idea of the poet as God, the human penchant for conformity, publicity gimmicks, and the parasitism of critics and professors whose uncreative and unoriginal minds exploit the life and works of artists.

Our last selection is taken from *Irisches Tagebuch*, a series of eighteen sketches, brief essays, stories, and tales which reveal, better than any orthodox travelogue ever could, the soul of a people whose characteristics resemble in many ways those manifested by the "little people" of Böll's fiction. It is his most beautiful book, an unhurried, very personal tribute to a land where poverty is no disgrace, but rather "as irrelevant as wealth." Böll admires the Irish for the naturalness of their humanity and of their almost Jansenistic piety, for their reverence for life, their simplicity of spirit, their capacity to enjoy elemental pleasures, their unabashed savoring of religion down to the last drop. This land of seeming paradox, which is unable to divorce the spiritual from the material, Böll points out, holds the world record for the per capita consumption of tea (and possibly also of whiskey, cigarettes, and ice cream), as well as for movie attendance, and for the ordination of priests. A land which has reason enough to be unhappy because of its social and economic plight, it still manages to love the poetry of unhappiness and to keep its suicide rate below that of any other nation on earth. It remains a country with a Catholic proletariat—on Sundays the dirty and ugly churches of Dublin, embellished with the trash of the devotional industry (some of it imported from Germany), are filled with devout working-class people. The oldest and most faithful daughter of Rome, it is one of the few European countries that have never set out to conquer another people. Instead of "nuclear weapons, machine guns, or automobiles," it exports missionaries and servant girls. Just as Böll's Ireland of the mid-fifties represented an idyllic contrast to the Germany of the "Wirtschaftswunder," so the *Irish Journal* implicitly sets off by opposition a land poor in the pocketbook but rich in heart from a Germany where time means marks. The generosity of the Irishman is epitomized for Böll in the saying: "When God made time, he made plenty of it." For if you want money, go to a money-squanderer, Böll writes, and if you need help, go to a time-squanderer. The Irish are also capable of enjoying the present moment, something Böll finds a pleasant contrast to a country where the whimsical god of prosperity is the solution to all problems, where the pursuit of wealth and status is the rule. Under stress, the German rapidly loses his imagination and his sense of humor while the Irishman's come to the fore. The latter's pessimism is always optimistic, for "things could always be worse." For the gloomy German what befalls "is always the worst." And to his relief Böll finds not a trace of the proverbial deadly seriousness of his compatriots in a country where, as the Irish are wont to say, "the cemeteries are full of people the world could not do without."

In our selection Böll humorously describes the unhappy effect of the Irish drinking laws on the thirsty village citizenry. These laws quaintly combine Christian compassion (the traveller may never be refused a refreshing draft), puritanism (the relatively early closing hours), and inefficiency (resulting from the touching attempt to cater to the sorely needed but often non-existent tourist). And lest one get the wrong impression from this chapter, the book as a whole reveals that in Böll's case the Irishman who said, "There are only two kinds of people in the world, those who are Irish and those who wish they were," was not wide of the mark.

Die Waage der Baleks
[1952]

In der Heimat meines Großvaters lebten die meisten Menschen von der Arbeit in den Flachsbrechen. Seit fünf Generationen atmeten sie den Staub ein, der den zerbrochenen Stengeln entsteigt, ließen sich langsam dahinmorden, geduldige und fröhliche Geschlechter, die Ziegenkäse aßen, Kartoffeln, manchmal ein Kaninchen schlachteten; abends spannen und strickten sie in ihren Stuben, sangen, tranken Pfefferminztee und waren glücklich. Tagsüber brachen[1] sie den Flachs in altertümlichen Maschinen, schutzlos dem Staub preisgegeben und der Hitze, die den Trockenöfen entströmte. In ihren Stuben stand ein einziges, schrankartiges Bett, das den Eltern vorbehalten war, und die Kinder schliefen ringsum auf Bänken. Morgens waren ihre Stuben vom Geruch der Brennsuppen erfüllt; an den Sonntagen gab es Sterz, und die Gesichter der Kinder röteten sich vor Freude,[2] wenn an besonders festlichen Tagen sich der schwarze Eichelkaffee hell färbte, immer heller von der Milch, die die Mutter lächelnd in ihre Kaffeetöpfe goß.

Die Eltern gingen früh zur Arbeit, den Kindern war der Haushalt überlassen: sie fegten die Stube, räumten auf, wuschen das Geschirr und schälten Kartoffeln, kostbare gelbliche Früchte, deren dünne Schale sie vorweisen mußten, um den Verdacht möglicher Verschwendung oder Leichtfertigkeit zu zerstreuen.

Kamen die Kinder[3] aus der Schule, mußten sie in die Wälder gehen und—je nach[4] der Jahreszeit—Pilze sammeln und Kräuter: Waldmeister und Thymian, Kümmel und Pfefferminz, auch Fingerhut,[5] und im Sommer, wenn sie das Heu von ihren mageren Wiesen geerntet hatten, sammelten sie die Heublumen. Einen Pfennig gab es fürs Kilo Heublumen,[6] die in der Stadt in den Apotheken für zwanzig Pfennig das Kilo[7] an nervöse Damen verkauft wurden. Kostbar waren die Pilze: sie brachten zwanzig Pfennig das Kilo und wurden in der Stadt in den

---

[1] **brachen:** dressed
[2] **vor Freude:** with joy
[3] **Kamen die Kinder:** As soon as the children came
[4] **je nach:** depending on
[5] **Waldmeister und Thymian, Kümmel und Pfefferminz, auch Fingerhut:** Woodruff and thyme, caraway and peppermint, and foxglove too
[6] **Einen Pfennig gab es fürs Kilo Heublumen:** A kilo of hayflowers was worth one pfennig
[7] **das Kilo:** a kilo(gram)

Geschäften für eine Mark zwanzig gehandelt.⁸ Weit in die grüne Dunkelheit der Wälder krochen die Kinder im Herbst, wenn die Feuchtigkeit die Pilze aus dem Boden treibt, und fast jede Familie hatte ihre Plätze, an denen sie Pilze pflückte, Plätze, die von Geschlecht zu Geschlecht weitergeflüstert wurden.

Die Wälder gehörten den Baleks, auch die Flachsbrechen, und die Baleks hatten im Heimatdorf meines Großvaters ein Schloß, und die Frau des Familienvorstandes jeweils⁹ hatte neben der Milchküche ein kleines Stübchen, in dem Pilze, Kräuter, Heublumen gewogen und bezahlt wurden. Dort stand auf dem Tisch die große Waage der Baleks, ein altertümliches, verschnörkeltes, mit Goldbronze bemaltes Ding,¹⁰ vor dem die Großeltern meines Großvaters schon gestanden hatten, die Körbchen mit Pilzen, die Papiersäcke mit Heublumen in ihren schmutzigen Kinderhänden, gespannt zusehend, wieviel¹¹ Gewichte Frau Balek auf die Waage werfen mußte, bis der pendelnde Zeiger genau auf dem schwarzen Strich stand, dieser dünnen Linie der Gerechtigkeit, die jedes Jahr neu gezogen¹² werden mußte. Dann nahm Frau Balek das große Buch mit dem braunen Lederrücken, trug das Gewicht ein und zahlte das Geld aus, Pfennige oder Groschen und sehr, sehr selten einmal¹³ eine Mark. Und als mein Großvater ein Kind war, stand dort ein großes Glas¹⁴ mit sauren Bonbons, von denen, die das Kilo eine Mark kosteten, und wenn die Frau Balek, die damals über das Stübchen herrschte, gut gelaunt war, griff sie in dieses Glas und gab jedem der Kinder einen Bonbon, und die Gesichter der Kinder röteten sich vor Freude, so wie sie sich röteten, wenn die Mutter an besonders festlichen Tagen Milch in ihre Kaffeetöpfe goß, Milch, die den Kaffee hell färbte, immer heller, bis er so blond war wie die Zöpfe der Mädchen.

Eines der Gesetze, die die Baleks dem Dorf gegeben hatten, hieß:¹⁵ Keiner darf eine Waage im Hause haben. Das Gesetz war schon so alt, daß keiner mehr darüber nachdachte, wann und warum es entstanden war, und es mußte geachtet werden, denn wer es brach, wurde aus den Flachsbrechen entlassen, dem wurden keine Pilze, kein Thymian, keine Heublumen mehr abgenommen,¹⁶ und die Macht der Baleks reichte so weit, daß auch in den Nachbardörfern niemand ihm Arbeit gab, neimand ihm die Kräuter des Waldes abkaufte. Aber seitdem die Großeltern meines Großvaters als kleine Kinder Pilze gesammelt, sie abgeliefert hatten, damit sie

---

⁸ **für eine Mark zwanzig gehandelt:** sold for one mark twenty (pfennigs)
⁹ **die Frau des Familienvorstandes jeweils:** the wife of each succeeding head of the (Balek) family
¹⁰ **mit Goldbronze bemaltes Ding:** bronze-gilt contrivance
¹¹ **wieviel:** how many
¹² **neu gezogen:** redrawn
¹³ **selten einmal:** rarely
¹⁴ **Glas:** glass jar
¹⁵ **hieß:** ran as follows:
¹⁶ **dem wurden keine Pilze... mehr abgenommen:** no more mushrooms... were bought from him

Die Waage der Baleks

in den Küchen der reichen Prager Leute[17] den Braten würzten oder in Pasteten verbacken werden konnten, seitdem hatte niemand daran gedacht, dieses Gesetz zu brechen: fürs Mehl gab es Hohlmaße, die Eier konnte man zählen, das Gesponnene wurde nach Ellen gemessen, und im übrigen[18] machte die altertümliche, mit Goldbronze verzierte Waage der Baleks nicht den Eindruck, als könne sie nicht stimmen, und fünf Geschlechter hatten dem auspendelnden schwarzen Zeiger anvertraut, was sie mit kindlichem Eifer im Walde gesammelt hatten.

Zwar gab es zwischen[19] diesen stillen Menschen auch welche,[20] die das Gesetz mißachteten, Wilderer, die begehrten, in einer Nacht mehr zu verdienen, als sie in einem ganzen Monat in der Flaschfabrik verdienen konnten, aber auch von diesen schien noch niemand den Gedanken gehabt zu haben, sich eine Waage zu kaufen oder sie zu basteln. Mein Großvater war der erste, der kühn genug war, die Gerechtigkeit der Baleks zu prüfen, die im Schloß wohnten, zwei Kutschen fuhren, die immer einem Jungen des Dorfes das Studium der Theologie im Prager Seminar bezahlten, bei denen[21] der Pfarrer jeden Mittwoch zum Tarock war,[22] denen der Bezirkshauptmann, das kaiserliche Wappen auf der Kutsche, zu Neujahr seinen Besuch abstattete, und denen der Kaiser zu Neujahr des Jahres 1900 den Adel verlieh.[23]

Mein Großvater war fleißig und klug: er kroch weiter in die Wälder hinein, als vor ihm die Kinder seiner Sippe gekrochen waren, er drang bis in das Dickicht vor,[24] in dem der Sage nach[25] Bilgan,[26] der Riese, hausen sollte, der dort den Hort der Balderer[27] bewacht. Aber mein Großvater hatte keine Furcht vor Bilgan: er drang weit in das Dickicht vor, schon als Knabe, brachte große Beute an Pilzen mit, fand sogar Trüffeln, die Frau Balek mit dreißig Pfennig das Pfund berechnete.[28] Mein Großvater trug alles, was er den Baleks brachte, auf die Rückseite eines Kalenderblattes ein:[29] jedes Pfund Pilze, jedes Gramm Thymian, und mit

---

[17] **der reichen Prager Leute:** of the rich people of Prague (*then part of the Austro-Hungarian Empire*)
[18] **im übrigen:** as for the rest
[19] **zwischen:** among
[20] **welche:** some
[21] **bei denen:** in whose home
[22] **zum Tarock war:** played tarot (a card game with 78 cards)
[23] **den Adel verlieh:** raised to the nobility
[24] **er drang bis in das Dickicht vor:** he penetrated as far as the thicket
[25] **der Sage nach:** according to legend
[26] **Bilgan:** One of the old Germanic mountain giants, *who stood for the brutal powers of earth and were active enemies of the gods and all that was good*
[27] **Balderer:** Followers of Balder (*Old Germanic deity of light and son of Woden, the chief god. The most beloved of the gods, he was slain through the guile of the demon Loki. This act brought about the twilight of the gods, after which Balder was expected to return.*)
[28] **die Frau Balek mit dreißig Pfennig das Pfund berechnete:** for which Mrs. Balek paid 30 pfennigs a pound
[29] **trug... ein:** entered ...

seiner Kinderschrift schrieb er rechts daneben,[30] was er dafür bekommen hatte; jeden Pfennig kritzelte er hin, von seinem siebten bis zu seinem zwölften Jahr, und als er zwölf war, kam das Jahr 1900, und die Baleks schenkten jeder Familie im Dorf, weil der Kaiser sie geadelt hatte, ein Viertelpfund echten Kaffee, von dem, der[31] aus Brasilien kommt; es gab auch Freibier und Tabak für die Männer, und im Schloß fand ein großes Fest statt; viele Kutschen standen in der Pappelallee, die vom Tor zum Schloß führt.

Aber am Tage vor dem Fest schon wurde der Kaffee ausgegeben in der kleinen Stube, in der seit fast hundert Jahren die Waage der Baleks stand, die jetzt Balek von Bilgan hießen, weil der Sage nach Bilgan, der Riese, dort ein großes Schloß gehabt haben soll, wo die Gebäude der Baleks stehen.

Mein Großvater hat mir oft erzählt, wie er nach der Schule dort hinging, um den Kaffee für vier Familien abzuholen: für die Cechs, die Weidlers, die Vohlas und für seine eigene, die Brüchers. Es war der Nachmittag vor Silvester: die Stuben mußten geschmückt, es mußte gebacken werden,[32] und man wollte nicht vier Jungen entbehren, jeden einzeln den Weg ins Schloß machen lassen,[33] um ein Viertelpfund Kaffee zu holen.

Und so saß mein Großvater auf der kleinen, schmalen Holzbank im Stübchen, ließ sich von Gertrud, der Magd, die fertigen Achtelkilopakete Kaffee vorzählen, vier Stück,[34] und blickte auf die Waage, auf deren linker Schale der Halbkilostein liegengeblieben war; Frau Balek von Bilgan war mit den Vorbereitungen fürs Fest beschäftigt. Und als Gertrud nun in das Glas mit den sauren Bonbons greifen wollte, um meinem Großvater eines zu geben, stellte sie fest, daß es leer war: es wurde jährlich einmal neu gefüllt, faßte ein Kilo von denen zu einer Mark.[35]

Gertrud lachte, sagte: „Warte, ich hole die neuen", und mein Großvater blieb mit den vier Achtelkilopaketen, die in der Fabrik verpackt und verklebt waren, vor der Waage stehen, auf der jemand den Halbkilostein liegengelassen hatte, und mein Großvater nahm die vier Kaffeepaketchen, legte sie auf die leere Waagschale, und sein Herz klopfte heftig, als er sah, wie[36] der schwarze Zeiger der Gerechtigkeit links neben dem Strich hängenblieb, die Schale mit dem Halbkilostein unten blieb[37] und das halbe Kilo Kaffee ziemlich hoch in der Luft schwebte; sein Herz klopfte heftiger, als wenn er im Walde hinter einem Strauch gelegen,

---

[30] **rechts daneben:** behind each item
[31] **von dem, der:** the kind that
[32] **die Stuben... werden:** the rooms had to be decorated, the baking had to be done
[33] **jeden einzeln... lassen:** and have each of the boys make the trip to the chateau separately
[34] **ließ sich... vier Stück:** had Gertrude the maid count out to him the prepackaged quarter-pound packets of coffee, four of them
[35] **faßte ein Kilo von denen zu einer Mark:** and held one kilo of the kind that sold for a mark
[36] **wie:** *introduces three clauses*
[37] **unten blieb:** stayed down

auf Bilgan, den Riesen, gewartet hätte, und er suchte aus seiner Tasche[38] Kieselsteine, wie er sie immer bei sich trug,[39] um mit der Schleuder nach den Spatzen zu schießen, die an den Kohlpflanzen siener Mutter herumpickten—drei, vier, fünf Kieselsteine mußte er neben die vier Kaffeepakete legen, bis die Schale mit dem Halbkilostein sich hob und der Zeiger endlich scharf über dem schwarzen Strich lag. Mein Großvater nahm den Kaffee von der Waage, wickelte die fünf Kieselsteine in sein Sacktuch, und als Gertrud mit der großen Kilotüte voll saurer Bonbons kam, die wieder für ein Jahr reichen mußte, um die Röte der Freude in die Gesichter der Kinder zu treiben, als Gertrud die Bonbons rasselnd ins Glas schüttete, stand der kleine blasse Bursche da, und nichts schien sich verändert zu haben. Mein Großvater nahm nur drei von den Paketen, und Gertrud blickte erstaunt und erschreckt auf den blassen Jungen, der den sauren Bonbon auf die Erde warf, ihn zertrat und sagte:

„Ich will Frau Balek sprechen."

„Balek von Bilgan, bitte",[40] sagte Gertrud.

„Gut, Frau Balek von Bilgan", aber Gertrud lachte ihn aus, und er ging im Dunkeln ins Dorf zurück, brachte den Cechs, den Weidlers, den Vohlas ihren Kaffee und gab vor, er müsse noch zum Pfarrer.

Aber er ging mit seinen fünf Kieselsteinen im Sacktuch in die dunkle Nacht. Er mußte weit gehen, bis er jemand fand, der eine Waage hatte, eine haben durfte; in den Dörfern Blaugau und Bernau hatte niemand eine, das wußte er, und er schritt durch sie hindurch, bis er nach zweistündigem Marsch in das kleine Städtchen Dielheim kam, wo der Apotheker Honig wohnte. Aus Honigs Haus kam der Geruch frischgebackener Pfannkuchen, und Honigs Atem, als er dem verfrorenen Jungen öffnete, roch schon nach Punsch, und er hatte die nasse Zigarre zwischen seinen schmalen Lippen, hielt die kalten Hände des Jungen einen Augenblick fest und sagte: „Na, ist es schlimmer geworden mit der Lunge deines Vaters?"

„Nein, ich komme nicht um[41] Medizin, ich wollte..." Mein Großvater nestelte sein Sacktuch auf, nahm die fünf Kieselsteine heraus, hielt sie Honig hin und sagte: „Ich wollte das gewogen haben." Er blickte ängstlich in Honigs Gesicht, aber als Honig nichts sagte, nicht zornig wurde, auch nicht fragte, sagte mein Großvater: „Es ist das, was an der Gerechtigkeit fehlt",[42] und mein Großvater spürte jetzt, als er in die warme Stube kam, wie naß seine Füße waren. Der Schnee war durch die schlechten Schuhe gedrungen, und im Wald hatten die Zweige den Schnee

---

[38] **suchte aus seiner Tasche:** fished out of his pocket
[39] **wie er sie immer bei sich trug:** which he always carried with him
[40] **bitte:** if you please
[41] **um:** for
[42] **Es ist das, was an der Gerechtigkeit fehlt:** It is the amount justice is shy

über ihn geschüttelt, der jetzt schmolz, und er war müde und hungrig und fing plötzlich an zu weinen, weil ihm die vielen Pilze einfielen, die Kräuter, die Blumen, die auf der Waage gewogen worden waren, an der das Gewicht von fünf Kieselsteinen an der Gerechtigkeit fehlte.[43] Und als Honig, den Kopf schüttelnd, die fünf Kieselsteine in der Hand, seine Frau rief, fielen meinem Großvater die Geschlechter seiner Eltern, seiner Großeltern ein, die alle ihre Pilze, ihre Blumen auf der Waage hatten wiegen lassen müssen,[44] und es kam über ihn wie[45] eine große Woge von Ungerechtigkeit, und er fing noch heftiger an zu weinen, setzte sich, ohne dazu[46] aufgefordert zu sein, auf einen der Stühle in Honigs Stube, übersah den Pfannkuchen, die heiße Tasse Kaffee, die die gute und dicke Frau Honig ihm vorsetzte, und hörte erst auf zu weinen, als[47] Honig selbst aus dem Laden vorn zurückkam und, die Kieselsteine in der Hand schüttelnd, leise zu seiner Frau sagte: „Fünfeinhalb Deka, genau."

Mein Großvater ging die zwei Stunden durch den Wald zurück, ließ sich prügeln zu Hause, schwieg, als er nach dem Kaffee gefragt wurde, sagte kein Wort, rechnete den ganzen Abend an seinem Zettel herum, auf dem er alles notiert hatte, was er der jetzigen Frau Balek von Bilgan geliefert hatte, und als[48] es Mitternacht schlug, vom Schloß die Böller zu hören waren, im ganzen Dorf das Geschrei, das Klappern der Rasseln erklang, als die Familie sich geküßt, sich umarmt hatte, sagte er in das folgende Schweigen des neuen Jahres hinein:[49] „Baleks schulden mir achtzehn Mark und zweiunddreißig Pfennig." Und wieder dachte er an die vielen Kinder, die es im Dorf gab, dachte an seinen Bruder Fritz, der viele Pilze gesammelt hatte, an seine Schwester Ludmilla, dachte an die vielen hundert Kinder, die alle für die Baleks Pilze gesammelt hatten, Kräuter und Blumen und er weinte diesmal nicht, sondern erzählte seinen Eltern, seinen Geschwistern von seiner Entdeckung.

Als die Baleks von Bilgan am Neujahrstage zum Hochamt in die Kirche kamen, das neue Wappen — einen Riesen, der unter einer Fichte kauert — schon in Blau und Gold auf ihrem Wagen, blickten sie in die harten und blassen Gesichter der Leute, die alle auf sie starrten. Sie hatten im Dorf Girlanden erwartet, am Morgen ein Ständchen, Hochrufe und Heilrufe, aber das Dorf war wie ausgestorben gewesen,[50] als sie hindurchfuhren, und in der Kirche wandten sich die Gesichter der blassen Leute ihnen zu, stumm und feindlich, und als der Pfarrer auf die Kanzel

---

[43] **an der das... fehlte:** on which justice was shy the weight of five pebbles
[44] **die alle... hatten wiegen lassen müssen:** all of whom had to have their mushrooms and their flowers weighed on the scales
[45] **es kam über ihn wie:** he was overwhelmed by
[46] **dazu:** to sit down
[47] **hörte erst auf zu weinen, als:** only stopped crying when
[48] **als:** *introduces three clauses*
[49] **sagte er... hinein:** he said into the ensuing silence of the new year
[50] **war wie ausgestorben gewesen:** had seemed deserted

Die Waage der Baleks

stieg, um die Festpredigt zu halten, spürte er die Kälte der sonst so stillen und friedlichen Gesichter, und er stoppelte mühsam seine Predigt herunter[51] und ging schweißtriefend zum Altar zurück. Und als die Baleks von Bilgan nach der Messe die Kirche wieder verließen, gingen sie durch ein Spalier stummer, blasser Gesichter. Die junge Frau Balek von Bilgan aber blieb vorn bei den Kinderbänken stehen, suchte das Gesicht meines Großvaters, des kleinen blassen Franz Brücher, und fragte ihn in der Kirche: „Warum hast du den Kaffee für deine Mutter nicht mitgenommen?" Und mein Großvater stand auf und sagte: „Weil Sie mir noch so viel Geld schulden, wie fünf Kilo Kaffee kosten." Und er zog die fünf Kieselsteine aus seiner Tasche, hielt sie der jungen Frau hin und sagte: „So viel, fünfeinhalb Deka, fehlen auf ein halbes Kilo an Ihrer Gerechtigkeit";[52] und noch ehe die Frau etwas sagen konnte, stimmten die Männer und Frauen in der Kirche das Lied an: „Gerechtigkeit der Erden,[53] o Herr, hat Dich getötet..."

Während die Baleks in der Kirche waren, war Wilhelm Vohla, der Wilderer, in das kleine Stübchen eingedrungen, hatte die Waage gestohlen und das große, dicke, in Leder eingebundene Buch, in dem jedes Kilo Pilze, jedes Kilo Heublumen, alles eingetragen war, was von den Baleks im Dorf gekauft worden war, und den ganzen Nachmittag des Neujahrstages saßen die Männer des Dorfes in der Stube meiner Urgroßeltern und rechneten, rechneten ein Zehntel von allem, was gekauft worden — aber als sie schon viele tausend Taler errechnet hatten und noch immer nicht zu Ende waren, kamen die Gendarmen des Bezirkshauptmanns, drangen schießend und stechend in die Stube meines Urgroßvaters ein und holten mit Gewalt[54] die Waage und das Buch heraus. Die Schwester meines Großvaters wurde getötet dabei, die kleine Ludmilla, ein paar Männer verletzt, und einer der Gendarmen wurde von Wilhelm Vohla, dem Wilderer, erstochen.

Es gab Aufruhr nicht nur in unserem Dorf, auch in Blaugau und Bernau, und fast eine Woche lang ruhte[55] die Arbeit in den Flachsfabriken. Aber es kamen sehr viele Gendarmen, und die Männer und Frauen wurden mit Gefängnis bedroht, und die Baleks zwangen den Pfarrer, öffentlich in der Schule die Waage vorzuführen und zu beweisen, daß der Zeiger der Gerechtigkeit richtig auspendelte. Und die Männer und Frauen gingen wieder in die Flachsbrechen — aber niemand ging in die Schule, um den Pfarrer anzusehen:[56] er stand ganz allein da, hilflos und traurig mit seinen Gewichtssteinen, der Waage und den Kaffeetüten.

Und die Kinder sammelten wieder Pilze, sammelten wieder Thymian, Blumen

---

[51] **er stoppelte mühsam seine Predigt herunter:** he stumbled through his sermon with difficulty
[52] **So viel... Gerechtigkeit:** Your justice is short this much, five and one-half decagrams, in every pound
[53] **der Erden**=**der Erde** (*old genitive form*)
[54] **mit Gewalt:** by force
[55] **ruhte:** came to a halt
[56] **anzusehen:** to watch

und Fingerhut, aber jeden Sonntag wurde in der Kirche, sobald die Baleks sie betraten, das Lied angestimmt: „Gerechtigkeit der Erden, o Herr, hat Dich getötet", bis der Bezirkshauptmann in allen Dörfern austrommeln ließ,[57] das Singen dieses Liedes sei verboten.

Die Eltern meines Großvaters mußten das Dorf verlassen, das frische Grab ihrer kleinen Tochter; sie wurden Korbflechter, blieben an keinem Ort lange, weil es sie schmerzte, zuzusehen, wie in allen Orten das Pendel der Gerechtigkeit falsch ausschlug. Sie zogen hinter dem Wagen, der langsam über die Landstraße kroch, ihre magere Ziege mit,[58] und wer an dem Wagen vorbeikam, konnte manchmal hören, wie drinnen gesungen wurde: „Gerechtigkeit der Erden, o Herr, hat Dich getötet." Und wer ihnen zuhören wollte, konnte die Geschichte hören von den Baleks von Bilgan, an deren Gerechtigkeit ein Zehntel fehlte.[59] Aber es[60] hörte ihnen fast niemand zu.

(*Übungen* on page 174)

[57] **austrommeln ließ**: had it proclaimed that
[58] **Sie zogen... mit**: They dragged along with them . . .
[59] **an deren Gerechtigkeit ein Zehntel fehlte**: whose justice was short a tenth part
[60] **es** (*ignore in translation*)

Die unsterbliche Theodora
[1953]

Immer, wenn ich die Bengelmannstraße entlanggehe, muß ich an Bodo Bengelmann denken, dem die Akademie den Rang eines Unsterblichen zuerkannt hat. Auch wenn ich nicht die Bengelmannstraße betrete, denke ich oft an Bodo, aber immerhin: sie geht von Nr. 1 bis 678, führt aus dem Zentrum der Stadt, an den Leuchtreklamen der Bars vorbei bis in ländliche Gefilde,[1] wo die Kühe abends brüllend darauf warten, an die Tränke geführt zu werden. Diese Straße trägt Bodos Namen quer durch[2] die Stadt, in ihr liegt das Pfandhaus, liegt „Beckers billiger[3] Laden", und ich gehe oft ins Pfandhaus, gehe oft in „Beckers billigen Laden", oft genug, um an Bodo erinnert zu werden.

Wenn[4] ich dem Beamten des Leihhauses meine Uhr über die Theke schiebe, er die Lupe vor die Augen klemmt, die Uhr taxiert, sie mit einem verächtlichen „Vier Mark" über die Theke zurück auf mich zuschiebt, wenn ich dann geknickt den Zettel unterschrieben, die Uhr wieder über die Theke geschoben habe, wenn ich zur Kasse schlendere und dort warte, bis die Rohrpost meinen Pfandschein herüberbringt, habe ich Zeit genug, an Bodo Bengelmann zu denken, mit dem ich oft genug an dieser Kasse gestanden habe.

Bodo hatte eine alte Remington-Schreibmaschine, auf der er seine Gedichte— mit jeweils vier Durchschlägen—ins reine schrieb.[5] Fünfmal haben wir vergeblich versucht, auf diese Maschine ein Darlehen des städtischen Leihhauses zu bekommen. Die Maschine war zu alt, klapperte und ächzte, und die Verwaltung des Leihhauses blieb hart, vorschriftsmäßig hart. Bodos Großvater, der Eisenhändler, Bodos Vater, der Steuerberater, Bodo selbst, der Lyriker—drei Generationen von Bengelmanns hatten zu oft auf dieser Maschine herumgehämmert, als daß sie eines städtischen Darlehens (monatlich 2%) würdig gewesen wäre.[6]

Jetzt freilich gibt es eine Bengelmann-Gedächtnisstätte, in der man einen

---
[1] **an den Leuchtreklamen... Gefilde:** past the neon signs of the bars until it reaches open country
[2] **quer durch:** clear through
[3] **billiger:** cut-rate
[4] **Wenn** *introduces four clauses*
[5] **ins reine schrieb:** made a fair copy of
[6] **als daß sie... würdig gewesen wäre:** for it to have been worth a municipal loan (2% monthly)

rötlichen, zerkauten Federhalter aufbewahrt, der unter Glas liegt, mit der Aufschrift versehen: „Die Feder, mit der Bodo Bengelmann schrieb."

Tatsächlich hat Bodo nur zwei von seinen fünfhundert Gedichten mit diesem Federhalter geschrieben, den er seiner Schwester[7] Lotte aus dem Ledermäppchen stahl. Die meisten seiner Gedichte schrieb er mit Tintenstift, manche direkt in die Maschine,[8] die wir an einem Tage äußerster Depression für ihren bloßen Schrottwert von sechs Mark achtzig[9] einem Manne verkauften, der Heising hieß und nichts von der unsterblichen Lyrik ahnte, die ihr entquollen war.[10] Heising wohnte in der Humboldtstraße, lebte vom Althandel[11] und ist von Bodo in dem Gedicht „Kammer des kauzigen Krämers"[12] verewigt worden.

So ist Bodos wirkliches Schreibgerät nicht in der Bengelmann-Gedächtnisstätte zu finden, sondern dieser Federhalter, der die Spuren von Lotte Bengelmanns Zähnen zeigt. Lotte selbst hat längst vergessen, daß er ihr gehörte, sie bringt es fertig, heute weinend davorzustehen, Tränen zu vergießen einer Tatsache wegen, die nie eine gewesen ist.[13] Sie hat ihre kümmerlichen Schulaufsätze damit geschrieben, während Bodo—ich entsinne mich dessen genau—nach dem Verzehr zweier Koteletts, eines Haufens Salat, eines großen Vanillepuddings und zweier Käseschnitten—mit diesem Federhalter ohne abzusetzen[14] die Gedichte: „Herbstlich zernebeltes Herz"[15] und „Weine, o Woge, weine" niederschrieb. Er schrieb seine besten Gedichte mit vollem Magen, war überhaupt gefräßig,[16] wie viele schwermütige Menschen, und hat den Federhalter seiner Schwester nur achtzehn Minuten gebraucht, während seine gesamte lyrische Produktion sich über acht Jahre erstreckte.

Heute lebt Lotte vom lyrischen Ruhm ihres Bruders; sie hat zwar einen Mann geheiratet, der Hosse heißt, nennt sich aber nur „Bodo Bengelmanns Schwester". Sie war immer gemein. Sie verpetzte Bodo immer, wenn er dichtete, denn Dichten gehörte zu den Dingen, die man bei Bengelmanns für zeitraubend, deshalb überflüssig hielt.[17]

---

[7] **seiner Schwester:** from his sister
[8] **manche direkt in die Maschine:** some (of his poems he wrote) directly on the typewriter
[9] **achtzig=achtzig Pfennig**
[10] **die ihr entquollen war:** which had gushed forth from it
[11] **lebte vom Althandel:** made his living in the second-hand goods business
[12] *Excessive alliteration was Bodo Bengelmann's stock in trade as a poet. Old Germanic verse was based on alliteration.*
[13] **einer Tatsache... ist:** because of a fact which never was one
[14] **ohne abzusetzen:** without stopping
[15] **Herbstlich zernebeltes Herz:** (*lit.*) Autumnally Mist-rent Heart, i.e., a heart rent by the mists of autumn
[16] **war überhaupt gefräßig:** was (in fact) a glutton altogether
[17] **für zeitraubend, deshalb überflüssig hielt:** regarded as time-wasting and therefore unnecessary

Bodos Qual war groß. Es drängte ihn einfach, war sein Fluch, reine Poesie von sich zu geben.[18] Aber immer, wenn er dichtete, Lotte entdeckte es, ihre kreischende Stimme ertönte im Flur, in der Küche, sie rannte triumphierend in Herrn Bengelmanns Büro, schrie: „Bodo dichtet wieder!", und Herr Bengelmann—ein furchtbar energischer Mensch—rief: „Wo is das Schwein?" (Der Wortschatz der Bengelmanns war etwas ordinär.[19]) Dann gab es Senge. Bodo, sensibel wie[20] alle Lyriker, wurde am Wickel gepackt,[21] die Treppe hinuntergezerrt und mit dem stählernen Lineal verprügelt, mit dem Herr Bengelmann Striche unter die Kontoauszüge seiner Kunden zog.

Später schrieb Bodo viel bei uns zu Hause, und ich bin Besitzer von fast siebzig unveröffentlichten Bengelmanns,[22] die ich mir als Altersrente aufzubewahren gedenke. Eines dieser Gedichte beginnt „Lotte, du Luder, latentes..."[23] (Bodo gilt als Erneuerer des Stabreims.)

Unter Qualen, völlig verkannt, häufig verprügelt, hat Bodo sein siebzehntes Jahr vollendet, ist in den hohen Genuß der mittleren Reife gekommen[24] und zu einem Tapetenhändler in die Lehre gegeben[25] worden. Die Umstände begünstigten seine lyrische Produktion: der Tapetenhändler lag meistens betrunken unter der Theke und Bodo schrieb auf die Rückseite von Tapetenmustern.

Einen weiteren Auftrieb erhielt seine Produktion, als er sich in jenes Mädchen verliebte, das er in den „Liedern für Theodora" besungen hat, obwohl sie nicht Theodora hieß.

So wurde Bodo neunzehn, und an einem ersten Dezember[26] investierte er sein ganzes Lehrlingsgehalt von 50,— DM[27] in Porto und schickte dreihundert Gedichte an dreihundert verschiedene Redaktionen, ohne Rückporto beizulegen: eine Kühnheit, die in der gesamten Literaturgeschichte einmalig ist. Vier Monate später—noch keine[28] zwanzig Jahre alt—war er ein berühmter Mann.

Einhundertzweiundfünfzig von seinen Gedichten waren gedruckt worden, und der schweißtriefende Geldbriefträger stieg nun jeden Morgen vor dem

---

[18] **Es drängte ihn einfach... geben.**: The spirit simply moved him, it was his curse, to produce sheer poetry.
[19] **etwas ordinär**: somewhat unrefined
[20] **sensibel wie**: sensitive like
[21] **am Wickel gepackt**: grabbed by the collar
[22] *i.e.*, Bengelmann poems
[23] **Lotte, du Luder, latentes...**: O Lottie, thou louse, latent (louse) . . .
[24] **ist in den hohen Genuß der mittleren Reife gekommen**: enjoyed the immense satisfaction of having obtained his intermediate diploma (*awarded to students who through lack of ability, inclination or financial means do not complete the high school studies necessary to gain admission to the university. Bodo can take delight in his diploma because most German youths do not continue their studies on a full-time basis beyond elementary school.*)
[25] **in die Lehre gegeben**: apprenticed
[26] **an einem ersten Dezember**: on a first of December
[27] **DM=Deutsche Mark**
[28] **noch keine**: not yet

Bengelmannschen Hause vom Fahrrad. Das Weitere[29] ist nur eine Multiplikationsaufgabe, bei der man die Anzahl von Bodos Gedichten mit der Anzahl der Zeitungen, dieses Zwischenergebnis mit 40[30] zu multiplizieren hat.

Leider genoß er nur zwei Jahre seinen Ruhm. Er starb an einem Lachkrampf. Eines Tages gestand er mir: „Ruhm ist nur eine Portofrage"—flüsterte weiter: „ich habe es doch gar nicht so ernst gemeint", brach in heftiges, immer heftiger werdendes Lachen[31] aus—und verschied. Das waren die einzigen Sätze in gültiger Prosa, die er je äußerte: ich übergebe sie hiermit der Nachwelt.

Nun ist Bodos Ruhm in der Hauptsache begründet worden durch[32] seine „Lieder an Theodora", eine zweihundert Gedichte umfassende Sammlung von Liebeslyrik, die an Inbrunst ihresgleichen noch sucht.[33] Verschiedene Kritiker haben sich schon essayistisch an dem Thema versucht:[34] „Wer war Theodora?", einer identifizierte sie schamlos mit einer zeitgenössischen, noch lebenden Dichterin, bewies es triftig, peinlich genug für die Dichterin, die Bodo nie gesehen hat, nun aber fast gezwungen ist, zuzugeben, daß sie Theodora ist. Aber sie ist es nicht: ich weiß es genau, weil ich Theodora kenne. Sie heißt Käte Barutzki, steht in „Beckers billigem Laden" an Tisch 6,[35] wo, sie Schreibwaren verkauft. Auf Papier aus „Beckers billigem Laden" sind Bodos sämtliche Gedichte ins reine[36] geschrieben; oft genug habe ich mit ihm am Tisch dieser Käte Barutzki gestanden, die übrigens eine reizende Person ist: sie ist blond, lispelt ein wenig, hat von höherer Literatur keine Ahnung[37] und liest abends in der Straßenbahn „Beckers billige Bücher", die den Angestellten zum Vorzugspreis[38] verkauft werden.

Auch Bodo wußte von dieser Lektüre; es tat seiner Liebe nicht den geringsten Abbruch.[39] Oft haben wir vor dem Laden gestanden, haben Käte aufgelauert, sind ihr gefolgt, an Sommerabenden, in herbstlichem Nebel sind wir diesem Mädchen nachgeschlichen, bis in den Vorort,[40] in dem sie heute noch wohnt. Schade, daß Bodo zu schüchtern war, sie jemals anzusprechen. Er brachte es nicht

---

[29] **Das Weitere:** What comes after that
[30] **dieses Zwischenergebnis mit 40:** and the intermediate product by 40 (*If Bodo sold 300 poems to 152 publications at 40 marks a poem, the mailman delivered 45,600 money-letters and the poet collected 1,824,000 marks.*)
[31] **heftiges, immer heftiger werdendes Lachen:** uproarious laughter which became more uproarious all the time
[32] **ist... in der Hauptsache begründet worden durch:** ... rests mainly on
[33] **die an Inbrunst ihresgleichen noch sucht:** which has yet to find its equal in intensity of feeling
[34] **haben sich... versucht:** have already embarked upon an investigation in essay form of the subject
[35] **Tisch 6:** counter 6
[36] **ins reine:** in their final form
[37] **keine Ahnung:** not the slightest notion
[38] **zum Vorzugspreis:** at a special price
[39] **Auch Bodo... Abbruch.:** Bodo, too, was aware of what she read; it did not prejudice his love for her in the least.
[40] **bis in den Vorort:** as far as the suburb

Die unsterbliche Theodora

fertig,[41] obwohl die Flamme heftig in ihm brannte. Auch als er berühmt war, das Geld nur so floß,[42] kaufte er immer in „Beckers billigem Laden", um nur oft[43] dieses hübsche Mädchen zu sehen, die kleine Käte Barutzki, die lächelte und lispelte wie eine Göttin. Daher kommt so oft in den „Liedern für Theodora" die Wendung „zauberischer Zungenschlag, zahmer..."[44] vor.

Bodo schickte ihr auch oft anonyme Briefe mit Gedichten, aber ich muß annehmen, daß diese Lyrik im Ofen der Barutzkis gelandet beziehungsweise gestrandet ist, wenn man mir als schlichtem Epiker ein schlichtes Bild gestatten will.

Noch oft gehe ich abends zu „Beckers billigem Laden", und ich habe festgestellt, daß Käte neuerdings von einem jungen Mann abgeholt wird, der offenbar weniger schüchtern als Bodo und — seiner Kleidung nach zu urteilen[45] — Autoschlosser, ist. Ich könnte mich dem Forum der Literaturgeschichte stellen,[46] könnte beweisen, daß diese Käte mit Bodo Bengelmanns Theodora identisch ist. Aber ich tue es nicht, weil ich um Kätes Wohl, das Glück des Autoschlossers zittere.[47] Nur manchmal gehe ich zu ihr, wühle in[48] Flitterpapier, krame in[49] „Beckers billigen Büchern", suche mir einen Radiergummi aus, blicke Käte an und spüre, wie der Atem der Geschichte mich anweht.

(*Übungen* on page 175)

---

[41] **Er brachte es nicht fertig:** He couldn't bring himself to do it
[42] **(als)das Geld nur so floß:** when the money was just pouring in
[43] **nur oft:** as often as possible
[44] **zahmer:** gentle (lisp)
[45] **seiner Kleidung nach zu urteilen:** judging from his clothes
[46] **könnte mich... stellen:** could appear before ...
[47] **um... zittere:** fear for ...
[48] **wühle in:** rummage through
[49] **krame in:** browse through

Wenn Seamus einen trinken will...

(IRISCHES TAGEBUCH, CHAPTER 13)

[1957]

Wenn Seamus[1] (sprich *Schämes*) einen trinken will,[2] muß er sich wohl überlegen, für wann er sich seinen Durst bestellt:[3] solange die Fremden im Ort sind (und es sind deren nicht[4] in allen Orten), kann er seinem Durst einige Freiheit lassen, denn die Fremden dürfen trinken, wann immer ihnen Durst kommt,[5] und so kann auch der Einheimische sich getrost zwischen sie an die Theke stellen, zumal er ja ein folkloristisches, den Fremdenverkehr förderndes Element[6] ist. Nach dem 1. September aber muß Seamus seinen Durst regulieren. Die Polizeistunde ist werktags um 22 Uhr,[7] das ist schon bitter genug, denn an warmen, trockenen Septembertagen arbeitet Seamus oft bis halb zehn, manchmal länger. Sonntags aber muß er sich zwingen, entweder bis nachmittags zwei Uhr oder zwischen sechs und acht Uhr abends durstig zu sein. Hat[8] das Mittagessen lange gedauert, kommt[8] der Durst erst nach zwei Uhr, so wird Seamus seine Stammkneipe geschlossen finden, den Wirt, auch wenn[9] es ihm gelingt, ihn herauszuklopfen, sehr *sorry* finden und nicht im geringsten geneigt, für ein Glas Bier oder einen Whisky fünf Pfund[10] Geldstrafe, eine Fahrt in die Provinzhauptstadt, einen verlorenen Arbeitstag zu riskieren. Sonntags zwischen zwei und sechs haben die Kneipen zu schließen, und des Ortspolizisten ist man nie ganz sicher; es gibt ja Leute, die sonntags nach einem schweren Mittagessen Anfälle von Korrektheit bekommen und sich an Gesetzestreue besaufen.[11] Aber auch Seamus hat ein schweres Mittagessen gehabt, und seine Sehnsucht nach einem Glas Bier ist keineswegs unverständlich, noch weniger sündhaft.[12]

---

[1] **Seamus** (*Gaelic*): James
[2] **einen trinken will:** wants a drink
[3] **sich wohl überlegen... bestellt:** consider carefully when to order his thirst
[4] **es sind deren nicht:** they are not found
[5] **wann immer ihnen Durst kommt:** whenever they get thirsty
[6] **ein folkloristisches... Element:** a folkloric element promoting the tourist trade
[7] **um 22 Uhr:** at 10 p.m.
[8] "*if*" *clause*
[9] **auch wenn:** even if
[10] *one Irish pound* = $2.80 (*in 1957*)
[11] **sich an Gesetzestreue besaufen:** become intoxicated with strict adherence to the law
[12] **noch weniger sündhaft:** even less is it sinful

So steht Seamus fünf Minuten nach zwei auf dem Dorfplatz und überlegt. Das verbotene Bier schmeckt in der Erinnerung seiner durstigen Kehle natürlich besser, als leicht erhältliches Bier schmecken würde. Seamus denkt nach: es gibt einen Ausweg, er könnte sein Fahrrad aus dem Schuppen holen, die sechs Meilen zum Nachbardorf strampeln, denn der Wirt im Nachbardorf muß ihm geben, was ihm der heimatliche Wirt verweigern muß: sein Bier. Dieses abstruse Trinkgesetz hat die zusätzliche Floskel,[13] daß dem Reisenden, der mindestens drei Meilen von seinem Heimatdorf entfernt ist, der kühle Trunk nicht zu verweigern sei.[14] Seamus überlegt immer noch: die geographische Situation ist für ihn ungünstig—man kann sich den Ort, an dem man geboren wird, leider nicht aussuchen—, und Seamus hat das Pech, daß die nächste Kneipe nicht genau drei, sondern sechs Meilen weg ist—ein für einen Iren außergewöhnliches Pech, denn sechs Meilen ohne Kneipe sind eine Seltenheit. Sechs Meilen hin, sechs Meilen zurück—zwölf Meilen, mehr als achtzehn Kilometer für ein Glas Bier, und außerdem geht es noch ein Stück bergauf.[15] Seamus ist kein Säufer, sonst würde er gar nicht so lange überlegen, sondern längst auf dem Fahrrad sitzen und lustig mit den Schillingmünzen[16] in seiner Tasche klimpern. Er will ja nur ein Bier trinken: der Schinken war so scharf gesalzen, so gepfeffert der Kohl—und steht es etwa einem Manne an, seinen Durst mit Brunnenwasser oder Buttermilch zu löschen? Er betrachtet das Plakat, das über der Stammkneipe hängt: ein riesiges, naturalistisch gemaltes Glas Bier, lakritzig dunkel und so frisch der bittere Trank und darüber der weiße, schneeweiße Schaum, der von einem durstigen Seehund aufgeleckt wird. *A lovely day for a Guinness!*[17] O Tantalus![18] Soviel Salz im Schinken, soviel Pfeffer im Kohl.

Fluchend geht Seamus ins Haus zurück, holt das Fahrrad aus dem Schuppen, trampelt zornig drauflos.[19] O Tantalus—und die Wirkung geschickter Reklame! Es ist heiß, sehr heiß, der Berg ist steil, Seamus muß absteigen, das Fahrrad schieben, er schwitzt und flucht: seine Flüche bewegen sich nicht in der sexuellen Sphäre wie die Flüche weintrinkender Völker, seine Flüche sind Spirituosentrinkerflüche, gotteslästerlicher und geistiger als die sexuellen Flüche, denn immerhin:[20] in Spirituosen steckt *spiritus*:[21] er flucht auf die Regierung, flucht wahrscheinlich auch auf den Klerus, der dieses unverständliche Gesetz hartnäckig hält[22] (wie[23] der

---
[13] **Floskel:** embellishment
[14] **nicht zu verweigern sei:** may not be refused
[15] **geht es noch ein Stück bergauf:** part of the way is also uphill
[16] *one Irish shilling = 1/20 of a pound or $0.14 (in 1957)*
[17] **Guinness:** *brand name of an Irish stout*
[18] *mythological Greek king whose punishment in the lower world was eternal hunger and thirst while food and drink were being eternally dangled in front of him*
[19] **trampelt zornig drauflos:** angrily tramples off and away
[20] **denn immerhin:** for after all
[21] **spiritus** (*Latin*): spirit, soul
[22] **hält:** clings to
[23] **wie:** just as

Klerus in Irland auch bei der Vergebung von Kneipenlizenzen, bei der Festlegung der Polizeistunde, bei Tanzvergnügen das entscheidende Wort spricht),[24] dieser schwitzende durstige Seamus, der vor wenigen Stunden so ergeben und offensichtlich fromm in der Kirche gestanden und das Sonntagsevangelium gehört hat.

Endlich erreicht er die Höhe des Berges: hier spielt[25] nun der Sketch, den ich gerne schreiben möchte, denn hier begegnet Seamus seinem Vetter Dermot aus dem Nachbardorf. Dermot hat auch gesalzenen Schinken, gepfefferten Kohl gegessen, auch Dermot ist kein Trinker, nur ein Glas Bier will er gegen[26] seinen Durst; auch er hat—im Nachbardorf—vor dem Plakat mit dem naturalistisch gemalten Glas Bier, dem genießerischen Seehund gestanden, auch er hat überlegt, hat schließlich das Fahrrad aus dem Schuppen geholt, es den Berg hinaufgeschoben, geflucht, geschwitzt—nun begegnet er Seamus: ihr Dialog ist knapp, aber gotteslästerlich—, dann saust Seamus den Berg hinunter auf Dermots Stammkneipe, Dermot auf Seamus' Stammkneipe zu,[27] und sie werden beide tun, was sie nicht vorhatten: sie werden sich sinnlos besaufen,[28] denn für ein Glas Bier, für einen Whisky diesen Weg[29] zu machen, das würde sich nicht lohnen. Irgendwann an diesem Sonntag werden sie taumelnd und singend ihre Fahrräder den Berg wieder hinaufschieben, werden in halsbrecherischer Kühnheit den Berg hinuntersausen. Sie, die gar keine Säufer sind—oder sollten sie doch welche sein?[30]—, werden Säufer sein, bevor es Abend geworden ist.

Vielleicht aber entschließt sich Seamus, der nach zwei Uhr durstig auf dem Dorfplatz steht und den schleckenden Seehund betrachtet, zu warten, das Fahrrad nicht aus dem Schuppen zu holen; vielleicht entschließt er sich, seinen Durst — o welche Erniedrigung für einen rechten Mann!—mit Wasser oder Buttermilch zu löschen, sich mit der Sonntagszeitung aufs Bett zu hauen.[31] In der drückenden Nachmittagshitze und Stille wird er eindösen, wird plötzlich erwachen, auf die Uhr blicken und voller Entsetzen— als sei der Teufel hinter ihm her[32]— in die Kneipe gegenüber stürzen, denn es ist viertel vor acht geworden, und sein Durst hat nur noch eine Viertelstunde Zeit. Schon hat der Wirt angefangen, stereotyp zu rufen: „*Ready now, please! Ready now, please!*—Schluß jetzt, bitte! Schluß jetzt, bitte!" Hastig und zornig, immer mit dem Blick auf die Uhr, wird Seamus drei, vier, fünf Glas Bier hinunterstürzen, etliche Whiskys hinterherkippen, denn der Uhrzeiger rutscht immer näher auf die Acht zu,[33]

---

[24] **das entscheidende Wort spricht:** has the final say
[25] **spielt:** is performed
[26] **gegen:** for; to relieve
[27] **auf... zu:** in the direction of...
[28] **sich sinnlos besaufen:** get dead drunk
[29] **Weg:** trip
[30] **oder sollten sie doch welche sein?:** or could it be that they really are?
[31] **sich... aufs Bett zu hauen** (*coll.*): to flop on the bed ...
[32] **als sei der Teufel hinter ihm her:** as if the devil were after him
[33] **auf die Acht zu:** toward the eight

und schon hat der Posten, der draußen vor der Tür steht, berichtet, daß der Dorfpolizist langsam heranschlendert: es gibt ja so[34] Leute, die sonntagsnachmittags Anfälle von schlechter Laune und Gesetzestreue haben.

Wer sonntags kurz vor acht in einer Kneipe plötzlich vom „Schluß jetzt, bitte!" des Wirts überrascht wird, der kann sie alle hereinstürzen sehen, alle, die keine Säufer sind, denen aber plötzlich eingefallen ist, daß die Kneipe bald schließt und daß sie noch gar nicht getan haben, wozu sie möglicherweise gar keine Lust hätten,[35] wenn es diese verrückte Bestimmung nicht gäbe: daß sie sich noch nicht betrunken haben. Fünf Minuten vor acht wird der Andrang dann enorm: alle saufen gegen den Durst, der vielleicht um zehn, um elf noch kommen kann, vielleicht aber auch nicht. Außerdem fühlt man sich verpflichtet, ein bißchen zu spendieren: da ruft der Wirt verzweifelt seine Frau, seine Nichten, Enkel, Großmutter, Urahne und Tante zur Hilfe herbei, weil er drei Minuten vor acht noch sieben Lokalrunden verzapfen muß: sechzig halbe Liter Bier, ebenso viele Whiskys müssen noch ausgeschenkt, müssen noch getrunken werden. Diese Trinkfreudigkeit, diese Spendierfreudigkeit hat etwas Kindisches, hat etwas vom heimlichen Zigarettenrauchen derer, die sich ebenso heimlich, wie sie rauchen, erbrechen — und das Ende, wenn der Polizist Punkt acht[36] an der Tür sichtbar wird, das Ende ist reine Barbarei: da stehen blasse, verbitterte Siebzehnjährige versteckt irgendwo im Kuhstall und schütten Bier und Whisky in sich hinein, erfüllen die sinnlosen Spielregeln des Männerbundes, und der Wirt, der Wirt kassiert: Haufen von Pfundscheinen, klimperndes Silber, Geld, Geld — das Gesetz aber ist erfüllt.

Der Sonntag ist jedoch noch lange nicht zu Ende:[37] es ist Punkt acht — früh noch, und der Sketch, der nachmittags um zwei mit Seamus und Dermot gespielt wurde, kann jetzt mit beliebig großer Besetzung[38] wiederholt werden: abends gegen viertel nach acht, oben auf[39] dem Berg: zwei Gruppen Betrunkener begegnen sich; um das Gesetz mit der Drei-Meilen-Bestimmung zu erfüllen, wechseln sie nur die Dörfer, nur die Kneipen. Viele Flüche steigen am Sonntag zum Himmel in diesem frommen Land, das zwar katholisch ist, aber nie von einem römischen Söldner betreten wurde: ein Stück katholisches Europa außerhalb der Grenzen des römischen Reiches.

(*Übungen* on page 176)

---

[34] **so:** such
[35] **wozu... Lust hätten:** what conceivably they wouldn't feel like doing at all
[36] **Punkt acht:** at eight on the dot
[37] **noch lange nicht zu Ende:** far from over
[38] **beliebig großer Besetzung:** a cast of any size you like
[39] **oben auf:** up on

VI

*Annemarie und Heinrich Böll
als Übersetzer*

Annemarie und Heinrich Böll als Übersetzer

Böll has devoted a considerable amount of his time to translations from English, and yet, as he once stated, it is erroneous to refer to him as "Böll, the translator." He and his wife constitute an indivisible translating team. Their partnership enables the author, a devoted family man, to spend more time with his wife than even less prolific writers would be able to. There are other reasons why Böll enjoys translating. The work provides him with a form of recreation, since he takes immense delight in working with language material and finding just the right expression for things. It is also a source of enrichment for his own vocabulary and —especially in rendering Salinger into German—an act of liberation. And, finally, Böll derives a certain moral satisfaction from the fact that he is giving as well as taking. He is performing an "act of justice," as he has described it, for, as a widely translated author of novels and short stories, he is acutely aware of the fact that the works of many a writer have been spoiled by inadequate translations.

Among the English, Irish, and American works the Bölls have translated jointly are two novels by Kay Cicellis, Synge's *Playboy of the Western World*, Brendan Behan's *The Hostage, The Quare Fellow*, and *The Big House*, Shaw's *Caesar and Cleopatra*, Malamud's *The Assistant*, and Salinger's *Catcher in the Rye* and *Franny and Zooey* as well as three pieces from the collection entitled *Nine Stories*. For this last section we have selected one of these pieces, *The Laughing Man*. As to the reasons for our choice, one is the obvious fact that Salinger and Böll have a great deal in common. As writers they treat similar problems—alienation and the urge to express oneself through compassion and love; as stylists they favor a colloquial idiom, first-person narrative and the interior monologue; as human beings they display a tenderness for and an understanding of the young, which is magical when transferred to literature. Böll's closeness to Salinger is evident not only from those works of his which are directly concerned with the problems of childhood and adolescence—the best examples being the novel *Haus ohne Hüter* and the long story *Im Tal der donnernden Hufe*—it is also evident in *Ansichten eines Clowns*, which appeared a year after the Bölls published their translation of *Catcher in the Rye*. The novel obviously betrays the influence of Salinger's small masterpiece. For the clown-hero is a blood brother of Holden Caulfield. Both of them appear as sensitive outsiders who hate all phoniness. The clown's relationship to his sister Henrietta is very similar to Holden's feelings toward the whimsical and serious Phoebe and toward Allie, the brother whose death he is unable to accept. Our selection, *The Laughing Man*, which is taken from what is probably the best collection of American short stories to appear since Hemingway, is very close in sentiment to Heinrich Böll's own world of fiction.

Another reason for selecting Salinger's story is that it is a good example of what the Bölls can do as translators. They could not have chosen a more difficult work to translate. Not only did they have to face the problem of grappling with baseball terms (not always successfully), but they also had to cope with Salinger's unique style of writing: his lightness of touch, his nuances, his uncanny ability to recreate the world of the young through deft use of dialogue. They had to recapture the delicate flavor of a work that is both funny and heartbreaking. They had to avoid every hint of sentimentality and condescension in conveying to their German readers Salinger's conception of the often painful and complicated world of children. To a remarkable degree they succeeded in preserving the fine shading of style on which Salinger relies to get his meaning across, but at times the American's gift for turning a phrase and his idioms proved to be too much for the Bölls and for their vehicle, the German language. Thus, "Ich liess den Mut nicht sinken" is their translation for "I kept my head, though;" Salinger's exquisitely phrased "uncontemptuous first-aid man" is turned into "mitfühlender Erste-Hilfe-Mann," a rendering which conveys the meaning of but not the sentiment attached to the adjective. The Bölls simply gave up on the words, "He added, on some slow-processed afterthought ..." and converted them into "Nach einer Pause fügte er hinzu..." And everything is lost when the Bölls transform "some twenty back-seat drivers" into the lacklustre "einige zwanzig der hinten Sitzenden."

From the foregoing it becomes apparent that a third reason for selecting *Der Lachende Mann* is to compensate the student for his prior pains in translating Böll. Now the shoe is on the other foot and the long-suffering user of this book can somewhat sadistically enjoy its pinch when translators who have difficulty distinguishing between an inning and a run have to make intelligible to their ignorant German readership some of the cruder points of the game of baseball—as if having to struggle with Salinger's subtleties of style were not enough! But in the end the translation does manage to preserve the humaneness of the original, and what comes through in the former as it did in the latter is a valid fictional rendering of Böll's succinct definition of the meaning of adulthood: "Forgetting how inconsolable we often were as children."

Der Lachende Mann

BY J. D. SALINGER

Im Jahre 1928, als ich neun Jahre alt war, gehörte ich mit großer Begeisterung einer Organisation an, die sich Comanchenklub nannte. Jeden Werktagnachmittage um drei Uhr wurden wir fünfundzwanzig Comanchen am Jungenausgang der Volksschule 165 in der 109. Straße nahe der Amsterdam-Avenue von unserem Häuptling abgeholt. Wir erkämpften uns boxend und schubsend einen Platz im umgebauten Lieferwagen unseres Häuptlings, und dann fuhr er uns (laut[1] finanziell geregelter Abmachung mit unseren Eltern) zum Centralpark. Für den Rest des Nachmittags spielten wir, wenn das Wetter es zuließ, Fußball, Soccer oder Baseball, wobei die Wahl des Spiels (wenigstens einigermaßen) von der Jahreszeit abhing. An regnerischen Nachmittagen schleppte uns der Häuptling entweder ins Naturgeschichtliche Museum[2] oder in die Städtische Kunsthalle[3]— andere Variationen kannte er nicht. Samstags und an anderen schulfreien Tagen holte uns der Häuptling schon früh am Morgen an unseren verschiedenen Wohnblocks ab und fuhr uns mit seinem Bus, der nach Autofriedhof aussah,[4] aus Manhattan heraus in die vergleichsweise geräumigen Gefilde des Van Cortlandt-Parks[5] oder zu den „Palisaden".[6]

Wenn uns der Sinn nach hartem Männersport stand,[7] furhen wir in den Van Cortlandt-Park, wo die Plätze[8] die vorgeschriebenen Maße hatten und wo die Gegenpartei nicht durch einen Kinderwagen oder eine zornige alte Dame mit Krückstock verstärkt werden konnte. Aber wenn unsere Comanchenherzen auf Lagerleben sannen, fuhren wir zu den Palisaden und tobten uns aus. (Ich erinnere mich, daß ich mich eines Samstagsmorgens auf dem tückischen Gelände zwischen der Reklame für Linit-Seife[9] und der westlichen Auffahrt der George-Washington-Brücke verirrte. Ich ließ den Mut nicht sinken, setzte mich einfach in den

---

[1] **laut**: according to
[2] *The American Museum of Natural History, located on the west side of Central Park in Manhattan*
[3] *The Metropolitan Museum of Art, located on the east side (Fifth Avenue) of Central Park*
[4] **nach Autofriedhof aussah**: looked as though it were ready for the automobile graveyard
[5] *Van Cortlandt Park in the Bronx, north of Manhattan*
[6] *Palisades Park on the New Jersey side of the Hudson just north of the George Washington Bridge*
[7] **Wenn uns... stand**: If we were in the mood for straight athletics
[8] **Plätze**: playing fields
[9] **Linit-Seife**: Linit soap

majestätischen Schatten einer riesigen Plakatwand und öffnete, wenn auch den Tränen nahe,[10] meine Butterbrotdose in der Hoffnung, daß der Häuptling mich schon finden würde. (Der Häuptling fand uns immer.)

Wenn er von den Comanchen Feierabend hatte, hieß der Häuptling John Gedsudski. Er wohnte in Staten Island, war ein außerordentlich schüchterner, freundlicher junger Mann von zwei- oder dreiundzwanzig, Student der Rechte an der New Yorker Universität und insgesamt eine unvergeßliche Persönlichkeit. Ich will gar nicht versuchen, hier all seine Fähigkeiten und Tugenden aufzuzählen. Es sei nur nebenbei erwähnt,[11] daß er bei den Pfadfindern im Range eines Adlers stand[12] und daß er beinahe am Fußballendspiel für die Nationalmannschaft 1926 teilgenommen hätte,[13] und es war bekannt, daß er sehr herzlich aufgefordert worden war, dem Baseball-Team der „Newyorker Giganten" beizutreten.[14] Er war ein unparteiischer Schiedsrichter, der bei all unseren wilden Wettkämpfen nie die Nerven verlor; er war ein Meister im Feueranmachen und Feuerausmachen und ein erfahrener, mitfühlender Erste-Hilfe-Mann. Wir alle, vom kleinsten Bengel bis zum größtem, liebten und verehrten ihn.

Des Häuptlings äußere Erscheinung im Jahre neunzehnhundertachtundzwanzig steht mir noch klar vor Augen.[15] Wenn Wünsche sich in Zentimeter verwandeln könnten, würden wir Comanchen ihn in einen Riesen verwandelt haben. Aber wie die Dinge nun einmal liegen:[16] er war stämmig, einsachtundfünfzig[17] oder neunundfünfzig, und keinen Zentimeter drüber.[18] Sein Haar war blauschwarz, der Haaransatz außergewöhnlich niedrig, die Nase groß und glänzend, und sein Rumpf war fast so lang wie seine Beine. In seiner ledernen Windjacke sahen die Schultern mächtig aus, aber doch schmal und hängend.[19] Doch kam es mir so vor, als vereinten sich in unserem Häuptling auf eine harmonische Weise alle photogenen Züge von Buck Jones, Ken Maynard und Tom Mix.[20]

An den Nachmittagen aber, da es schon so früh dunkel wurde, daß die verlierende Mannschaft genug Vorwände hatte, die „Kerzen"[21] und die Eckbälle[21] zu verpassen, machten wir Comanchen ausgiebig und selbstsüchtig Gebrauch von des Häuptlings Fähigkeit zum Geschichtenerzählen. Wenn es soweit war,[22] waren

---

[10] **wenn auch den Tränen nahe:** even though close to tears
[11] **Es sei nur nebenbei erwähnt:** Let me just mention in passing
[12] **im Range eines Adlers stand:** held the rank of Eagle (Scout)
[13] **und daß er ... hätte:** *the original reads* an almost All-American tackle of 1926
[14] **beizutreten:** to join (*the original:* to try out for)
[15] **steht mir noch klar vor Augen:** is still clear in my mind
[16] **Aber wie ... liegen:** But the way things go
[17] **einsachtundfünfzig:** one (meter) and fifty-eight (centimeters) (*about five feet three*)
[18] **drüber = darüber**
[19] **hängend:** sloping
[20] cowboy movie stars of the twenties
[21] **Kerzen, Eckbälle:** upright kicks, corner kicks (*the original:* infield popups, end-zone passes)
[22] **Wenn es soweit war:** By that time

wir gewöhnlich ein erhitzter, zänkischer Haufen, und jeder versuchte mit Fäusten und schrillem Geschrei im Bus einen Sitzplatz in der Nähe des Häuptlings zu erkämpfen. (Der Bus hatte zwei längslaufende, strohgepolsterte Sitzreihen. Die linke Reihe hatte drei Extrasitze, die besten im Bus, weil sie so weit nach vorn reichten, daß man den Fahrer im Profil sehen konnte). Der Häuptling bestieg den Bus erst, wenn wir alle einen Platz gefunden hatten, dann setzte er sich rittlings auf seinen Fahrersitz und erzählte uns mit seiner dünnen, aber modulationsfähigen Stimme die nächste Fortsetzung vom *Lachenden Mann*. Wenn er erst einmal[23] angefangen hatte, erlosch unsere Spannung nicht mehr. Der *Lachende Mann* war genau die richtige Geschichte für einen Comanchen. Vielleicht hatte sie sogar klassische Ausmaße. Es war eine Geschichte, die den ganzen Raum füllte und die man doch als Ganzes mitnehmen konnte.[24] Man konnte sie immer mit nach Hause nehmen und über sie nachdenken, etwa wenn man in der Badewanne saß, während das Wasser abfloß.

Der Lachende Mann, einziger Sohn eines wohlhabenden Missionarsehepaars, war als ganz kleines Kind von chinesischen Banditen geraubt[25] worden. Als das reiche Missionarsehepaar sich (aus religiösen Gründen) weigerte, das Lösegeld für seinen Sohn zu zahlen, steckten die Banditen, die sich außergewöhnlich pikiert fühlten, den Kopf des Kleinen in einen Schraubstock und drehten den Hebel ein paarmal nach rechts. Das Opfer dieser originellen Methode wuchs zum Manne heran mit einem haarlosen, eichelförmigen Schädel und einem Gesicht, das unterhalb der Nase statt eines Mundes eine riesige ovale Höhle aufwies. Die Nase selbst bestand aus zwei von Fleischlappen verdeckten Nüstern.[26] Die Folge war, daß, wenn der Lachende Mann atmete, die gräßliche, traurige Höhlung unterhalb seiner Nase sich öffnete und zusammenzog (so stelle ich es mir jedenfalls vor) wie ein monströses Ventil. (Der Häuptling erklärte die Atemtechnik des Lachenden Mannes nicht, sondern machte sie uns vor.) Wenn Fremde das schreckliche Gesicht des Lachenden Mannes sahen, fielen sie in Ohnmacht. Menschen, die ihn kannten, mieden ihn. Merkwürdigerweise ließen die Banditen ihn in ihrem Hauptquartier herumlaufen, solange er sein Gesicht mit einer blaßroten, dünnen Maske aus[27] Mohnblütenblättern bedeckt hielt. Diese Maske ersparte den Banditen nicht nur den Anblick ihres Pflegesohnes, sie zeigte ihnen auch jeweils an, wo er sich herumtrieb; denn den Umständen entsprechend[28] roch er natürlich nach Opium.

In seiner schrecklichen Verlassenheit stahl sich der Lachende Mann jeden

---

[23] **Wenn er erst einmal:** Once he
[24] **den ganzen Raum... konnte:** *the original:* tended to sprawl all over the place and yet it remained essentially portable
[25] **geraubt:** kidnapped
[26] **von Fleischlappen verdeckten Nüstern:** nostrils concealed by flaps of flesh
[27] **aus:** made out of
[28] **den Umständen entsprechend:** under the circumstances

Morgen davon (er bewegte sich so leichtfüßig und geschickt wie eine Katze) und ging in den dichten Wald, der den Schlupfwinkel der Banditen umgab. Hier freundete er sich mit den Tieren jeglicher Art und Anzahl[29] an: mit Hunden, weißen Mäusen, Adlern, Löwen, Riesenschlangen und Wölfen. Und dann nahm er seine Maske ab und sprach mit ihnen, leise, melodisch, in ihrer eigenen Sprache. Für die Tiere war er nicht häßlich.

(Um mit seiner Geschichte so weit zu kommen,[30] brauchte der Häuptling einige Monate. Von diesem Punkt an wurde der Häuptling immer kühner in seinen Erfindungen zur hellen Begeisterung der Comanchen.)

Der Lachende Mann brauchte nur sein Ohr auf die Erde zu legen,[31] und im Handumdrehen hatte er die wichtigsten Handelsgeheimnisse der Banditen 'raus.[32] Er hielt nicht viel von[33] ihren Tricks und ging kurzentschlossen dazu über, ein eigenes,[34] viel erfolgreicheres System auszutüfteln. Zunächst begann er sich in bescheidenem Umfang als „freischaffender" Räuber und Wegelagerer im chinesischen Binnenland zu betätigen; wenn es aber unbedingt notwendig war, mordete er auch.

Sein krimineller Einfallsreichtum und seine Liebe für Fairness sicherten ihm bald einen warmen Platz im Herzen des Volkes. Merkwürdigerweise waren seine Pflegeeltern (die Banditen), die ihn auf die Idee gebracht hatten, Räuber zu werden, ungefähr die letzten, die von seinen Unternehmungen Wind bekamen. Als sie es dann erfuhren, befiel sie rasende Eifersucht. Eines Nachts, als sie glaubten, ihn durch einen Trunk in tiefen Schlaf versetzt zu haben, gingen sie alle im Gänsemarsch an seinem Bett vorüber und stachen mit ihren Buschmessern auf die Gestalt ein, die unter der Decke lag. Es stellte sich heraus, daß das Opfer die Mutter des Räuberhauptmanns war, eine unerfreuliche alte Hexe. Dieser Zwischenfall verschärfte den Durst der Räuber nach des Lachenden Mannes Blut, und so blieb ihm nichts anderes übrig, als den ganzen Verein in ein sehr tiefes, aber hübsch eingerichtetes Mausoleum einzuschließen. Zwar gelang es ihnen, von Zeit zu Zeit zu entfliehen und ihm einige Schwierigkeiten zu bereiten, aber sie zu töten weigerte er sich. (Dieser mitleidige Zug im Charakter des Lachenden Mannes konnte mich manchmal zum Wahnsinn treiben.)

Bald darauf wechselte der Lachende Mann regelmäßig über[35] die chinesische Grenze nach Paris, Frankreich, wo er mit großem Vergnügen seine hohe Intelli-

---

[29] **den Tieren... Anzahl:** any species and number of animals
[30] **so weit zu kommen:** to get that far
[31] **brauchte nur... zu legen:** *the original:* was one for keeping an ear to the ground. *The Bölls misunderstood this colloquialism.*
[32] **hatte... 'raus:** found out... ('raus=herausbekommen)
[33] **hielt nicht viel von:** didn't think much of
[34] **ein eigenes:** his own
[35] **wechselte... regelmäßig über:** ... was regularly crossing

genz, auf die er sich jedoch nichts einbildete,[36] vor dem weltberühmten Detektiv Marcel Dufarge spielen ließ,[37] der schwindsüchtig und sehr geistreich war. Dufarge und seine Tochter (ein bildhübsches Mädchen mit transvestitischen Neigungen), wurden bald des Lachenden Mannes erbittertste Feinde. Immer wieder versuchten sie, den Lachenden Mann in eine Falle zu locken, aus purem Vergnügen tat er manchmal so, als ginge er ihnen auf den Leim,[38] verschwand dann plötzlich, manchmal hinterließ er einen nicht einmal annähernd glaubwürdigen Hinweis auf seine Fluchtmethode. Nur hin und wieder hinterließ er im Pariser Kanalsystem einen spöttischen kleinen Abschiedsbrief, der jedesmal prompt Dufarge vor die Füße geschwemmt wurde.[39] Die Dufarges verschwendeten unendlich viel Zeit damit, durch das Pariser Kanalsystem zu waten.[40]

Bald hatte der Lachende Mann das größte Privatvermögen der Welt zusammengerafft. Den größten Teil davon stiftete er anonym den Mönchen eines chinesischen Klosters — demütigen Asketen, die ihr Leben der Aufzucht deutscher Polizeihunde gewidmet hatten. Den Rest seines Vermögens legte der Lachende Mann in Diamanten an, die er gelegentlich[41] in Smaragdbehältern im Schwarzen Meer versenkte. Für sich persönlich brauchte er fast nichts; er lebte fast ausschließlich von Reis und Adlerblut, wohnte in einer winzigen Hütte, unter der sich eine Sporthalle und ein Schießstand befanden, an der sturmgepeitschten Küste von Tibet. Vier blind ergebene Gefährten lebten bei ihm: ein glatthaariger[42] Timberwolf mit Namen „Schwarze Schwinge", ein freundlicher Zwerg namens Omba, ein riesiger Mongole namens Hong, dem Weiße[43] die Zunge ausgebrannt hatten, und ein prachtvolles eurasisches Mädchen, das aus unerwiderter Liebe zum Lachenden Mann und aus dem Gefühl tiefer Verantwortung für seine persönliche Sicherheit manchmal recht überraschende Ansichten über Verbrechen entwickelte. Der Lachende Mann erteilte seine Befehle an diese Mannschaft durch einen schwarzen Seidenschirm hindurch. Nicht einmal Omba, dem freundlichen Zwerg, war es erlaubt, sein Gesicht zu sehen.

Ich könnte — notfalls mit Gewalt — den Leser noch stundenlang hin und her über die chinesisch-französische Grenze hetzen, aber ich werde es nicht tun. Ich betrachte nämlich den Lachenden Mann als eine Art von supererhabenem Vorfahren — sozusagen eine Art Robert E. Lee, dessen ihm zugeschriebene Tugenden[44]

---

[36] **auf die er... einbildete:** about which however he was not the least bit conceited
[37] **spielen ließ:** flaunted
[38] **tat er... Leim:** sometimes pretended to be falling into their trap
[39] **Dufarge vor die Füße geschwemmt wurde:** was washed down to Dufarge's feet
[40] **damit,... zu waten:** wading ...
[41] **gelegentlich:** casually
[42] **glatthaariger:** *the original:* glib
[43] **Weiße:** white men
[44] **dessen ihm zugeschriebene Tugenden:** the virtues ascribed to whom

weder durch Blut noch durch Wasser auszulöschen sind. Und diese Vorstellung ist noch sehr gemäßigt, verglichen mit der, die ich 1928 hatte, als ich mich nicht nur für des Lachenden Mannes unmittelbaren Abkömmling hielt, sondern für seinen einzigen lebenden legitimen Sproß. Ich war 1928 nicht meiner Eltern Sohn, sondern ein höllisch schlauer Betrüger, der nur auf einen kleinen Fehler von ihnen wartete, um dann — möglichst ohne, aber notfalls auch mit Gewalt — seine wahre Identität zu beanspruchen. Um jedoch das Herz meiner Scheinmutter nicht zu brechen, plante ich, ihr in meinem Unterweltreich eine nicht näher bezeichnete,[45] aber angemessene königliche Stellung zu geben. Aber das wichtigste, was ich 1928 zu tun hatte, war, mit äußerster Vorsicht vorzugehen. Ich mußte meine Rolle weiterspielen, meine Zähne putzen, das Haar kämmen, ich mußte um jeden Preis[46] das mir angeborene gräßliche Lachen unterdrücken.

Tatsächlich war ich nicht der einzige legitime Nachkomme des Lachenden Mannes. Es gab fünfundzwanzig Comanchen im Club, also fünfundzwanzig legitime lebende Nachkommen des Lachenden Mannes, und wir alle streiften unheilschwanger und unerkannt durch die Stadt, registrierten im Geiste[47] Fahrstuhlführer als mögliche Erzfeinde, flüsterten zungenfertig aus dem Mundwinkel Befehle in die Ohren von Cocker-Spaniels, zielten mit dem Zeigefinger auf die Stirnen von Rechenlehrern bis ihnen die Schweißperlen hervorbrachen und warteten auf eine annehmbare Chance, Schrecken und Bewunderung im nächstbesten braven Bürgerherzen zu erwecken.

Eines Nachmittags im Februar, kurz nachdem die Baseballsaison für die Comanchen angefangen hatte, fiel mir ein neuer Ausstattungsgegenstand im Häuptlingsbus auf. Oberhalb des Rückspiegels über der Windschutzscheibe hing die kleine gerahmte Photographie eines Mädchens in Collegetracht. Mir schien das Bild eines Mädchens nicht zu dem rein männlichen Air des Busses zu passen, und ich fragte den Häuptling unverblümt, wer das sei. Er wand sich erst,[48] gab aber dann zu, daß es ein Mädchen sei. Ich fragte ihn nach ihrem Namen, und er antwortete verlegen: „Mary Hudson." Ich fragte ihn, ob sie beim Film sei oder so.[49] Er sagte, nein, sie besuche[50] das Wellesley College, und nach einer Pause fügte er hinzu, das Wellesley sei ein ganz erstklassiges College. Ich fragte ihn, warum er denn ihr Bild im Bus hängen habe. Er zuckte leicht die Schultern, um, wie mir schien, anzudeuten, daß ihm das Photo mehr oder weniger aufgezwungen[51] worden sei.

---

[45] **nicht näher bezeichnete**: undefined
[46] **um jeden Preis**: at all costs
[47] **registrierten im Geiste**: sized up
[48] **Er wand sich erst**: He hedged at first
[49] **ob sie beim Film sei oder so**: if she was in the movies or something
[50] **besuche**: goes to (*the original*: used to go to)
[51] **aufgezwungen**: forced upon (*the original*: planted on)

Während der nächsten Wochen wurde das Photo— ob es nun dem Häuptling mit Gewalt oder zufällig aufgezwungen worden war— nicht aus dem Bus entfernt. Es ging nicht denselben Weg wie das Einwickelpapier der „Baby Ruth" Schokolade und der zu Boden gefallenen Lakritzschnüre,[52] aber schließlich gewöhnten wir Comanchen uns daran. Mit der Zeit[53] nahm es den unpersönlichen Charakter eines Tachometers an.

Doch eines Tages, als wir auf dem Weg zum Park waren, stoppte der Häuptling den Bus am Bordstein der Fifth Avenue, ungefähr an der Hausnummer 60,[54] gut eine halbe Meile hinter[55] unserem Baseballfeld. Einige zwanzig der hinten Sitzenden[56] forderten sofort eine Erklärung für dieses Verhalten, aber der Häuptling gab keine ab. Statt dessen setzte er sich einfach in seine Erzählerpositur und begann mit Schwung eine neue Fortsetzung des *Lachenden Mannes*. Er hatte kaum angefangen, als jemand an die Bustür klopfte. An diesem Tage reagierte der Häuptling mit der Empfindlichkeit eines Seismographen. Er warf sich in seinem Sitz herum, riß fast den Türgriff ab, und ein Mädchen in einem Bibermantel kletterte in den Bus.

Auf Anhieb könnte ich nur drei Mädchen in meinem Leben nennen, von deren Schönheit, obwohl diese in keine Norm paßte,[57] ich auf den ersten Blick betroffen war. Eins davon[58] war ein mageres Mädchen in einem schwarzen Badeanzug, das sich am Jones Strand[59] mit einem orangefarbenen Sonnenschirm abmühte. Das war um 1936 herum. Das zweite war ein Mädchen an Bord eines Vergnügungsdampfers in der Karibischen See im Jahre 1939, das mit seinem Feuerzeug nach einem Tümmler warf,[60] und das dritte war Mary Hudson, das Mädchen unseres Häuptlings.

„Bin ich sehr spät?" fragte sie den Häuptling und lächelte ihn an.

Sie hätte ebensogut fragen können, ob sie häßlich wäre.

„Nein", sagte der Häuptling. Ein bißchen aufgeregt blickte er zu den Comanchen hinüber, die in seiner Nähe saßen, und gab der ersten Reihe ein Zeichen, Platz zu machen. Mary Hudson setzte sich zwischen mich und einen Jungen namens Edgar Soundso,[61] dessen Onkel mit einem Schnapsschmuggler innig befreundet war. Mehr Platz, als wir Mary einräumten, hatte die Welt nicht zu

---

[52] **der zu Boden gefallenen Lakritzschnüre:** of the licorice whips which fell on the floor (*the original is not in the genitive:* the fallen licorice whips)
[53] **Mit der Zeit:** In time
[54] **ungefähr an der Hausnummer 60:** *the original:* in the Sixties (60th–69th streets).
[55] **gut eine halbe Meile hinter:** a good half-mile past
[56] **der hinten Sitzenden:** of those sitting in the back
[57] **Schönheit, obwohl...paßte:** beauty, although it could not be classified (*the original:* unclassifiably great beauty)
[58] **Eins davon:** One of these
[59] *Jones Beach, a large, public beach on the south shore of Long Island*
[60] **mit seinem Feuerzeug... warf:** threw her cigarette lighter at a porpoise
[61] **Soundso:** something

bieten. Dann fuhr der Bus mit einem seltsam anfängerhaften Ruck an. Nicht ein Comanche gab auch nur den leisesten Laut von sich.[62]

Als wir zu unserem gewohnten Parkplatz zurückfuhren, beugte Mary Hudson sich im Sitzen vor und gab dem Häuptling eine lebhafte Beschreibung der Züge, die sie verpaßt, und des Zuges, den sie nicht verpaßt hatte. Sie wohnte in Douglaston, Long Island. Der Häuptling war sehr nervös. Nicht nur, daß er unfähig schien, etwas zum Gespräch beizutragen, er schien ihren Worten kaum folgen zu können. Ich erinnere mich, daß er den Knopf der Gangschaltung plötzlich lose in der Hand hatte.

Als wir ausstiegen, schloß Mary Hudson sich uns an. Als wir das Baseballfeld endlich erreicht hatten, zeigten alle Comanchengesichter den Manche-Mädchen-wissen-einfach-nicht-wann-man-gehen-muß-Ausdruck, und als ich mit einem anderen Comanchen eine Münze warf, um die Seiten auszulosen,[63] trieb Mary Hudson die Sache auf die Spitze:[64] Sie äußerte schelmisch den Wunsch mitzuspielen. Die Reaktion darauf[65] hätte nicht eindeutiger sein können. Bisher hatten wir ihre Weiblichkeit einfach angestarrt, jetzt wurde unser Blick wütend. Sie lächelte zu uns hin, das machte uns etwas verlegen. Dann nahm der Häuptling die Sache in die Hand,[66] und da zeigte sich, was er bisher geschickt verborgen hatte: daß es Dinge gab, mit denen auch er nicht fertig wurde.[67] Er führte Mary Hudson außer Hörweite der Comanchen und sprach, wie es schien, ernst und vernünftig auf sie ein. Schließlich unterbrach Mary ihn, und was sie sagte, war für die Comanchen deutlich zu verstehen.[68] „Aber ich möchte es", sagte sie, „ich möchte unbedingt mitspielen." Der Häuptling nickte und versuchte es noch einmal. Er wies auf das Spielfeld,[69] das schlammig und voller Pfützen war. Er hob einen Schläger auf, um ihr zu zeigen, wie schwer er war. „Das macht mir gar nichts",[70] sagte Mary Hudson entschieden. „Ich hab' den weiten Weg nach New York gemacht, zum Zahnarzt und so,[71] und ich will jetzt spielen." Der Häuptling nickte wieder und gab es auf. Er kam langsam zum Ziel[72] herüber, wo die „Kämpfer"[73] und die „Krieger", die beiden Comanchenmannschaften, warteten und blickte mich an. Ich war Mannschaftsführer der „Krieger". Er nannte den Namen meines

---

[62] **gab auch nur... von sich:** emitted even ...
[63] **um die Seiten auszulosen:** to allot sides (*the original* to decide which team would take the field first)
[64] **trieb... die Sache auf die Spitze:** ... carried things too far
[65] **darauf:** to this
[66] **nahm... die Sache in die Hand:** ... took over
[67] **mit denen... wurde:** which even he couldn't cope with
[68] **deutlich zu verstehen:** perfectly audible
[69] **Spielfeld:** playing field (*the original:* infield)
[70] **Das macht mir gar nichts:** I don't care
[71] **und so:** and everything
[72] **Ziel:** goal (*the original:* home plate)
[73] **Kämpfer:** Fighters (*the original:* Braves)

150   *Böll für Zeitgenossen*

Mittelfeldspielers, der krank zu Hause geblieben war, und schlug vor, daß Mary Hudson an seiner Stelle spiele. Ich sagte, ich könne ohne ihn spielen. Der Häuptling fragte mich, warum zum Teufel[74] ich mir einbildete, ich könne ohne ihn spielen. Ich war betroffen. Es war das erste Mal, daß ich den Häuptling fluchen hörte. Und was noch schlimmer war, ich spürte, daß Mary Hudson über mich lächelte. Um meine Würde zu wahren, hob ich einen Stein auf und warf ihn gegen einen Baum.

Wir waren zuerst am Schlag.[75] Beim ersten Einlauf[76] gab es im Mittelfeld nichts zu tun. Von meiner Stellung im Kasten[77] aus warf ich ab und zu einen Blick nach hinten. Jedesmal, wenn ich mich umdrehte, winkte Mary Hudson mir fröhlich zu. Sie trug einen Fanghandschuh,[78] darauf hatte sie eisern bestanden, es war ein schrecklicher Anblick.

Mary Hudson kam als letzte unserer Mannschaft zum Schlag. Als ich ihr diese Reihenfolge mitteilte, zog[79] sie ein Gesicht und sagte: „Dann beeilt euch aber." Und wir schienen uns wirklich zu beeilen. Sie kam beim ersten Einlauf zum Schlag.

Zu dieser Gelegenheit[80] zog sie ihren Bibermantel und den Fanghandschuh aus und kam in einem dunkelbraunen Kleid zum Start.[81] Als ich ihr ein Schlagholz reichte, fragte sie mich, warum es denn *so* schwer sei. Der Häuptling verließ seinen Schiedsrichterposten hinter dem Werfer und kam besorgt zu uns herüber. Er sagte Mary Hudson, sie solle das Ende des Holzes auf ihre rechte Schulter stützen. „Das tue ich ja", sagte sie. Er sagte ihr, sie solle das Holz nicht so krampfhaft umklammern.[82] „Das tue ich ja gar nicht", sagte sie. Er sagte, sie solle den Ball genau im Auge behalten. „Das mach' ich schon. Geh mir jetzt aus dem Weg." Sie holte mächtig aus, traf den ersten ihr zugeworfenen Ball und schlug ihn über den Kopf des Gegners im linken Feld hinweg. Das hätte normalerweise bis Feld 2 gereicht, aber Mary Hudson kam damit bis Feld 3 — aufrecht stehend.[83]

Als meine Überraschung sich legte, dann meine Ehrfurcht, dann mein Entzücken, blickte ich zum Häuptling hinüber. Er schien nicht mehr hinter dem

---

[74] **warum zum Teufel:** why the hell
[75] **Wir waren zuerst am Schlag.:** We were at bat first. (*A misconstruction of the original:* We took the field first)
[76] **Beim ersten Einlauf:** During the first inning
[77] **im Kasten:** *i.e.,* on first base (*The Bölls translate both* plate *and* first base *as* **Kasten,** *which makes for some confusion.*)
[78] **Fanghandschuh:** mitt (*the original is* catcher's mitt. *The translators do not distinguish between a catcher's mitt and other types of mitts.*)
[79] **zog:** made
[80] **Zu dieser Gelegenheit:** for the occasion
[81] **zum Start:** to the plate
[82] **das Holz nicht so krampfhaft umklammern:** not choke the bat too tightly
[83] **Das hätte... aufrecht stehend.:** *the original:* It was good for an ordinary double, but Mary Hudson got to third on it—standing up.

Der Lachende Mann 151

Werfer zu stehen, er schien über ihm zu schweben, er war ein vollkommen glücklicher Mensch. Drüben von Feld 3 aus winkte Mary Hudson mir zu, und ich winkte zurück. Von ihrer Schlagtechnik ganz abgesehen — dieses Mädchen wußte, wie man jemandem von Feld 3 aus zuwinkt. Für den Rest des Spieles war jeder ihrer Schläge erfolgreich. Aus irgendeinem Grund[84] schien sie Feld eins zu hassen, man konnte sie dort nicht halten, wenigstens dreimal kam sie ans zweite.[85] Im Feld[86] selbst war sie miserabel, aber wir machten so viele Läufe, daß wir es kaum merkten. Ich glaube, es wäre besser gewesen, wenn sie beim Fangen diesen Fanghandschuh[87] ausgezogen hätte. Aber sie war nicht dazu zu bewegen, sie fand ihn so schick.

In den nächsten Monaten spielte sie mehrmals in der Woche Baseball mit den Comanchen (offenbar immer dann, wenn sie zum Zahnarzt mußte). Manchmal war sie pünktlich am Bus, manchmal verspätete sie sich. Manchmal quatschte sie im Bus das Blaue vom Himmel herunter,[88] manchmal saß sie nur da und rauchte ihre Herbert-Tareyton-Zigaretten (mit Korkmundstück). Wenn man im Bus neben ihr saß, roch man ihr wunderbares Parfüm.

An einem winterlichen Apriltag um drei Uhr nachmittags hatte der Häuptling seine übliche Sammeltour in der hundertneunten und der Amsterdam-Avenue beendet, drehte den vollbesetzten Bus ostwärts in die 110. Straße und fuhr gewohnheitsgemäß die Fifth Avenue hinunter. Sein Haar war angefeuchtet und straff zurückgekämmt, er trug an Stelle seiner ledernen Windjacke einen Mantel, und so vermutete ich logischerweise, daß Mary Hudson zu uns stoßen[89] würde. Als wir an unserem gewöhnlichen Eingang vorbeifuhren, war ich dessen sicher.[90] Der Häuptling parkte den Bus, wie er es bei solchen Gelegenheiten immer tat, an einer Ecke, ungefähr bei der Hausnummer 60.[91] Und um den Comanchen das Warten zu versüßen, setzte er sich rittlings auf seinen Sitz und begann eine neue Fortsetzung des *Lachenden Mannes*. Ich erinnere mich dieses Kapitels sehr genau, und ich will es hier kurz wiedergeben.

Ein Zusammentreffen mehrerer unglücklicher Umstände trieb den besten Freund des Lachenden Mannes, den Timberwolf Schwarze Schwinge physisch und geistig in eine Falle, die die Dufarges ihm gestellt hatten. Da die Dufarges wußten, wie unbedingt die Freundestreue des Lachenden Mannes war, boten sie ihm die Freiheit von Schwarze Schwinge gegen[92] seine eigene. Voller Vertrauen

---

[84] **Aus irgendeinem Grund:** For some reason
[85] **kam sie ans zweite (Feld):** *the original:* she stole second
[86] **Im Feld:** On the field
[87] **Fanghandschuh:** mitt (*i.e.*, catcher's mitt)
[88] **quatschte... herunter:** she talked a blue streak in the bus
[89] **zu uns stoßen:** join us
[90] **dessen sicher:** sure of it
[91] **ungefähr bei der Hausnummer 60:** *the original:* in the Sixties
[92] **gegen:** in exchange for

auf ihre Redlichkeit nahm der Lachende Mann diese Bedingung an. (Aus geheimnisvollen Gründen versagte sein hoher Genius manchmal in geringfügigeren Fragen.) Es wurde abgemacht, daß der Lachende Mann um Mitternacht die Dufarges in einem bestimmten Abschnitt des dichten Waldes, der Paris umgab, treffen sollte und daß dort bei Mondlicht Schwarze Schwinge freigelassen werden sollte. Natürlich dachten die Dufarges gar nicht daran, Schwarze Schwinge, den sie fürchteten und haßten, freizulassen. An dem Abend, an dem der Tausch stattfinden sollte, brachten sie einen anderen Timberwolf, dessen linke Hinterpfote sie vorher weiß gefärbt hatten, damit er genau wie Schwarze Schwinge aussah.

Aber mit zweierlei hatten die Dufarges nicht gerechnet: mit des Lachenden Mannes Sentimentalität und seiner Kenntnis der Timberwolfssprache. Nachdem er Dufarges Tochter erlaubt hatte, ihn mit Stacheldraht an einen Baum zu binden, spürte er das Bedürfnis, seine herrliche, melodiöse Stimme zu erheben und ein paar Abschiedsworte an den zu richten, den er für seinen alten Freund hielt.[93] Der Austauschwolf, der nur ein paar mondhelle Meter entfernt stand, war sehr beeindruckt von der Sprachkenntnis dieses Fremden und lauschte zunächst höflich diesen letzten persönlichen und beruflichen Anordnungen, die der Lachende Mann erteilte. Aber dann wurde er ungeduldig und begann, sein Gewicht von einer Pfote auf die andere zu verlagern. Plötzlich unterbrach er den Lachenden Mann fast unhöflich und teilte ihm mit, daß er erstens weder Dunkle noch Schwarze Schwinge noch Graubein[94] noch sonstwie einen Namen[95] dieser Art trüge,[96] sondern daß er Armand heiße, und daß er zweitens noch nie in seinem Leben in China gewesen sei und auch nicht die leiseste Absicht habe, dorthin zu gehen.

In gerechtem Zorn stieß der Lachende Mann mit der Zunge seine Maske zurück und zeigte den Dufarges im Mondlicht sein unbedecktes Gesicht. Mademoiselle Dufarge fiel vor Schrecken ohnmächtig hin,[97] ihr Vater hatte mehr Glück, er hatte gerade einen Hustenanfall und verpaßte daher diese tödliche Enthüllung. Als sein Anfall vorüber war und er seine Tochter wie tot[98] auf dem mondbeschienenen Boden liegen sah, machte er sich seinen Reim darauf,[99] hielt sich die Hand vor die Augen und feuerte das ganze Magazin siener Maschinenpistole dorthin, wo er den schweren, fauchenden Atem des Lachenden Mannes hörte.

Hier hörte die Fortsetzung auf.

Der Häuptling zog seine Ein-Dollar-Uhr aus der Tasche, warf einen Blick

---

[93] **an den... den er für seinen alten Freund hielt:** ... to the one whom he took for his old friend
[94] **Graubein:** Gray Legs
[95] **noch sonstwie einen Namen:** nor any other name
[96] **trüge:** was called
[97] **fiel vor Schrecken ohnmächtig hin:** passed out from shock
[98] **wie tot:** as if she were dead
[99] **machte er sich seinen Reim darauf:** he put two and two together

darauf, drehte sich in seinem Sitz um und ließ den Motor an. Ich blickte auch auf meine Uhr. Es war fast halb fünf, und als der Bus sich langsam in Bewegung setzte, fragte ich den Häuptling, ob er nicht auf Mary Hudson warten wollte. Er gab keine Antwort, und noch bevor ich meine Frage wiederholen konnte, wandte er den Kopf und sagte zu uns allen: „Jetzt aber mal Ruhe[100] in diesem verdammten Bus." Was sonst[101] dieser Befehl auch gewesen sein mag, er war vollkommen unlogisch: Es war totenstill im Bus, es war die ganze Zeit über still gewesen. Fast alle dachten an die Lage, in der wir den Lachenden Mann zurückgelassen hatten. Wir machten uns längst keine Sorgen mehr um ihn,[102] dafür setzten wir zuviel Vertrauen in ihn, aber wir waren nicht so abgebrüht, daß uns nicht jede gefährliche Lage, in die er geriet, den Atem verschlagen hätte.[103] Beim dritten oder vierten Lauf[104] unseres Ballspieles erblickte ich plötzlich von Feld eins aus Mary Hudson. Sie saß etwa hundert Meter links von mir auf einer Bank, eingezwängt zwischen zwei Mädchen[105] mit Kinderwagen. Sie trug ihren Bibermantel, rauchte eine Zigarette, und es sah so aus, als ob sie unserem Spiel zusähe. Ich war ganz aufgeregt über meine Entdeckung und schrie die Neuigkeit dem Häuptling zu, der hinter dem Werfer stand. Er kam eilig zu mir herüber, fast lief er. „Wo?" fragte er. Ich zeigte mit dem Finger dorthin. Er starrte einen Moment in diese Richtung, dann sagte er, er sei gleich zurück, und verließ das Spielfeld. Er ging langsam, knüpfte im Gehen seinen Mantel auf und steckte die Hände in die Hüftentaschen seiner Hose. Ich setzte mich in Feld eins hin und beobachtete ihn. Als der Häuptling Mary Hudson erreicht hatte, war sein Mantel wieder zugeknöpft, und seine Hände hingen an den Seiten herab.

Er stand über sie gebeugt und sprach etwa fünf Minuten auf sie ein. Dann stand Mary Hudson auf, und sie kamen beide auf das Baseballfeld zu.[106] Sie sprachen nicht miteinander und blickten sich auch nicht an. Als sie das Feld erreicht hatten, nahm der Häuptling seine Stellung hinter dem Werfer wieder ein. Ich schrie ihm zu: „Spielt sie nicht mit?" Er rief mir zu, ich solle besser aufs Spiel achten, und ich achtete besser aufs Spiel und beobachtete Mary Hudson. Sie ging langsam hinter den Kasten,[107] die Hände in den Taschen ihres Bibermantels, und setzte sich dann auf eine falsch plazierte[108] Bank hinter Feld drei. Sie zündete sich noch eine[109] Zigarette an und schlug die Beine übereinander.

---

[100] **Jetzt aber mal Ruhe:** Let's have some quiet now
[101] **Was sonst:** Whatever else
[102] **Wir machten... um ihn:** We had stopped worrying about him a long time ago
[103] **daß uns... verschlagen hätte:** that any dangerous situation he got into would not have taken our breath away
[104] **Lauf:** run (*the original:* inning)
[105] **Mädchen:** nursemaids
[106] **auf... zu:** toward ...
[107] **Kasten:** plate
[108] **falsch plazierte:** misplaced
[109] **noch eine:** another

154 *Böll für Zeitgenossen*

Als die „Krieger" am Schlag waren, ging ich zu ihr hinüber und fragte sie, ob sie nicht Lust habe, im linken Feld zu spielen. Sie schüttelte den Kopf. Ich fragte sie, ob sie erkältet sei, sie schüttelte wieder den Kopf. Ich sagte ihr, ich hätte keinen[110] fürs linke Feld, ich sagte ihr, ich hätte nur einen Mann, der im linken und im Mittelfeld zugleich spielen müsse. Nicht die Spur einer Antwort auf diese Mitteilung. Ich warf meinen Fanghandschuh[111] in die Luft und versuchte, ihn mit dem Kopf aufzufangen, aber er landete in einer Pfütze. Ich wischte ihn an meiner Hose ab und fragte Mary Hudson, ob sie Lust habe, mal[112] zum Abendessen zu mir nach Hause zu kommen. Ich sagte ihr, der Häuptling komme oft. „Laß mich in Ruhe", sagte sie, „bitte, laß mich in Ruhe." Ich starrte sie an und ging dann in Richtung der Bank der „Krieger" davon, ich nahm eine Apfelsine aus der Tasche und warf sie in die Luft. Als ich die Straflinie von Feld drei halbwegs hinter mir hatte, drehte ich mich um und fing an rückwärtszugehen, sah dabei zu Mary Hudson hin und hielt meine Apfelsine fest. Ich wußte nicht, was zwischen dem Häuptling und Mary Hudson vorging (ich weiß es bis heute nicht — nur auf eine unterbewußte gefühlsmäßige Weise[113]), aber trotzdem wußte ich mit absoluter Sicherheit, daß Mary Hudson für immer aus der Comanchenlinie ausgebrochen war.[114] Es war diese totale Gewißheit, unabhängig von der Kenntnis der einzelnen Faktoren, die mein Rückwärtsgehen unsicherer machte, als es sonst schon ist, und so rannte ich mit voller Wucht gegen einen Kinderwagen.

Wir machten noch einen Lauf, dann wurde es dunkel;[115] das Spiel wurde abgepfiffen, und wir fingen an, unsere Sachen zusammenzusuchen. Das letzte, was ich von Mary Hudson sah: Sie stand weinend in der Nähe von Feld drei, der Häuptling hielt sie am Ärmel ihres Bibermantels fest, aber sie machte sich los und lief über das Spielfeld auf den Zementweg und dann weiter, bis ich sie nicht mehr sehen konnte. Der Häuptling ging ihr nicht nach. Er stand nur da und sah ihr nach. Dann drehte er sich um, ging zum Start[116] und hob die beiden Schlaghölzer auf. Wir ließen die Schläger immer für ihn liegen. Ich ging zu ihm hinüber und fragte, ob er sich mit Mary Hudson gezankt habe, er sagte, ich solle mein Hemd in die Hose stopfen.

Wie immer rannten wir Comanchen die letzten hundert Meter zu der Stelle, wo der Bus geparkt war, wir schrien, schubsten, versuchten uns gegenseitig in den Schwitzkasten zu nehmen,[117] alle schon in der Vorfreude auf[118] die nächste Fortsetzung vom *Lachenden Mann*. Als wir über die Fifth Avenue rannten, ließ einer

---

[110] **keinen:** nobody
[111] **Fanghandschuh:** *the original:* first baseman's mitt
[112] **mal = einmal:** sometime
[113] **nur auf... Weise:** except in a subconscious, intuitive way
[114] **aus der Comanchenlinie ausgebrochen war:** had dropped out of the Comanche lineup
[115] **Wir machten... wurde es dunkel:** *the original:* After another inning, the light got bad for fielding
[116] **Start:** home plate
[117] **versuchten uns... nehmen:** tried out strangleholds on each other
[118] **alle schon in der Vorfreude auf:** all of us joyfully anticipating

seinen Pullover fallen, mein Fuß verfing sich darin, und ich fiel der Länge nach[119] hin. So kam ich als einer der letzten zum Bus, die besten Plätze waren inzwischen besetzt, und ich mußte mich in die Mitte setzen. Ärgerlich darüber stieß ich den Jungen, der rechts von mir saß, mit dem Ellbogen in die Rippe, dann sah ich mich um und beobachtete den Häuptling, wie er über die Straße kam. Es war noch nicht ganz dunkel, aber die Nach-Fünf-Uhr-Dämmerung hatte schon eingesetzt. Der Häuptling überquerte die Straße mit hochgeschlagenem Mantelkragen, die Schlaghölzer unter dem linken Arm, ganz auf den Straßenverkehr konzentriert. Sein schwarzes Haar, das er am frühen Nachmittag naß gekämmt hatte, war jetzt trocken und flatterte, und ich erinnere mich noch, daß ich wünschte, er hätte Handschuhe getragen.

Wie immer wurde es still im Bus, als er einstieg, ungefähr so still, wie es stufenweise im Theater wird, wenn die Lichter langsam ausgehen. Unterhaltungen wurden mit einem Flüstern beendet oder einfach abgebrochen. Trotzdem war das erste, was der Häuptling sagte: „Ruhe jetzt, oder es wird nicht erzählt."[120] Im gleichen Augenblick füllte eine so absolute Stille den Bus, daß dem Häuptling keine andere Wahl blieb, als sich in seine Erzählerpositur zu setzen. Als er das getan hatte, zog er ein Taschentuch heraus und putzte sich systematisch die Nase, ein Nasenloch nach dem anderen. Wir beobachteten ihn geduldig und fast so, als ob er eine Vorstellung gebe. Als er mit dem Naseputzen fertig war, faltete er das Taschentuch säuberlich zusammen und steckte es in seine Tasche zurück. Dann erzählte er uns die nächste Fortsetzung vom Lachenden Mann, die insgesamt nicht länger als fünf Minuten dauerte.

Vier von Dufarges Geschossen trafen den Lachenden Mann, zwei davon mitten ins Herz. Als Dufarge, der seine Augen immer noch vor dem Anblick des Lachenden Mannes schützte, einen seltsamen Todesseufzer von seinem Opfer hörte, war er außer sich vor Freude.[121] Sein Herz schlug wild, er stürzte zu seiner bewußtlosen Tochter und brachte sie wieder zu sich.[122] Außer sich vor Entzückung und mit dem Mut der Feiglinge, die ihren Feind am Boden sehen, wagten sie nun gemeinsam, den Lachenden Mann anzublicken. Sein Kopf hatte sich wie bei einem Toten gesenkt,[123] sein Kinn ruhte auf seiner blutüberströmten Brust. Langsam und gierig näherten sich Vater und Tochter, um ihr Opfer zu besichtigen. Aber der Lachende Mann hatte noch eine Überraschung für sie auf Lager,[124] er war noch lange nicht tot,[125] sondern intensiv damit beschäftigt, seine Bauchmuskulatur

---

[119] **der Länge nach:** lengthwise
[120] **es wird nicht erzählt:** there won't be a story
[121] **außer sich vor Freude:** beside himself with joy
[122] **brachte sie wieder zu sich:** brought her to again
[123] **hatte sich wie bei einem Toten gesenkt:** was bowed like a dead man's
[124] **auf Lager:** in store
[125] **noch lange nicht tot:** far from dead

in einer Weise anzuspannen, die nur er beherrschte. Als die Dufarges in Reichweite waren, hob er plötzlich den Kopf, stieß ein fürchterliches Lachen aus und gab säuberlich, fast pedantisch[126] alle vier Geschosse, eins nach dem anderen, wieder von sich.[127] Die Wirkung auf die Dufarges war so durchschlagend, daß ihre Herzen buchstäblich brachen und sie dem Lachenden Mann tot vor die Füße fielen.[128] (Wenn die Fortsetzung schon kurz sein sollte,[129] so hätte sie hier enden können. Mit dem plötzlichen Tod der Dufarges wären die Comanchen schon fertig geworden.[130] Aber die Geschichte hörte an dieser Stelle nicht auf.) Tag um Tag[131] stand der Lachende Mann mit Stacheldraht an dem Baum gefesselt da, während die Dufarges zu[132] seinen Füßen verwesten. Schrecklich blutend und ohne Nachschub an[133] Adlerblut war er dem Tod gefährlich nahe. Doch eines Tages bat er mit heiserer Stimme, aber beredten Worten die Tiere des Waldes um Hilfe. Er gebot ihnen, Omba, den freundlichen Zwerg, zu holen, und sie holten ihn. Aber es war eine lange Reise hin und zurück über die französisch-chinesische Grenze, und als Omba mit einem Verbandskasten und frischem Adlerblut auf dem Schauplatz erschien, lag der Lachende Mann in den letzten Zügen.[134] Die erste Liebestat Ombas bestand darin, daß er seines Meisters Maske, die vom Wind auf Mademoiselle Dufarges wurmzerfressenen Körper geweht worden war, voller Ehrfurcht wieder vor dem abstoßenden Gesicht befestigte; dann ging er daran, die Wunden zu verbinden.

Als der Lachende Mann endlich seine kleinen Augen aufschlug, hob Omba eifrig die Phiole mit Adlerblut an die Maske, aber der Lachende Mann trank nicht davon, statt dessen sprach er mit schwacher Stimme den geliebten Namen Schwarze Schwinge aus. Omba neigte sein verunstaltetes Haupt und offenbarte seinem Herren, daß die Dufarges Schwarze Schwinge getötet hatten. Ein seltsamer, herzzerreißender Schmerzenslaut kam von den Lippen des Lachenden Mannes. Unsicher tastete er nach der Phiole mit Adlerblut und zerdrückte sie in seiner Hand. Seine letzten Blutstropfen rannen in einem dünnen Rinnsal an seinem Handgelenk hinab. Er befahl Omba wegzublicken, und schluchzend gehorchte der Zwerg. Bevor der Lachende Mann sein Gesicht endgültig[135] dem blutgetränkten Boden zukehrte, riß er sich die Maske vom Gesicht.

---

[126] **pedantisch:** fastidiously
[127] **gab... wieder von sich:** regurgitated...
[128] **sie... fielen:** they dropped dead at the Laughing Man's feet
[129] **schon kurz sein sollte:** was supposed to be short anyway
[130] **Mit... wären die Comanchen schon fertig geworden.:** The comanches could have coped with... somehow.
[131] **Tag um Tag:** day after day
[132] **zu:** at
[133] **Nachschub an:** a supply of
[134] **lag... in den letzten Zügen:** ... was breathing his last
[135] **endgültig:** for the last time

Damit war die Geschichte natürlich zu Ende. (Und sie wurde nie wieder zum Leben erweckt.[136]) Der Häuptling ließ den Motor an. Billy Walsh, der jüngste der Comanchen, der mir gegenübersaß, brach in Tränen aus. Keiner von uns schnauzte ihn deshalb an. Was mich betrifft,[137] so erinnere ich mich, daß mir die Knie zitterten.

Als ich ein paar Minuten später aus dem Bus stieg, fiel mein Blick zufällig auf ein Stück rosa Einwickelpapier, das der Wind gegen einen Laternenpfahl geweht hatte, es sah aus wie eine Maske aus Mohnblütenblättern. Als ich zu Hause ankam, schlugen meine Zähne aufeinander,[138] ohne daß ich es hätte verhindern können, und ich wurde sofort zu Bett geschickt.

(*Übungen* on page 177)

---

[136] **zum Leben erweckt:** revived
[137] **Was mich betrifft:** As for me
[138] **schlugen... aufeinander:** ... chattered

Übungen

Übungen

The ÜBUNGEN are divided into two groups. GROUP A consists of key-word questions dealing with the basic content of each selection. They provide a ready means of covering or reviewing an assignment orally. At the same time, by being given the key words to each question, the student may find it a little less difficult to increase his reading vocabulary via the conventional (or, perhaps better, quite natural) osmotic process. This type of exercise also lends itself quite well to a more or less impromptu question-and-answer period, thereby affording the instructor an opportunity to challenge and stimulate the grammatical imagination of his students. The questions in GROUP B serve to suggest a few topics for class discussion or composition work.

I. Die Nazizeit

WANDERER, KOMMST DU NACH SPA... (Seite 6 bis 15)

A. 1. Was geschah draußen, als der Wagen hielt? (*das Tor, irgendwo, aufreißen*) 2. Wie kam Licht in das Innere des Wagens? (*zertrümmert, das Fenster*) 3. Was sah der Erzähler, sobald das Licht in den Wagen schien? (*die Glühbirne, die Decke, zerfetzt*) 4. Was wollte die Stimme wissen, die draußen schrie? (*Tote, der Wagen*) 5. Warum war der Fahrer aufgeregt? (*verdunkeln, nicht mehr*) 6. Warum nützte kein Verdunkeln mehr? (*die Stadt, die Fackel, brennen*) 7. Wohin sollten die anderen, die nicht tot waren, getragen werden? (*die Treppe herauf, der Zeichensaal*) 8. Wodurch wurde der Erzähler zuerst getragen? (*lang, schwach, beleuchten, der Flur*) 9. Womit waren die Wände des Flures gestrichen? (*grün, die Ölfarbe*) 10. Was hing zwischen den Türen mit VIa und VIb? (*unter, das Glas, schwarz, der Rahmen, die Medea*) 11. Wo war die große Säule? (*die Mitte, der Treppenaufgang*) 12. Warum sah der griechische Hoplit wie ein Hahn aus? (*bunt, gefährlich, gefiedert*) 13. Was hing auf der Wand im Treppenhaus? (*der Herrscher, Preußen, Deutschland*) 14. Wie hingen sie da? (*die Reihe, nach*) 15. Warum lag der Erzähler für ein paar Schritte gerade auf seiner Bahre? (*der Gang*) 16. Wie sah der alte Fritz im Bild aus? (*die Uniform, strahlen, das Auge, der Stern, die Brust*) 17. Warum lag der Erzähler wieder schief auf der Bahre? (*die Treppe*) 18. Woran wurde er vorbeigetragen? (*das Rassegesicht*) 19. Beschreiben Sie das Gesicht des nordischen Kapitäns! (*der Adlerblick, dumm, der Mund*) 20. Wann sah der Erzähler das Kriegerdenkmal? (*bevor, der Träger, die Treppe, hineinschwenken*) 21. Warum ging alles so schnell am Erzähler vorbei? (*schwer, der Träger, rasen*) 22. Warum könnte alles, was er sah, Täuschung sein? (*hoch, das Fieber*) 23. Wo hatte er Schmerzen? (*der Kopf, der Arm, das Bein*) 24. Wo hing die große Zeusfratze? (*hinten, der Flur, der Eingang, der Zeichensaal*) 25. Was sah der Erzähler rechts durch das Fenster? (*der Feuerschein, der Himmel, rot, die Wolke, der Qualm, vorüberziehen*) 26. Warum konnte er nur die eine Hälfte von Nietzsches Gesicht sehen? (*der Zettel, überkleben, lesen, leicht, der Chirurgie*) 27. Was tun die Menschen auf dem Bild von Togo? (*das Kolonialhaus, der Neger, die Soldat, das Gewehr, herumstehen*) 28. Was sah der Erzähler auf einer der Bananen? (*etwas, hinkritzeln, hinschreiben*) 29. Wonach roch der Zeichensaal? (*das Jod, die Scheiße, der Mull, der Tabak*) 30. Was verlangte der verwundete Soldat, als die Träger ihn absetzten? (*stecken, die Zigarette, der Mund*) 31. Warum war der Erzähler nicht davon überzeugt, daß er in seiner alten Schule war, nachdem er die Bilder gesehen hatte? (*gewiß, die Vorschrift, besagen, hängen, müssen*) 32. Aus welchen drei Gründen war er nicht ganz sicher, daß er die Worte „Es lebe Togo" auf die Banane geschrieben hatte? (*einzig, der Einfall, der Witz, die Schule, derselbe, die Möglichkeit, das Fieber, träumen*) 33. Wann hatte er schlimme Schmerzen? (*das Auto, das Schlagloch, fahren*)

34. Warum waren die großen Trichter besser als die Schlaglöcher? *(das Auto, sich heben, sich senken, das Schiff, das Wellental)* 35. Was hatte er nach der Spritze gespürt? *(unten, das Bein, heiß)* 36. Warum hätte ihm das Gefühl sagen sollen, daß er in seiner Schule war? *(drei, der Monat, erst, die Schule, verlassen, acht, das Jahr, das Auge, erkennen)* 37. Was tat er, nachdem er sich alles noch einmal mit geschlossenen Augen vorgestellt hatte? *(die Zigarette, ausspucken, schreien)* 38. Wie und wonach roch der fremde Atem? *(warm, widerlich, der Tabak, die Zwiebel)* 39. Was wollte der Erzähler diesmal? *(trinken, noch ein, die Zigarette)* 40. Was war Bendorf? *(die Heimatstadt)* 41. Wer waren die „anderen"? *(leben, offenbar)* 42. Warum glaubte er jetzt, daß er wirklich in einem humanistischen Gymnasium war? *(richtig, hören, sehen, die Büste, erkennen, nur, solch, Schule)* 43. Wie sah das Gesicht aus, das sich über ihn beugte? *(müde, alt, unrasiert)* 44. Warum schrie der Erzähler plötzlich? *(der Feuerwehrmann, reißen, das Kochgeschirr, die Lippe)* 45. Wer sagte ruhig: „Hat keinen Zweck zu brüllen"? *(neben, liegen)* 46. Warum konnte man den Verwundeten nicht genügend Wasser geben? *(die Stadt, brennen, die Feuerwehr, brauchen)* 47. Womit verglich der verwundete Soldat die brennende Stadt? *(der Ofen, neu, die Kohle, schütten)* 48. Warum war der Stuckrand an der Decke noch kein absoluter Beweis, daß er im Zeichensaal seiner Schule war? *(gut, alt, humanistisch, das Gymnasium)* 49. Warum konnte er sich noch nicht zugestehen, daß er in seiner eigenen Schule in Bendorf lag? *(drei, das Gymnasium)* 50. Was hörte der junge Soldat von draußen? *(die Artillerie, schießen, das Fressen, die Flamme, durchdringen, der Giebel, einstürzen)* 51. Woran dachte er, nachdem er die Artillerie hatte schießen hören? *(wieviel, der Name, das Kriegerdenkmal, wenn, einweihen)* 52. Was wußte er plötzlich, als er an das Kriegerdenkmal dachte? *(wenn, wirklich, die Schule, der Name, stehen)* 53. Was würde eines Tages im Schulkalender hinter seinem Namen stehen? *(ziehen, die Schule, ins Feld, fallen)* 54. Was wollte er jetzt unbedingt herausbekommen? *(ob, alt, die Schule)* 55. Warum gab es viele schmale und hohe Fenster im Zimmer, wo er lag? *(damit, das Licht, hereinfallen, wie, der Zeichensaal, sich gehören)* 56. Was hatte er acht Jahre lang im Zeichensaal seiner Schule getan? *(die Vase, zeichnen das Schriftzeichen, üben)* 57. Warum hatte er die Stunden gehaßt, die er da verbracht hatte? *(die Langeweile, fressen, stundenlang, zeichnen, malen)* 58. Was wußte er nicht genau? *(wie, verwundet)* 59. Was konnte er an seinem Körper feststellen? *(der Arm, bewegen, recht, link, das Bein)* 60. Warum mußte er schreien? *(der Arm, bewegen, weh tun)* 61. Wer stand vor dem Soldaten? *(der Arzt)* 62. Wer stand hinter dem Arzt? *(der Feuerwehrmann, das Wasser, geben)* 63. Was tat der Feuerwehrmann? *(der Arzt, etwas, das Ohr, flüstern)* 64. Was sah der Soldat deutlich hinter der dicken Brille des Arztes? *(groß, grau, das Auge, leise, zittern, die Pupille)* 65. Warum mußte der Soldat wegsehen? *(lange, ansehen)* 66. Wohin trug man den Soldaten, der neben dem Erzähler lag? *(hinter, die Tafel)* 67. Womit hatte man die Lücke zwischen Wand und Tafel zugehängt? *(das Bettuch)* 68. Wie sahen die Gesichter der Träger aus? *(müde, gleichgültig)* 69. Woran dachte der Erzähler, als er die Augen wieder schloß? *(was für ein, die Verwundung, ob, die Schule)* 70. Wie kam ihm das alles vor? *(kalt, gleichgültig, als ob, das Museum, die Totenstadt, tragen)* 71. Warum war er während der Pausen zum Hausmeister hinuntergegangen? *(die Milch, trinken, die Zigarette, rauchen, obwohl, verboten)* 72. Wo trug man den toten Soldaten hin? *(unten, vielleicht, das Stübchen)* 73. Was sah der Erzähler, als er an der Tür vorbeischwebte? *(die Tür, einmal, das Kreuz, hängen, als, die Thomas-Schule, heißen)* 74. Warum hatte man aus Wut die ganze Wand neu gepinselt? *(frisch, dunkelgelb, der Flecken, bleiben, kreuzförmig, deutlich, sehen, alt, schwach, das Kreuz, abhängen)* 75. Warum mußte man das Kreuzzeichen an der Wand lassen? *(der Etat, für, die Farbe, erschöpft)* 76. Was konnte man sogar sehen, wenn man das Kreuzzeichen genau betrachtete? *(deutlich, die Schrägspur, recht, der Balken)* 77. Was hatte jahrelang über dem rechten Balken gehangen? *(der Buchsbaumzweig, der Hausmeister, dort hinter, klemmen, als, erlaubt, das Kreuz, die Schule, hängen)* 78. Wie konnte der Erzähler sich selbst ganz deutlich sehen, als er auf dem Operationstisch lag? *(oben, klar, das Glas, die Glühbirne)* 79. Wie kam er sich vor? *(außergewöhnlich, subtil, der Embryo)* 80. Wie sah das Gesicht des alten Feuerwehrmanns aus? *(der Schlafende)* 81. Warum konnte er zum ersten Male, seitdem er in die Schule getragen wurde, sein Herz spüren? *(die Handschrift, die Tafel)* 82. Warum war alles andere kein Beweis gewesen? *(die Schule, dasselbe)*

83. Wann hatte er den Spruch schreiben müssen? (*vor, drei, der Monat*)   84. Warum hatte der Zeichenlehrer geschimpft? (*richtig, einteilen, die Schrift, groß, wählen*)   85. Wann sah er den ganzen Spruch? (*der Feuerwehrman, vor, die Tafel, stehen, der Arzt, rufen, beiseite, treten*)   86. Warum zuckte er hoch? (*der Stich, link, der Oberschenkel, spüren*)   87. Was sah er, als er an sich herabblickte? (*auswickeln, der Arm, recht, das Bein*)   88. Warum konnte er nicht wieder auf die Tafel blicken? (*der Feuerwehrmann, neben, stehen, verdecken*)   89. Welche Entdeckung machte der Erzähler, bevor er bewußtlos wurde? (*der Feuerwehrmann, Birgeler*)
B.   1. Beschreiben Sie, wie der Erzähler allmählich zu der Einsicht kam, daß er in seiner alten Schule war.   2. Was ist die Beziehung zwischen Titel und Erzählung?   3. Welche Bedeutung hat das letzte Wort des Erzählers?   4. Warum wollte der Erzähler herausfinden, ob er tatsächlich in seiner alten Schule war?

WO WARST DU, ADAM? (Chapter 7)   (Seite 16 bis 31)

A.   1. Warum fanden die beiden Männer den Motor so ausgezeichnet? (*stark, regelmäßig, das Brummen, falsch, beunruhigend, der Ton, aufkommen*)   2. Was für eine Nacht war es? (*warm, dunkel*)   3. Warum mußten die beiden Männer hin und wieder bremsen? (*marschieren, die Kolonne, zu spät, erkennen*)   4. Was konnten sie tun, als die Straße leerer wurde? (*lange Zeit, unbehelligt, der Möbelwagen, auf Höchsttouren, laufen lassen*)   5. Was beleuchtete der Lichtkegel ihres Scheinwerfers? (*der Baum, das Haus, die Kurve, das Feld*)   6. Warum hielten sie? (*die Rast, machen*)   7. Was hatten sie zu essen und zu trinken? (*stark, der Kaffee, die Schokolade, die Butter, das Brot, die Scheibe, die Wurst*)   8. Was tat der eine, der zuerst mit dem Essen fertig war? (*die Zigarette, anzünden, der Brief, die Tasche, nehmen, entfalten, das Foto*)   9. Was zeigte das Foto? (*reizend, das Mädchen, das Kaninchen, die Wiese, spielen*)   10. Warum stockte der eine plötzlich, als er ein Bild von seiner Frau aus der Brusttasche nehmen wollte? (*das Innere, der Möbelwagen, kommen, heftig, das Gemurmel, schrill, der Schrei, die Frauenstimme*)   11. Worüber fluchte der andere, als er ausstieg? (*tief, weich, der Dreck, die Dorfstraße*)   12. Was passierte im Dorf, als der Mann langsam um den Wagen herumging? (*der Hund, bellen, das Fenster, plötzlich, hell, die Silhouette, sichtbar*)   13. Wie schaffte Schröder wieder Ruhe im Inneren des Wagens? (*schlagen, heftig, der Griff, die Maschinenpistole, die Wand*)   14. Warum sprang er auf den Reifen? (*nachsehen, ob, der Stacheldraht, über, verschlossen, die Luke, fest*)   15. Was machte Plorin, als Schröder ins Fahrerhaus zurückging? (*der Kaffee, trinken, rauchen*)   16. Wie sah Schröders Frau auf dem Bilde aus? (*klein, breit, werden, der Pelzmantel, töricht, lächeln, das Gesicht, ältlich, müde*)   17. Warum schien es, daß die schwarzen Schuhe seiner Frau weh taten? (*viel zu hoch, der Absatz*)   18. Warum sollte sich Plorin beeilen? (*viel, der Hund, bellen, das Fenster, erleuchtet, die Leute, zurufen*)   19. Welchen Wunsch äußerte Plorin? (*Schröder, etwas, singen*)   20. Wie sang Schröder? (*laut, kräftig, ganz, richtig, inner, die Teilnahme*)   21. Warum hätte man annehmen können, er würde an manchen Stellen weinen? (*gefühlvoll, singen*)   22. Was geschah nach einer Stunde? (*wechseln, beide, der Platz, singen, Plorin*)   23. Welche Lieder sang Plorin? (*fast, dasselbe*)   24. Welche Stellen seines Lieblingsliedes sang er besonders langsam und betont? (*die Trostlosigkeit, die Größe, das Heldenleben, deutlich, herauskommen*)   25. Wie begleitete Schröder Plorin beim Singen? (*mitpfeifen*)   26. Was taten sie, als es anfing, kühl zu werden? (*die Decke, das Bein, schlagen, der Schluck, der Kaffee, die Flasche, trinken*)   27. Was leuchtete kurz in der Dunkelheit auf? (*einzeln, das Haus, manchmal, die Kirche*)   28. Wann machten sie die zweite Pause? (*morgens, vier*)   29. Warum sprachen sie kaum miteinander? (*beide, müde*)   30. Wie kam ihnen die Stunde vor, die sie noch zu fahren hatten? (*unendlich*)   31. Warum war ihnen wohler, als sie weiterfuhren? (*der Schnaps, waschen, erfrischend, die Schokolade, der Rest, der Kaffee, anstecken*)   32. Wodurch fuhren sie, als es dämmerte? (*eng, die Gasse, das Dorf, der Wald*)   33. Was kam, als sie aus dem Wald herausfuhren? (*die Wiese, die Baracke, stehen*)   34. Woraus bestand das große Tor? (*der Balken, der Stacheldraht*)   35. Wer stand auf dem Wachtturm? (*der Mann, der Stahlhelm, das MG*)   36. Was sahen die Fahrer, als sie die Stufen zur Baracke hinaufstiegen? (*die Kolonne, abfahrbereit, der Wagen, die Lagerstraße, stehen*)   37. Was war das einzige, was sich

Übungen   163

im Lager bewegte? (*der Kamin, das Krematorium, heftig, qualmen*) 38. Was wollte der Oberscharführer zuerst wissen? (*wieviel, der Wagen, mitbringen*) 39. Warum riet der Oberscharführer den beiden Fahrern, sofort ins Bett zu gehen? (*abhauen, anstrengend, die Nacht, pünktlich, sieben Uhr, fahren*) 40. Warum ärgerte Plorin auf einmal den Scharführer? (*gleich, verstehen, der Gefangene, das Lager, umbringen*) 41. Warum ließ Schröder den Wagen stehen? (*nicht mehr, fahren, können, müde*) 42. Wann wurde der grüne Möbelwagen geöffnet? (*erst, die Stunde, später, als, Filskeit, das Lager, kommen*) 43. Wie sah Filskeit aus? (*schwarzhaarig, mittelgroß, blaß, intelligent, das Gesicht, das Fluidum, die Keuschheit, ausströmen*) 44. Warum wird der Obersturmführer als streng bezeichnet? (*die Ordnung, sehen, keinerlei, die Unkorrektheit, dulden, nach, die Vorschrift, handeln*) 45. Wo befand sich das Bad? (*die Ecke, das Lager, neben, südöstlich, der Wachtturm*) 46. Warum lächelte Filskeit nie? (*das Leben, ernst, der Dienst, die Kunst, finden*) 47. Warum konnte Filskeit nicht Berufsmusiker werden? (*die Musik, zu sehr, lieben, um, die Spur, die Nüchternheit, aufbringen, der Professional, fehlen, dürfen*) 48. Wofür interessierte er sich besonders? (*die Musik, der Chorgesang, zuerst, rein, der Männergesang*) 49. Wie alt war Filskeit? 50. Warum wählten die Sänger des MGV Concordia einen anderen Chorleiter? (*die Strenge, unermüdlich, der Fleiß, überdrüssig werden*) 51. Warum hatte er den Kirchenchor seiner Pfarre geleitet? (*nach, die Möglichkeit, greifen, der Chor, unter seine Hände, bekommen*) 52. Wie unterschied sich der Pfarrer von Filskeit? (*alt, nichts, die Musik, verstehen, leise, lächeln*) 53. Warum haßte Filskeit das Lächeln des Pfarrers? (*mitleidig, schmerzlich, die Liebe, geliebt werden*) 54. Was hatte Filskeit besonders verabscheut? (*die Zigarre, rauchen, das Bier, trinken, schmutzig, der Witz, erzählen lassen*) 55. Warum trat Filskeit in die Hitler-Jugend ein? (*der Rassegedanke, anziehen, geheim, das Ideal, entsprechen*) 56. Was tat Filskeit, wenn er zu Hause war? (*widmen, die Chorliteratur, all, die Schrift, der Rassegedanke, bekommen, können*) 57. Was erfuhr Filskeit erst später? (*der Direktor, staatlich, die Musikschule, Neumann, heißen, der Jude*) 58. Was geschah mit seinem Manuskript, nachdem Hitler 1933 an die Macht gekommen war? (*einig, die Kürzung, die Fachzeitschrift, abdrucken*) 59. Warum wies ihn die SS zweimal ab? (*schwarzhaarig, klein, offenbar, pyknisch, der Typus, angehören*) 60. Warum nahmen sie ihn bei seiner dritten Meldung an? (*ausgezeichnet, das Zeugnis, die Parteiorganisation, vorlegen*) 61. Warum litt er sehr unter seinem musikalischen Ruf? (*an die Front, schicken*) 62. Wann und wo wurde er zum erstenmal Kommandant eines Konzentrationslagers? (*1943, Deutschland*) 63. Was war sein Ehrgeiz? (*der Befehl, korrekt, ausführen*) 64. Was erstaunte ihn bei den jüdischen Häftlingen? (*ungeheuer, musikalisch, die Kapazität*) 65. Wie blieb sein Chor immer vollzählig, wenn er Transporte abstellen mußte? (*der Häftling, so, auswählen, der Stamm an, gut, der Sänger, behalten*) 66. Warum ließ er in der letzten Zeit so viele Häftlinge in seinem Lager töten? (*groß, das Lager, nicht mehr, existieren, früher, der Jude, schicken, klein, das Lager, der Bahnanschluß*) 67. Was hatte Filskeit noch nie getan? (*töten*) 68. Was war eine seiner Enttäuschungen? (*nicht, können*) 69. Worauf kam es ihm an? (*die Notwendigkeit, der Befehl, einsehen, ehren, ausführen*) 70. Warum schrien die Leute im Wagen? (*das Tageslicht, das Auge, schmerzen*) 71. Beschreiben Sie das Aussehen der jungen Frau! (*grün, der Mantel, dunkel, das Haar, das Kleid, zerreißen*) 72. Wen hatte sie am Arm? (*zwölfjährig, das Mädchen*) 73. Warum kamen nur einundsechzig Leute aus dem Wagen heraus? (*sechs, tot, scheinen*) 74. Wo kamen die sechs Leichen hin? (*vor, das Krematorium, abladen, die Baracke, schleppen*) 75. Warum mußten die neuen Ankömmlinge zum Lagerkommandanten gehen? (*persönlich, die Prüfung, unterziehen*) 76. Wen würde man sofort erschießen? (*gering, der Widerstand, leisten*) 77. Was legte Filskeit neben sich auf den Tisch? (*entsichern, die Pistole*) 78. Was fühlte Ilona, als das Licht in den Wagen hereinfiel? (*die Verzweiflung*) 79. Wann empfand sie etwas wie Glück? (*gelingen, allein, sein*) 80. Was war einer ihrer wenigen Wünsche? (*allein, sein, um, wirklich, beten, können*) 81. Warum hatte Ilona Glück? (*erst, tot*) 82. Womit hatte sie zu rechnen? (*zehn, die Minute, die Todesqual, ausstehen*) 83. Warum war ihr Kleid zerrissen? (*jemand, versuchen, vergewaltigen*) 84. Warum wurde der ältere Mann festgenommen? (*wegen, die Hose, der Offizier, abkaufen*) 85. Was gab Ilona dem Kind? (*klein, klebrig, der Klumpen, zerdrücken, schmutzig, der Kuchen*) 86. Warum hatten manche Häftlinge irrsinnig geschrien? (*einig, das*

Leben, nehmen, verbluten, der Nachbar, ausfließend, das Blut, ausgleiten) 87. Was war vollkommen sinnlos gewesen? (*der Soldat, sich trennen, sehr gern, haben, der Name, wissen, um, die Eltern, suchen*) 88. Was erzählten Nachbarn von den Eltern und Großeltern der Ilona? (*nachmittags, abholen*) 89. Was tat Ilona trotzdem? (*das Getto, laufen, die Eltern, suchen*) 90. Was hoffte sie, als sie in den Wagen gepackt wurde? (*der Angehörige, finden*) 91. Wann bekam Ilona die erste Zigarette in ihrem Leben? (*der Wagen, als, der Mann, wegen, die Hose, mitnehmen, in, der Mund, stecken*) 92. Worum betete Ilona nicht? (*irgend etwas, bekommen, verschont, schnell, schmerzlos, der Tod, das Leben*) 93. Was geschah, als sie sich nach hinten fallen ließ? (*der Körper, der Mann, auf, fallen, toll, die Begierde, erwecken*) 94. Warum war sie nicht böse auf ihn? (*etwas, spüren, wie wenn, der Teil, an, haben*) 95. Wofür war das Polster gedacht? (*die Schonung, gut, die Möbel* [*pl.*]) 96. Was versuchte Ilona zu tun? (*gleich, die Andacht, beten, wie sonst*) 97. Warum waren ihre Verwandten enttäuscht gewesen? (*mit dreiundzwanzig, das Kloster, gehen*) 98. Warum wurde sie nicht Nonne? (*der Wunsch, heiraten, Kinder, stark*) 99. Womit war sie sehr erfolgreich? (*der Kinderchor, die Schule, gründen*) 100. Worauf wartete Ilona? (*nicht, beschreiben, die Liebe, die Überraschung*) 101. Wieso wußte Ilona, daß der deutsche Soldat in sie verliebt war? (*zwei Tage lang, die Stunde, das Klassenzimmer, kommen, plaudern*) 102. Wie groß waren die Karteikarten? (*der Deckel, die Zigarrenkiste*) 103. Wen sah sie am dritten Tisch? (*alt, der Mann, zerlumpt, unrasiert, flüchtig, zulächeln, scheinen, der Wohltäter*) 104. Worüber war sie erstaunt? (*nach, das Alter, fragen*) 105. Wie taten die Menschen in der Häftlingskartei ihre Arbeit? (*gleich, die Mißlaune, wie, die Büroarbeit, tun, erfüllen, die Pflicht, lästig*) 106. Warum hatte Ilona große Angst gehabt, als sie aus dem Kloster zurückkam? (*die Welt, fremd, häßlich, vorkommen*) 107. Wie entdeckte sie zum zweiten Male Brutalität? (*der Posten, das Kind, wegreißen, als, sich sträuben, an den Haaren, ziehen*) 108. Worüber erschrak Ilona, als sie Filskeit sah? (*schwer, das Kinn, fast, entstellen*) 109. Wann wußte sie, was Angst war? (*der Offizier, aufstehen, anblicken*) 110. Was hatte Filskeit vergebens im Spiegel gesucht? (*die Schönheit, die Größe, rassisch, die Vollendung*) 111. Was konnte er in ihrem Blick sehen? (*etwas, fast, die Liebe, der Spott*) 112. Wann fand der Kommandant seine Stimme wieder? (*schießen, blindlings, die Frau, die Stimme, nicht, mehr, singen*) 113. Welchen Befehl gab Filskeit? (*alle, umlegen, der Chor*)

B. 1. Wo kommen in dieser Geschichte Beispiele der menschlichen Gleichgültigkeit vor? 2. Schildern Sie die Laufbahn von Filskeit! 3. Welcher Zusammenhang besteht zwischen Filskeits Mord an Ilona und seinem Haß für den menschlichen Pfarrer? 4. Warum konnten sich die Nazis über Filskeit nicht beschweren?

II. Nach dem Zusammenbruch

DIE BOTSCHAFT (Seite 38 bis 42)

A. 1. Wie nennt der Erzähler den Ort, in den er gekommen ist? (*das Drecknest*) 2. Was scheint ihm unverständlich zu sein? (*die Eisenbahn, die Station, einrichten*) 3. Wie sehen die Gebäude aus? (*das Haus, schmutzig, die Fabrik, halbverfallen*) 4. Warum geben solche Drecknester den Eindruck der Trostlosigkeit? (*der Baum, nicht einmal, der Kirchturm, sehen*) 5. Was tut der Mann mit der roten Mütze anscheinend den ganzen Tag? (*die Langeweile, zudecken, die Stunde, schlafen*) 6. Warum sahen die Äcker so öde aus? (*niemand, bestellen*) 7. Wer stieg noch aus dem Zug? (*alt, die Frau, braun, das Paket*) 8. Warum war der Erzähler einen Augenblick ratlos? (*die Frau, wie von der Erde, verschlucken, wissen, nach dem Wege, fragen*) 9. Wie sahen die wenigen Backsteinhäuser aus? (*als ob, unmöglich, bewohnt sein*) 10. Was stand den Häusern gegenüber? (*schwarz, die Mauer, zusammenbrechen, scheinen*) 11. Was entdeckte er, als er um die Ecke bog? (*neben, schmierig, kaum lesbar, das Schild, die Wirtschaft, die Hauptstraße*) 12. Woraus bestand die Hauptstraße? (*das Haus, schief, die Front, bilden, gegenüber, fensterlos, düster, die Fabrikmauer*) 13. Welches Gefühl überkam ihn, als er links um die Ecke ging? (*das Ende, die Welt, wie vor, unendlich, der Abgrund, stehen*) 14. Wie sah das links stehende Haus aus? (*klein, plattgedrückt, der Arbeiter, nach Feierabend, bauen*) 15. Wie wußte er, daß er das rechte Haus gefunden hatte? (*die Nummer*) 16. Was wünschte er, als er augenblicklich vor der Haustür stockte? (*sterben, anstatt, hier, stehen, das Haus, treten*) 17. Was wies darauf hin, daß die Frau nicht allein war? (*die Frau, nur so, lachen, allein*) 18. Wie wirkte die Frau auf den Erzähler? (*unbeschreiblich, das Licht, düster, das Bild, Rembrandt, erhellen, bis, letzt, der Winkel*) 19. Wer tauchte im Hintergrund auf? (*muskulös, die Männergestalt*) 20. Wo verschwand der Mann? (*im Dunkeln*) 21. Wie sah die Frau aus, als sie das Licht anschaltete? (*bleich, zerflossen, fast leichenhaft, hell, rötlich, das Haar, lebendig, warm*) 22. Was wußte der Heimkehrer, sobald er die Frau ansprach? (*erschrecken, schlecht, der Anfang, wählen*) 23. Wie antwortete die Frau auf seine Worte? (*seltsam, ruhig, alles, wissen, tot*) 24. Was wollte er der Witwe überreichen? (*letzt, die Habseligkeiten [pl.]*) 25. Wie reagierte die Frau, als er den Trauring und die anderen Sachen auf den Tisch legte? (*schluchzen, wild, schrecklich, das Tier*) 26. Was erkannte der Erzähler, als die Erinnerung die Witwe wie mit tausend Schwertern zu durchschneiden schien? (*der Krieg, niemals, zu Ende, solange, irgendwo, die Wunde, bluten, schlagen*) 27. Wie kam es, daß er das Foto der Frau so gut kannte? (*viel, das Mal, ansehen, damals*) 28. Wo und wann starb ihr Mann? (*der Westen, die Gefangenschaft, der Juli*) 29. Warum konnte die Frau ganz rein und unschuldig lachen? (*der Mann, treu*) 30. Wann hatte sie ihren Mann zum letztenmal gesehen? (*drei, das Jahr, der Bahnhof, bringen*) 31. Welches Zeichen gab der Erzähler der Frau, daß er nicht ihr Richter war? (*klein, weich, die Hand, küssen*) 32. Was dachte er, als er die Frau drinnen schluchzen hörte? (*wirklich, wünschen, das Haus, zusammenbrechen, begraben, mögen*) 33. Warum ging er langsam und sehr vorsichtig zum Bahnhof zurück? (*fürchten, der Abgrund, versinken*) 34. Wie schien ihm der Ort jetzt? (*weit, vergrößern,*) 35. Worüber beklagte sich der ältere Mann? (*das Brot, der Tabak*) 36. Wie fühlte sich der Erzähler, als er noch ungefähr anderthalb Stunden in der Wartehalle warten mußte? (*ganz, das Leben, die Gefangenschaft, geraten*)

B.   1. Wie bringt Böll die Stimmung der Hoffnungslosigkeit in dieser Erzählung zustande?
2. Wie groß ist die Schuld der Frau Brink?

LOHENGRINS TOD (Seite 43 bis 52)

A.   1. Warum waren die beiden Träger ärgerlich? (*vor, die Stunde, der Dienst, anfangen, die Zigarette, das Trinkgeld, machen*) 2. Warum konnten sie den Jungen nicht im Wagen liegen lassen? (*eilig, die Lungenentzündung, abholen, der Selbstmörder, letzt, die Minute, abschneiden*) 3. Warum erwachte der Junge, der auf der Bahre lag? (*vorder, der Träger, sich umwenden, stoßen, hart, die Türfüllung*) 4. Warum sah der junge Arzt zur Uhr? (*müssen, längst, ablösen, warten, die Stunde, Dr. Lohmeyer*) 5. Warum schrie das Kind wieder? (*der Träger, das Bein, packen*) 6. Woher kam die Decke? (*die Frau, die Unfallstelle, hergeben, weil, der Junge, kaputt, das Bein, so, das Krankenhaus, fahren*) 7. Wie rechtfertigt der eine Träger seinen Entschluß, die Decke mit nach Hause zu nehmen? (*das Krankenhaus, genug, die Frau, wiedergeben, der Junge, gehören, ebensowenig*) 8. Was wollte der Arzt dem Kinde sofort geben? (*die Spritze*) 9. Was tat die Nonne? (*legen, der Junge, die Hand, die Stirn*) 10. Warum beruhigte sich das Kind? (*die Spritze, wirken*) 11. Warum mußten sie den Jungen an Kopf, Schultern und Beinen halten? (*abziehen, blutgetränkt, der Fetzen*) 12. Wie hatte der Junge sich verletzt? (*das Kohlenklauen, fahren, der Zug, stürzen*) 13. Wie sahen die Löcher am Schlüsselbein aus? (*seltsam dunkel, beschatten, der Hohlraum, die Hand, verbergen*) 14. Warum mußte man röntgen? (*wahrscheinlich, doppelt, die Fraktur, beidseits*) 15. Warum machte sich der Arzt Sorgen um Lohmeyer? (*vielleicht, verhaften, wegen, das Strophantin*) 16. Warum sagte die Nonne dem Arzt nicht gleich, was mit der kleinen Schranz los war? (*beunruhigen, während, der Junge, behandeln*) 17. Warum hätte es nichts ausgemacht, wenn die Nonne dem Arzt den Zustand des Mädchens sofort erklärt hätte? (*hilflos, tun*) 18. Was sollte die Nachtschwester tun, während sich der Arzt das Mädchen ansah? (*der Junge, zum Röntgen, fertigmachen, versuchen, die Krankengeschichte, aufnehmen*) 19. Warum wagte die Schwester nicht, nach dem Vater zu fragen? (*fürchten, tot*) 20. Warum warteten Hans und Adolf zu Hause? (*das Essen, machen, kommen*) 21. Wie bekam der Junge den Namen „Lohengrin"? (*geboren, das Bild, Hitler, die Bayreuther Festspiele [pl.], die Wochenschau, laufen*) 22. Warum stürzte der Arzt plötzlich ins Zimmer herein? (*die Nonne, die Nachtschwester, schnell, kommen, die Transfusion, versuchen, das Mädchen, retten*) 23. Wann weinte Grini aus Schmerz? (*nur, der Kleine, denken*) 24. Womit verglich er die Wirkung der Spritze? (*wunderbar, ein bißchen warm, die Milch*) 25. Wer war Hubert? (*alt, der Bruder*) 26. Wieso bestand wenig Aussicht, daß Frau Großmann den Kleinen helfen würde? (*nie, tun, warum, gerade heute*) 27. Warum war es unwahrscheinlich, daß Adolf Hans trösten würde? (*erst fünf, acht*) 28. Warum hatten die Kleinen kurz vor sieben keine Freude mehr an ihren Spielen? (*der Hunger, wissen, halb acht, essen, geben*) 29. Warum würden die Kleinen es nicht wagen, an das Brot zu gehen? (*streng, verbieten, seitdem, ein paarmal, die Wochenration, aufessen, bestrafen, schlagen*) 30. Warum versuchte Grini, sich klarzuwerden, wie spät es war? (*sonst nie, halb acht, nach Hause, kommen*) 31. Warum glaubte der Junge, daß die Luxemburger gern schössen? (*der Kreig, viel, schießen*) 32. Warum ist er vom Zug gestürzt? (*halten, plötzlich*) 33. Warum war es dem Jungen unmöglich, Schokolade für die Kleinen zu kaufen? (*vierzig Mark, nehmen, so viel, die Kohle, abschleppen*) 34. Was hatte er in der Schule gelernt? (*sollen, antworten, wenn, fragen*) 35. Was hatte er ganz genau gehört? (*blaß, die Schwester, zuviel, das Glück, die Spritze, tun*) 36. Was wollte er den Kleinen kaufen? (*das Glück, die Spritze*) 37. Warum wollte die Nonne den Arzt nicht holen? (*phantasieren, das Kind, allein, lassen*) 38. Was wußte sie ganz genau, als sie „Herr Doktor!" rief? (*der Laut, gepolstert, die Tür, dringen*) 39. Warum konnte die Nonne das Kind nicht richtig festhalten? (*das Sofa, scheußlich, glatt*) 40. Wozu benutzte die Nonne das Reagenzglas? (*taufen*) 41. Warum fiel das Glas aus der Hand der Schwester? (*der Junge, kalt, das Wasser, ernüchtern, der Kopf, plötzlich, heben*) 42. Warum kam der Arzt lachend ins Zimmer? (*Lohmeyer, verhaften*)

B. 1. Was kann man aus dieser Geschichte über die Nachkriegsverhältnisse in Deutschland erfahren? 2. Welche besonderen Sorgen werden in den Phantasien des fiebernden Kindes erkennbar?

MEIN TEURES BEIN (Seite 53 bis 55)

A. 1. Was stand auf der Karte, die der Veteran erhielt? (*das Amt, kommen*) 2. Was fand der Beamte endlich? (*der Zettel, richtig, scheinen*) 3. Warum lehnte der Krüppel die Stellung als Schuhputzer ab? (*der Schuh, putzen, auffallen, wegen, schlecht, das Schuhputzen*) 4. Was wollte der Erzähler eigentlich? (*hoch, die Rente, bekommen*) 5. Warum durfte er nicht einmal mehr Zigaretten verkaufen? (*die Schwierigkeit, machen*) 6. Warum glaubte der Beamte, daß der Erzähler verrückt sei? (*vollkommen gesund, bis auf, das Bein, nicht arbeiten, wollen, die Rente, erhöhen*) 7. Warum ist das Bein viel teurer, als der Beamte annimmt? (*die Menge, die Leute, das Leben, retten, nett, die Rente, beziehen*) 8. Warum sollte der Soldat aufpassen, wann der Feind käme? (*damit, ander, richtig, die Zeit, stiften gehen*) 9. Warum kostet der ehemalige Kamerad des kriegsversehrten Veteranen den Staat nichts mehr? (*totschießen, die Frau, gesund, arbeiten*) 10. Was wäre geschehen, wenn der Erzähler das Bein nicht verloren hätte? (*all, tot, der General, der Oberst, der Major, die Rente, zahlen*) 11. Warum werden die erwähnten Offiziere seiner Meinung nach mindestens achtzig Jahre alt werden? (*wegen, militärisch, die Lebensweise*) 12. Wie hätte der Staat viel Geld gespart? (*die Minute, bevor, das Bein, kommen, totschießen*)

B. 1. Glauben Sie, daß der Veteran recht tat, als er sich weigerte, die Stelle anzunehmen? 2. Inwiefern können wir den Erzähler trotz seines Humors als einen verbitterten Menschen betrachten?

III. Währungsreform und Wirtschaftswunder

GESCHÄFT IST GESCHÄFT (Seite 62 bis 67)

A. 1. Wie entdeckte der Erzähler, daß sein Schwarzhändler ehrlich geworden ist? (*verkehrsreich, die Straßenkreuzung, die Holzbude, verkaufen, die Zigarette, der Dauerlutscher, legal*) 2. Warum hat der Erzähler sich anfangs gefreut? (*die Ordnung, das Leben, zurückfinden, damals, als, kennenlernen, schlecht, gehen*) 3. Warum konnte der Erzähler seinem Schwarzhändler ab und zu Brotmarken mitbringen? (*der Stein, kloppen, der Bäcker*) 4. Warum schickte der Budenbesitzer das kleine, schmutzige Mädchen weg, nachdem er es ausgeschimpft hatte? (*fehlen, fünf Pfennig, der Dauerlutscher*) 5. Wie reagierte der ehemalige Schwarzhändler darauf, daß der Erzähler ihn mit „Ernst" anredete? (*erstaunt, merkwürdig, ansehen, meinen*) 6. Warum beobachtete der Erzähler ihn noch eine Zeitlang? (*die Bahn, kommen, die Lust, nach Hause, gehen*) 7. Wann raucht der Erzähler zu Hause? *wach, (liegen, alles, still, wissen, bis morgens, der Rauch, riechen*) 8. Was sagte man während des Kreiges, und was sagt man jetzt? (*nicht nötig, der Soldat, brauchen, der Beruf, faul*) 9. Warum sind die Nerven des Erzählers hin? (*zu lange, der Soldat, neun*) 10. Warum findet er es sinnlos, heute noch zu arbeiten? (*hunderttausend, der Arbeitstag, die Brücke, das Haus, einzig, die Minute, in die Luft sprengen*) 11. Warum ist es schrecklich, nie Geld zu haben? (*brauchen, das Licht, die Zählermiete, die Miete, das Zimmer*) 12. Warum war es im Keller nicht übel? (*der Ofen, das Brikett, klauen*) 13. Wofür gibt er sein Geld aus? (*die Miete, der Strom, die Zigarette, das Brot*) 14. Warum würde er nicht beim ehrlich gewordenen Schwarzhändler klauen? (*dumm, der Mensch, wimmeln, der Schupo, die Ecke, stehen*) 15. Was hatte der Erzähler in der Gefangenschaft gesehen? (*der Oberst, die Kippe, aufheben*) 16. Warum hätte er so gerne mit dem Mann gesprochen, der die Kippen aufhob? (*fühlen, gehören*) 17. Was haben die anderen getan, während er und seine Kameraden stehlen gingen? (*mitfressen, mitsaufen, nach Hause, schicken, nicht klauen*) 18. Warum glaubten viele, die aus dem Krieg wie aus einer Straßenbahn ausstiegen, daß sie Prachtbengel seien? (*letzten Endes, nichts als, die Pflicht, tun*) 19. Was schien ein gutes Zeichen zu sein, daß alles wieder in Ordnung war? (*die Wochenkarte, die Straßenbahn*) 20. Warum wurden diejenigen, die weiter und weiter fuhren, von den Kontrolleuren immer wieder aufgeschrieben? (*leer, die Tasche, herunterschmeißen, die Bahn, schnell, fahren*) 21. Warum wurde es dauernd schwerer abzuspringen? (*die Bahn, immer schneller, fahren, immer weniger, der Mut, die Lust, aussteigen*) 22. Warum wurde dem Erzähler schwindlig? (*auf, nüchtern, der Magen, rauchen, schon, drei, die Zigarette*) 23. Was könnte vielleicht zum legalen Geschäft gehören? (*das Kind, anschnauzen, fünf Pfennig, der Dauerlutscher, fehlen*) 24. Was sahen die Leute, die auf die Bahn warteten, nicht gern? (*der Kumpel, der Bordstein, vorbeigehen, abschreiten, die Kippe, aufsammeln*) 25. Warum schickt der ehemalige Schwarzhändler diejenigen weg, denen fünf Pfennig fehlen? (*richtig, das Geschäft*)

B. 1. Welche Bedeutung haben die Worte: „Sie sind abgesprungen, ohne den Fahrpreis zu bezahlen"? 2. Beschreiben Sie einen Tag aus dem Leben des Heimkehrers! 3. Erklären Sie den bei vielen Amerikanern sehr populären Ausdruck: „Geschäft ist Geschäft"!

KERZEN FÜR MARIA (Seite 68 bis 79)

A. 1. Warum hatte der Erzähler vor, sich nur vorübergehend in der Stadt aufzuhalten? (*bestimmt, die Stunde, gegen Abend, der Vertreter, die Firma, besuchen, sich mit dem Plan tragen, der Artikel, übernehmen, einiges Kopfzerbrechen, machen*) 2. Warum haben der Erzähler und seine Frau ihr ganzes Geld in Kerzen angelegt? (*die Stromknappheit, der Dauerzustand, voraussetzen*) 3. Warum ist der Bedarf an Kerzen sehr gering? (*die Stromkontingentierung, aufheben, auch, die meisten, der Keller, elektrisch, beleuchten*) 4. Wie sahen die Kerzen aus, die die beiden herstellten? (*gleich, einfach, die Form, die Länge, halb, die Elle, glatt, gelb, schmucklos*) 5. Warum können sie nicht andere Muster planen oder herstellen? (*das Geld, fehlen, weil, die Einkünfte, kaum, ausreichend, der Lebensunterhalt, stets, wachsen, die Unkosten* [*pl.*], *decken*) 6. Warum werden die Einkünfte immer weniger? (*immer weiter, die Reise, machen, wirklich, scheinbar, der Interessent, besuchen, stets, der Preis, heruntergehen*) 7. Warum kommt sich der Erzähler töricht vor? (*der Großvertreter, Glauben schenken, weit, die Reise, machen, besuchen*) 8. Wie haben der Erzähler und seine Frau den riesigen Stapel Stearin als Erbe des Krieges bekommen? (*vier, brennen, der Lastwagen, vor, zerstören, das Haus, retten*) 9. Warum haben sie das Stearin behalten? (*später, niemand, als, das Eigentum, zurückfordern*) 10. Warum hat sich der Großvertreter die Sache anders überlegt? (*zur Einsicht kommen, der Artikel, gehen*) 11. Warum hatte der Erzähler das schreckliche Gefühl, lächerlich zu sein? (*offenbar, taugen, sogenannt, der Lebenskampf, der Fabrikant, der Händler*) 12. Was würde er niemals entdecken? (*das Geheimnis, der Handel*) 13. Was tat er, nachdem er die Wohnung des Großvertreters verlassen hatte? (*schleppen, müde, schwer, der Musterkoffer, die Haltestelle, die Straßenbahn, warten, lange, der Bahnhof, fahren*) 14. Warum fuhr er nicht gleich nach Hause? (*der Zug, halbwegs, nach Hause, bringen, dessen Benutzung, ganz, die Nacht, der Wartesaal, der Schmutz, widerlich, die Bouillon, der Bahnhof, hotellos, der Ort, kosten*) 15. Wie sah alles in der kleinen Stube aus? (*sauber, schmucklos*) 16. Was sah er hinter der Theke? (*klappenartig, das Fenster, die Küche, führen*) 17. Wie fühlte er sich, als er sich auf einen Stuhl setzte? (*müde, hungrig, völlig, die Nutzlosigkeit, die Reise, bedrücken*) 18. Warum verstärkte sich in ihm das Gefühl einer Erleichterung? (*nicht wissen, vielleicht, insgeheim, froh, endgültig, das Gewerbe, der Frömmigkeitsartikel, ausstoßen*) 19. Wie hatte er die Herstellungsweise von Kerzen gefunden? (*allein, unabhängig von allen, die Erfahrung, mitteilen*) 20. Was zeigte, daß er nicht kleinlich gewesen war? (*die Leute, lichtlos, das Loch, hocken, die Kerze, schenken*) 21. Was hatte ihm ein Bekannter geraten? (*die Schuhwichse, herstellen*) 22. Was bestellte er zum Abendessen? (*das Brot, der Käse, die Butter, der Wein*) 23. Warum wurde ihm die Wirtin sympathischer? (*scheinen, mehrmals, sich verrechnen*) 24. Wer erschien, als die Frau den Raum verließ? (*jung, schmal, der Bursche, unrasiert, hell, der Regenmantel, hutlos, das Mädchen, braun, der Mantel*) 25. Wie wollte der junge Mann der Wirtin gegenüber erscheinen? (*täglich, das Mädchen, das Hotel, übernachten*) 26. Wieviel Gepäck hatte das junge Paar? (*einzig, die Einkaufstasche*) 27. Was vermieden die beiden offenbar? (*ansehen*) 28. Was tat der Erzähler, während die beiden nervös vor der Theke standen? (*umständlich, sich beschäftigen, die Zigarre, abschneiden, anzünden, das Ende, mißtrauisch betrachten, noch einmal, anzünden, rauchen*) 29. Was tat er, während der Bursche um zwei Zimmer bat? (*lösen, der Pfropfen, die Flasche, der Korkenzieher*) 30. Was wünschte der Erzähler, als er an seinen Tisch zurückging? (*unvermeidlich, die Zeremonie, durch, das Erscheinen, das Essen, hinauszögern*) 31. Wie suchte das Mädchen, Haltung zu bewahren? (*betrachten, unbeteiligt, die Limonadenflasche, das Grün, der Rupfenbezug, rosenförmig, der Nagel*) 32. Was taten die beiden, als alles endlich erledigt war? (*gehen, hastig, grußlos, der Schlüssel, nach oben*) 33. Was erwartete der Erzähler von der Wirtin, als sie ihm das Essen brachte? (*lächeln*) 34. Was wäre geschehen, wenn der junge Mann nur ein Zimmer verlangt hätte? (*die Wirtin, hinausschmeißen*) 35. Warum konnte der Erzähler der Wirtin nicht zustimmen? (*ander, die Tür, offen, schmutzig, hinter, schließen*) 36. Warum stockte er, als er das Formular ausfüllte? (*wissen, was für ein, der Beruf*) 37. Woran dachte er einen Augenblick? (*die Kerze, anbieten, das Glas, der Wein, die Zigarre*) 38. Warum wollte er für den anderen Morgen keinen Kaffee bestellen? (*sehr früh, der Bahnhof*) 39. Warum schlief er gleich ein? (*ungewohnt, der Wein, müde*) 40. Warum war er erstaunt, gedeckte Frühstückstische zu sehen? (*das Gefühl, einzig, der Gast, still, das Haus*) 41. Womit war die gegenüberliegende Straße bebaut? (*nur, hoch, schwarz, die Mauer, aus, der Quader*) 42. Was befand sich hinter dem Tor, durch das er ging? (*grün, der Rasen, der Klostergarten*) 43. Welche Entdeckung machte er in der Kirche? (*das Mädchen, vom Abend vorher, die Bank, vor, der Beichtstuhl, knien, der Rand, das Schiff, der Mann, stehen*) 44. Was wünschte er, als er zum Altar blickte? (*der Mann, beichten*) 45. Warum wurde der Erzähler sehr traurig? (*feststellen, schlimm, die Sünde, das Beichten, wert*) 46. Warum verglich er sich mit einem Kübel Wasser, der lange an der Luft gestanden hat? (*sauber, aussehen, flüchtig, betrachten, hineingreifen, der Boden, finden, die Schicht, fein, ekelhaft, gestaltlos, der Schmutz*)

47. Was geschah, als das Mädchen aus dem Beichtstuhl trat? (*der Bursche, die Tasche, plötzlich, der Boden, setzen, treten, der Stuhl*) 48. Wovor kniete die junge Frau? (*alt, steinern, die Madonna, völlig, unbenutzt, schmucklos, der Altar, stehen*) 49. Was war das einzige, was der Erzähler vorzuweisen hatte? (*heftig, schlagen, das Herz, das Bewußtsein, schmutzig*) 50. Was bereute er zum ersten Male, als er auf den kalten, schmucklosen Steinsockel blickte, auf dem die Madonna stand? (*der Koffer, schwer*) 51. Wie klebte er die Kerzen auf den kalten Sockel fest? (*indem, die Kerze, die Flamme, ander, erhitzen*) 52. Was geschah, als er langsam zum Bahnhof ging? (*die Sünde, einfallen, das Herz, leicht, je*)

B. 1. Halten Sie den Erzähler für erfolgreich? 2. Welche Bedeutung kann man der Tatsache zuschreiben, daß die Kerzen des Erzählers, die Stube, in der er das junge Paar trifft, die Kirche und der Altar, auf dem die Madonna steht, alle als schmucklos geschildert werden? 3. Was weist darauf hin, daß der Erzähler ein Mensch voll Mitleid ist?

IV. *Die Stützen der Bundesrepublik*

WIE IN SCHLECHTEN ROMANEN (Seite 87 bis 93)

A. 1. Warum hat der Schwiegervater den Erzähler mit Herrn Zumpen bekannt gemacht? (*geschäftlich, nützen*) 2. Warum sollte der Erzähler das Gespräch vorsichtig auf den Auftrag bringen? (*morgen, der Zuschlag, erteilen*) 3. Worüber dachte er nach, als er auf Zumpen wartete? (*warum, die Einladung, wohl, annehmen*) 4. Wie kam ihm die Sache mit dem Abendessen vor? (*peinlich*) 5. Warum wollte er den Auftrag bekommen? (*die Mark, daran, verdienen, das Geld, gerne, haben*) 6. Wo hat seine Frau gelernt, immer den richtigen Anzug auszuwählen? (*zu Hause, das Pensionat, die Nonne*) 7. Was hat sie außerdem gelernt? (*was, der Gast, anbieten, wann, der Kognak, der Wermut, reichen, wie, der Nachtisch, assortieren*) 8. Wie erfuhr der Erzähler, daß seine Frau nervös war? (*als, die Hand, die Schulter, legen, berühren, der Hals, spüren, der Daumen, feucht, kalt*) 9. Was für ein Auto hielt vor dem Haus? (*das Fabrikat, unbekannt, italienisch, aussehen*) 10. Welcher Rat wurde dem Erzähler von seiner Frau erteilt? (*warten, bis, klingeln, die Sekunde, stehen lassen*) 11. Woran mußte der Erzähler immer denken, wenn er Frauen wie Frau Zumpen anblickte? (*die Zitrone*) 12. Was verriet ihm Zumpens Gesicht? (*furchtbar, langweilig, essen*) 13. Warum lächelten die Zumpens sich an? (*das Arbeitszimmer, der Schreibtisch, sehen, zu groß*) 14. Wie bekam der Erzähler den Rokokoschrank, den Zumpen lobte? (*die Großmutter, zur Hochzeit, schenken*) 15. Warum wurde es für zwei Minuten ganz still? (*der Gesprächsstoff*) 16. Worauf schien Zumpen zu warten? (*beiseite, nehmen, der Auftrag, sprechen*) 17. Wie hätte er die Rede auf den Auftrag bringen können? (*unter, irgendein, der Vorwand, das Arbeitszimmer, bitten, sprechen*) 18. Warum stand Bertha mit dem Autoschlüssel in der Hand, als ihr Mann in die Küche zurückkehrte? (*sollen, Zumpens, es geht um*) 19. Was fiel ihm im Badezimmer auf? (*breit, einfältig, der Mund, die Frau*) 20. Was hatte Frau Zumpen an, als sie die Tür öffnete? (*tragen, schwarz, der Hausanzug, lose, flattern, das Hosenbein, gelb, die Blume, benähen*) 21. Warum konnte der Erzähler Herrn Zumpen nicht sprechen? (*noch, ausgehen*) 22. Was sagte die Frau des Erzählers, als er sich wieder neben sie setzte? (*Frau Zumpen, sprechen*) 23. Warum hatte sie ihrem Mann nicht gleich gesagt, daß Herr Zumpen jeden Mittwochabend in seinem Club sitzt und Schach spielt? (*helfen, mögen, von sich aus, lernen, solch, die Sache, erledigen, allein, der Auftrag, bekommen*) 24. Woraus besteht das Leben für Bertha? (*der Kompromiß, schließen, die Konzession, machen*) 25. Was sah der Erzähler, als er den zweiten Schnellhefter öffnete? (*der Kostenanschlag, oben, der Rand, jemand, der Rotstift, schreiben, billig, das Angebot*) 26. Was schlug Frau Zumpen vor? (*der Kubikmeterpreis, um fünfzehn Pfennig, heraufsetzen*) 27. Warum konnte er den Meterpreis selbst nicht umändern? (*aufgeregt*) 28. Was verlangte Frau Zumpen noch, nachdem Bertha den Preis umgeändert hatte? (*der Erzähler, der Scheck, über, die Mark, ausschreiben, der Barscheck, diskontieren*) 29. Was fragte der Erzähler seine Frau, während sie nach Hause fuhren? (*ob, der Scheck, für, Herr Zumpen*) 30. Womit half er Bertha an diesem Abend nicht? (*der Wagen, die Garage, setzen, bei, das Abwaschen*) 31. Warum rief Zumpen den Erzähler an? (*sagen, die Frau, der Fehler, unterlaufen, der Meterpreis, um, sondern, der Pfennig, erhöhen*) 32. Wie sollte der Erzähler den Fehler seiner Frau verbessern? (*der Scheck, über tausend, ausschreiben*) 33. Wo wartete Zumpen auf den Scheck? (*unten, vor, das Haus, das Auto*) 34. Was tat der Erzähler, als er wieder ins Haus ging? (*das Arbeitszimmer, zurückgehen, noch einmal, hinuntergehen, der Eisschrank, die Milch, holen*) 35. Warum war von Bertha nichts zu sehen? (*wollen, darüber kommen, allein lassen, begreifen*)

B. 1. Beschreiben Sie, wie Bertha und ihr Mann die Zumpens unterhielten. 2. Erklären Sie, wie die beiden Ehepaare ohne großes Risiko Nutzen aus dem Auftrag zogen. 3. Was war dem Erzähler so unbegreiflich? 4. Welche Bedeutung hat der Titel der Erzählung?

HAUPTSTÄDTISCHES JOURNAL (Seite 94 bis 103)

A. 1. Warum hatte der Tagebuchschreiber keine Lust mehr, auszugehen oder jemanden zu besuchen? (*zu spät, das Hotel, ankommen, müde*) 2. Warum glaubt er, daß die Hauptstadt noch nicht das sei, was sie sein könne? (*die Energie, stecken, noch nicht, freigelegt*) 3. Was tat er, bevor er sich zur Ruhe begab? (*studieren, noch einmal, wichtig, das Material*) 4. Was erkannte er, als alle Denkmäler in seinem Traum gleichzeitig enthüllt wurden? (*er, der Mann, der Sockel*) 5. Wer rief ihn an, während er sich rasierte? (*Inn, alt, die Freundin*) 6. Wann wurde Inns Vater geadelt? (*erst, zwei, der Tag, vor, die Abdankung, Wilhelm der Zweite*) 7. Welche Nachricht teilte Inn ihrem Freunde mit? (*das Projekt, um dessentwillen, die Hauptstadt, kommen, bestens, vorangehen*) 8. Warum hängte Inn schnell ein? (*verhindern, die Ungeduld, die Frage, stellen*) 9. Wie vertrieb er sich die Zeit im Frühstücksraum? (*sich vorstellen, wer, der Gast, welch, die Stellung, gebrauchen*) 10. Was erhöhte seine Stimmung? (*die Erinnerung, der Traum, gestern Nacht*) 11. Warum beobachtete er die Uhr in der Halle? (*feststellen, ob, Heffling, pünktlich*) 12. Warum legte er großen Wert auf Hefflings Pünktlichkeit? (*werden zu, die Pünktlichkeit, der Mannschaftsdienstgrad*) 13. Was stellte der ehemalige Oberst zu seiner Genugtuung fest, als er Heffling anblickte? (*phallisch, das Funkeln, das Auge, „Zur Stelle, Herr Oberst", klingen, wie, alt, die Zeit*) 14. Was beobachtete der Oberst, als Heffling ihm ein paar dreckige Witze erzählte? (*Murcks-Maloche, verabredungsgemäß, ohne, ansprechen, die Halle, betreten, hinter, der Raum, das Restaurant, verschwinden*) 15. Wie gab er Heffling zu verstehen, daß er eilig war? (*die Armbanduhr, blicken*) 16. Warum freute sich der Oberst? (*der Jugendtraum, die Wirklichkeit, werden*) 17. Was fand Murcks weitaus besser als eine Diktatur? (*die Demokratie, die Mehrheit, das Parlament, auf, die Seite*) 18. Warum nahm Murcks an, daß die Öffentlichkeit das Projekt billigen würde? (*alles, schlucken*) 19. Worauf tranken die beiden? (*der Geist, das Gebäude, dienen, militärisch, die Erinnerung*) 20. Welches Gefühl hatte der Oberst, als er durch die Stadt schlenderte? (*der Degen, hinter, neben, herschleppen*) 21. Was hatte General von Schnomm von dem Obersten gehalten? (*der Idealist, immer, der Kopf, die Wolke*) 22. Welche Maßnahmen hatte der Oberst einmal getroffen, um eine Meuterei in seinem aus dreizehn Männern bestehenden Regiment zu verhindern? (*vier, der Mann, erschießen, lassen*) 23. Wie sah Inn aus, als sie zum Rendezvous mit dem Obersten ging? (*zitronengelb, das Haar, das Kleid, schwarz, der Handschuh*) 24. Was könnte eventuell eine Heirat zwischen Inn und dem Obersten verhindern? (*siebenmal, scheiden, begreiflicherweise, das Experiment, die Ehe, gegenüber, skeptisch, weltanschaulich, der Abgrund, trennen, stammen aus, streng, protestantisch, katholisch*) 25. Woran kann der Oberst sich nicht ganz gewöhnen? (*die Straße, küssen*) 26. Warum wurde er traurig, als er Marschmusik hörte? (*die Musik, wie, all, inner, das Erlebnis, der Tag, in Zivil, erleben, unsäglich, schwerfallen*) 27. Warum war der Oberst aufrichtig überrascht? (*der Salon, der Verteidigungsminster, sich gegenübersehen*) 28. Warum traute er seinen Ohren nicht? (*der Minister, mit, der General, anreden*) 29. Was fiel dem General plötzlich ein? (*die Uniform, eine halbe Stunde, der Beginn, die Feierlichkeiten* [*pl.*]) 30. Was sollte auf dem Gelände, das der

General anblickte, Wirklichkeit werden? (*das Lieblingsprojekt, die Akademie, militärisch, die Erinnerung*) 31. Welchem Zweck sollte die Akademie dienen? (*ehemalig, der Soldat, der Major, aufwärts, die Gelegenheit, das Gespräch, der Kamerad, die Zusammenarbeit, kriegsgeschichtlich, die Abteilung, das Ministerium, die Memoiren [pl.], niederlegen*) 32. Welcher Aufgabe sollten sich die Mädchen im Sonderflügel widmen? (*abendlich, die Ruhestunde, der Kamerad, versüßen, die Erinnerung, hart, plagen*) 33. Warum bedurfte der Name Hürlanger-Hiß einer Rechtfertigung? (*diffamieren, gelten als*) 34. Wie war der Marschall in Ungnade gefallen? (*als, die Armee, der Rückzug, antreten, der Verlust, nachweisen, nach, die Berechnung, erfahren, der Rückzugsspezialist, bei, entsprechen, der Kampfesmut*) 35. Woran starb der Marschall? (*die Hummervergiftung*) 36. Warum ist sein Name wieder rein? (*die Armee, der Verlust, damit, beweisen, gelten als, beispiellos, die Tapferkeit, kämpfen*) 37. Was enthielt der Grundstein? (*das Foto, der Marschall, das Achselstück*) 38. Wer hat der Truppe die Villa zur Verfügung gestellt? (*die Familie*) 39. Wie wurde der gesellige Teil eröffnet? (*durch, das Konzert, die Trommel, ehemalig, der General, spielen*) 40. Wohin marschierte man nach dem geselligen Teil? (*das Münster*) 41. Was flüsterte Inn dem General zu? (*der Oberst, zweit-, der Oberstleutnant, fünft-, der Hauptmann, sechst-, erkennen*) 42. Was erwiderte der General? (*acht-, werden*) 43. Wem stellte er Inn nach dem feierlichen Gottesdienst vor? (*der Prälat, zelebrieren*) 44. Warum konnten sie kirchlich heiraten? (*der Prälat, sagen, da, vorig, die Ehe, kirchlich, schließen, das Hindernis, bestehen*) 45. Was beschlossen sie? (*die Verlobung, zunächst, geheimhalten*) 46. Warum feierten sie ihre Verlobung auf dem Petersberg? (*die Kusine, zum Essen, einladen*) 47. Woran fühlte sich der General bei dem Wort „Opposition" erinnert? (*die Zeit, vergangen, glauben*) 48. Auf welche Weise tröstete Inn den General? (*keiner, die Familie, widerstehen*)

B. 1. Welche Anspielungen auf spezifisch deutsche Verhältnisse weist das Journal auf? 2. Finden Sie in dieser Satire typische Beispiele für militärische Mentalität!

ANSICHTEN EINES CLOWNS (Chapter 4) (Seite 104 bis 108)

A. 1. Warum hat der Erzähler viele Bekannte in Bonn? (*geboren*) 2. Was studiert sein Bruder Leo? (*katholisch, die Theologie*) 3. Weshalb wäre es für den Clown ratsam, seine Eltern wieder einmal zu sehen? (*die Geldgeschichte, regeln*) 4. Seit wann existieren seine Eltern für ihn nicht mehr als solche? (*der Tod, die Schwester, vor, siebzehn, das Jahr*) 5. Was wurden die jungen Mädchen aufgefordert zu tun, als der Krieg zu Ende ging? (*zu, die Flak, freiwillig, melden*) 6. Was dachte der Clown, als er seine Schwester in der Straßenbahn sitzen sah? (*der Ausflug, machen, obwohl, merkwürdig, die Zeit, für*) 7. Was war den Schulen damals zuzutrauen? (*alles*) 8. Was war dem Erzähler in der Schule erklärt worden? (*warum, der Italiener, der Verbündete, sondern, der Gefangene, arbeiten*) 9. Was wußte kein Mensch genau? (*los, sein*) 10. Was bedeuteten die Gewehrschüsse? (*der Deserteur, oben, der Wald, wieder, erschießen*) 11. Warum gilt Professor Brühl heute als ein Mann mit „tapferer politischer Vergangenheit"? (*nie, die Partei*) 12. Was tat die Mutter mit den Apfelschalen, die sie vom Teller ihres Sohnes nahm? (*der Mund, stecken*) 13. Was sollte der Erzähler einsehen? (*jeder, das Seinige, tun, um, jüdisch, der Yankee, heilig, deutsch, die Erde, vertreiben*) 14. Wie sahen die „jüdischen Yankees" auf dem Lastwagen aus? (*verfroren, ängstlich, jung*) 15. Was ist Henriette passiert? (*nie, zurückkommen, wissen, bis heute, beerdigen, irgendjemand, melden, nach, das Kriegsende, fallen*) 16. Warum kommt dem Clown die Besorgnis der Mutter um die heilige deutsche Erde komisch vor? (*hübsch, der Teil, die Braunkohleaktie, seit, die Generation, in den Händen, die Familie, sich befinden*) 17. Warum hatte die Mutter dem Jungvolkführer ihren Garten zur Verfügung gestellt? (*auf daß, das Kind, die Handhabung, die Panzerfaust, ausbilden*) 18. Wie hatte ein zehnjähriger Junge angeblich das Eiserne Kreuz erster Klasse bekommen? (*irgendwo, fern, Schlesien, die Panzerfaust, russisch, der Panzer, erledigen*) 19. Warum wurde der Erzähler festgenommen? (*nennen, der Jungvolkführer, das Nazischwein*) 20. Was geschah eine Stunde nach seiner Verhaftung? (*das Wohnzimmer, zum Verhör, schleppen*) 21. Warum beantwortete der Erzähler die Frage des Parteimenschen, woher er das „ominöse" Wort kenne? (*fast, beruhigend, auf, wirken*)   22. Was hörte er, während er verhört wurde? (*die Artillerie, oben, die Eifel, manchmal, sogar, das Maschinengewehr*)   23. Wozu wurde er verurteilt? (*unter, die Aufsicht, Herbert, der Garten, der Panzergraben, auswerfen*)   24. Wie erlegte Georg die Marmorstatue? (*in die Luft sprengen, sich selbst, die Panzerfaust, irrtümlich, zur Explosion bringen*)

ANSICHTEN EINES CLOWNS (Chapter 5)   (Seite 109 bis 115)

A.   1. Was suchte der Clown im Telefonbuch zusammen? (*die Nummer, all, die Leute, mit, sprechen, müssen*)   2. Welche Namen schrieb er links untereinander? (*anpumpen*)   3. Welche schrieb er rechts untereinander? (*nur, im äußersten Fall, das Geld, bitten*)   4. Warum hatte Leo nie Geld? (*alles, hergeben*)   5. Seit wann lebte der Clown wider Willen zölibatär? (*seitdem, Marie, metaphysisch, der Schrecken, wie, nennen, fliehen*)   6. Warum hat er die begonnene Tournee abbrechen können? (*aufs Knie, fallen, lassen*)   7. Warum will er nicht mit Monika das Verlangen nach einer anderen Frau stillen? (*viel zu gern, haben*)   8. Was würde Marie für ihn tun? (*sofort, das Geld, geben, alles, was, besitzen, kommen, beistehen*)   9. Warum bestand der Clown darauf, daß Marie nicht in Züpfners Haus gehörte? (*sechs Jahre lang, als, der Mann, die Frau, zusammenleben*)   10. Was sagte die Mutter des Clowns zu Leo, kurz nachdem der kleine Georg sich in die Luft gesprengt hatte? (*einmal, besser, machen*)   11. Was für Reden hält die Mutter vor amerikanischen Frauenklubs? (*die Reue, deutsch, die Jugend*)   12. Was tat Henriette einmal, als ihr der Tennisschläger aus der Hand fiel? (*stehenbleiben, auf, der Platz, blicken, träumend, der Himmel*)   13. Was tat sie mit den Karten, die sie in der Hand hatte, als die Mutter sie anschrie? (*werfen, das Kaminfeuer*)   14. Warum nimmt der Clown an, daß die gesengte Herzsieben immer noch im Kartenspiel ist? (*die Mutter, sparsam, dulden, neu, kaufen*)   15. Warum kann der Clown nicht mit seiner Schwester telefonieren? (*die Vermittlung, solch, das Gespräch, der Theologe, erfinden*)   16. Warum zögerte das Mädchen am Apparat? (*klar, die Anweisung, betreffend*)   17. Welche Auskunft war der Clown bereit zu geben, um zu beweisen, daß es sich nicht um einen Scherz handelte? (*besonder, das Merkmal, die Mutter*)   18. Wie kam es, daß die Mutter sich an ihrem schwarzen Apparat meldete? (*das Mädchen, falsch, verbinden*)   19. Was wollte der „durchreisende Delegierte"? (*die Mutter, mit, die Tochter, verbinden*)   20. Wovon redet die Mutter konstant? (*vielleicht, sogar, der Draht, der Himmel*)   21. Wer war Schnitzler? (*der Schriftsteller, der Schmarotzer, während, der Krieg, bei, leben*)   22. Wovon hatte der Schriftsteller immer gesprochen, wenn Henriette in ihren Zustand verfiel? (*mystisch, die Begabung*)   23. Was hatte sie darauf geantwortet? (*die Scheiße*)   24. Worüber hatten die Geschwister immer gelacht? (*sie, ander, die Leute, die Schularbeit, so gut, bei, eigen, schlecht*)   25. Was war für die Eltern des Clowns ziemlich bitter gewesen? (*Leo, zu, katholisch, die Kirche, übertreten*)   26. Was war das überwältigend Originelle in Schnitzlers Roman? (*die Tatsache, der Held, gefangen, französisch, der Leutnant, blond, die Heldin, deutsch, das Mädchen, die Mosel, dunkelhaarig*)   27. Warum erlegten ihm die Nazis Schriftverbot auf? (*der Roman, heimlich, die Trauung, zwischen, französisch, deutsch, enden*)   28. Wie bewog er die Mutter dazu, die Geschwister zum Dienst zu schicken? (*sagen, die Stunde, einfach, zusammenhalten, zusammenstehen, leiden*)   29. Wann hatte er gesagt, daß der Führer schon die Rettung in der Hand habe? (*etwa, eineinhalb, der Tag, bevor, der Amerikaner, Bonn, erobern*)   30. Warum scheinen dem Clown Menschen vom Schlage seines Großvaters unverwüstlich zu sein? (*alt, der Knabe, weder... noch, die Erinnerung, die Gewissensqualen [pl.], zermürben*)   31. Was hat man der Mutter erzählt? (*der Sohn, schlecht, gehen, beruflich, das Pech*)   32. Wonach roch die Mutter? (*nichts*)   33. Worauf legte die Mutter immer großen Wert? (*die Dame, keinerlei, die Art, der Geruch, ausströmen*)   34. Wie sieht die Geliebte des Vaters aus? (*als ob, wohlriechend*)

B.   (Ch. 4 and 5) 1. Erklären Sie den Satz des Clowns: „Ich glaube, daß die Lebenden tot sind, und die Toten leben, nicht wie die Christen und Katholiken es glauben."   2. Warum hat der Erzähler keinen Respekt vor seiner Mutter? Vor Professor Brühl? Und vor dem Schriftsteller Schnitzler?

V. Die Conditio Humana

DIE WAAGE DER BALEKS (Seite 122 bis 129)

A. 1. Wovon lebten die meisten Menschen in der Heimat des Großvaters? (*die Arbeit, die Flachsbreche*) 2. Wie ließen sie sich langsam dahinmorden? (*indem, der Staub, einatmen, zerbrochen, der Stengel, entsteigen*) 3. Was aßen sie? (*der Ziegenkäse, die Kartoffel, manchmal, das Kaninchen, schlachten*) 4. Wo schliefen Eltern und Kinder? (*die Stube, die Eltern, schrankartig, das Bett, das Kind, ringsum, die Bank*) 5. Warum röteten sich die Gesichter der Kinder vor Freude an festlichen Tagen? (*die Mutter, gießen, die Milch, der Kaffeetopf*) 6. Welche Arbeiten mußten die Kinder zu Hause verrichten? (*die Stube, fegen, aufräumen, das Geschirr, waschen, die Kartoffel, schälen*) 7. Warum mußten sie den Eltern die dünnen Schalen vorweisen? (*um, der Verdacht, möglich, die Verschwendung, die Leichtfertigkeit, zerstreuen*) 8. Wohin mußten sie gehen, wenn sie aus der Schule kamen? (*der Wald, um, der Pilz, das Kraut, sammeln*) 9. Wieviel bekamen die Kinder für Heublumen und Pilze? (*ein, zwanzig, der Pfennig, das Kilo*) 10. Was hatte fast jede Familie? (*der Platz, der Pilz, pflücken*) 11. Was befand sich neben der Milchküche der Baleks? (*klein, das Stübchen, wiegen*) 12. Wer hatte schon vor der großen Waage der Baleks gestanden? (*die Großeltern*) 13. Wie nennt der Erzähler den schwarzen Strich an der Waage? (*dünn, die Linie, die Gerechtigkeit*) 14. Was tat Frau Balek, wenn sie gut gelaunt war? (*greifen, in, das Glas, sauer, der Bonbon, geben, das Kind*) 15. Wie lautete das Gesetz, das die Baleks dem Dorfe gaben? (*kein, dürfen, die Waage, haben*) 16. Wie wurden diejenigen bestraft, die es brachen? (*aus, die Flachsbreche, entlassen, nichts mehr, abkaufen, auch, das Nachbardorf, die Arbeit, finden, weil, die Macht, so weit, reichen*) 17. Warum dachte niemand daran, dieses Gesetz zu brechen? (*für, das Mehl, geben, das Hohlmaß, das Ei, zählen, das Gesponnene, nach Ellen, messen, die Waage, der Eindruck, machen, stimmen*) 18. Was begehrten die Wilderer? (*die Nacht, mehr, verdienen, als, der Monat, die Flachsbreche*) 19. Warum war der Großvater kühn? (*erst, die Gerechtigkeit, prüfen*) 20. Wieso war er fleißig? (*weiter, der Wald, hineinkriechen, als vor, das Kind, die Sippe, kriechen, finden, viel, der Pilz, sogar, die Trüffel*) 21. Warum drangen die anderen Kinder nicht weit in das Dickicht vor? (*die Furcht, haben, vor, Bilgan, der Riese, der Sage nach, hausen, sollen*) 22. Warum wußte der Großvater genau, was er den Baleks brachte? (*eintragen, alles, die Rückseite, das Kalenderblatt*) 23. Warum schenkten die Baleks jeder Familie im Dorf ein Viertelpfund echten brasilianischen Kaffee? (*der Kaiser, adeln*) 24. Warum nahmen die Baleks den Namen Bilgan an, als sie geadelt wurden? (*der Sage nach, der Riese, dort, groß, das Schloß, bauen, wo, das Gebäude, stehen*) 25. Warum ging der Großvater allein zu Frau Balek hin, um den Kaffee für vier Familien abzuholen? (*der Nachmittag, vor Silvester, die Stube, schmücken, backen, vier, der Junge, entbehren*) 26. Warum war Frau Balek nicht in der Stube? (*die Vorbereitung, das Fest, beschäftigt sein*) 27. Warum trat die Magd aus der Stube? (*müssen, das Glas, sauer, der Bonbon, neu, erfüllen*) 28. Warum trug der Großvater immer Kieselsteine bei sich? (*um, die Schleuder, der Spatz, schießen, an, die Kohlpflanze, die Mutter, herumpicken*) 29. Was mußte er tun, bis der Zeiger endlich scharf über dem schwarzen Strich lag? (*fünf, der Kieselstein, neben, vier, das Kaffeepaket, legen*) 30. Was tat er mit dem sauren Bonbon? (*auf die Erde, werfen, zertreten*) 31. Was tat Gertrud, als er sagte, er möchte Frau Balek sprechen? (*auslachen*) 32. Wen suchte er in der dunklen Nacht? (*jemand, die Waage, dürfen*) 33. Was dachte der Apotheker, als er dem verfrorenen Jungen die Tür öffnete? (*um, die Medizin, kommen, weil, schlimm, werden, die Lunge, der Vater*) 34. Wie wurde der Junge naß? (*der Schnee, durch, schlecht, der Schuh, dringen, der Wald, der Zweig, über, schütteln, warm, die Stube, schmelzen*) 35. Warum fing er plötzlich an zu weinen? (*weil, die Pflanze, einfallen, die Waage, wiegen, fünf, der Kieselstein, die Gerechtigkeit, fehlen*) 36. Was übersah der Junge? (*der Pfannkuchen, heiß, die Tasse, der Kaffee, gut, dick, vorsetzen*) 37. Was tat er den ganzen Abend, nachdem er nach Hause gegangen war? (*ausrechnen, wieviel, schulden*) 38. Wem erzählte er von seiner Entdeckung? (*die Eltern, die Geschwister*) 39. Wie sah das Dorf aus, als die Baleks zum Hochamt fuhren? (*ausgestorben*) 40. Was spürte der Pfarrer, als er die Kanzel bestieg? (*die Kälte, sonst, still, friedlich, das Gesicht*) 41. Was fragte Frau Balek den blassen Franz nach dem Gottesdienst? (*warum, der Kaffee, die Mutter, mitnehmen*) 42. Welches Kirchenlied stimmten die Leute an? (*die Gerechtigkeit, die Erde, der Herr, töten*) 43. Was hat der Wilderer aus dem Stübchen der Baleks gestohlen? (*die Waage, das Buch, alles, eintragen, was, kaufen von*) 44. Was taten die Gendarmen? (*eindringen, schießen, stechen, die Stube, der Urgroßvater, herausholen, mit Gewalt*) 45. Wer kam ums Leben? (*die Schwester, töten, der Gendarm, der Wilderer, erstechen*) 46. Wie wurden Ruhe und Ordnung wiederhergestellt? (*viel, der Gendarm, kommen, das Gefängnis, bedrohen*) 47. Was ließ der Bezirkshauptmann in allen Dörfern austrommeln? (*singen, das Lied, verboten*) 48. Warum blieben die Eltern des Großvaters an keinem Ort lange? (*schmerzen, zusehen, wie, all, der Ort, das Pendel, die Gerechtigkeit, falsch, ausschlagen*)

B. 1. Welche Beziehung besteht zwischen der Geschichte von den Baleks und dem Lied, das die Leute jeden Sonntag in der Kirche sangen? 2. Geben Sie eine kurze Zusammenfassung der Geschehnisse am 31. Dezember! 3. Was für üble Folgen hatte die Entdeckung des Großvaters?

DIE UNSTERBLICHE THEODORA (Seite 130 bis 134)

A. 1. Was hat die Akademie Bodo zuerkannt? (*der Rang, unsterblich*) 2. Wo fängt die Bengelmannstraße an? (*das Zentrum, die Stadt*) 3. Wie weit führt sie? (*bis in, ländlich, das Gefilde, wo, die Kuh, abends, brüllen, warten auf, an, die Tränke, führen*) 4. Warum hat der Erzähler genug Zeit, an Bodo zu denken, wenn er an der Kasse im Pfandhaus steht? (*warten, bis, die Rohrpost, der Pfandschein, herüberbringen*) 5. Was hatten Bodo und der Erzähler fünfmal vergeblich versucht? (*auf, alt, die Schreibmaschine, auf, das Gedicht, ins reine schreiben, das Darlehen, städtisch, das Leihhaus, bekommen*) 6. Warum konnten sie die Schreibmaschine nicht verpfänden? (*zu alt, klappern, ächzen, drei, die Generation, zu oft, auf, herumhämmern*) 7. Was wird in der Bengelmann-Gedächtnisstätte aufbewahrt? (*rötlich, zerkauen, der Federhalter, mit, die Aufschrift, versehen, die Feder, schreiben*) 8. Wie hatte Bodo den Federhalter bekommen? (*die Schwester, das Ledermäppchen, stehlen*) 9. Was taten Bodo und der Erzähler mit der Maschine? (*verkaufen, für, bloß, der Schrottwert, von, sechs achtzig, die Mark*) 10. Wovon hatte der Altwarenhändler keine Ahnung? (*unsterblich, die Lyrik, die Maschine, entquellen*) 11. Was tut Lotte, wenn sie heute vor dem Federhalter steht, der unter Glas liegt? (*fertigbringen, die Träne, vergießen, die Tatsache, wegen, nie, sein*) 12. Wann schrieb Bodo seine Gedichte mit dem Federhalter seiner Schwester? (*nachdem, zwei, das Kotelett, der Haufen, der Salat, groß, der Vanillepudding, die Käseschnitte, verzehren*) 13. Wie lange gebrauchte er den Federhalter? (*achtzehn, die Minute*) 14. Wovon lebt Lotte heute? (*lyrisch, der Ruhm, der Bruder*) 15. Warum verpetzte sie Bodo, wenn er dichtete? (*gemein, das Dichten, gehören zu, das Ding, zeitraubend, deshalb, überflüssig, halten für*) 16. Womit verprügelte Herr Bengelmann seinen Sohn? (*stählern, das Lineal, mit, der Strich, unter, der Kontoauszug, der Kunde, ziehen*) 17. Warum läßt der Erzähler die fast siebzig Gedichte in seinem Besitz nicht veröffentlichen? (*gedenken, als, die Altersrente, aufbewahren*) 18. Wodurch konnte Bodo im Tapetengeschäft so viele Gedichte schreiben? (*der Händler, liegen, meistens, betrunken, unter, die Theke, schreiben, die Rückseite, das Tapetenmuster*) 19. Weshalb erhöhte er seine lyrische Produktion? (*sich verlieben in, das Mädchen, das Lied, Theodora, besingen, obwohl, heißen*) 20. Was tat Bodo an einem ersten Dezember? (*schicken, 300, das Gedicht, verschieden, die Redaktion, ohne, das Rückporto, beilegen*) 21. Warum genoß Bodo seinen Ruhm nur zwei Jahre? (*sterben an, der Lachkrampf*) 22. Was waren die einzigen Sätze in gültiger Prosa, die er je äußerte? (*der Ruhm, die Portofrage, doch, gar nicht, ernst, meinen*) 23. Welche Bedeutung haben die „Lieder an Theodora"? (*der Ruhm, hauptsächlich, begründen*) 24. Mit wem identifizierte einer der Kritiker die mysteriöse Theodora? (*zeitgenössisch, noch, leben, die Dichterin*) 25. Warum findet die Dichterin diese Identifizierung peinlich? (*nie, Bodo, sehen, fast, zwingen, zugeben, Theodora, sein*) 26. Wer ist die wirkliche Theodora? (*das Mädchen, Beckers billiger Laden, der Tisch, stehen, wo, die Schreibwaren* [pl.], *verkaufen*) 27. Wovon hat Theodora keine Ahnung? (*höher, die Literatur*) 28. Was hatten Bodo und der Erzähler oft

Übungen 175

getan? (*vor, der Laden, stehen, Käte, auflauern, folgen, bis in, der Vorort, heute, noch, wohnen*) 29. Warum hatte Bodo das reizende Mädchen nie angesprochen? (*zu schüchtern*) 30. Warum kommt die Wendung ,,zauberischer Zungenschlag" so oft in Bodos Gedichten vor? (*lispeln, wie, die Göttin*) 31. Was muß der Erzähler annehmen? (*anonym, der Brief, das Gedicht, Bodo, schicken, der Ofen, landen*) 32. Von wem wird Käte neuerdings abgeholt? (*jung, der Mann, die Kleidung, nach, urteilen, der Autoschlosser*) 33. Warum verrät der Erzähler sein Geheimnis nicht? (*zittern um, das Wohl, das Glück, der Autoschlosser*)

B. 1. Versuchen Sie sich vorzustellen, was passiert wäre, wenn der Erzähler die Identität der Theodora enthüllt hätte. 2. Worauf zielt der Spott dieser Satire? 3. Nehmen Sie an, Sie seien Professor für moderne deutsche Literaturgeschichte und seien gerade gebeten worden, einen kurzen Artikel über den berühmten, aber leider allzu früh verschiedenen Dichter Bodo Bengelmann für eine Enzyklopädie zu verfassen. Kommen Sie der Bitte nach!

WENN SEAMUS EINEN TRINKEN WILL... (Seite 135 bis 138)

A. 1. Wann kann Seamus seinem Durst einige Freiheit lassen? (*solange, der Fremde, der Ort, denn, dürfen, trinken, wann immer, der Durst, kommen*) 2. Warum muß Seamus nach dem ersten September seinen Durst regulieren? (*fast, kein, der Fremde, geben, werktags, die Polizeistunde, um 22 Uhr, arbeiten, oft, bis halb zehn, manchmal, länger, sonntags, sich zwingen, entweder... oder, bis, nachmittags, zwei Uhr, zwischen, sechs, acht Uhr, abends, durstig, sein*) 3. Warum würde der Wirt sich weigern, seine Kneipe am Sonntagnachmittag nach zwei Uhr zu öffnen? (*riskieren, fünf, das Pfund, die Geldstrafe, die Fahrt, die Provinzhauptstadt, verlieren, der Arbeitstag*) 4. Warum ist es leicht zu verstehen, daß Seamus ein Glas Bier haben will? (*schwer, das Mittagessen, haben*) 5. Welchen Ausweg gibt es für Seamus? (*das Fahrrad, der Schuppen, holen, sechs, die Meile, das Nachbardorf, strampeln, denn, der Wirt, müssen, geben, was, heimatlich, verweigern, das Bier*) 6. Warum ist die geographische Lage für Seamus ungünstig? (*brauchen, nach, das Trinkgesetz, nur, drei, die Meile, von, das Heimatdorf, entfernt, aber, nächst, die Kneipe, sechs, weg*) 7. Warum hat Seamus als Irländer solch außergewöhnliches Pech? (*Irland, sechs, die Meile, ohne, die Kneipe, die Seltenheit*) 8. Was zeigt, daß Seamus kein Säufer ist? (*sonst, gar nicht, so lange, überlegen, ob, nächst, das Dorf, das Fahrrad, fahren*) 9. Was ziemt sich nicht für einen Mann? (*der Durst, das Brunnenwasser, die Buttermilch, löschen*) 10. Was ist auf dem Plakat abgebildet? (*riesig, naturalistisch, malen, das Glas Bier, darüber, schneeweiß, der Schaum, von, durstig, der Seehund, auflecken*) 11. Warum flucht Seamus auf den Klerus, als er sein Fahrrad den steilen Berg hinaufschiebt? (*unverständlich, das Trinkgesetz, hartnäckig, halten*) 12. Was hatte der fluchende Seamus vor wenigen Stunden getan? (*ergeben, fromm, die Kirche, stehen, das Sonntagsevangelium, hören*) 13. Wem begegnet Seamus auf der Höhe des Berges? (*der Vetter, das Nachbardorf, auch, gesalzen, der Schinken, gepfeffert, der Kohl, essen*) 14. Was wird Seamus tun, sobald er Dermots Stammkneipe erreicht? (*was, vorhaben, sinnlos, sich besaufen*) 15. Warum wird er sich betrinken? (*sich lohnen, ein Glas Bier, der Whisky, der Weg, machen*) 16. Wozu könnte sich Seamus auch entschließen? (*der Durst, das Wasser, die Buttermilch, löschen, sich legen, das Bett, die Sonntagszeitung*) 17. Warum stürzt Seamus voller Entsetzen in die Kneipe? (*erwachen, auf, die Uhr, blicken, feststellen, viertel vor acht, der Durst, nur noch, die Viertelstunde, die Zeit*) 18. Was berichtet der Posten, der draußen vor der Tür steht? (*der Dorfpolizist, langsam, heranschlendern*) 19. Was fällt denen ein, die keine Säufer sind, wenn der Wirt anfängt, stereotyp zu rufen: ,,Schluß jetzt, bitte!"? (*die Kneipe, bald, schließen, noch nicht, sich betrinken*) 20. Wann wird der Andrang enorm? (*fünf, die Minute, vor acht*) 21. Wogegen saufen alle? (*der Durst, vielleicht, um, zehn, elf, noch, kommen, können*) 22. Womit vergleicht Böll die Trink- und Spendierfreudigkeit der Iren? (*das Zigarettenrauchen, derer, ebenso, heimlich, wie, rauchen, sich erbrechen*) 23. Was tun die Siebzehnjährigen, die sich in dem Kuhstall verstecken? (*in sich, hineinschütten, das Bier, der Whisky, erfüllen, sinnlos, die Spielregel, der Männerbund*) 24. Was wird abends gegen viertel nach acht wiederholt? (*der Sketch, nachmittags, um zwei, Seamus, Dermot, spielen, oben auf, der*

Berg, die Gruppe, der Betrunkene, begegnen) 25. Wie erfüllt man das Gesetz mit der Drei-Meilen-Bestimmung? (*das Dorf, die Kneipe, wechseln*)

B. 1. Schildern Sie, wie Seamus einen ganz gewöhnlichen Septembersonntag verbringt. 2. Vergleichen Sie das Trinkgesetz in Irland mit den gesetzlichen Regelungen in Ihrem Bezirk. Welche Regelung würden Sie vorziehen und warum?

VI. *Annemarie und Heinrich Böll als Übersetzer*

DER LACHENDE MANN (Seite 143 bis 158)

A. 1. Was geschah jeden Werktagnachmittag um drei Uhr? (*der Comanche, der Jungenausgang, die Volksschule, der Häuptling, abholen*) 2. Was für einen Wagen hatte der Häuptling? (*umgebaut, der Lieferwagen*) 3. Wann spielten die Jungen Fußball? (*das Wetter, zulassen*) 4. Wohin schleppte der Häuptling die Comanchen an regnerischen Nachmittagen? (*entweder... oder, naturgeschichtlich, das Museum, städtisch, die Kunsthalle*) 5. Warum gingen sie nie irgendwo anders hin? (*der Häuptling, ander, die Variation, kennen*) 6. Wonach sah der Bus aus? (*der Autofriedhof*) 7. Warum konnten sie in dem Van-Cortlandt-Park harten Männersport spielen? (*der Platz, vorgeschrieben, das Maß*) 8. Wo verirrte sich der Erzähler eines Samstagmorgens? (*auf, tückisch, das Gelände, zwischen, die Reklame, die Seife, westlich, die Auffahrt*) 9. Warum ließ er den Mut nicht sinken? (*sicher, finden*) 10. Was für ein Mann war der Häuptling? (*außerordentlich, schüchtern, freundlich, insgesamt, unvergeßlich, die Persönlichkeit, die Jugend, die Fähigkeit*) 11. Welchen Rang hatte Gedsudski bei den Pfadfindern? (*der Adler*) 12. Woran hatte er beinahe teilgenommen? (*das Fußballendspiel, die Nationalmannschaft, 1926*) 13. Warum war er ein guter Schiedsrichter? (*unparteiisch, bei, wild, der Wettkampf, nie, der Nerv, verlieren*) 14. Was hätten die Comanchen getan, wenn sie ihre Wünsche in Zentimeter hätten verwandeln können? (*in, der Riese, verwandeln*) 15. Wie lang war der Rumpf des Häuptlings? (*fast, wie, das Bein*) 16. Wann machten die Comanchen selbstsüchtigen Gebrauch von des Häuptlings Fähigkeit zum Geschichtenerzählen? (*an, der Nachmittag, da, sehr früh, dunkel, werden*) 17. Warum waren die drei Extrasitze die besten im Bus? (*so weit, nach vorne, reichen, der Fahrer, im Profil, sehen*) 18. Warum erlosch die Spannung der Comanchen nicht mehr, wenn der Häuptling erst einmal angefangen hatte? (*lachen, der Mann, genau, richtig, die Geschichte*) 19. Warum steckten die Banditen den Kopf des Kindes in einen Schraubstock? (*sich fühlen, außerordentlich, pikiert, weil, reich, die Eltern, aus, religiös, der Grund, sich weigern, das Lösegeld, der Sohn, zahlen*) 20. Wie stellte der Erzähler sich die Atemtechnik des Lachenden Mannes vor? (*wenn, atmen, gräßlich, traurig, die Höhlung, unterhalb, die Nase, sich öffnen, sich zusammenziehen, wie, monströs, das Ventil*) 21. Was passierte, wenn Fremde sein schreckliches Gesicht sahen? (*in Ohnmacht fallen*) 22. Wieso konnte die Maske aus Mohnblütenblättern den Banditen anzeigen, wo der Lachende Mann sich befand? (*der Umstand, entsprechen, riechen nach, das Opium*) 23. Mit wem freundete sich der Lachende Mann an? (*das Tier, jeglich, die Art, die Anzahl, dicht, der Wald, leben*) 24. Warum konnte er vor den Tieren seine Maske abnehmen? (*häßlich*) 25. Warum erfand er sein eigenes System? (*halten von, viel, der Trick, der Bandit*) 26. Unter welchen Umständen mordete der Lachende Mann? (*unbedingt, notwendig*) 27. Was befiel die Banditen, als sie von seinen Unternehmungen erfuhren? (*rasend, die Eifersucht*) 28. Wie versuchten sie ihn umzubringen? (*glauben, durch, der Trunk, tief, der Schlaf, versetzen, das Bett, vorübergehen, einstechen, auf, die Gestalt, unter, die Decke, liegen*) 29. Wer war das eigentliche Opfer ihrer Eifersucht? (*die Mutter, der Räuberhauptmann, unerfreulich, alt, die Hexe*) 30. Welcher mitleidige Zug zeigte sich im Charakter des Lachenden Mannes? (*obwohl, einig, die Schwierigkeit, bereiten, sich weigern, der Bandit, töten*) 31. Worauf bildete er sich nichts ein? (*hoch, die Intelligenz*) 32. Wer waren seine erbittertsten Feinde in Paris? (*berühmt, der Detektiv, Dufarge, bildhübsch, die Tochter*) 33. Womit verschwendeten die Dufarges unendlich viel

Übungen 177

Zeit? (*durch, Pariser, das Kanalsystem, waten*) 34. Wem schenkte der Lachende Mann den größten Teil von seinem Privatvermögen? (*der Mönch, chinesisch, das Kloster, demütig, der Asket, das Leben, die Aufzucht, deutsch, der Polizeihund, widmen*) 35. Wovon lebte er fast ausschließlich? (*der Reis, das Adlerblut*) 36. Wo befand sich seine winzige Hütte? (*an, sturmgepeitscht, die Küste, Tibet*) 37. Warum hatte der riesige Mongole keine Zunge mehr? (*der Weiße, ausbrennen*) 38. Warum erteilte der Lachende Mann seine Befehle durch einen Seidenschirm? (*niemand, erlaubt, das Gesicht, sehen*) 39. Für wen hielt sich der Erzähler im Jahre 1928? (*nicht nur, unmittelbar, der Abkömmling, sondern, einzig, lebend, legitim, der Sproß*) 40. Wie spielte der Erzähler seine betrügerische Rolle weiter? (*putzen, der Zahn, kämmen, das Haar, unterdrücken, angeboren, gräßlich, das Lachen*) 41. Warum war er nicht der einzige legitime lebende Nachkomme des Lachenden Mannes? (*geben, 25, der Club*) 42. Worauf warteten die Comanchen? (*annehmbar, die Chance, der Schrecken, die Bewunderung, in, nächstbest, brav, das Bürgerherz, erwecken*) 43. Welche überraschende Entdeckung machte der Erzähler eines Nachmittags im Februar? (*oberhalb, der Rückspiegel, über, die Windschutzscheibe, der Bus, klein, gerahmt, die Photographie, das Mädchen, hängen*) 44. Warum zuckte der Häuptling wohl die Schultern? (*um, andeuten, das Photo, mehr oder weniger, aufzwingen*) 45. Welchen Charakter nahm das Bild mit der Zeit an? (*unpersönlich, das Tachometer*) 46. Wofür forderten einige Comanchen eine Erklärung? (*der Häuptling, der Bus, gut eine halbe Meile, hinter, das Baseballfeld, stoppen*) 47. Wer kletterte in den Bus? (*das Mädchen, der Bibermantel*) 48. Welche drei Mädchen hat der Erzähler auf den ersten Anblick wirklich schön gefunden? (*erst, mager, schwarz, der Badeanzug, zweit-, an Bord, der Vergnügungsdampfer, dritt-, der Häuptling*) 49. Wohin setzte sich Mary Hudson? (*zwischen, der Erzähler, der Junge, namens Edgar, der Vater, der Schnapsschmuggler, innig, befreundet*) 50. Wovon erzählte Mary Hudson dem Häuptling? (*der Zug, verpassen*) 51. Was hielt er plötzlich lose in der Hand? (*der Knopf, die Gangschaltung*) 52. Welchen Gesichtsausdruck zeigten alle Comanchen, als sie das Baseballfeld endlich erreicht hatten? (*manch, wissen, einfach, wann, gehen, müssen*) 53. Wie trieb Mary die Sache auf die Spitze? (*äußern, schelmisch, der Wunsch, mitspielen*) 54. Was hatte der Häuptling bisher geschickt verborgen? (*das Ding, geben, mit, auch, fertig werden*) 55. Auf welche Weise versuchte er Mary vom Spielen abzubringen? (*weisen, auf, das Spielfeld, schlammig, voller, die Pfütze, aufheben, der Schläger, um, zeigen, wie schwer*) 56. Was schlug der Häuptling dem Mannschaftsführer der „Krieger" vor? (*an, die Stelle, der Mittelfeldspieler, spielen, krank, zu Hause, bleiben*) 57. Was tat der Erzähler, um seine Würde zu wahren, als er spürte, daß Mary über ihn lächelte? (*aufheben, der Stein, werfen, gegen, der Baum*) 58. Worauf hatte Mary fest bestanden? (*der Fanghandschuh, tragen*) 59. Was fragte ihn der Erzähler, als er ihr ein Schlagholz reichte? (*warum, so, schwer*) 60. Was geschah, als sie zum erstenmal mächtig ausholte? (*treffen, der Ball, himwegschlagen über, der Kopf, der Gegner, link, das Feld*) 61. Warum konnte man Mary nicht dazu bewegen, ihren Fanghandschuh auszuziehen? (*finden, so schick*) 62. Wie oft spielte Mary in den nächsten Monaten Baseball? (*mehrmals, in, die Woche*) 63. War sie immer pünktlich am Bus? (*manchmal, sich verspäten*) 64. Was roch man, wenn man neben ihr saß? (*wunderbar, das Parfüm*) 65. Was tat der Häuptling, um den Comanchen das Warten auf Mary Hudson zu versüßen? (*sich setzen, rittlings, auf, der Sitz, beginnen, neu, die Fortsetzung*) 66. Was boten die Dufarges dem Lachenden Manne, nachdem sie seinen besten Freund in eine Falle gelockt hatten? (*die Freiheit, gegen, eigen*) 67. Worüber einigten sich Dufarge und der Lachende Mann? (*in, bestimmt, der Abschnitt, dicht, der Wald, Paris, umgeben, treffen, sollen, bei Mondlicht, Schwarze Schwinge, freilassen*) 68. Warum färbte Dufarge die linke Hinterpfote des anderen Timberwolfs weiß? (*damit, genau, aussehen, wie*) 69. An wen richtete der Lachende Mann ein paar Abschiedsworte? (*der Timberwolf, alt, der Freund, halten für*) 70. Was teilte ihm der Austauschwolf mit? (*Armand, heißen, noch nie, in, das Leben, China, sein, leise, die Absicht, haben, dorthin, gehen*) 71. Warum fiel Dufarge nicht in Ohnmacht, als der Lachende Mann seine Maske mit der Zunge zurückstieß? (*gerade, der Hustenanfall, haben, daher, tödlich, die Enthüllung, verpassen*) 72. An welcher Stelle hörte die Fortsetzung plötzlich auf? (*Dufarge, die Maschinenpistole, dorthin, feuern, wo, schwer, fauchend, der Atem, hören*) 73. Warum war der Befehl des Häuptlings, ruhig zu sein, vollkommen unlogisch? (*die ganze Zeit über, totenstill, der Bus*) 74. Wo saß Mary Hudson? (*etwa, 100 Meter, links von, auf, die Bank, einzwängen, zwischen, das Mädchen, der Kinderwagen*) 75. Was rief der Häuptling dem Erzähler zu, als dieser fragte, ob Mary mitspielen würde? (*besser, auf, das Spiel, achten, sollen*) 76. Was fragte der Erzähler Mary, als er seinen Fanghandschuh an der Hose abwischte? (*ob, Lust haben, mal, zum Abendessen, zu ihm, nach Hause, kommen, da, der Häuptling, oft*) 77. Was antwortete sie darauf? (*in Ruhe, lassen*) 78. Was wußte der Erzähler mit absoluter Sicherheit?(*für immer, aus, die Comanchenlinie, ausbrechen*) 79. Was geschah, als er sich umdrehte und rückwärtsging? (*rennen, voll, die Wucht, gegen, der Kinderwagen*) 80. Was tat Mary Hudson, als der Häuptling sie am Ärmel ihres Bibermantels festhielt? (*sich losmachen, laufen, über, das Spielfeld, auf, der Zementweg*) 81. Worauf freuten sich die Comanchen, als sie zum Bus rannten? (*nächst, die Fortsetzung*) 82. Warum bekam der Erzähler keinen guten Platz im Bus? (*als, über, die Avenue, rennen, der Pullover, fallen lassen, der Fuß, darin, sich verfangen, der Länge nach, hinfallen*) 83. Wie still wurde es im Bus? (*ungefähr, wie, stufenweise, das Theater, werden, wenn, das Licht, langsam, ausgehen*) 84. Was tat der Häuptling, nachdem er sich in seine Erzählpositur gesetzt hatte? (*herausziehen, das Taschentuch, sich putzen, systematisch, die Nase, das Nasenloch, nach, ander*) 85. Warum war Dufarge außer sich vor Freude? (*seltsam, der Todesseufzer, von, das Opfer, hören*) 86. Warum waren die Dufarges überrascht? (*noch lange nicht tot*) 87. Was geschah, als der Lachende Mann die vier Geschosse wieder von sich gab? (*das Herz, buchstäblich, brechen, tot, der Fuß, fallen*) 88. Warum hätte die Geschichte an dieser Stelle aufhören sollen? (*der Comanche, plötzlich, der Tod, schon, fertig werden*) 89. Warum war der Lachende Mann dem Tode gefährlich nahe? (*bluten, schrecklich, haben, der Nachschub an, das Adlerblut*) 90. Was gebot er den Tieren des Waldes? (*freundlich, der Zwerg, holen*) 91. Was war die erste Liebestat Ombas? (*bestehen in, die Maske, der Meister, voller, die Ehrfurcht, wieder, vor, abstoßend, das Gesicht, befestigen*) 92. Was offenbarte der Zwerg seinem Meister? (*Schwarze Schwinge, töten*) 93. Was tat der Lachende Mann als letzte Handlung vor seinem Tod? (*reißen, die Maske, das Gesicht*) 94. Warum wurde der Erzähler zu Bett geschickt? (*der Zahn, aufeinander, schlagen*)

B. 1. Warum liebten und verehrten die Comanchen den Häuptling? 2. Beschreiben Sie den letzten Kampf zwischen dem Lachenden Mann und den Dufarges. 3. Welche Vorkommnisse in der Geschichte vom Lachenden Mann widersprechen der Wirklichkeit? 4. Warum ließ der Häuptling den Lachenden Mann sterben?

Suggestions for Further Reading

Suggestions for Further Reading

The following is a select bibliography compiled for the student who may wish to continue his reading of Böll and find out more about the author and his works. Emphasis has been placed on paperback editions which may be easily purchased. For those who are still uncomfortable with German and/or pressed for time, a list of available translations has been provided. More complete bibliographical data are to be found in *Der Schriftsteller Heinrich Böll: Ein biographisch-bibliographischer Abriß*, ed. Ferdinand Melius, Köln and Berlin: Verlag Kiepenheuer & Witsch (4th enl. ed., 1965).

I. WORKS BY HEINRICH BÖLL

A. *Hard-cover editions*
   1. *Erzählungen, Hörspiele, Aufsätze.* Köln and Berlin: Verlag Kiepenheuer & Witsch, 1961 (contains 21 stories written between 1950 and 1958, six radio plays, and numerous essays and articles, including "Brief an einen jungen Katholiken.")
   2. *1947 bis 1951.* Köln: Verlag Middelhauve, 1963 (early works including *Der Zug war pünktlich, Wo warst du, Adam?* and the twenty-five stories published in the collection *Wanderer, kommst du nach Spa...*)
   3. *Frankfurter Vorlesungen.* Köln and Berlin: Verlag Kiepenheuer & Witsch, 1966.
   4. *Ende einer Dienstfahrt* (Erzählung). Köln and Berlin: Verlag Kiepenheuer & Witsch, 1966.
   5. *Aufsätze, Kritiken, Reden.* Köln and Berlin: Verlag Kiepenheuer & Witsch, 1967 (a collection of articles, essays, reviews, interviews, and speeches, 1952–1967.)

B. *Paperback editions*
   (published by Deutscher Taschenbuch Verlag, München)
   1. *Irisches Tagebuch* (dtv-Taschenbücher, 1)
   2. *Zum Tee bei Dr. Borsig* (Hörspiele) (dtv-Taschenbücher, 200)
   3. *Als der Krieg ausbrach.* Erzählungen I (dtv-Taschenbücher, 339)
   4. *Nicht nur zur Weihnachtszeit.* Satiren (dtv-Taschenbücher, 350)
   5. *Ansichten eines Clowns* (Roman) (dtv-Taschenbücher, 400)
   6. *Hierzulande.* Aufsätze zur Zeit (Sonderreihe dtv-Taschenbücher, 11)
   (published by Droemer Verlag, München)
   Billard um halbzehn (Roman) (Knaur Taschenbücher, 8)
   (published by Verlag Kiepenheuer & Witsch, Köln and Berlin)
   Ein Schluck Erde (Drama) (Collection-Theater, Texte, 3)
   (published by List Verlag, München)
   Der Bahnhof von Zimpren (Erzählungen) (List Bücher, 138)

(published by Ullstein Verlag, Frankfurt/Main and Berlin)
1. *Wo warst du, Adam?* (Roman) (Ullstein Bücher, 84)
2. *Und sagte kein einziges Wort* (Roman) (Ullstein Bücher, 141)
3. *Haus ohne Hüter* (Roman) (Ullstein Bücher, 185)
4. *Das Brot der frühen Jahre* (Erzählung) (Ullstein Bücher, 239)
5. *Wanderer, kommst du nach Spa...* (Erzählungen) (Ullstein Bücher, 322)
6. *Der Zug war pünktlich* (Erzählung) (Ullstein Bücher, 415)

C. *Hard-cover editions in English translation*
1. *Acquainted with the Night (Und sagte kein einziges Wort),* trans. Richard Graves. New York: Holt, Rinehart & Winston, 1954.
2. *Adam, Where Art Thou? (Wo warst du, Adam?),* trans. Mervyn Savill. New York: Criterion Books, 1955.
3. *The Train Was on Time (Der Zug war pünktlich),* trans. Richard Graves. New York: Criterion Books, 1956.
4. *Traveller, If You Come to Spa... (Wanderer, kommst du nach Spa...),* trans. Mervyn Savill. London: Arco, 1956.
5. *Tomorrow and Yesterday (Haus ohne Hüter),* New York: Criterion Books, 1957.
6. *The Bread of Our Early Years (Das Brot der frühen Jahre),* trans. Mervyn Savill. London: Arco, 1957.
7. *Billiards at Half-Past Nine (Billard um halbzehn).* New York: McGraw-Hill, 1962.
8. *The Clown (Ansichten eines Clowns),* trans. Leila Vennewitz. New York: McGraw-Hill, 1965.
9. *Absent Without Leave* (two novellas: *Entfernung von der Truppe* and *Als der Krieg ausbrach—Als der Krieg zu Ende war),* trans. Leila Vennewitz. New York: McGraw-Hill, 1965.
10. *18 Stories,* trans. Leila Vennewitz. New York: McGraw-Hill, 1966.
11. *Irish Journal (Irisches Tagebuch),* trans. Leila. Vennewitz. New York: McGraw-Hill, 1967.
12. *End of a Mission (Ende einer Dienstfahrt),* trans. Leila Vennewitz. New York: McGraw-Hill, 1968.

D. *Paperback editions in English translation*
1. *Billiards at Half-Past Nine* (Signet T2740). New York: New American Library.
2. *The Clown* (Signet T2783). New York: New American Library.

II. WRITINGS ON HEINRICH BÖLL

A. *Books*
1. Beckel, Albrecht. *Mensch, Gesellschaft, Kirche bei Heinrich Böll.* Osnabrück: Verlag A. Fromm, 1966.
2. Hoffmann, Leopold. *Heinrich Böll: Einführung in Leben und Werk.* Luxemburg: Verlag Sankt-Paulus, 1965.
3. Reich-Ranicki, Marcel, ed. *In Sachen Böll.* Köln: Kiepenheuer & Witsch, 1968.
4. Schwarz, Wilhelm Johannes. *Heinrich Böll: Teller of Tales—A Study of His Works and Characters.* New York: Frederick Ungar, 1969 (a translation by A. and E. Henderson of *Der Erzähler Heinrich Böll: Seine Werke und Gestalten.* Bern: Verlag Francke, 1967).
5. Stresau, Hermann. *Heinrich Böll.* Berlin: Colloquium Verlag, 1964 (Köpfe des XX. Jahrhunderts, Vol. 35).

B. *Articles*
1. Baacke, Dieter. "The Short Stories of Heinrich Böll," *Studies in Short Fiction,* III (1965–66), 89–103.

2. [Becker, Rolf.] "Böll: Brot und Boden," *Der Spiegel* (Hamburg), XV (December 6, 1961), No. 50, 71–86.
3. Bronsen, David. "Böll's Women: Patterns in Male-Female Relationships," *Monatshefte*, LVII (1965), 291–300.
4. Coupe, W. A. "Heinrich Böll's *Und sagte kein einziges Wort*: An Analysis," *German Life and Letters*, XVII (1963–64), 238–249.
5. Kalow, Gert. "Heinrich Böll," *Christliche Dichter der Gegenwart*, ed. Hermann Friedmann and Otto Mann. Heidelberg: Verlag Rothe, 1965. Pp. 426–435.
6. Klieneberger, H. R. "Heinrich Böll in *Ansichten eines Clowns*," *German Life and Letters*, XIX (1965–66), 34–39.
7. Lauschus, Leo. "Heinrich Böll: 'Wanderer, kommst du nach Spa...,'" *Der Deutschunterricht*, X (1958), No. 6, 69–75.
8. Paslick, Robert H. "A Defense of Existence: Böll's *Ansichten eines Clowns*," *German Quarterly*, XLI (1968), 698–710.
9. Plant, Richard. "The World of Heinrich Böll," *The German Quarterly*, XXXII (1960), 125–131.
10. Plard, Henri. "Der Dichter Heinrich Böll und seine Werke," *Universitas* (Stuttgart), XVIII (1963), 247–256.
11. Reich-Ranicki, Marcel. "Böll, Ser Moralist," *Deutsche Literatur in West und Ost*. München: Verlag Piper, 1963. Pp. 120–142.
12. Reid, James H. "Time in the Works of Heinrich Böll," *Modern Language Review*, LXII (1967), 476–485.
13. Robinson, Walter L. "Voices and Silence: Communication beyond Words in the Works of Heinrich Böll," *Proceedings of the Pacific Northwest Conference in Foreign Languages*, XV (1963), 195–206.
14. Sokel, Walter Herbert. "Perspective and Dualism in the Novels of Böll" in *The Contemporary Novel in German: A Symposium*, ed. Robert R. Heitner. Austin: University of Texas, 1967.
15. Trahan, Elizabeth and Eva Shiffer. "The Imagery of Heinrich Böll's 'Betrachtungen über den irischen Regen,'" *German Life and Letters*, XV (1961–62), 295–299.
16. Waidson, H. M. "The Novels and Stories of Heinrich Böll," *German Life and Letters*, XII (1958–59), 264–272.
17. Yuill, W. E. "Heinrich Böll," *Essays on Contemporary German Literature (German Men of Letters*, Vol. IV), ed. Brian Keith-Smith. Philadelphia: Dufour, 1966. Pp. 141–158.
18. Ziolkowski, Theodore. "Heinrich Böll: Conscience and Craft," *Books Abroad*, XXXIV (1960), 213–222.
19. Ziolkowski, Theodore. "Albert Camus and Heinrich Böll," *Modern Language Notes*, LXXVII (1962), 282–291.

Vocabulary

Vocabulary

This vocabulary aims at including all words appearing in the texts and exercises except for articles, personal, relative, and reflexive pronouns, possessive adjectives, cardinal and ordinal numbers, and most proper names.

The genitive singular of masculine and neuter nouns not ending in **-s** or **-es** is given, as well as the plural form of nouns, unless it is rare of non-existent. **Sein** verbs are indicated by an asterisk: **gehen***; an asterisk in parentheses indicates that the verb is both a **sein** and a **haben** verb: **sausen**⁽*⁾. Separable prefix verbs are shown thus: **ab-drucken**. Verbs which can be used reflexively are shown as follows: **(sich) beugen**. The principal parts of strong, irregular, and modal verbs, where not given in full, are indicated as follows: **geben, a, e, i** (= **geben, gab, gegeben, gibt**).

A

ab und zu now and then
ab-biegen,⁽*⁾ **o, o** to turn off or aside
ab-bilden to portray, delineate
ab-brechen, a, o, i to break off or up, stop
ab-bringen, brachte, gebracht (von) to dissuade (from)
ab-bröckeln⁽*⁾ to peel off
der **Abbruch** rupture, damage; — **tun** to prejudice, injure
das **ABC** alphabet
die **Abdankung** abdication
ab-drucken to print
der **Abend, -e** evening; **zu — essen** to dine, have supper
das **Abendessen** supper, dinner
abendlich evening
abends in the evening; — **vorher** on the previous evening
die **Abendzeitung, -en** evening newspaper
das **Abenteuer, —** adventure, escapade; affair
aber but, however
abfahrbereit ready for departure, ready to leave
ab-fahren,* **u, a, ä** to depart, leave
die **Abfahrt, -en** departure
der **Abfalleimer, -** waste bucket, trash can
ab-fließen,* **o, o** to flow off, drain

ab-geben, a, e, i to hand over, give up; to give; **eine schlechte Figur —** to cut a bad figure
abgebrüht hardened, hard-boiled
abgesehen von aside from, leaving out
der **Abgrund, ⸚e** abyss
ab-hängen, i, a (von) to hang up; to depend (on)
ab-hauen,* **haute, gehauen** *(coll.)* to beat it, scram, pull out
abhold averse to, not conducive to
ab-holen to fetch, get; to pick up, call for
das **Abitur** final high school examination
ab-kaufen to buy from
ab-kommandieren to detach, detail, order off
der **Abkömmling, -e** descendant
ab-laden, u, a, ä to unload, dump
ab-lagern to deposit
ab-laufen,* **ie, a, äu** to come to an end; to run, play; to run off or down; to turn out, come out
ab-lehnen to decline, refuse, turn down
ab-lenken to divert
ab-liefern to deliver (over, up)
ab-lösen to relieve
ab-machen to arrange, settle
die **Abmachung, -en** arrangement
sich **ab-mühen (mit)** to exert oneself, have a lot of trouble (with)

	ab-nehmen, a, o, i to take off, take away; to buy from	
	ab-nutzen to wear out by use	
	ab-pfeifen, i, i to call (a game)	
	ab-pressen to squeeze out of	
sich	**ab-quälen** to exert oneself	
	ab-reißen, i, i to rip off	
der	**Abriß, -(ss)e** compendium	
	ab-sagen to decline, refuse; to cancel	
der	**Absatz, ¨e** heel; sale	
	abscheulich abominable, horrible	
der	**Abschied, -e** departure, farewell	
der	**Abschiedsbrief, -e** farewell letter	
das	**Abschiedswort, -e** word of farewell	
	ab-schleppen to drag off	
	ab-schneiden, i, i to cut off; to clip; to cut down	
der	**Abschnitt, -e** section	
	ab-schreiben, ie, ie to write off, deduct	
	ab-schreiten, i, i to pace off; to pass along; **die Front —** to take the review	
	ab-schwenken* to turn (off, aside)	
	abseits away, apart, aside	
	ab-setzen to set down; to dispose of; to stop	
die	**Absicht, -en** intention	
	absichtlich intentional; on purpose	
	absolut absolute	
die	**Absperrung, -en** barrier, gate	
sich	**ab-spielen** to be enacted, take place	
	ab-springen,* a, u to jump off or down	
	ab-statten to pay (a visit), make (a call)	
	ab-steigen,* ie, ie to alight, climb down, get off	
	ab-stellen to put down; to dispatch	
der	**Abstieg, -e** descent, fall; (a soccer team's) dropping down (from one division to another)	
	abstoßend repulsive	
	abstrakt abstract	
	abstrus abstruse	
	ab-suchen to search all over, scour	
das	**Abteil, -e** compartment	
	ab-teilen to partition off, divide off	
die	**Abteilung, -en** division, section, department; compartment	
der	**Abteilungsleiter, -** head of a department	
	ab-transportieren to transport	
	ab-trocknen to wipe dry, dry	
	ab-waschen, u, a, ä to wash off or away; to do the dishes	
sich	**ab-wechseln** to relieve one another	
	ab-weisen, ie, ie to reject	
	ab-werfen, a, o, i to throw off, fling off, cast off	
	ab-wischen to wipe (off)	
	ab-ziehen, o, o to pull off; to move away,* go away*	
	ach ah, oh, alas	
das	**Achselstück, -e** shoulder strap (on officers' uniforms)	
das	**Achtelkilopaket, -e** quarter-pound packet	
	achten to respect; to obey; **— auf** to see to; to pay attention to	
	acht-geben, a, e, i (auf) to pay attention (to); to mark, mind, watch out, be careful	
	achtjährig eight-year-old	
die	**Achtung (vor)** respect (for)	
	ächzen to groan	
der	**Acker, ¨** field	
	adamsapfelig Adam's-apple-like	
	addieren to add	
der	**Adel** nobility, aristocracy	
	adeln to ennoble, knight, raise to the aristocracy	
der	**Adler, -** eagle	
der	**Adlerblick, -e** eagle eye	
das	**Adlerblut** eagles' blood	
die	**Adresse, -n** address; **an die — von** care of	
	Aeskulap Aesculapius (*Greek god of medicine*)	
	ahnen to suspect, surmise, divine	
die	**Ähnlichkeit, -en** similarity, resemblance, likeness	
die	**Ahnung, -en** notion, idea	
das	**Air, -s** décor	
die	**Akademie, -n** academy, college	
	akkurat accurate	
die	**Akte, -n** document; (*pl.*) files, records, papers	
der	**Aktendeckel, -** folder	
das	**Aktenstudium** study of documents or files	
die	**Aktiengesellschaft, -en** (joint-stock) corporation	
die	**Aktion, -en** action; drive, campaign	
der	**Alarm, -e** air-raid warning	
der	**Alkohollappen, -** cloth soaked in alcohol	
	all all, every	
	allein but, however, only	
	allein(e) alone, by oneself; only	
die	**Allerheiligenlitanei** Litany of the Saints	
	allerletzt last (of all), very last	

	alles everything; **— andere** everything else
der	**Alliiert-, -en** ally; *(pl.)* Allies *(nations allied against the Axis powers in World War II)*
	allmählich gradual
das	**Alltagsleben** everyday life
	allzu (much) too, altogether too
	allzusehr overly, too
	als as, when; than; as if; **— ob** as if
	also therefore, so, thus; in other words, then, well now
	alt old; **älter** elderly, older, elder
der	**Altar, ⸚e** altar
das	**Alter** age; old age
die	**Altersrente, -n** old-age pension
die	**Altersstufe, -n** age group
	altertümlich ancient; antiquated, old-fashioned
das	**Altfrauenweinen** old woman's weeping
der	**Althandel** second-hand goods business
	ältlich oldish, elderly
	altmodisch old-fashioned
der	**Altwarenhändler, -** second-hand dealer
die	**Ambition, -en** ambition
die	**Ameise, -n** ant
der	**Ami, -s** *(coll.)* = **der Amerikaner, -** American, U.S. soldier, G.I.
das	**Amerika** America
der	**Amerikaner, -** American
	amerikanisch American
der	**Amor** Cupid
die	**Ampel, -n** traffic light
die	**Ampulle, -n** vial, ampulla
das	**Amt, ⸚er** office, government office (agency, bureau)
	amtlich official
	an at, on, by, to
die	**Ananas, -** (*or* **-se**) pineapple
sich	**an-bahnen** to get started
	an-bieten, o, o to offer
der	**Anblick** sight
	an-blicken to look at, glance at
	an-blinzeln to blink at
die	**Andacht, -en** devotion
	andachtsvoll devout
das	**Andenken, -** memory, remembrance
	ander other, different; following, next; **alles andere** everything else; **etwas anderes** something else; **nichts anderes** nothing else
	andererseits on the other hand
(sich)	**ändern** to change
	anders differently, otherwise, else
	anderswohin elsewhere
	anderthalb one and a half
die	**Änderung, -en** alteration, change
	an-deuten to intimate, imply, hint, indicate
die	**Andeutung, -en** suggestion, hint, indication
der	**Andrang** rush, crowd, crush
	aneinander together
	aneinander-stoßen, ie, o, ö to clink (glasses)
die	**Anekdote, -n** anecdote
	an-fahren,* u, a, ä to drive off, start off
der	**Anfall, ⸚e** fit, attack
der	**Anfang, ⸚e** start, beginning
	an-fangen, i, a, ä to begin, start
	anfängerhaft amateur-like
	anfangs initially
	an-feuchten to wet, dampen
	an-fressen, a, e, i to corrode
sich	**anfreunden mit** to make friends with
	an-füllen to fill (up)
	angeblich allegedly
	angeboren congenital, natural
das	**Angebot, -e** offer, bid
	angebracht appropriate, opportune
	an-gehen, i, a (um) to approach, solicit (for); to concern, have to do with; **es geht mich nichts an** it is none of my business
	an-gehören to belong to, be a member of
der	**Angehörig-** member; *(pl.)* relations, relatives, kinfolk
	angeln to catch or hook (fish)
	angemessen appropriate
	angesichts in the face of, in the presence of, in view of, considering
der	**Angestellt-** (salaried) employee
	an-grinsen to grin at
die	**Angst** fear; **— haben (vor, um)** to be afraid (of, for); **— machen** to make afraid, alarm
	ängstlich uneasy, nervous, scared, anxious, timid
	an-haben, hatte, gehabt, hat to have on (a dress, etc.)
	an-halten, ie, a, ä to stop
der	**Anhieb, -e** first stroke; **auf —** at the first go, offhand
sich	**an-hören (nach)** to sound (like)
die	**Anklage, -n** accusation, charge, indictment
	an-knipsen to switch on
	an-kommen,* a, o to arrive; **— auf** to depend upon; **es kommt darauf an** it is of importance

Vocabulary 191

der	**Ankömmling, -e** arrival, newcomer			**an-stimmen** to strike up, begin to sing
	an-lächeln to smile at			**an-stoßen, ie, o, ö** to strike, push; to nudge; to clink (glasses); to offend
der	**Anlaß, ⸚(ss)e** occasion, cause			
	an-lassen, ie, a, ä to start (up)			
	an-legen to put on, lay on; to apply; to lay out; to set up (files); to invest			**an-strahlen** to floodlight, cast beams on, light up
	an-machen to fasten, attach; to light		der	**Anstreicher, -** house painter
	an-melden to apply for (a patent or copyright)			**anstrengend** strenuous, trying, tough
			der	**Anstrich, -e** (coat of) paint
	annähernd approximate; nearly		das	**Anthrazit** anthracite
	annehmbar acceptable; decent, fitting			**antik** antique
	an-nehmen, a, o, i to assume, take on; to take for granted, suppose; to accept; **sich** (+ gen.) to help		die	**Antiphon, -en** antiphon
			die	**Antiqua** antigua (type)
			der	**Antrag, ⸚e** application; offer
	anonym anonymous			**an-treten, a, e, i** to fall in,* line up,* assemble*; to begin
die	**Anordnung, -en** instruction			
	an-pumpen (coll.) to touch, squeeze money out of, put the bite on		die	**Antwort, -en (auf)** answer, reply (to)
				antworten (auf) to answer, reply (to)
	an-reden to address			**an-vertrauen** to confide, entrust
die	**Anrichte, -n** sideboard			**an-wehen** to blow upon
der	**Anruf, -e** telephone call		die	**Anweisung, -en** instruction
	anrufen, ie, u to call up, telephone			**an-wenden, wandte, gewandt** (also weak) to employ, use, make use of, apply
der	**Ansager, -** announcer			
	an-schalten to switch on			
	anscheinend apparent, seeming		die	**Anzahl** number
	an-schleppen to drag out			**an-zeigen** to indicate
sich	**an-schließen, o, o** to join, attach oneself to		der	**Anzeigestock, ⸚e** pointer
				an-ziehen, o, o to attract; to put on; to dress; **sich —** to get dressed, dress
der	**Anschluß, ⸚(ss)e** extension			
der	**Anschlußzug, ⸚e** corresponding or connecting train		der	**Anzug, ⸚e** suit
				an-zünden to light, kindle, set on fire
	an-schnauzen (coll.) to bawl out, blow up at, snap at		der	**(das) Aperitif, -s** (Fr.) apéritif (before-dinner drink)
	an-schreien, ie, ie to shout at		der	**Apfel, ⸚** apple
	an-sehen, a, e, ie to look at, watch; to regard; to be able to tell by looking		die	**Apfelschale, -n** apple peel
			die	**Apfelsine, -n** orange
	an-sengen to singe (a little)		der	**Apoll von Belvedere** the Apollo of Belvedere
die	**Ansicht, -en** view; opinion			
	an-spannen to stretch; contract		die	**Apotheke, -n** pharmacy
die	**Anspielung, -en** allusion		der	**Apotheker, -** pharmacist
	an-sprechen, a, o, i to speak to, address, accost		der	**Apparat, -e** telephone; **Am —!** Speaking!
	an-springen,* a, u to start up		der	**Appellplatz, ⸚e** assembly place
der	**Anspruch, ⸚e** claim, title; **— haben auf** to be entitled to		der	**Appetit, -e** appetite; **guten —** enjoy your meal
			der	**Appetithappen, -** appetizer, hors d'œuvre
	anständig decent, proper, respectable			
die	**Anständigkeit** decency		der	**Applaus** applause
der	**Anstandsunterricht, -e** lesson in etiquette		der	**April** April
			der	**Apriltag, -e** day in April
	an-starren to stare at		die	**Arbeit, -en** work; job, task; piece of work
	anstatt instead of			
	an-stecken to stick on, put on; to light (cigarette); to infect			**arbeiten** to work
			der	**Arbeiter, -** worker, (wage) laborer
	an-stehen, a, a to befit, suit		die	**Arbeitsfront** (Nazi) Labor Front (replacing all unions; compulsory membership)
	an-stellen to engage, employ; **fest —** to engage permanently, give a permanent position to			

192   *Böll für Zeitgenossen*

der	Arbeitstag, -e working day			auf-flammen* to flame up, blaze
das	Arbeitszimmer, - study, workroom			auf-fordern to ask, invite, call upon
das	Archiv, -e archives, record-office		die	Aufgabe, -n problem, task, assignment
	arg bad, wicked; strong			auf-geben, a, e, i to give up (on), abandon
das	Argentinien Argentina			aufgeregt excited; upset
der	Ärger chagrin, vexation, anger			auf-haben, hatte, gehabt to have on (a hat, etc.)
	ärgerlich annoyed, mad; vexatious			auf-halten, ie, a, ä to stop, detain; to hold open; sich — to stop, stay
	ärgern to annoy, irritate; sich — to feel angry or vexed, lose one's temper			auf-heben, o, o to lift up, pick up; to abolish, lift
das	Argument, -e argument			auf-hören to stop, cease (to)
	arm poor; die Armen the poor			auf-klären to enlighten
der	Arm, -e arm		die	Aufklärung explanation, clarification
die	Armbanduhr, -en wristwatch			auf-kleben to glue on, stick on
die	Armee, -n army			auf-knüpfen to untie, open
der	Ärmel, - sleeve			auf-kommen,* a, o to come up; to arise, occur, appear
	ärmlich poor, shabby, miserable			
die	Art, -en type, kind, species; manner, way; habit		die	Auflage, -n edition (of a book)
der	Artikel, - article; item, product			auf-lauern to lie in wait for
die	Artillerie, -n artillery			auf-lecken to lap up
der	Arzt, ̈e doctor, physician			auf-legen to hang up
die	Ärzteschaft medical profession			auf-leuchten to shine, flash up, be lit up
das	Arztschild, -er doctor's nameplate			auf-machen to open
die	Asche, -n ashes			aufmerksam thoughtful, attentive
der	Aschenbecher, - ashtray			auf-nehmen, a, o, i to take down, record; to pick up, lift
der	Asket, -en, -en ascetic			
	assortieren to arrange, assort; to select			auf-nesteln to untie, undo
der	Atem breath, breathing			auf-passen to pay attention, watch
die	Atemnot suffocation			auf-quellen,* o, o, i to swell, well up
die	Atempause, -n respite, breather			auf-raffen to snatch up, pick up
die	Atemtechnik respiration method			auf-räumen to clear away (rubble, etc.); to straighten up
	atmen to breathe			aufrecht upright; up
	auch also, too; even; — wenn even if, even when			auf-regen to excite, stir up, upset
	auf on, upon; up; — und ab up and down; —... zu in the direction of, toward; — und zu opened and shut			auf-reißen, i, i to rip open, tear open, fling open
				aufrichtig upright, forthright, honest, sincere, genuine
	auf-bewahren to preserve, keep		der	Aufruhr, -e rebellion; uproar, tumult
	auf-blicken to look up, glance up		der	Aufsatz, ̈e essay
	auf-bringen, brachte, gebracht to bring up, summon up, muster			auf-schlagen, u, a, ä to open
				auf-schrecken,* a, o, i to be startled, be roused, start up
der	Aufbruch, ̈e (act of) breaking up, departure			
	aufeinander one upon another; — schlagen to chatter			auf-schreiben, ie, ie to write down; to take down a person's name
der	Aufenthalt, -e stay			auf-schreien, ie, ie to shriek, scream, cry out
	auf-erlegen to impose			
	auf-essen, a, e, i to eat up, consume		die	Aufschrift, -en inscription
die	Auffahrt, -en approach, drive			auf-sehen, a, e, ie to look up
	auf-fallen,* ie, a, ä to strike, be noticeable, astonish, be conspicuous			auf-setzen to put on
				auf-seufzen to heave a sigh, sigh, groan; tief — to heave a deep sigh
	auffallend striking, extraordinary, prominent			
	auf-fangen, i, a, ä to catch (while in motion)		die	Aufsicht supervision

Vocabulary 193

auf-springen, a, u to jump up
auf-stehen, a, a to get up, rise up, stand up
auf-steigen, ie, ie to rise, ascend
sich **auf-stellen** to form, line up
auf-stöbern to ferret out, hunt up
auf-stoßen, ie, o, ö to shove open, push open
auf-stützen to prop up
auf-tauchen* to emerge, appear, turn up
der **Auftrag, ⸚e** commission; order; contract; mandate
auf-treiben, ie, ie to hunt up, get hold of, dig up
der **Auftrieb, -e** impetus
aufwärts upwards, on up
auf-wecken to wake up, rouse, awake
auf-weisen, ie, ie to show (forth), exhibit
auf-wühlen to dig up, root up
auf-zählen to enumerate
die **Aufzucht** raising
der **Aufzug, ⸚e** elevator
auf-zwingen, a, u to force upon, plant on
das **Auge, -n** eye
der **Augenblick, -e** moment
augenblicklich momentary
der **Augenwinkel, -** corner of the eye
das **Augenzwinkern** wink(ing)
der **August** August
aus out of, from, of, made of; **von... — ** from
aus-bilden to train
die **Ausbildung** development, training, education
aus-blenden to fade out
aus-brechen, a, o, i to break out, burst (out)
aus-brennen, brannte, gebrannt to burn out
die **Ausdauer** perseverance, persistence, endurance
der **Ausdruck, ⸚e** expression; look
aus-drücken to express
auseinander-ziehen, o, o to take apart, draw apart
aus-fallen, ie, a, ä to fail to take place
aus-fließen, o, o to flow out, discharge
der **Ausflug, ⸚e** outing
aus-führen to execute, carry out
aus-füllen to fill out
die **Ausgabe, -n** edition

aus-geben, a, e, i to give out, distribute; to spend
aus-gehen, i, a to go out
ausgerechnet exactly, of all things, of all people
ausgesprochen pronounced, avowed, decided
ausgestorben deserted
ausgezeichnet excellent, distinguished, magnificent
ausgiebig ample
aus-gleiten, i, i to slip, slide
aus-händigen to hand over, deliver up
aus-hängen to hang out, post (up)
aus-holen to swing, take a swing, strike out (with one's hand, an ax, etc.); **weit —** to begin far back (in narrating something)
aus-kommen, a, o to get along, manage
die **Auskunft** information, details
aus-lachen to laugh at, deride
aus-laden, u, a, ä to unload
aus-liefern to deliver up
aus-löschen to extinguish, blot out
aus-losen to allot
aus-lösen to release; to induce, produce; to arouse
aus-machen to put out, extinguish; **es macht nichts aus** it does not matter
aus-malen to illustrate, depict
das **Ausmaß, -e** (overall) dimension
aus-packen to unpack
aus-pendeln to swing
die **Auspizien** (pl.) auspices
aus-plaudern to divulge (a secret), spill
aus-rechnen to figure out, calculate
ausreichend sufficient, adequate
aus-rotten to extirpate, root out; to exterminate
aus-rutschen* (coll.) to slip, lose one's footing
die **Ausschachtungsarbeiten** (pl.) excavation work
das **Ausschachtungsunternehmen, -** excavating firm
aus-schenken to pour out; to retail (drinks)
aus-schimpfen to scold, bawl out, say some rude things to
aus-schlagen,(*) u, a, ä to turn (of a balance beam); to sprout, bud
ausschließlich exclusive
aus-schreiben, ie, ie to write out

194 *Böll für Zeitgenossen*

die	Ausschreibung, -en competitive bidding; prize-competition			aus-werten to evaluate, interpret; to exploit, make full use of
	aus-sehen, a, e, ie (wie) to look, seem (like)			aus-wickeln to unwrap, remove (bandages, *etc.*)
das	Aussehen appearance			aus-würfeln to raffle for
der	Außenseiter, - outsider			aus-zahlen to pay out
	außer except, save; besides, in addition to; out of; — sich beside oneself			aus-zeichnen to mark, distinguish
				aus-ziehen, o, o to take off
			das	Auto, -s automobile, car
	äußer outward		der	Autofahrer, - motorist
	außerdem in addition, besides, moreover		der	Autofriedhof, ¨e automobile graveyard
	außergewöhnlich extraordinary, unusual			automatisch automatic
			der	Autoschlosser, - auto mechanic
	außerhalb outside		der	Autoschlüssel, - car key
	äußern to utter, express			avancieren to be promoted, rise (in the service)
	außerordentlich extraordinary; extremely			
			die	Avenue, -n avenue
	äußerst extreme(ly); very			
die	Äußerung, -en utterance, remark			**B**
	aus-setzen to expose to			
die	Aussicht, -en expectation, prospect; view		das	Baby, -s baby
			die	Backe, -n cheek
	aus-sprechen, a, o, i to express, utter, say; to pronounce			backen, buk *or* backte, gebacken to bake
der	Ausspruch, ¨e utterance, saying		der	Bäcker, - baker
	aus-spucken to spit out		die	Bäckerei, -en bakery
der	Ausstattungsgegenstand, ¨e fixture		die	Bäckersfrau, -en baker's wife
	aus-stehen, a, a to endure, undergo, stand, put up with		das	Backsteinhaus, ¨er brick house
			das	Bad, ¨er bath
	aus-steigen,* ie, ie to climb out, get out, get off		die	Badeanstalt, -en baths
			der	Badeanzug, ¨e bathing suit
	aus-stellen to display		die	Badewanne, -n bathtub
	aus-sterben,* a, o, i to die out		das	Badezimmer, - bathroom
	aus-stoßen, ie, o, ö to cast out, thrust out, expel, remove; to utter, emit		das	Badezimmerfenster, - bathroom window
			der	Bagger, - dredger
	aus-strecken to stretch out		die	Bahn, -en path, road; railroad; trolley
	aus-strömen to pour forth, emit, give off		der	Bahnanschluß, ¨(ss)e railway siding
			der	Bahnhof, ¨e railroad station
	aus-suchen to select, pick out, choose		die	Bahnschranke, -n railway barrier
der	Austauschwolf, ¨e stand-in wolf		der	Bahnübergang, ¨e railway crossing
sich	aus-toben to let off steam		die	Bahre, -n stretcher
	aus-trommeln to proclaim			bald soon
	aus-tüfteln to puzzle out		der	Balderer, - follower of Balder, Old Germanic deity of light
	aus-wählen to choose, select, pick out			
das	Auswahlprinzip, -ien principle of selection		der	Balken, - beam
			der	Balkon, -e balcony
	auswärtig foreign; das Auswärtige Amt Foreign Office *or* Ministry		der	Ball, ¨e ball
			das	Ballspiel, -e ball game
	aus-wechseln to exchange, interchange		die	Banane, -n banana
			das	Band, -e tie, bond
der	Ausweg, -e way out; expedient		das	Band, ¨er ribbon; band; tape
	aus-weichen,* i, i to turn aside, shun, evade		der	Bandit, -en, -en bandit
				bang(e) anxious, afraid
der	Ausweis, -e identification (card)		die	Bank, ¨e bench; pew
	auswendig by heart, by rote		der	Bankbeamt- bank official
	aus-werfen, a, i, o to dig (a ditch)			

Vocabulary 195

der **Bankdienst** banking career
das **Bankkonto, -s (-konti, -konten)** bank account
die **Bar, -s** bar
die **Baracke, -n** barracks, hut
die **Barbarei** barbarism
barock baroque
die **Barockmadonna, -madonnen** baroque Madonna
der **Baron, -e** baron
die **Barriere, -n** barrier
der **Barscheck, -s** open check, cash check
der **Bart, ⸚e** beard
bärtig bearded
die **Bartstoppel, -n** beard stubble
der **Baseball** baseball
das **Baseballfeld, -er** baseball field
die **Baseballsaison, -s** baseball season
das **Baseball-Team, -s** baseball team
die **Baskenmütze, -n** beret
basteln to rig up
das **Bataillon, -e** battalion
die **Bauchmuskulatur** stomach muscles
bauen to build; **— an** to work on
der **Baum, ⸚e** tree
der **BDM = Bund deutscher Mädel** League of German Maidens *(Nazi Party organization for girls from fourteen to twenty-one)*
beachtlich notable, noteworthy
der **Beamt-** official, functionary
beanspruchen to claim
beantworten to answer
beauftragen to commission
bebauen to build (on), cover (with buildings, *etc.*)
beben to tremble
das **Becken, -** basin
der **Bedarf** demand, need
bedecken to cover
das **Bedenken, -** objection, qualm, doubt, misgiving
bedenken, bedachte, bedacht to consider, ponder, bear in mind; to provide for (in a will); to provide or serve (a person) with
bedeuten to mean, signify
die **Bedeutung, -en** meaning, significance, importance
die **Bedingung, -en** condition; *(pl.)* terms
bedrohen to threaten
bedrücken to oppress; to distress
bedürfen, bedurfte, bedurft, bedarf (+ *gen.*) to require, need
das **Bedürfnis, -ses, -se** need, necessity, requirement; **(s)ein — verrichten** to relieve oneself

die **Bedürfnisanstalt, -en** comfort station
sich **beeilen** to hurry (up)
beeindrucken to impress
beenden to finish
beerdigen to bury
befallen, ie, a, ä to befall, come over
der **Befehl, -e** order, command
befehlen, a, o, ie to order, command
befestigen to fasten
sich **befinden, a, u** to be; to feel
beflecken to stain, spot
befreien to free
befreundet friendly, on friendly terms
befriedigen to satisfy
befürchten to fear, apprehend
die **Begabung, -en** endowment, gift; *(pl.)* talents
sich **begeben, a, e, i** to betake oneself, make for; **sich zur Ruhe —** to go to bed, retire
begegnen* to meet
begehren to want, crave
die **Begeisterung** enthusiasm
die **Begierde** inordinate desire; (carnal) appetite, lust
der **Beginn** start, commencement
beginnen, a, o to begin, start
begleiten to accompany
die **Begleitung** escort, accompaniment
begraben, u, a, ä to bury
begreifen, i, i to understand, conceive comprehend
begreiflicherweise naturally, as may be easily understood
begründen to establish, found; to substantiate
begrüßen to greet
begünstigen to favor
begutachten to give an opinion on, appraise, judge
behagen to please, suit
behalten, ie, a, ä to keep
behandeln to treat
beharrlich persevering, persistent, determined
behaupten to assert, affirm, maintain
beherrschen to be master of
bei at, by, with, near, at the home of, in, in the case of
bei-bringen, brachte, gebracht to teach, impart
beichten to confess; **— gehen** to go to confession
der **Beichtstuhl, ⸚e** confession box, confessional
beide both; **die beiden** the two

Böll für Zeitgenossen

	beiderseits on both sides
	bei-legen to enclose
	bei-mischen to admix to, mix with
das	**Bein, -e** leg
	beinahe almost
	beiseite aside
	beiseite-schieben, o, o to push aside
das	**Beispiel, -e** example
	beispiellos unexampled, matchless
	beißen, i, i to bite
	bei-stehen, a, a to stand by, assist
der	**Beitrag, ⸚e** contribution
	bei-tragen, u, a, ä to contribute
	bei-treten, a, e, i to join
	bei-wohnen to attend
	beizen to stain
	bekannt known, well-known, acquainted, familiar; **— machen mit** to introduce to
der	**Bekannt-** acquaintance, friend
die	**Bekanntschaft, -en** acquaintance
	beklagen to lament, deplore, bewail; **sich — über** to complain of
	beklommen uneasy, anxious
	bekommen, a, o to get, receive
sich	**bekreuzigen** to cross oneself, make the sign of the cross
	belassen, ie, a, ä to leave, allow
	beleben to enliven, animate; **sich —** to come to life
	belebt busy, bustling, crowded
	belegen to cover, overlay
	beleidigen to offend
	beleuchten to illuminate, light up; to elucidate
der	**Belgier, -** Belgian
	beliebig any, whatever
	bellen to bark
	belohnen to reward, recompense
sich	**bemächtigen** (+ *gen.*) to seize upon, take possession of
	bemalen to paint (over)
die	**Bemalung** coloration, paint
	bemerken to remark, observe; to note, notice
sich	**bemühen** to take pains, strive, endeavor; **bemüht sein** to try hard
die	**Bemühung, -en** effort
	benachrichtigen to send word to, inform, notify
	benähen to sew, stitch, embroider
das	**Benehmen** behavior
sich	**benehmen, a, o, i** to behave, act
	beneiden to envy
der	**Bengel, -** brat, rowdy
	Bengelmannsch Bengelmann's
	benommen confused, dazed
	benutzen to use, avail oneself of
die	**Benutzung, -en** use
	beobachten to observe, watch, examine
	berechnen to calculate
die	**Berechnung, -en** calculation
	beredt eloquent
	bereichern to enrich
	bereit ready, prepared
	bereiten to prepare, make ready; to cause
	bereit-haben, hatte, gehabt, hat to have on hand
die	**Bereitschaft** readiness
	bereuen to regret, repent
der	**Berg, -e** mountain, hill
	bergauf uphill
das	**Bergfilmprofil, -e** profile of someone in a mountaineering film
	berichten to report
der	**Beruf, -e** profession, occupation, business
	beruflich professional; in one's job
der	**Berufsmusiker, -** professional musician
	beruhigen to calm down; to reassure
	berühmt famous
	berühren to touch
die	**Berührung, -en** touch, contact
	besagen to say, mean, signify, imply
	besagt (afore)said
sich	**besaufen** *(coll.)* to get drunk
sich	**beschäftigen** to occupy oneself, be busy
	beschäftigt (mit) busy, engaged in
	beschatten to shade
der	**Bescheid, -e** knowledge, information; **— wissen** to (be in the) know, have knowledge of
	bescheiden modest
die	**Bescheidenheit** modesty
	beschieden allotted; **— sein** to befall
	beschleichen, i, i to creep over, steal upon
	beschließen, o, o to decide
	beschreiben, ie, ie to describe
die	**Beschreibung, -en** description, account
	beschreiten, i, i to walk on, step over; **den Rechtsweg —** to take legal action
sich	**beschweren (über)** to complain (about)
	beschwingt exhilarated, uplifted, elated
die	**Beschwingtheit** exhilaration, high spirits, elation

Vocabulary 197

      beschwören to conjure
      beschwörend magical, conjuring
      besetzen to occupy; to fill; to furnish
      besichtigen to inspect
      besingen, a, u to sing of, celebrate in song
der **Besitz** possession
      besitzen, a, e to possess, own, have
der **Besitzer, -** owner
      besonder special, particular, distinguishing, singular, distinct
      besonders especially, particularly
die **Besorgnis (um)** concern (for)
      besorgt anxious
die **Besorgung, -en** care, management; purchase; **Besorgungen machen** to run errands
      besprechen, a, o, i to discuss
      besser better
      best best
      beständig continual, constant, steady, permanent
      bestehen, a, a to exist; to endure; to pass; **— auf** insist upon; **— aus** consist of *or* in; **— in** consist in
      besteigen, ie, ie to ascend, climb (into, up), get into
      bestellen to order; to arrange; to cultivate
die **Bestellung, -en** order
      bestens in the best way, very well
      besticken to embroider
      bestimmt certain, definite, designated
die **Bestimmung, -en** determination; regulation, statute
      bestrafen to punish
der **Besuch, -e** visit, call
      besuchen to visit, call on; to attend, go to (a school)
sich **betätigen** to be active, operate
      beteiligen to give a share or an interest to; **sich —** to participate, take part; **beteiligt sein (bei, an)** to have a share (in)
      beten to pray
      betonen to stress, emphasize
      betrachten to look at, examine, contemplate; to consider, regard
die **Betrachtung, -en** reflection, thought
      betreffen, a, o, i to affect, touch, have to do with, concern, befall; **was mich betrifft** as for me
      betreffend concerning
      betreiben, -ie, -ie to carry on, pursue, run, operate
      betreten, a, e, i to enter, set foot on *or* in

      betreuen to tend, attend to, take care of
sich **betrinken, a, u** to get drunk
      betroffen struck, smitten, shocked
der **Betrug** deceit, fraud
      betrügen, o, o to cheat, deceive
der **Betrüger, -** impostor
      betrügerisch deceptive
      betrunken drunk, intoxicated
der **Betrunken-** drunk
das **Bett, -en** bed
das **Bettuch, ⸚er** sheet
(sich) **beugen** to bend, bow; **das (die) Knie —** to genuflect
      beunruhigen to disturb, disquiet, trouble, alarm, get upset
die **Beute** loot, prize
      bevor before
      bevorzugen to prefer, favor
      bewachen to watch, guard
      bewahren to preserve, keep
      bewährt proven, tried, approved
      bewegen, o, o to induce, prevail upon
(sich) **bewegen** to move, stir
die **Bewegung, -en** movement, motion
der **Beweis, -e** proof; **zum —** as proof
      beweisen, ie, ie to prove, demonstrate
sich **bewerben, a, o, i (um)** to apply (for), make application; **— bei** to apply to join
      bewerfen, a, o, i to pelt
      bewohnen to inhabit, live, dwell in
      bewundern to admire
die **Bewunderung** admiration
      bewußtlos unconscious; **— werden** to lose consciousness
das **Bewußtsein** consciousness, knowledge
      bezahlen to pay (for)
      bezaubern to enchant, charm, fascinate
      bezeichnen to designate; to characterize, define
      beziehen, o, o to draw; **sich — auf** to relate or refer to
die **Beziehung, -en** connection, relationship
      beziehungsweise or rather
der **Bezirk, -e** district
der **Bezirkshauptmann, -hauptleute** district official or reeve
      bezüglich (*gen.*) respecting, as to
      bezweifeln to doubt, question
      bezwingen to overcome, subdue, conquer
der **Bibermantel, ⸚** beaver coat
      bibliographisch bibliographical
die **Bibliothek, -en** library

	bieder honest, upright; staunch, loyal		**blicken** to look, glance
die	**Biederkeit** true-heartedness *(often with an element of credulity or gullibility)*; probity, uprightness; virtues, qualities		**blind** blind
			blindlings blindly
			blond blond, fair-haired
	biegen, o, o to bend, curve; **um die Ecke —*** to turn around the corner		**blondhaarig** fair-haired
			bloß bare, naked; mere, simple; *(coll.)* barely, merely, only
das	**Bienenwachs** beeswax		**blühen** to bloom, blossom; to flourish
das	**Bier, -e** beer		
die	**Bierflasche, -n** beer bottle	die	**Blume, -n** flower
	bieten, o, o to offer	das	**Blut** blood
das	**Bild, -er** picture, image		**bluten** to bleed
	bilden to form		**blutgetränkt** blood-soaked, blood-stained
das	**Bilderbuch, ¨er** picture book		
	bildhübsch pretty as a picture, exquisite		**blutig** bloody
		der	**Blutstropfen, -** drop of blood
	Bilgan Old Germanic mountain giant		**blutüberströmt** bloody
		der	**Boden, - (¨)** ground; floor; bottom; soil
das	**Billard, -s** billiards		
	billig cheap, cut-rate, low	der	**Bogen, - (¨)** sheet (of paper)
	billigen to sanction, approve of, grant		**bohren** to bore, drill; to pierce; to burrow
	binden, a, u to tie, bind, put on		
die	**Binsenwahrheit, -en** truism	der	**Böller, -** small mortar *(used to fire a salute on festive occasions)*
	biographisch biographical		
	bis as far as, until, till, to; **— auf** except (for); **— zehn** by ten o'clock; **— zu** up to, as far as	der, das	**Bonbon, -s** (hard) candy
		der	**Bord, -e** board; **an — (** + *gen.*) on board
	bisher so far, up to now	der	**Bordstein, -e** curb
ein	**bißchen** a little bit; somewhat, slightly	die	**Börse, -n** stock exchange
der	**Bissen, -** bite, morsel		**bös(e)** bad, wicked; angry, sore
	bitte please; you're welcome; yes, please; **— sehr** you're welcome		**boshaft** malicious, spiteful
		die	**Botschaft, -en** message
die	**Bitte, -n** request	die	**Bouillon, -s** bouillon, broth
	bitten, a, e to request, ask, invite; **— (um)** to ask (for); **zu sich —** to invite to one's house, office, *etc.*		**boxen** to box, punch
		die	**Branche, -n** branch, department, line of business
	bitter bitter; severe, stinging		
	blaß pale, pallid		**brandig** smelling or tasting as if burnt, smoky
die	**Blässe** paleness, palor		
	blaßrot pale-red	die	**Brandung, -en** surge, seething (of waves), surf
	blau blue		
das	**Blau** blue		**brasilianisch** Brazilian
	bläulich bluish	das	**Brasilien** Brazil
	blauschwarz blue-black	der	**Braten, -** roast
die	**Blechbüchse, -n** (tin) can		**brauchen** to need; to use
der	**Blechkasten, - (¨)** (sheet) metal box		**braun** brown
die	**Blechplatte, -n** tin plate		**braunhaarig** brown-haired
das	**Blei** lead	die	**Braunkohle** brown coal, lignite
	bleiben,* ie, ie to remain, stay	die	**Braunkohlenaktie, -n** brown-coal mining stock
	bleich pale		
	bleiern leaden		**bräunlich** brownish
der	**Bleistift, -e** lead pencil	die	**Braut, ¨e** fiancée; bride
	bleiverglast vitrified with lead, (of) leaded glass	der	**Bräutigam, -e** fiancé; groom
			brav good, well-behaved; upright, honest; gallant
	blendend dazzling		
der	**Blick, -e** look, glance, gaze, eyes; view; **auf den ersten —** at first sight		**brechen, a, o, i** to break(*); to dress (flax)
		der	**Brechreiz** nausea, retching

Vocabulary 199

	breit broad, wide, stout
	bremsen to brake
	brennen, brannte, gebrannt to burn
die	**Brennsuppe** (*or* **Einbrennsuppe**) water or thin broth thickened with flour browned in grease
	bretonisch Breton
der	**Brief, -e** letter
die	**Brieftasche, -n** wallet
das	**Brikett, -s** briquette
die	**Brille, -n** (eye)glasses
das	**Brillenglas, ⸚er** lense
	bringen, brachte, gebracht to bring; to fetch; — **auf** to bring around to; **zu sich —** to bring to (one's senses)
	brodeln to bubble
das	**Brot, -e** bread
der	**Brotbeutel, -** haversack
das	**Brötchen, -** roll
der	**Brotkrümel, -** bread crumb
die	**Brotmarke, -n** ration stamp for bread
	brüchig brittle, fragile
die	**Bruchstelle, -n** spot of rupture or fracture
die	**Brücke, -n** bridge
der	**Bruder, ⸚** brother
	brüllen to roar, bellow, low
	brummen to purr, growl, drone, buzz
das	**Brunnenwasser** well water
die	**Brust, ⸚e** breast, chest
das	**Brustkreuz, -e** pectoral cross *(worn by bishops, abbots, and canons of the Roman Catholic and Greek churches)*
die	**Brusttasche, -n** wallet *(which fits into breast pocket)*
	brutal brutal
die	**Brutalität** brutality
	brüten to brood
das	**Buch, ⸚er** book
der	**Bücherschrank, ⸚e** bookcase
der	**Buchsbaumzweig, -e** branch of the box-tree
die	**Büchse, -n** can
der	**Buchstabe, -n(s), -n** letter *(of the alphabet)*
das	**Buchstabengebilde, -** thing formed from letters *(of the alphabet)*, alphabet structure or form
	buchstäblich literal
sich	**bücken** to bend down
die	**Bude** stall, booth; *(coll.)* dump, shanty
der	**Budenbesitzer, -** stall owner
das	**Bügelzimmer, -** laundry (ironing) room
der	**Buhmann** *(coll.)* bogeyman, bugbear
der	**Bund, ⸚e** league, federation, alliance
das	**Bündel, -** bundle, bunch
	bündeln to bunch, bundle
die	**Bundesrepublik** Federal Republic (West Germany)
die	**Bundeswehr** Armed Forces of the Federal Republic of Germany
	bunt bright, gay
die	**Bürde, -n** burden, load
das	**Bürgerherz, -ens, -en** average citizen's heart
das	**Büro, -s** office
die	**Büroarbeit** office work
das	**Bürogebäude, -** office building
der	**Bursch(e), -en, -en** young man, youth, lad, boy; fellow
der	**Bus, -ses, -se** bus
das	**Buschmesser, -** machete
der	**Büßer, -** penitent
die	**Büßerin, -nen** (female) penitent
die	**Büste, -n** bust
die	**Bustür, -en** bus door
die	**Butter** butter
das	**Butterbrot, -e** bread and butter, sandwich
die	**Butterbrotdose, -n** lunchbox
die	**Butterdose, -n** butter container, tin
die	**Butterkrem** butter cream
die	**Buttermilch** buttermilk

C

das	**Café, -s** café, coffee house
der	**Centralpark** Central Park (in New York City)
die	**Chance, -n** chance, break
der	**Charakter, -e** character
der	**Chef, -s** employer, boss; chairman, head
das	**China** China
	chinesisch Chinese
die	**Chirurgie** surgery
der	**Chor, ⸚e** choir; chancel
der	**Chorgesang** choral singing
der	**Chorleiter, -** choir director
die	**Chorliteratur** choral literature
die	**Chorpartie, -n** choral part
die	**Chorprobe, -n** choir rehearsal
der	**Christ, -en, -en** Christian
das	**Christentum** Christianity
	christlich Christian
der	**Clown, -s** clown
der	**Club, -s** club
der	**Cocker-Spaniel, -s** cocker spaniel
das	**College, -s** college
die	**Collegetracht, -en** academic cap and gown
der	**Comanche, -n, -n** Comanche
das	**Comanchengesicht, -er** Comanche face

das	Comanchenherz, -ens, -en Comanche heart			davon-gehen,* i, a to walk off
der	Comanchenklub Comanche Club	sich	davon-stehlen, a, o, ie to steal off
die	Comanchenlinie Comanche lineup		davor-stehen, a, a to stand in front of (it)
die	Comanchenmannschaft, -en Comanche team		dazu to that (it, them); for that purpose; in addition to that

D

	da there; then; since, as, when		dazwischen-schieben, o, o to shove in between
	dabei at the same time; besides; in doing so; yet; present	die	Decke, -n ceiling; blanket, cover
das	Dach, ⸚er roof	der	Deckel, - cover, lid
die	Dachrinne, -n eaves, gutter		decken to cover; to meet; to lay or set (a table)
	daher hence, therefore	der	Defätist, -en, -en defeatist
	dahin there, to that place; gone; dead	der	Degen, - sword
	dahin-morden to murder off		deinetwegen for your sake, because of you
	da-liegen, a, e to lie there	das	Deka (gramm), - decagram, ten grams
	damals then, at that time, in those days		
die	Dame, -n lady		deklarieren to declare
	damit so that, in order that	der	Delegiert- delegate
der	Dämmer, - dawn; dusk	das	Delta, -s (or Delten) delta
	dämmerig dusky		demnächst shortly, soon
	dämmern to dawn; to grow dark	die	Demokratie, -n democracy
die	Dämmerung, -en dawn; dusk; dimness		demütig humble
			denken, dachte, gedacht (an) to think (of); sich (dat.) — to imagine, fancy, realize
	dämpfen to subdue, soften (down), damp		
	danach after that, thereupon; accordingly	das	Denkmal, ⸚er (-e) monument, memorial
der	Dank thanks, gratitude	die	Denkschrift, -en memoir, memorial (publication)
	danke (sehr) thank you (very much)		
das	Dankeswort, -e word of thanks		denn for, because; then, in that case; than
	dann then, next		
	daran-gehen,* i, a (zu) to proceed (to)	die	Depression, -en depression, economic crisis
	darauf thereupon, thereafter, after that, then, next		derb coarse, rugged; blunt; robust, sturdy
das	Darlehen, - loan		der-, die-, dasjenige that, that person, he, she, it (usually followed by a relative clause)
	dar-stellen to display, exhibit; to represent		
	darüber-werfen, a, o, i to throw over (it)		der-, die-, dasselbe the same
		der	Deserteur, -e deserter
	darunter-schreiben, ie, ie to write under(-neath)		deshalb therefore, for that reason, for that
	daß that	der	Detektiv, -e detective
die	Dauer duration; auf die — in the long run		deuten (auf) to point (to); to interpret, explain
der	Dauerlutscher, - toffee-on-a-stick, all-day sucker		deutlich clear, distinct, intelligible
			deutsch German
	dauern to take, last	das	Deutschland Germany
	dauernd constantly, continually	die	Devotionalien (pl.) devotional articles, religious goods
die	Dauerwelle, -n permanent wave		
der	Dauerzustand, ⸚e permanent condition	die	Devotionalienhandlung, -en religious goods store
der	Daumen, - thumb		devotionalistisch devotional
	davon-fahren,* u, a, ä to ride away	der	Dezember December
		der	Dialog, -e dialogue

Vocabulary 201

der	Diamant, -en, -en diamond		das	Drama, Dramen drama
	dicht thick, dense, compact; tight, close			drängen to press, urge; es drängt ihn the spirit moves him
	dichten to write poetry			drauf und dran sein,* war, gewesen, ist (coll.) to be on the point of
der	Dichter, - poet; writer (of fiction)			drauflos-trampeln to trample off (with vigor and determination)
die	Dichterin, -nen poetess			
	dick fat, thick, heavy			draußen outside
die	Dicke thickness, density		der	Dreck dirt, mud, filth, dung
das	Dickicht, -e thicket			dreckig dirty, filthy
	dicklich rather plump, stoutish		das	Drecknest, -er (coll.) miserable hick town
die	Diele, -n hall			
	dienen to serve		(sich)	drehen to turn
der	Diener, - servant		die	Drehorgel, -n barrel organ
der	Dienst, -e service; duty			dreijährig three-year-old
der	Dienstag, -e Tuesday		der	Dreimonatskursus, -kurse three-months course
	diensteifrig officious, eager to serve			
die	Dienstfahrt, -en official tour, mission		der	Dreisatz rule of three (method in algebra for figuring out equations)
der	Dienstraum, ⸚e service room, office			
der	Dienstvertrag, ⸚e contract			drin(nen) inside
	dies (-er, -e, -es) this; the latter			dringen,* a, u to press, penetrate, force one's way (through)
	diesmal this time			
	diffamieren to defame, dishonor			drohen to threaten, menace
die	Diktatur, -en dictatorship			drüben over there
das	Ding, -e thing		der	Druck, ⸚e pressure; print (pl. -e)
	direkt direct			drucken to print
der	Direktor, -en director; principal			drücken to press, squeeze
	dirigieren to direct, conduct, manage			drückend oppressive
	diskontieren to endorse, discount		der	Duft, ⸚e scent, aroma, odor
die	Dissertation, -en dissertation, doctoral thesis			duften to smell
				dulden to tolerate, permit
die	Division, -en division (of soldiers)			dumm stupid, dumb; silly, foolish
der	Divisiöner, - division commander		die	Dummheit, -en stupidity; nonsense, silly action
der	Divisionsstab, ⸚e division headquarters			
				dumpf dull, hollow; damp, musty; stifling
	DM = Deutsche Mark German Mark (= $0.25 today)			
				dumpfgetönt dull-toned
	doch yet, however, but; oh yes, of course; indeed			dunkel dark; obscure, mysterious
				dunkelblau dark-blue, navy-blue
der	Doktor, -en doctor			dunkelblond brunette
	doll (coll.) crazy, terrific, fantastic			dunkelbraun dark-brown
der	Dollar, -s dollar			dunkelgrau dark-gray
	donnern to thunder			dunkelhaarig dark-haired
der	Donnerstag, -e Thursday		die	Dunkelheit darkness
	doof (coll.) stupid, dumb		die	Dunkelkammer, -n darkroom
der	Doppelkorn double shot of schnaps or corn brandy			dunkelrot dark-red
				dünn thin
	doppelt double			dünnblau diluted blue, faint blue
das	Dorf, ⸚er village		der	Dunst, ⸚e vapor; steam; haze, mist
der	Dorfplatz, ⸚e village square			dunstig hazy, misty
der	Dorfpolizist, -en, -en village constable			durch through, by; —... hindurch through
der	Dornauszieher "The Boy with the Thorn" (ancient Greek sculpture); (lit.) person removing a thorn			durchaus by all means, positively
				durch-blättern to leaf or thumb through
	dort there			
	dorthin there, to that place			durch-brechen, a, o, i to pierce, break through
der	Draht, ⸚e wire, thread			

202　Böll für Zeitgenossen

durch-bringen, brachte, gebracht to bring through, put over, succeed with
durch-dringen,* a, u to press through, penetrate, permeate; to prevail (of opinions)
durch-fahren,* u, a, ä to drive through
durch-flutschen* *(dial.)* to slip through, give the slip, escape
das **Durchgangslager, -** transit camp
durch-geben, a, e, i to pass on; to transmit (by field telephone)
durch-gehen,* i, a to go through, pass (through); to escape; to go over^(*), look over^(*); **— lassen** to overlook
durch-kommen,* a, o to succeed
durch-lassen, ie, a, ä to let through
durch-lesen, a, e, ie to read through or over, peruse
durchreisend passing through
der **Durchschlag, ¨e** carbon copy
durchschlagend effective, telling
durchschneiden, i, i *(also separable)* to transfix, pierce; to cut (through), bisect
durchschreiten, i, i to walk through
durchsetzen to intersperse, permeate, mix with
durch-sprechen, a, o, i to talk over, discuss
durch-stöpseln to switch through
durch-streichen, i, i to cross out
durchsuchen to hunt through; to ransack
dürfen, durfte, gedurft, darf to be allowed to, be permitted to, may
der **Durst (nach)** thirst (for)
durstig thirsty
düster gloomy, somber, dark
durchschnittlich average; on an average
duzen to thou, address (a person) with the "thou" form

E

eben just, simply; just now, before; **noch —** just barely
ebenbürtig of equal birth or rank
ebenso likewise, just as; **ebensogut** just as well; **ebensowenig** just as little
das **Echo, -s** echo
echt authentic, genuine, real, true
der **Eckball, ¨e** corner kick (soccer)
die **Ecke, -n** corner
edel noble
der **Efeu** ivy
egal equal, all one, the same; **es ist mir (ganz) —** I don't care, it's all the same to me
ehe before
die **Ehe, -n** marriage
ehemalig former, erstwhile
ehemals formerly
das **Ehepaar, -e** married couple
eher rather; sooner, earlier
die **Ehre, -n** honor, praise; **in Ehren** in all honor
ehren to honor
die **Ehrfurcht** respect, reverence, awe
der **Ehrgeiz** ambition
ehrgeizig ambitious
ehrlich honest
das **Ei, -er** egg
eichelförmig acorn-shaped
der **Eichelkaffee** coffee brewed from acorns
das **Eichenbord, -e** oak shelf
die **Eichenmöbel** *(pl.)* oak furniture
der **Eidotter, -** egg yolk
die **Eifel** Eifel Mountains
der **Eifer** zeal
die **Eifersucht** jealousy
eifersüchtig jealous
eifrig eager
eigen own; **— sein** to belong to, be peculiar to, characterize
eigenhändig with (one's) own hand(s)
eigentlich actual, real
das **Eigentum, ¨er** property
sich **eignen (zu)** to be suited (for)
eilig speedy, hurried, hasty, urgent; **es — haben** to be in a hurry; **— sein** to be in a hurry
ein (-er, -e) someone
einander one another, each other
ein-atmen to inhale
ein-bauen to build in
ein-berufen, ie, u to convene; to call up, induct
sich *(dat.)* **ein-bilden** to fancy, imagine; **sich** *(dat.)* **— auf** to presume upon, pride oneself on
ein-binden, a, u to bind (a book)
ein-bringen, brachte, gebracht to bring in; to yield; to make up for
eindeutig clear-cut
ein-dösen* to doze off
ein-dringen,* a, u to force one's way in(to)

Vocabulary 203

der	Eindruck, ⸚e	impression; **den — machen** to give the impression
	eindrucksvoll	impressive
	eineinhalb	one and a half
	einfach	simple, plain, ordinary; simply, just
die	Einfachheit	simplicity
der	Einfall, ⸚e	(sudden) idea, inspiration
	ein-fallen,* ie, a, ä	to fall in; to occur to
der	Einfallsreichtum	ingenuity
	einfältig	simple, plain, primitive
	ein-flechten, o, o, i	to mention casually, insert, put in
die	Einführung, -en	introduction
der	Eingang, ⸚e	entrance
	eingebunden	bound
	ein-gehen,* i, a	to go in
	eingehend	searching, exhaustive
das	Eingemacht-	preserves
	ein-gießen, o, o	to pour (in, out)
	ein-hängen	to hang up
	ein-hauen, hieb, gehauen	to hew in, carve
der	Einheimisch-	native, local resident
	ein-heiraten	to marry into
	einig	any, some; *(pl.)* a few, several, some
sich	einigen	to come to terms, agree
	einigermaßen	to some extent, somewhat
der	Einkauf, ⸚e	purchase
die	Einkaufstasche, -n	shopping bag
die	Einkünfte *(pl.)*	income, receipts
	ein-laden, u, a, ä	to invite
die	Einladung, -en	invitation
	ein-lassen, ie, a, ä	to put in; to let in, admit
der	Einlauf, ⸚e	inlet; inning
	ein-lullen	to lull to sleep
	einmal	once; once upon a time; sometime, some day; for once; once for all; **nicht —** not even; **nicht — mehr** no longer even; **noch —** once more; **nun —** once for all
	einmalig	unique
	ein-mauern	to embed, wall in
	ein-nehmen, a, o, i	to take (a meal); to take up (a position)
	ein-räumen	to give up, yield up
	ein-reden	to persuade, talk into, convince
	ein-reichen	to present, deliver, hand in
	ein-richten	to furnish; to arrange; to establish
	ein-sammeln	to collect, gather

	ein-schenken	to pour (in, out), fill, pour a drink or drinks
	ein-schlafen,* ie, a, ä	to fall asleep
	ein-schläfern	to lull to sleep; to lull into security
	ein-schließen, o, o	to lock up
	ein-sehen, a, e, ie	to understand, see, comprehend, realize
	ein-setzen	to set in, begin
die	Einsicht, -en	understanding, insight, judgment; examination
	einsichtsvoll	sensible, intelligent, judicious
	ein-sperren	to lock up, confine
	ein-sprechen, a o, i (auf)	to speak with urgency (to); to oppose
	ein-stechen, a, o, i (auf)	to stab (at)
	ein-stecken	to stick, put in, pocket
	ein-steigen,* ie, ie	to climb in, climb aboard, get in
	ein-stellen (auf)	to adjust (to); to focus (on)
	ein-studieren	to rehearse, study, get up
	ein-stürzen*	to collapse, fall in, break down
	ein-tauchen	to dip in
	ein-teilen	to divide, distribute
	ein-tragen, u, a, ä	to enter, register
die	Eintragung, -en	entry
	ein-treten,* a, e, i	to enter, step in; to join; to occur
	ein-üben	to practice
	einverstanden sein,* war, gewesen, ist	to agree
das	Einverständnis	agreement, understanding, approval
	ein-weihen	to consecrate, inaugurate, dedicate; **— in** to initiate into; to let in on, let into
die	Einweihungsrede, -n	dedication speech
	ein-wickeln	to wrap up
das	Einwickelpapier	wrapping paper, wrapper
	einzeln	separate, single, individual
	einzig	only, sole, single
	ein-zwängen	to squeeze, sandwich
der	Eisbecher, -	ice-cream dish
die	Eisenbahn, -en	railroad
der	Eisenbahnqualm	train fumes
der	Eisenhändler, -	ironmonger
	eisern	iron; strong, adamant
das	Eiserne Kreuz, -e	Iron Cross *(German military decoration)*
der	Eiskübel, -	ice bucket
der	Eisschrank, ⸚e	refrigerator, icebox

der	**Ekel** nausea, loathing, disgust		das	**Entgegenkommen** willingness to oblige, cooperation
	ekelhaft nauseous, disgusting			**entgegen-nehmen, a, o, i** to accept, receive, take
	ekeln to disgust, sicken; **sich — vor** to loathe			**entgehen,* i, a** to escape, get away from; **— lassen** to pass up, miss (an opportunity)
	elektrisch electrical			
die	**Elektrizität** electricity			**enthalten, ie, a, ä** to contain, hold
das	**Element, -s** element			**enthüllen** to unveil; to reveal
das	**Elend** misery, wretchedness, distress, want		die	**Enthüllung, -en** unveiling
der	**Ellbogen, -** elbow			**entladen, u, a, ä** to unload
die	**Elle, -n** ell, "yard" *(unit of measure—length of the forearm—once used extensively by tailors and varying from country to country; cf.* **Ellbogen,** elbow*)*			**entlang-gehen,* i, a** to walk along
				entlassen, ie, a, ä to dismiss
			die	**Entlausung** delousing
			die	**Ent-Mythung** demythicizing
				entnazifizieren to denazify
die	**Eltern** *(pl.)* parents			**entnehmen, a, o, i** to take out, remove, take from; to gather or infer from
das	**Emailleschildchen, -** enamel plaque			
der	**Embryo, -s** embryo			
	empfangen, i, a, ä to receive			**entquellen,* o, o, i** to flow forth (from)
	empfehlen, a, o, ie to recommend			
	empfinden, a, u to feel, perceive, experience			**entrichten** to pay (what is due)
			sich	**entscheiden, ie, ie** to decide
	empfindlich sensitive; severe, grievous			**entscheidend** decisive, final
				entschieden determined, resolute
die	**Empfindlichkeit** sensitivity		sich	**entschließen, o, o (zu)** to decide, determine (on); make up one's mind (to); **— zu tun** to determine to do
die	**Emsigkeit** activity, industry, assiduity			
das	**Ende, -n** end; **zu —** at an end, finished, over; towards the end; **zu — gehen** to end, draw to a close, approach the end			
			die	**Entschlossenheit** determination
				entschlüpfen* to escape, slip out from
	enden to end			
	endgültig final		der	**Entschluß, ¨(ss)e** decision, resolve, resolution
	endlich finally, at last			
die	**Endstation, -en** last stop, last station			**entschuldigen** to excuse; **sich —** to apologize
die	**Endsumme, -n** (sum) total		das	**Entsetzen** horror, terror
die	**Energie, -n** energy			**entsetzt** horrified
	energisch energetic; resolute; **— werden** to put one's foot down			**entsichern** to disengage or release the safety catch, uncock
	eng narrow; close; intimate		sich	**entsinnen, a, o** (+ *gen.*) to remember, recall, recollect
der	**Engel, -** angel			
das	**Engelchen, -** little angel			**entsprechen, a, o, i** to correspond to, suit, match
	engelhaft angelic			
der	**Enkel, -** grandchild			**entsprechend** appropriate, suitable, adequate; corresponding
	enorm enormous, tremendous			
	entbehren to do without, dispense with, spare			**entstehen,* a, a** to come into being
				entsteigen,* ie, ie to climb out, get out or off; to rise from
	entdecken to discover			
die	**Entdeckung, -en** discovery			**entstellen** to deform, disfigure
die	**Ente, -n** duck			**entströmen*** to stream or issue from
	entfalten to unfold			**enttäuschen** to disappoint
	entfernen to remove		die	**Enttäuschung, -en** disappointment
	entfernt far off, away, distant, remote, at a distance			**entweder... oder** either... or
				entwickeln to develop
die	**Entfernung, -en** distance; absence		der	**Entwurf, ¨e** draft
	entfliehen,* o, o to escape			**entwurzeln** to uproot
	entgegen-blicken to look out upon		das	**Entzücken** delight

Vocabulary 205

die	Entzückung, -en	rapture
die	Enzyklopädie, -n	encyclopedia
der	Epiker, -	prose writer
sich	erbarmen (+ gen.)	to pity, take pity on
	erbärmlich	pitiable, wretched
das	Erbe, (pl.) Erbschaften	inheritance
	erbittert	bitter
	erblicken	to catch sight of, spot; to perceive, see
(sich)	erbrechen, a, o, i	to vomit, puke
	erbringen, erbrachte, erbracht	to furnish (proof)
die	Erde, -n	earth; ground, soil; floor
	erdenken, erdachte, erdacht	to think up, invent
	erdolchen	to stab (with a dagger)
	erdulden	to endure, suffer, put up with
das	Ereignis, -ses, -se	event, occurrence
	erfahren, u, a, ä	to experience; to learn, find out (about), be told, come to know, hear (of)
	erfahren	experienced, expert
die	Erfahrung, -en	experience; skill, know-how
	erfinden, a, u	to invent; to make up
die	Erfindung, -en	invention; fabrication
der	Erfolg, -e	success; result
	erfolgreich	successful
	erforderlich	necessary, required
	erforschen	to investigate, explore
	erfreut	delighted, glad
	erfrischen	to refresh, invigorate
	erfüllen	to fill; to fulfill, comply with; to perform, accomplish
	ergeben	devoted, loyal
sich	ergeben, a, e, i	to resign oneself
das	Ergebnis, -ses, -se	result, outcome
	ergehen,* i, a	to befall, happen; über sich — lassen to bear patiently, submit to
	ergrauen*	to grow gray
	ergreifen, i, i	to grab, lay hold of, seize; to touch, move, affect; das Wort — to begin to speak; to take the floor
	erhaben	lofty, sublime, elevated
	erhalten, ie, a, ä	to receive, get, obtain
	erhältlich	obtainable
	erheben, o, o	to raise, lift; sich — to rise, get up
	erheitern	to cheer, exhilarate
	erhellen	to light up, illuminate
	erhitzen	to heat, warm
	erhitzt	overheated, excited
	erhöhen	to raise, increase, enhance; sich — to rise, increase
die	Erinnerung, -en	recollection, memory, reminiscence, memoir
	erinnern (an)	to remind (of); sich — (an) to remember
die	Erkältung, -en	(common) cold
	erkältet: ich bin —	I have a cold
	erkämpfen	to obtain by fighting
	erkennbar	recognizable, perceptible
	erkennen, erkannte, erkannt	to recognize, discern
die	Erkenntnis, -se	perception, realization, knowledge
	erklären	to explain
die	Erklärung, -en	explanation
	erklingen,* a, u	to resound
	erlauben	to allow, permit; sich (dat.) — to indulge in
	erleben	to experience
das	Erlebnis, -ses, -se	experience
	erledigen	to settle, take care of, finish; (coll.) to dispatch, wipe out, finish off
	erlegen	to lay low, slay
	erleichtern	to relieve, alleviate; lighten; to facilitate
die	Erleichterung	relief
	erleuchten	to light, illuminate; to enlighten
	erliegen,(*) a, e	to succumb (to)
	erloschen	extinguished, having gone out; extinct
	erlöschen,* o, o, i	to be extinguished, go out; to die out
	ermahnen	to admonish, rebuke
	ermuntern	to encourage, exhort
die	Ernennungsurkunde, -n	commission, letter of appointment
der	Erneuerer, -	reviver
	erneuern	to renew
die	Erniedrigung, -en	humiliation
	ernst	earnest, serious
der	Ernst	seriousness, gravity
	ernsthaft	serious
	ernten	to harvest, gather in
	ernüchtern	to sober
	erobern	to conquer, take
	eröffnen	to open, inaugurate
die	Erotik	eroticism
	erproben	to test, try
	erraten, ie, a, ä	to guess, divine
	errechnen	to arrive at (by calculating)
	erregen	to excite, agitate
die	Erregung, -en	excitation, excitement, agitation
	erreichen	to reach, attain, achieve

erröten* to blush
erscheinen,* ie, ie to appear; to seem; to come out, be published (books)
die Erscheinung, -en appearance
erschießen, o, o to shoot, shoot dead
erschöpfen to exhaust
die Erschöpfung exhaustion
erschrecken to frighten, terrify, scare, shock
erschrecken,* a, o, i to be shocked, be alarmed, be startled
erschreckend alarming, startling, shocking
erschrocken startled, shocked, frightened
erschüttern to shock, move deeply
ersetzen to replace, compensate (for)
ersparen to spare
erst first, initial; at first; only, not until; — als (wenn) not until, only when; zum erstenmal for the first time
erstarrt frozen, benumbed, torpid
erstaunen to be astonished, astounded, or amazed*; to astonish
erstaunlich astonishing, amazing, marvelous
erstaunt astonished, amazed, surprized
erstechen, a, o, i to stab to death
das erstemal the first time; zum erstenmal for the first time
erstens first, in the first place
ersticken* (an) to suffocate, choke (on)
erstklassig first-rate, high-class
sich erstrecken über to cover
ertappen (bei) to surprise, detect, catch (in)
erteilen to award; to issue, give
ertönen* to resound
ertragen, u, a, ä to put up with, bear (with), endure
erträglich bearable, endurable
erwachen* to awaken, wake up
der Erwachsen- adult, grown-up
erwägen, o, o to weigh, consider
die Erwägung, -en consideration
erwählen to choose, elect
erwähnen to mention
erwarten to expect, await
erwecken to rouse, awaken, stir up; zum Leben — to revive
erweisen, ie, ie to prove; sich — als to prove to be, turn out to be
erwerben, a, o, i to obtain, acquire; to gain, win

der Erwerbslos- unemployed person
der Erwerbszweig, -e line of business
erwidern to reply; to return (a favor, etc.)
erwischen to catch, trap, get hold of
erzählen to tell, relate
der Erzähler, - narrator
die Erzähl(er)positur story-telling position
die Erzählung, -en story
das Erzeugnis, -ses, -se product
der Erzfeind, -e archenemy
erziehen, o, o to bring up, raise
erzielen to obtain, reach, realize
der Esel, - donkey, jackass
essayistisch in essay form
essen, a, e, i to eat
das Essen food, meal, dinner
das Eßzimmer, - dining room
der Etat, -s allowance, budget
etliche (pl.) several, some
etwa about, approximately, say; perhaps, perchance
etwas something; somewhat; a little, some; so — such a thing; so — wie something like
eurasisch Eurasian
(das) Europa Europe
das Europäertum European spirit, idea of Europe
eventuell possible
ewig eternal
die Ewigkeit, -en eternity
das Exemplar, -e specimen, copy
die Existenz existence; livelihood
existieren to exist; to subsist
das Experiment, -e experiment
die Explosion, -en explosion
der Extrasitz, -e extra seat

F

die Fabrik, -en factory
der Fabrikant, -en, -en manufacturer
das Fabrikat, -e make
der Fabrikationszweig, -e branch of manufacture, line of production
das Fach, ̈-er subject; field (of activity), line; compartment; drawer; shelf
die Fachzeitschrift, -en professional journal
die Fackel, -n torch
fähig able, capable
die Fähigkeit, -en ability, talent
die Fahne, -n flag
fahren, u, a, ä to drive (someone, something); to drive,* ride,* travel*
der Fahrer, - driver

Vocabulary 207

das	Fahrerhaus, ⸚er	cab, cabin
der	Fahrersitz, -e	driver's seat
der	Fahrpreis, -e	fare
das	Fahrrad, ⸚er	bicycle
der	Fahrstuhlführer, -	elevator operator
die	Fahrt, -en	journey, trip
die	Fairness (or Fairneß)	fair play
der	Faktor, -en	factor
das	Faktum, Fakten (or Fakta)	fact
der	Fall, ⸚e	case, event; fall, drop
die	Falle, -n	trap
	fallen,* ie, a, ä	to fall; to die (in battle); **es fällt mir schwer** it is difficult for me, I find it hard; **— lassen** to drop, let fall
	falls	in case, if
	falsch	false, wrong
die	Falte, -n	fold, crease, wrinkle
der	Faltenwurf	creasing, creases
die	Familie, -n	family
der	Familienvorstand	head of a family
	fanatisch	fanatical
	fangen, i, a, ä	to catch; to capture; **sich —** to be caught
das	Fangen	catching (fly balls)
der	Fanghandschuh, -e	mitt, (baseball) glove
die	Farbe, -n	color, paint
	färben	to color, tint, dye; **sich —** to turn (of colors)
die	Farbenblindheit	color blindness
	fassen	to hold; to form (a resolve)
	fast	almost, nearly
	faszinieren	to fascinate
	fatal	disagreeable, odious; awkward, embarrassing; calamitous
	fauchen	to spit (of cats); to puff, whiz (of machines)
	faul	lazy
die	Faust, ⸚e	fist
der	Februar	February
die	Feder, -n	pen
der	Federhalter, -	penholder
	fegen	to sweep
	fehlen	to be missing, lacking, wanting; to be wrong; to be absent; **es fehlt uns an** we lack or don't have
der	Fehler, -	mistake, error
der	Fehlschlag, ⸚e	wash-out, flop, disappointment, failure
die	Feier, -n	celebration
der	Feierabend	time for leaving off work; free time; **— machen** to leave off work, knock off
	feierlich	solemn
die	Feierlichkeit, -en	festivity
	feiern	to celebrate, honor, extol
	feig(e)	cowardly
der	Feigling, -e	coward
	fein	fine, thin; delicate, soft; nice, polite, refined; (coll.) splendid, excellent
der	Feind, -e	enemy
	feindlich	hostile
	feist	plump, fat, fleshy
das	Feld, -er	field; battlefield; outfield; **— eins, zwei, drei** first, second, third base
die	Feldflasche, -n	canteen, water bottle
das	Fenster, -	window
	fensterlos	windowless
die	Fensterreihe, -n	row of windows
die	Fensterumrandung, -en	border of a window
	fern(e)	distant, far away
die	Ferne	distance; remoteness
das	Fernsehen	television
	fertig	finished, ready; **— werden mit** to manage, deal with, cope with
	fertig-bringen, brachte, gebracht	to manage
	fertig-machen	to make ready, get ready, prepare, finish
	fesseln	to fetter, chain, fasten
	fest	firm; fixed, secure, fast, tight; permanent
das	Fest, -e	feast, banquet; feast day, festival
sich	fest-bohren	to stick fast, get stuck
	fest-halten, ie, a, ä	to hold fast, hold onto, grip, clasp firmly; to seize, detain
die	Festigkeit	firmness, solidity
	fest-kleben	to glue fast, stick securely
die	Festlegung, -en	fixing, setting
	festlich	festive
	fest-nehmen, a, o, i	to seize, arrest
die	Festpredigt, -en	sermon for the feast day
sich	fest-setzen	to cling, settle
das	Festspiel, -e	festival
	fest-stehen, a, a	to be a fact, be clear, be certain; to be steady
	fest-stellen	to ascertain, find out, establish
der	Festtag, -e	feast day, holy day
	fest-ziehen, o, o	to tighten, pull tight
	fett	fat
	fettig	greasy
die	Fettzufuhr	intake of fat

der	Fetzen, - shred, rag, tatter		der	Fliesenweg, -n flagstone path or walk
	feucht damp, moist			fließen,(*) o, o to flow, run
die	Feuchtigkeit dampness			flimmern to glimmer, glitter, flicker
das	Feuer, - fire			flink quick, nimble, brisk
das	Feueranmachen making a fire or fires			flirren to flit (about)
das	Feuerausmachen extinguishing a fire or fires		das	Flitterpapier gift-wrapping paper
			die	Floskel, -n flourish, flowery phrase
	feuern to fire, set fire to		der	Fluch, ⸚e curse, swearword
der	Feuerschein, -e glare of fire			fluchen (auf, über) to curse, swear (at)
die	Feuerwehr, -en fire department			
der	Feuerwehrmann, -leute fireman			flüchtig fleeting; hasty
das	Feuerzeug, -e cigarette lighter		die	Fluchtmethode, -n escape method
die	Fichte, -n spruce		das	Fluidum atmosphere
das	Fieber, - fever		der	Flur, -e corridor, hall
	fiebern to be in a fever		der	Fluß, ⸚(ss)e river
	fiebrig feverish; febrile			flüstern to whisper
die	Figur, -en figure		die	Flut, -en flood, inundation; floodtide
der	Film, -e film, movie		die	Folge, -n consequence, result
der	Filmstar, -s film star			folgen* to follow
der	Filter, - filter			folgend following, subsequent, ensuing
	finanziell financial			
	finden, a, u to find; to think; sich — to be found			folkloristisch folkloric
				fordern to demand
der	Finger, - finger			fördern to further, advance, promote
der	Fingerhut foxglove		die	Form, -en form, shape
	finster dark, gloomy		das	Format, -e size, format; ein Mann von — a man of mark or distinction
die	Firma, Firmen firm			
der	Fisch, -e fish			formlos formless, shapeless
	flach flat; shallow		das	Formular, -e form, blank
	flachdachig flat-roofed			fort-fahren,* u, a, ä to continue, go on
der	Flachs flax			
die	Flachsbreche, -n flax scutch			fort-setzen to continue, pursue
die	Flachsfabrik, -en flax factory		die	Fortsetzung, -en installment
	flackern to flicker		das	Forum, Fora forum
die	Flak anti-aircraft artillery or gun (originally abbr. of Flugabwehrkanone, now an independent word)		das	Foto, -s photo
			die	Fotografie photograph; photography
			die	Fotokopie, -n photostat
die	Flamme, -n flame		die	Frage, -n question
	flankieren to flank, outflank			fragen to ask; — nach to ask for or about
die	Flasche, -n bottle, flask; canteen			
	flattern(*) to flutter, blow		der	Fraktionskollege, -n, -n fellow member of a political party
der	Fleck, -e spot, stain			
der	Flecken, - spot, stain, patch		die	Fraktur, -en fracture; Gothic (type)
das	Fleisch, -e flesh; meat			Frankfurter (of) Frankfurt
die	Fleischfaser, -n meat fiber		das	Frankreich France
	fleischig fleshy, plump			französisch French
der	Fleischlappen, - flap of flesh		die	Fratze, -n grimace; caricature
	fleischlich fleshly, carnal, of the flesh		die	Frau woman; wife; Mrs.
			der	Frauenklub, -s women's club
der	Fleiß diligence, industry, hard work		das	Frauenlachen feminine laughter, woman's laugh
	fleißig diligent, industrious, hard working			
				frei free; open; available
	fletschen to show (one's teeth)		das	Freibier free beer
	flicken to patch, mend, repair		die	Freiheit, -en freedom
	fliehen,* o, o to flee, escape			frei-lassen, ie, a, ä to set free
der	Fliehend- fugitive			frei-legen to expose; to release

Vocabulary 209

	freilich of course		fünfbändig five-volume
	freischaffend free-lance		fünfeinhalb five and one-half
der	Freitag, -e Friday	die	Fünferreihe, -n row of five
	freiwillig voluntary, spontaneous, free; sich — melden to volunteer		fungieren to act, officiate
			funkeln to sparkle, glitter, twinkle
	fremd strange, foreign, alien, unknown		funktionieren to function
			für for
der	Fremd- stranger, outsider; tourist	die	Furcht (vor) fear (of), dread, fright
			furchtbar dreadful, awful, fearful, terrible
der	Fremdenverkehr tourist trade		
	fressen, a, e, i eat (of animals), devour, gorge, consume		fürchten to fear, dread; sich — vor to be afraid of
das	Fressen feed; ein gefundenes — just the thing, something desirable		fürchterlich horrible, terrible
		der	Fuß, ⸚e foot; zu — on foot
die	Freude, -n joy, gladness, delight, pleasure; vor — with joy	der	Fußball soccer, football
		das	Fußballendspiel, -e championship football or soccer game
sich	freuen (über) to be glad, rejoice (over, at); sich — auf to look forward to	der	Fußballspieler, - soccer or football player
		die	Fußmatte, -n door mat
der	Freund, -e friend		**G**
die	Freundestreue loyalty (stemming from friendship)	die	Gaffel, -e *(Cologne dial.)* guild, corporation; fork
die	Freundin, -nen (girl) friend		gähnen to yawn
	freundlich friendly, kind	der	Gang, ⸚e corridor, passageway, hall, aisle; walk; course; flow
der	Friede(n), -ns, -nsschlüsse peace		
	friedlich peaceful, calm; peaceable	die	Gangschaltung, -en gearshift
	frisch fresh; new; cool	der	Gangster, - gangster
	frischgebacken freshly made	die	Gans, ⸚e goose
das	Friseurgeschäft, -e barber shop	der	Gänsemarsch single file
	froh glad, joyful, gay, happy		ganz whole, entire, all; quite, completely, very; im ganzen altogether
	fröhlich cheerful, gay		
	fromm pious, religious, devout		
der	Frömmigkeitsartikel, - article of devotion		gar at all, even; — nicht not at all; — zu far too, much too
die	Front, -en front		
	frösteln to shiver, feel chilly	die	Garage, -n garage
die	Frucht, ⸚e fruit	die	Gardine, -n curtain
	früh early	der	Garten, ⸚ garden
	früher earlier; sooner; former; at one time	das	Gas, -e gas; — geben to step on the gas, accelerate
der	Frühling, -e spring	die	Gaslaterne, -n gas lamp
der	Frühlingsabend, -e spring evening	die	Gasse, -n street, alley, lane
das	Frühstück, -e breakfast	der	Gast, ⸚e guest, visitor
der	Frühstücksraum, ⸚e breakfast room	das	Gebäck, -e pastries, fancy cakes
der	Frühstückstisch, -e breakfast table		gebannt spellbound
das	Frühstückszimmer, - breakfast room		gebären, a, o, ie to give birth to; geboren werden to be born
(sich)	fühlen to feel	das	Gebäude, - building, edifice
	führen to lead; to conduct		geben, a, e, i to give; es gibt there is, there are; von sich — to produce, emit; to bring up, vomit
der	Führer, - leader; Leader (Adolf Hitler)		
die	Führereigenschaft, -en leadership quality		
das	Führerhaus, ⸚er cab, cabin	das	Gebet, -e prayer
die	Fülle abundance, wealth	das	Gebiet, -e district, region
	füllen to fill		gebieten, o, o to order, command, bid
der	Füllfederhalter, - fountain pen		
das	Fundbüro, -s Lost and Found		geblümt flowered

210 *Böll für Zeitgenossen*

geboren born; by birth, née;
— werden to be born
der Gebrauch, ⸚e use
gebrauchen to use, make use of
das Geburtsdatum date of birth
der Geburtstag, -e birthday
gedacht intended, designed
das Gedächtnis, -ses, -se memory, mind
das Gedächtnisseptett, -e memorial septet
die Gedächtnisstätte, -n memorial
der Gedanke, -ns, -n thought, idea
gedanklich intellectual, mental
gedenken, gedachte, gedacht to intend, propose, design
das Gedicht, -e poem
das Gedudel continual piping
geduldig patient, long-suffering
die Gefahr, -en danger; große — laufen to run great risk
gefährlich dangerous
der Gefährte, -n, -n companion
gefallen, ie, a, ä to please
gefangen captive, taken prisoner, captured
der Gefangen- prisoner
die Gefangenschaft captivity, imprisonment
das Gefängnis, -ses, -se prison; imprisonment
gefiedert feathered
das Gefilde, - fields; region
gefräßig voracious, gluttonous
das Gefühl, -e feeling
gefühlsmäßig intuitive
gefühlvoll emotional; affectionate; sentimental; tender
gegen against, towards, to, for
die Gegend, -en area, region
die Gegenpartei, -en (party in) opposition; opposing team
die Gegenreklame, -n counter-advertising
der Gegensatz, ⸚e difference, antithesis, contrast
gegenseitig mutual
der Gegenstand, ⸚e object
das Gegenteil contrary, opposite, reverse; im — on the contrary
gegenüber opposite; toward; in relation to, with respect to
gegenüber-liegen, a, e to be opposite or across from, face
gegenüberliegend opposite
sich gegenüber-sehen, a, e, ie to find oneself face to face with; to be up against

gegenüber-sitzen, a, e to sit opposite or across from
gegenüber-stehen, a, a to stand opposite, face
die Gegenwart present (time)
der Gegner, - opponent
gegnerisch opposing
der Gehalt, -e import, intrinsic content
geheim secret
geheim-halten, ie, a, ä to keep secret
das Geheimnis, -ses, -se secret
geheimnisvoll mysterious
gehen,* i, a to go, walk; es geht mir gut I am well, things are going well with me; es geht nicht it won't do; es geht um it is a matter of, at stake is; Wie geht's? How are you?
gehorchen to obey
gehören to belong (to); to pertain to; es gehört sich it is right and proper
gehorsam obedient
der Geiger, - violinist
geil lustful, lascivious, lecherous
die Geilheit lasciviousness, lust
der Geist, -er spirit; mind, intellect
der Geistesblitz, -e stroke of genius
geistig spiritual; intellectual
geistreich witty
geknickt crushed, crestfallen
das Gelächter laugher
das Gelände, - tract of land, stretch of ground, terrain
gelassen calm, composed, cool, collected
gelaunt disposed; gut — in good humor
gelb yellow
gelbischgrün yellowish-green
gelblich yellowish
das Geld, -er money; coin
der Geldbriefträger, - mailman who delivers money letters
die Geldgeschichte, -n money matter
die Geldstrafe, -n fine
das Geldstück, -e coin
gelegen situated, lying
die Gelegenheit, -en opportunity, chance; occasion
gelegentlich occasional; opportune; casual
gelichtet thinning (of hair)
geliebt beloved
die Geliebt- mistress
gelingen,* a, u to succeed; es gelingt mir I succeed, am able

Vocabulary 211

	gelten, a, o, i to pass for, be regarded as, be reputed or thought to be (*with* **als**); to concern, apply to, hold true or good, be valid	das	**Gerede,** - talk
	gemäß in accordance with, according to		**gereizt** irritated, nettled, piqued, peeved
	gemäßigt moderate	das	**Gericht, -e** court of justice, tribunal; judgment; **zu — sitzen über** to try, sit in judgment on
	gemein mean, nasty; common, vulgar		**gering** small, slight; **im geringsten** in the least
die	**Gemeinheit, -en** meanness, mean trick; vulgarity		**geringfügig** trifling, insignificant
	gemeinsam joint	der	**Germane, -n, -n** Teuton
das	**Gemurmel,** - mumbling, murmur(ing)		**gern(e)** readily, gladly, with pleasure; (*with verbs*) to like to; **— haben** to like
	gemütlich nice and cozy, comfortable; genial, good-natured, agreeable, pleasant		**gerötet** reddened, ruddy
	genau exact, accurate; closely	der	**Geruch, ⸚e** smell, odor
die	**Genauigkeit** exactness, accuracy; precision; strictness	das	**Gerücht, -e** rumor
			gerührt moved, stirred, touched
			gesalzen salted
	genauso just as; exactly; like this		**gesamt** entire, total, all
der	**Gendarm, -en, -en** country constable, gendarme	der	**Gesang, ⸚e** song; hymn
			gesanglich choral, singing
	genehmigen to grant, permit	das	**Geschäft, -e** business; store
die	**Genehmigung** consent, approval, permission		**geschäftlich** relating to business, in (on) business
	geneigt inclined		**geschäftsmäßig** business-like, perfunctory
der	**General, -e (⸚e)** general	das	**Geschäftszentrum, -zentren** business district
der	**Generaldirektor, -en** managing director		
		das	**geschehen,*** a, e, ie to happen
der	**Generalstab, ⸚e** general staff	das	**Geschehnis, -ses, -se** event
die	**Generation, -en** generation	die	**Geschichte, -n** story; history; affair, business
	generationenlang for generations		
das	**Genie, -s** (man of) genius	das	**Geschichtenerzählen** storytelling
	genießen, o, o to enjoy		**geschichtlich** historical
	genießerisch relishing one's food or drink, epicurean		**geschickt** skillful, dexterous, adroit, able, clever (at)
der	**Genius, des —, die Genien** genius		**geschieden** divorced
	genug enough	das	**Geschirr, -e** dishes, tableware, china
	genügen to be enough, suffice	das	**Geschlecht, -er** family, race, generation; sex
	genügend sufficient		
die	**Genugtuung** satisfaction	der	**Geschmack, ⸚e** taste, flavor
der	**Genuß, ⸚(ss)e** enjoyment		**geschmacklos** tasteless; in bad taste
	geographisch geographical		**geschmackvoll** tasteful; in good taste, stylish, elegant
das	**Gepäck, -e** luggage, baggage, packs		
	gepfeffert peppery, seasoned with pepper	das	**Geschöpf, -e** creature
		das	**Geschoß, -(ss)e** bullet
	gepflegt well-groomed	das	**Geschrei, -e** shouting, screams
	gerade straight; just, just then, at this moment; precisely; especially	die	**Geschwister** (*pl.*) brother(s) and sister(s)
	geraten,* ie, a, ä to get, come, or fall (into)		**gesellig** social
		die	**Gesellschaft, -en** society
	geräumig spacious	das	**Gesetz, -e** law
das	**Geräusch, -e** noise	die	**Gesetzestreue** devotion to the law
	gerecht just; righteous; **— werden** to do justice to		**gesetzlich** legal
		das	**Gesicht, -er** face
	gerechtfertigen to justify	der	**Gesichtsausdruck, ⸚e** facial expression
die	**Gerechtigkeit** justice		

212 *Böll für Zeitgenossen*

	gespannt tense; intent			glänzend brilliant, bright; flashy; splendid
das	Gespenst, -er phantom, specter			
	gespenstisch ghostly		das	Glas, ⸚er glass; glass jar
das	Gesponnen- spun material		die	Glasplatte, -n glass top
das	Gespräch, -e conversation, talk		der	Glasrest, -e fragment of glass
der	Gesprächsstoff, -e material for conversation			glatt smooth, glossy; easily, without a hitch
die	Gestalt, -en figure, form, shape; character			glätten to smooth
				glatthaarig smooth-haired, sleek-haired
	gestaltlos amorphous, formless, shapeless		der	Glaube, des Glaubens faith, belief
	gestatten to allow, permit			glauben to believe; to think
die	Geste, -n gesture			glaubwürdig credible
	gestehen, a, a to confess, avow, admit			gleich same, equal; alike, like; immediately, right away
	gestrafft taut, tight; alert			
	gesund healthy, sound			gleichfalls likewise
	getrost confident			gleichgültig indifferent, apathetic, unconcerned
das	Getto, -s ghetto			
das	Gewächs, -e growth, excrescence		die	Gleichgültigkeit indifference; unconcern
die	Gewalt, -en power; authority; force, violence; in der — under control; mit — by force, forcibly			
				gleich-machen to do as well as (+ dat.)
das	Gewehr, -e rifle			gleichsam as it were
der	Gewehrschuß, ⸚(ss)e rifle shot			gleichzeitig simultaneous
das	Gewerbe business, trade		der	Glockenstuhl, ⸚e belfry
das	Gewicht, -e weight		die	Glorie glory
der	Gewichtsstein, -e stone weight		das	Glück happiness; luck; vor — for happiness; zum — luckily, fortunately
das	Gewinde winding; thread, worm (of a screw)			
der	Gewinn, -e profit, gain			glücklich happy; fortunate, lucky
	gewinnen, a, o to win, gain, acquire		das	Glücksgefühl, -e feeling of happiness
	gewiß sure (+ gen.); certain; some; indeed		die	Glühbirne, -n light bulb
				glühen to glow, burn
das	Gewissen, - conscience; gutes — clear conscience			glühend ardent, glowing
				gnädig merciful, gracious; gnädige Frau madam, dear lady
die	Gewissensqual, -en pang of conscience			
			das	Gold gold
die	Gewißheit certainty		die	Goldbronze aluminum bronze
	gewogen weighed			golden golden
sich	gewöhnen an to get used to			golden-rötlich golden-reddish
die	Gewohnheit, -en wont, custom, habit		die	Gotik Gothic architecture or style
	gewohnheitsgemäß routinely			gotisch Gothic
	gewohnheitsmäßig as is the (my, his, etc.) custom, from force of habit		die	Gotisch Gothic (type)
			der	Gott, ⸚er God; god
	gewöhnlich usual; ordinary		der	Gottesdienst divine service
	gewohnt habitual, usual, regular			gotteslästerlich blasphemous
der	Giebel, - gable; housetop, roof		die	Göttin, -nen goddess
	gierig greedy		der	Götze, -n, -n idol
	gießen, o, o to pour		das	Grab, ⸚er grave
der	Gigant, -en, -en giant			graben, u, a, ä to dig
der	Gips plaster (of Paris), gypsum		der	Graben, ⸚ ditch, trench
	gipsern (also gibsen) (made of) plaster		das	Grabschmuckabonnement, -s standing order for upkeep of a grave
der	Gipssockel, - plaster base		das	Gramm, - gram
die	Girlande, -n garland		das	Gras, ⸚er grass
	girren to coo			gräßlich terrible, horrible, ghastly, hideous
	glänzen to glitter, gleam, shine			

Vocabulary 213

	gratulieren to congratulate	der	Gruß, ⸚e greeting
	grau gray		grüßen to greet, salute
	grauenhaft horrible, dreadful		grußlos without a greeting
	grauschwarz grayish-black		gucken to look, peep
	grauverhangen gray-covered		gültig authentic, valid
	greifbar palpable, graspable	die	Gunst, -en favor; **zu Gunsten** in favor of
	greifen, i, i to reach; to grasp; to touch; to snatch at; **an das Herz —** to touch deeply; **um sich —** to spread, gain ground		gut good; all right; **es geht mir —** I am well; things are going well with me
der	Greis, -e old man	die	Güte goodness, kindness
	grell bright, dazzling	der	Güterwagen, - freight car
	grellgefärbt brightly colored		gut-heißen, ie, ei to approve (of), okay
die	Grenze, -n limit; boundary, border
	griechisch Greek	das	Gymnasium, Gymnasien (academic) high school
der	Griff, -e handle; grasp, hold; butt; hilt
	grinsen to grin, make a face		**H**
der	Grinser, - grinning person	das	Haar, -e hair
	grob rough, coarse; gross, bad	der	Haaransatz, ⸚e hairline
der	Groschen, - ten-pfennig piece (one-tenth of a mark), "dime"	die	Haarfarbe, -n hair color
			haarlos hairless
	groß large, big; great; tall; **im großen und ganzen** generally speaking, on the whole	die	Haarsträhne, -n strand of hair
			haben, hatte, gehabt, hat to have; **heraus —** to have found out
	großartig splendid, magnificent	die	Habseligkeit, -en property; *(pl.)* belongings, effects, things
das	Großdeutschland greater Germany
der	Groß-Devotionalist, -en, -en wholesale dealer in religious goods	der	Häftling, -e prisoner
		die	Häftlingskartei, -en prisoners' record office
die	Größe, -n size; greatness
die	Großeltern *(pl.)* grandparents		hager gaunt, haggard, thin
die	Großmutter, ⸚ grandmother	der	Hahn, ⸚e cock, rooster
der	Großvater, ⸚ grandfather	der	Hai, -e shark
der	Großvertreter, - chief representative (of a firm)	der	Haken, - hook, catch
			halb half; **— fünf** four-thirty
	großzügig grandiose	der	Halbkilostein, -e pound weight
	großzügigerweise generously		halbkreisförmig semicircular
	grübeln to muse, ponder, mull		halbverfallen semi-dilapidated
	grün green		halbwegs halfway
das	Grün green	die	Hälfte, -n half
der	Grund, ⸚e reason, cause, grounds; ground; background; **auf — von** on the basis of; **aus diesem —** for this reason	die	Halle, -n hall; lobby; lounge
		das	Halleluja, -s hallelujah
		der	Hals, ⸚e neck; throat
			halsbrecherisch breakneck
	gründen to found, establish		halten, ie, a, ä to hold; to keep; to stop; to deem, think; **— für** to regard as, take to be, take for; **das Gesetz —** to keep the law; **eine Rede —** to make or deliver a speech
der	Gründer, - founder
der	Grundstein, -e cornerstone
die	Grundsteinlegung laying of a cornerstone
der	Grundstoff, -e basic material, base
das	Grundstück, -e building site; plot of ground
		die	Haltestelle, -n (small) station, stop
das	Grundstücksgeschäft, -e real estate business		haltlos loose, unsteady, unstable, without support
	grüngestrichen painted green	die	Haltung behavior, bearing; composure; posture; **— zeigen** to act composed
	grünlich greenish
	grünüberzogen covered in green
die	Gruppe, -n group	die	Hand, ⸚e hand

214 *Böll für Zeitgenossen*

der Handel, ⸚ business, trade, commerce
handeln to act; to trade; **es handelt sich um** it is a question (or matter) of; **um was handelt es sich?** what is the point in question? what is it all about?
das Handelsgeheimnis, -ses, -se trade secret
das Handgelenk, -e wrist
die Handhabung use, handling
der Handlanger, - underling
der Händler, - dealer, merchant
die Handlung, -en action, act; store, shop, business
die Handschrift, -en handwriting
der Handschuh, -e glove
die Handtasche, -n handbag
das Handtuch, ⸚er towel
das Handumdrehen: im — in no time at all
die Handvoll handful
hängen, i, a to hang; — **an** to be contingent on; **den Kopf — lassen** to be down at the mouth
hängen-bleiben,* ie, ie to remain suspended, stop
hantieren to work, operate
harmlos harmless; innocent; inoffensive
harmonisch harmonious
hart hard; severe, harsh; adamant
die Härte severity, harshness
hartnäckig obstinate
die Hartnäckigkeit obstinacy
der Haß hatred
hassen to hate
häßlich ugly; loathsome, odious, offensive
hastig hasty, hurried
hauchdünn paper-thin
hauen, hieb (haute), gehauen to hew, cut; to chop, fell; *(coll.)* to strike, beat; **sich — auf** *(coll.)* to throw oneself on
der Haufen, - heap, pile, bunch
häufig frequent; often, repeatedly
das Haupt, ⸚er head
der Hauptflügel, - main wing
das Hauptgericht, -e main course
der Häuptling, -e chief
der Häuptlingsbus, -busses, -busse chief's bus
der Hauptmann, -leute captain
das Hauptquartier, -e headquarters
die Hauptsache, -n main thing; **in der —** in the main
hauptsächlich chief, main(ly)

der Hauptscharführer, - SS master sergeant
die Hauptsorge, -n main concern
die Hauptstadt, ⸚e capital
hauptstädtisch capital city
das Haus, ⸚er house; **nach —(e)** home(ward); **zu —(e)** at home
der Hausanzug, ⸚e lounging pajamas
das Häuschen, - little house
der Hauseingang, ⸚e doorway (of a house)
hausen to dwell
die Hausfrau, -en housewife
der Haushalt housekeeping, housework
der Hausmeister, - custodian, porter
die Hausnummer, -n house number
die Hausordnung, -en house rule(s) or regulation(s)
die Haustür, -en street door, front door
die Haustürgardine, -n front-door curtain
die Haut, ⸚e skin
der Hebel, - lever
heben, o, o to raise, lift; **sich —** to rise
der Heckenrosenstrauch, ⸚er (⸚e) dog-rose bush
das Heeresfahrzeug, -e army vehicle
heften to fasten
heftig violent, furious; fervent; fierce, intense
hegen to have, entertain (doubts, etc.)
die Heide, -n heath; heather
heikel delicate, ticklish; finical, fastidious; difficult
heil sound, unhurt; healed; whole
heilig holy, sacred
der Heilig- saint
der Heilruf, -e shout of "Long live...," shout of welcome
das Heim, -e home
die Heimat, -en native region, home
das Heimatdorf, ⸚er native village, home town
heimatlich native, home-town
die Heimatstadt, ⸚e home town
die Heimkehr return home
der Heimkehrer, - returnee; soldier who returns home from a POW camp after the war
heimlich secret, private; stealthy
die Heirat, -en marriage
heiraten to marry, get married
heiser hoarse
heiß hot
heißen, ie, ei to be called; mean, signify; **es heißt, daß** it is said (or reported) that, they say that

Vocabulary 215

   heiter cheerful, light-hearted
die **Heiterkeit** serenity; cheerfulness
der **Held, -en, -en** hero
das **Heldenleben, -** hero's life
die **Heldentat, -en** heroic deed, act of bravery
die **Heldin, -nen** heroine
   helfen, a, o, i to help
   hell light, bright; distinct, evident, clear
   hellbraun light brown
   hellerleuchtet brightly lit
das **Hemd, -en** shirt
   her ago; **von ... —** from the direction of
   herab-blicken to look down
   herab-gehen,* i, a to come down
   herab-hängen, i, a, ä to hang down
   heran-rücken* to advance, push onward, draw near
   heran-schlendern* to stroll leisurely (towards somebody or something)
   heran-wachsen,* u, a, ä to grow up
   herauf up
   herauf-gehen,* i, a to go up
   herauf-kommen,* a, o to come up, rise
   herauf-setzen to raise, increase, jack up
   heraus out; **— haben** to have found out
   heraus-bekommen, a, o to find out
   heraus-fahren,* u, a, ä to drive out
   heraus-fallen,* ie, a, ä to fall out or off
   heraus-finden, a, u to find out
   heraus-fließen,* o, o to flow out
   heraus-holen to remove, take out, get out
   heraus-klopfen to get (someone) to come out by knocking
   heraus-kommen,* a, o to come out, appear
   heraus-kratzen to scrape out, scratch out
   heraus-kriegen (coll.) to find out
   heraus-lassen, ie, a, ä to let out
   heraus-legen to prepare or interpret (a text)
   heraus-nehmen, a, o, i to take out
   heraus-quellen,* o, o, i to gush forth
   heraus-schleudern to hurl (out)
   heraus-springen,* a, u to spring out, jump out
sich **heraus-stellen (als)** to turn out, prove (to be)
   heraus-suchen to look up

   heraus-ziehen, o, o to pull out, take out
   herbei-rufen, ie, u to summon
der **Herbst, -e** autumn, fall
   herbstlich autumnal
   herein-brechen,* a, o, i (über) to close in (upon)
   herein-fallen,* ie, a, ä to fall in; to enter; **—(auf)** (coll.) be taken in (by)
   herein-kommen,* a, o to come in
   herein-stecken to stick in, poke in
   herein-stürzen* to rush in
   her-fallen,* ie, a, ä (über) to go for, assail
   her-geben, a, e, i to hand over; to give away; **sich — zu** to lend oneself to, be a party to
   her-gehen,* i, a to walk (along)
   her-hören to listen
der **Hering, -e** herring
   her-kommen,* a, o to come here, come from
die **Hermessäule, -n** herma, Hermes pillar
der **Herr, -n, -en** Mr.; sir; gentleman; master, lord; the Lord
das **Herrenzimmer, -** study
   herrlich marvelous, glorious, splendid, excellent
   herrschen to rule, reign
der **Herrscher, -** ruler
   her-rühren to originate or stem from, be due to
   her-schleppen to drag along, trail along
   her-stellen to manufacture, make, produce
der **Hersteller, -** producer, manufacturer, maker
die **Herstellung, -en** production, manufacture
die **Herstellungsweise, -n** way of making, method of manufacturing
   herüber-blicken to look across
   herüber-bringen, brachte, gebracht to deliver
   herüber-kommen,* a, o to come or walk over
   herum (a)round; **um ... —** around, circa
   herum-fummeln (coll.) to fumble around
   herum-gehen,* i, a to go around
   herum-hämmern to bang around
   herum-hängen, i, a to hang around
   herum-kramen to rummage about, fiddle

	herum-kriechen,* o, o to crawl around	
	herum-laufen,* ie, au, äu to run about	
	herum-picken to peck away	
	herum-rechnen to do all sorts of figuring	
	herum-schleichen*, i, i to sneak, slink, or creep about	
	herum-schnippeln to snip away	
	herum-stehen, a, a to stand around or about	
	herum-tasten to grope or fumble about	
sich	**herum-treiben, -ie, -ie** to gad about	
sich	**herum-werfen, a, o, i** to fling oneself around	
	herunter down; **die Straße —** down the street	
	herunter-gehen,* i, a to come down	
	herunter-schicken to send down	
	herunter-schmeißen, i, i (*coll.*) to fling, hurl or chuck down or out; throw off	
	herunter-stoppeln: eine Predigt — to deliver a sermon in jumbled fashion	
	herunter-ziehen, o, o to pull down	
	hervor-brechen,* a, o, i to break out	
	hervor-purzeln* to tumble out or forth	
das	**Herz, -ens, -en** heart; mind; **von Herzen** heartily; **auf dem Herzen haben** to have on one's mind	
das	**Herzchen, -** little heart	
	herzförmig heart-shaped	
	herzhaft hearty; stout-hearted, courageous	
	her-ziehen, o, o to pull along, drag	
	herzlich cordial	
die	**Herzsieben** seven of hearts	
	herzzerreißend heart-rending	
	hetzen to rush, hurry	
das	**Heu** hay	
die	**Heublume, -n** hayflower	
	heucheln to feign, simulate	
der	**Heuchler, -** hypocrite	
	heulen to howl	
	heute today; **— abend** this evening; **— morgen** this morning; **— nachmittag** this afternoon; **— nacht** tonight	
	heutzutage nowadays	
die	**Hexe, -n** witch, hag	
	hier here	
	hierhin over here, to this place, hither	

	hiermit herewith
	hierzulande in this country
die	**Hilfe** help, aid
	hilflos helpless
der	**Himmel, -** sky; heaven
	himmelblau sky-blue
	himmelhoch sky-high, very high
	hin there (away from the speaker); gone; lost; spent; worn out; **vor sich —** to oneself; **— und her** back and forth; **— und wieder** now and then; **— und zurück** there and back
	hinab-rinnen,* a, o to trickle down
	hinauf up; **die Treppe —** up the stairs
	hinauf-gehen,* i, a to go up, ascend
	hinauf-fahren,* u, a, ä to drive up, ride up
	hinauf-klingen, a, u to ascend (of sounds)
	hinauf-schieben, o, o to push up
	hinauf-steigen,* ie, ie to climb up, ascend
	hinaus-blicken to look out
	hinaus-gehen,* i, a to go out
	hinaus-schmeißen, i, i (*coll.*) to throw out, chuck out
	hinaus-tragen, u, a, ä to carry out
	hinaus-werfen, a, o, i to throw out, expel, eject; **einen Blick —** to cast a glance outside
	hinaus-zögern to drag out, protract
	hin-blicken to stare (in a certain direction), look over at
das	**Hindernis, -ses, -se** obstacle, impediment
	hindurch through, throughout; **die ganze Nacht —** all night long; **durch... —** (straight) through
	hindurch-fahren,* u, a, ä to drive through
	hinein-fahren,* u, a, ä to drive in(to)
	hinein-fallen,* ie, a, ä to fall in
	hinein-gehen,* i, a to go in(to), enter
	hinein-geraten,* ie, a, ä to get in(to) by chance, find one's way in(to)
	hinein-greifen, i, i to reach in(to), put one's hand(s) in(to)
	hinein-grinsen to grin into, sneer into
	hinein-kriechen,* o, o to creep in(to)
	hinein-reichen to hand in(to)
	hinein-sagen to say into
	hinein-scheinen, ie, ie to shine in(to)
	hinein-schreien, ie, ie to scream into

        hinein-schütten to pour in(to)
        hinein-schweben*   to sway or soar in(to)
        hinein-schwenken*   to turn into or on to
        hinein-stürzen*   to plunge or rush in(to)
        hinein-werfen, a, o, i to throw in(to)
        hinein-ziehen,⁽*⁾ **o, o** to pull in(to)
die **Hinfahrt** journey there or out; **auf der —** on the way there
        hin-fallen,* ie, a, ä to fall down
        hin-fließen,* o, o to flow (along)
        hin-führen to lead, bring, or take (to)
sich **hin-geben, a, e, i** to give oneself up to, indulge in
        hingegen on the other hand
        hin-gehen,* i, a to go (there)
        hin-halten, ie, a, ä to hold out to, offer
        hin-kritzeln to scribble or scrawl in
        hin-lächeln to smile (in a certain direction)
        hin-nehmen, a, o, i to put up with, accept, submit to
        hin-schreiben, ie, ie to write down
        hin-sehen, a, e, ie to look (towards, at)
sich **hin-setzen** to sit down
        hin-stellen to put down
        hinten in back, behind, in the rear; **nach—** to the rear, backwards
        hinter (*prep.*) behind; (*adj.*) back, in back, hind, posterior; **— ... her sein** to be after
        hintereinander one after another, in succession
der **Hintergrund, ̈e** background
        hinterher-kippen to drink as a chaser
        hinterher-spülen to gulp down afterwards or after that
der **Hinterkopf, ̈e** back of the head
        hinterlassen, ie, a, ä to leave (behind)
die **Hinterpfote, -n** hind paw
das **Hinterzimmer, -** back room
        hin-tragen, u, a, ä to carry (to some place)
        hinüber across, over; dead
        hinüber-blicken to glance over (at)
        hinüber-gehen,* i, a to go over (to)
        hinunter-fahren,* u, a, ä to ride down
        hinunter-gehen,* i, a to go down
        hinunter-sausen*   to rush or zoom down
        hinunter-schauen to look or gaze down
        hinunter-steigen,* ie, ie to climb down, descend
        hinunter-stürzen to polish off (a drink), gulp down
        hinunter-zerren to drag down
        hinweg-schlagen, u, a, ä (über) to hit over
der **Hinweis, -e (auf)** indication (of)
        hin-weisen, ie, ie to direct; **—auf** to point to, indicate, suggest
        hin-werfen, a, o, i to throw down
        hinzu-fügen to add (to)
        hinzu-setzen to add (to)
der **Hirt, -en, -en** shepherd
        hissen to hoist (up)
        historisch historical
die **Hitler-Jugend** Hitler Youth *(Nazi party organization for youngsters from fourteen to eighteen)*
die **Hitze** heat
        hoch high, tall; noble, sublime; up
das **Hochamt, ̈er** High Mass
        hochgeschlagen turned up
        hochgradig of a high degree; high-grade
        hoch-heben, o, o to lift, up, raise
der **Hochruf, -e** cheer, hurrah
die **Hochschule, -n** university, college
        hoch-steigen,* ie, ie to ascend
auf **Höchsttouren** at full speed
        hoch-tauchen*   to emerge, pop up, appear suddenly, rise to the surface
        hochtönend high-sounding, grandiloquent
sich **hoch-winden, a, u** to wind oneself around
die **Hochzeit, -en** wedding, marriage
die **Hochzeitsreise, -n** honeymoon trip
        hoch-ziehen, o, o to pull up
        hocken to crouch, squat; (*coll.*) to sit (for a length of time)
der **Hof, ̈e** yard; farm; court
        hoffen (auf) to hope (for)
        hoffentlich hopefully, I hope, it is to be hoped
die **Hoffnung, -en** hope
die **Hoffnungslosigkeit** hopelessness
        höflich polite, courteous
die **Höhe, -n** top
die **Hoheit** majesty
die **Höhle, -n** cavity
das **Hohlmaß, -e** dry measure
der **Hohlraum, ̈e** cavity, hollow space
die **Höhlung, -en** cavity, gap
        holen to go and fetch, get, take

	höllisch hellish, devilish	die	Identität, -en identity
das	Holz, ⸚er wood, piece of wood; (baseball) bat		idiotisch idiotic
die	Holzbank, ⸚e wooden bench		ihrerseits on her (their) part
die	Holzbude, -n wooden booth or stall		ihresgleichen her (its, their) equal(s)
	hölzern wooden		Ihretwillen for your sake
der	Hoplit, -en, -en hoplite		immer always; — noch still; — weiter on and on; — wieder again and again
	hörbar audible		
	hören to hear		immerhin nevertheless, still, after all, in any case, no matter
der	Hörer, - receiver		
der	Horizont, -e horizon	die	Imponderabilien (pl.) imponderables
das	Hörrohr, -e stethoscope		imponieren to impress strongly
das	Hörspiel, -e radio play		in in, into
der	Hort, -e treasure	die	Inbrunst ardor, fervor
	horten to hoard		indem in that, because; when, while
die	Hörweite earshot	die	Industriefirma, -firmen industrial firm
die	Hose, -n (pair of) trousers, pants		
das	Hosenbein, -e trouser leg	die	Information -en information
das	Hotel, -s hotel	die	Ingredienz, ien ingredient, component
	hotellos without a hotel		
das	Hotelzimmer, - hotel room	das	Ingwergebäck ginger cookies
	hübsch pretty, good-looking	der	Inhalt, -e contents
der	Huf, -e hoof	die	Injektion, -en injection
die	Hüftentasche, -n hip pocket		inmitten in the midst of
	humanistisch humanistic		inne-halten, ie, a, ä to stop, pause, leave off
die	Hummervergiftung, -en lobster poisoning		
		das	Innenministerium Ministry of the Interior (Home Affairs)
der	Humor humor		
der	Humpen, - beer mug, tankard		inner inner, internal, interior; spiritual
der	Hund, -e dog		
der	Hunger hunger; — haben to be hungry	das	Inner- inside, interior; in meinem Inneren inside me
	hungern to be hungry, go hungry, hunger		innerhalb within, inside
			innig ardent, fervent, earnest; intimate; heartfelt
	hungrig hungry		
	hupen to hoot, honk	die	Inschrift, -en inscription
das	Hupsignal, -e horn signal		insgeheim secretly
die	Hure, -n whore		insgesamt altogether
	huschen* to scurry, whisk		insofern als in so far as, in that
	hüsteln to cough slightly	das	Instrument, -e instrument
	husten to cough		intelligent intelligent
der	Hustenanfall, ⸚e coughing spell	die	Intelligenz intelligence
der	Hut, ⸚e hat	der	Intendant, -en, -en manager (of a theater or radio station)
der	Hüter, - guardian		
	hutlos hatless		intensiv intensive
die	Hutlosigkeit being without a hat		interessant interesting
die	Hütte, -n cottage	das	Interesse, -n interest
	I	der	Interessent, -en, -en prospect, interested party
das	Ich ego		interessieren (für) to interest (in); sich— (für) to be interested (in)
das	Ideal, -e ideal		
der	Idealist, -en, -en idealist		investieren to invest
die	Idee, -n idea, notion		inwiefern to what extent, in what respect
der	Ideenreichtum wealth of ideas		
	identifizieren to identify		inzwischen in the meantime; by that time
die	Identifizierung, -en identification		
	identisch identical	der	Ire, -n, -n Irishman

Vocabulary 219

	irgend etwas something, anything	das	**Journal, -e** diary, journal
	irgend jemand someone, anyone		**jovial** jovial
	irgendein (*pl.* **irgendwelche**) some, any	die	**Jubiläumsschrift, -en** jubilee publication
	irgendwann at some time or other	der	**Jude, -n, -n** Jew
	irgendwie in any way, in some way, somehow		**jüdisch** Jewish
		die	**Jugend** youth
	irgendwo somewhere, anywhere	der	**Jugendtraum, ⸚e** dream of one's youth
	irisch Irish		
das	**Irland** Ireland	der	**Juli** July
der	**Irländer, -** Irishman		**jung** young; recent
	ironisch ironical	der	**Junge, -n, -n** boy, lad, youth
	irr(e) insane; delirious; frantic	der	**Jungenausgang, ⸚e** boy's exit
	irrsinnig insane, mad, crazy	der	**Jüngling, -e** youth, young man
	irrtümlich erroneous; by mistake	das	**Jungvolk** Young Folk *(Nazi party organization for boys from ten to fourteen)*
der	**Italiener, -** Italian		
	italienisch Italian		
die	**Italienne** italic (type)	der	**Jungvolkführer, -** Young Folk leader
		der	**Juni** June

J

K

	ja yes, indeed, of course, naturally, to be sure	der	**Kaffee, -s** coffee
		die	**Kaffeekanne, -n** coffeepot
die	**Jagdtrophäe, -n** hunting trophy	die	**Kaffeemühle, -n** coffee grinder
	jäh sudden, abrupt	das	**Kaffeepaket, -e** packet of coffee
das	**Jahr, -e** year	der	**Kaffeetopf, ⸚e** coffee mug
die	**Jahreszeit, -en** season, time of year	die	**Kaffeetüte, -n** coffee bag
der	**Jahrgang, ⸚e** vintage		**kahl** bare
das	**Jahrhundert, -e** century	der	**Kaiser, -** emperor
	jährig a year old; **zwölfjährig** twelve-year-old		**kaiserlich** imperial
		das	**Kalenderblatt, ⸚er** page of a calendar
	jährlich yearly	der	**Kalk, -e** lime
das	**Jahrzehnt, -e** decade		**kalken** to lime; **weiß —** to whitewash
	jahrzehntelang for decades		
der	**Januar** January		**kalkulieren** to calculate
	jawohl yes, indeed!		**kalt** cold
	je ever; **— ... desto (je, um so) ...** the...the...; **— nach** depending upon; **— zuvor** ever before	die	**Kälte, -n** cold, coldness
		der	**Kamerad, -en, -en** comrade, buddy
		der	**Kamin, -e** chimney; fireplace
	jed(-er, -e, -es) every, each, any, anybody	das	**Kaminfeuer** fire in an open fireplace, open fire
	jedenfalls in any case		**kämmen** to comb
	jedermann everyone	die	**Kammer, -n** chamber, (small) room, apartment
	jederzeit at any time		
	jedesmal each time, every time	der	**Kampf, ⸚e** fight, struggle
	jedoch however, nevertheless		**kämpfen (um)** to battle, fight (for)
	jeglich every	der	**Kämpfer, -** fighter
	jemals ever	der	**Kampfesmut** fighting spirit
	jemand someone, somebody, anyone	das	**Kanalsystem, -e** sewage system
	jen(-er, -e, -es) that; the former	der	**Kandelaber, -** candelabrum, chandelier
das	**Jesuskind** Christ Child, Baby Jesus		
	jetzig present	der	**Kandidat, -en, -en** candidate
	jetzt now	das	**Kaninchen, -** rabbit
	jeweils always, in every instance; at times	die	**Kanne, -n** pot, can
			kantig angular
das	**Jod** iodine	die	**Kanzel, -n** pulpit
die	**Josephsstatue, -n** statue of St. Joseph		

das	**Kanzlertelegramm, -e** telegram from the chancellor (*prime minister of the Federal Republic of Germany*)			**keineswegs** by no means, not at all
die	**Kapazität** capacity, talent		die	**Kelle, -n** trowel
die	**Kapelle, -n** band		der	**Keller, -** cellar
	kapieren (*coll.*) to get, savvy		die	**Kellerecke, -n** cellar corner
der	**Kapitän, -e** captain		das	**Kellerfenster, -** cellar window
das	**Kapitel, -** chapter		der	**Kellner, -** waiter
der	**Kaplan, ⸚e** curate, parish priest, chaplain			**kennen, kannte, gekannt** to know, be acquainted with
	kaputt broken, busted, crushed			**kennen-lernen** to get to know, become acquainted with
	kaputt-schießen, o, o (*coll.*) to shoot up, shoot to bits		die	**Kenntnis, -se** knowledge
	kaputt-schmeißen, i, i (*coll.*) to demolish		der	**Kerl, -e** (*coll.*) fellow, guy, chap
				kerngesund very healthy, as sound as a bell
die	**Karibische See** Caribbean Sea			**kernig** pithy; sound; vigorous
die	**Karte, -n** card; postcard; map		die	**Kerze, -n** candle; upright kick (soccer)
die	**Kartei, -en** card file, filing cabinet			
die	**Karteikarte, -n** file card, index card		die	**Kerzenherstellung** making of candles
das	**Kartenspiel, -e** deck of cards			**keuchen** to pant, gasp, cough
das	**Kartenspielen** card playing		die	**Keuschheit** chastity
die	**Kartoffel, -n** potato		der	**Kieselstein, -e** pebble
der	**Karton, -s** (cardboard) box		das	**Kilo(gramm), -** kilogram
das	**Karussell, -e** merry-go-round		der	**Kilometer, -** kilometer
das	**Karussellpferd, -e** merry-go-round horse		die	**Kilotüte, -n** two-pound bag
			das	**Kind, -er** child
der	**Käse** cheese		die	**Kinderbank, ⸚e** pew reserved for children
die	**Kaserne, -n** barracks			
	kasernenmäßig barrack-like		der	**Kinderchor, ⸚e** children's choir
die	**Käseschnitte, -n** slice of cheese		die	**Kinderhand, ⸚e** hand of a child
die	**Käsesorten** (*pl.*) cheeses, varieties or types of cheese		die	**Kinderschrift, -en** child's handwriting
die	**Kasse, -n** cashier's booth		der	**Kinderwagen, -** baby carriage
	kassieren to collect, take in (the) money			**kindisch** childish
				kindlich childlike
der	**Kasten, -** box, case, chest; plate, batter's box		das	**Kinn, -e** chin, lower jaw
			das	**Kino, -s** movie theater, movies
die	**Kathedrale, -n** cathedral		die	**Kippe, -n** (*coll.*) butt, stub
der	**Katholik, -en, -en** Catholic			**kippen**(*) to topple over
	katholisch Catholic		die	**Kirche, -n** church
die	**Katze, -n** cat		der	**Kirchenchor, ⸚e** church choir
	kauen to chew		das	**Kirchenlied, -er** hymn
	kauern to squat			**kirchenrechtlich** canonical
	kaufen to buy			**kirchlich** ecclesiastical, church
der	**Kaufmann, -leute** storekeeper, merchant, businessman		der	**Kirchturm, ⸚e** steeple, church tower
			die	**Kirmes, -sen** kermis, church fair
	kaum scarcely, hardly		die	**Kiste, -n** box, chest, trunk; (*coll.*) crate (plane, car, etc.)
	kauzig queer, odd			
der	**Kaviar** caviar			**klaffen**(*) to gape
die	**Kehle, -n** throat			**klagen** to complain, lament
	kein no, not any; **keiner** nobody; **kein(e)s** nothing, not anything, none			**kläglich** miserable, wretched; doleful
			der	**Klang, ⸚e** sound, strain
	keinerlei of no sort, not any, no... whatsoever		die	**Klappe, -n** flap
				klappenartig flap-type
	keinesfalls by no means, under no circumstances			**klappern** to rattle, clatter
				klar clear; obvious, plain; of course
			die	**Klarheit** clarity

Vocabulary 221

sich	(*dat.*) **klarwerden, wurde, geworden, wird (über)** to realize, bring home to oneself, become clear on		das	**Kognakglas, ⸚er** cognac glass
			der	**Kohl, -e** cabbage
			die	**Kohle, -n** coal
die	**Klasse, -n** class		das	**Kohlenklauen** (*coll.*) swiping or pilfering of coal
der	**Klassenraum, ⸚e** classroom		der	**Kohlenstaub** coal dust
das	**Klassenzimmer, -** classroom		die	**Kohlpflanze, -n** cabbage plant
	klassisch classic		der	**Kolben, -** plunger
	klassizistisch classicistic, classical		der	**Kölner, -** native or resident of Cologne
der	**Klatsch** gossip		das	**Kolonialhaus, ⸚er** colonial house
	klauen (*coll.*) to swipe, pilfer		die	**Kolonie, -n** colony
	kleben to glue, stick		die	**Kolonne, -n** column
	klebrig sticky		das	**Kolorit** color(ing), hue
das	**Kleid, -er** dress; (*pl.*) clothes, dresses			**komisch** comical, funny, odd
der	**Kleiderhaken, -** clothes peg		der	**Kommandant, -en, -en** commander, commandant
die	**Kleidung** dress, clothes		das	**Kommando, -s** party, detail, commando
	klein small, little			**kommen,* a, o** to come; come about, happen; **dazu —** to get around to it, find time for it; **ums Leben —** to lose one's life; **zu sich —** to come to (one's senses)
die	**Kleinigkeit, -en** trifle			
	kleinlich petty, small, mean			
	klemmen to squeeze, bind, clamp			
der	**Klerus** clergy			
	klettern* to climb			
	klimpern to jingle		der	**Kommentar, -e** comment
die	**Klingel, -n** (door)bell		das	**Kommißbrot** army bread
	klingeln to ring, ring the bell; **es klingelt** there is a ring at the door		die	**Kommission, -en** commission, committee
	klingen, a, u to sound, ring		der	**Kommunist, -en, -en** communist
	klirren to clatter, clink, rattle		das	**Kompliment, -e** compliment(s); flattery
die	**Klobaracke, -n** latrine			
	klopfen to knock; to beat, pound; to slap; to clap; **Steine —** to break stones			**kompliziert** complicated, intricate
			der	**Komponist, -en, -en** composer
			der	**Kompromiß, -(ss)e** compromise
	kloppen (*dial.*) to knock; to break (stones)		das	**Konfektionskriegerdenkmal, -e (⸚er)** ready-made war memorial
das	**Kloster, ⸚** monastery, convent			**königlich** regal
der	**Klostergarten, ⸚** monastery garden, cloister garden			**konkret** concrete
			die	**Konkurrenz, -en** competition, opposition
	klug intelligent, clever, wise			**können, konnte, gekonnt, kann** to be able to, can, may; to know (a skill)
der	**Klumpen, -** lump			
der	**Knabe, -n, -n** boy			
	knapp brief, terse; bare, scant; scarce			**konstant** constant
die	**Kneipe, -n** tavern, pub		das	**Konto, -s** (*or* **Konti, Konten**) account; **aufs — laufen** to be charged to the account
die	**Kneipenlizenz, -en** tavern license			
das	**Knie, -(e)** knee; **das (die) — beugen** to genuflect			
	knien to kneel		der	**Kontoauszug, ⸚e** statement of account
	knipsen to take a snapshot (of)			
der	**Knöchel, -** knuckle		das	**Kontor, -e** office
der	**Knopf, ⸚e** button; knob		der	**Kontrolleur, -e** fare collector
der	**Knoten, -** knot		die	**Konversation, -en** conversation
	kochen to cook, boil			**konvertieren** to convert; to become a convert*
der	**Köcher, -** quiver			
das	**Kochgeschirr, -e** cooking utensil, messtin		das	**Konzentrationslager, -** concentration camp
der	**Koffer, -** suitcase			**konzentrieren** to concentrate
der	**Kognak, -s** cognac			
die	**Kognakflasche, -n** cognac bottle			

222   *Böll für Zeitgenossen*

der	Konzern, -e	combine, trust
das	Konzert, -e	concerto
die	Konzession, -en	concession
der	Kopf, ⸚e	head; talented man
	kopfschüttelnd	with a shake of the head
das	Kopfzerbrechen	racking of the brain
die	Kopie, -n	copy
das	Koppel, -	belt (military)
das	Körbchen, -	little basket
der	Korbflechter, -	basket weaver
der	Korkenzieher, -	corkscrew
das	Korkmundstück, -e	cork tip
das	Körnchen, -	granule, particle
der	Körper, -	body
	körperlich	bodily, physical
	korrekt	correct, proper
die	Korrektheit	correctness, rectitude
die	Korrektur, -en	correction
die	Korrespondenz	correspondence
	korrespondieren	to correspond
	kostbar	precious, costly
	kosten	to cost
der	Kostenanschlag, ⸚e	estimate (of cost)
	kostenlos	free of charge
	köstlich	delicious; precious, costly; delightful
das	Kotelett, -e (-s)	cutlet, chop
	krachen	to crash, roar, crack, bang
die	Kraft, ⸚	strength, force, power
	kräftig	strong, powerful, energetic
der	Kragen, -	collar
	kramen	to rummage
der	Krämer, -	tradesman, shopkeeper
der	Krampf, ⸚e	cramp, spasm, convulsion
	krampfhaft	spasmodic, convulsive
	krank	sick, ill
	kränken	to vex, offend, insult
die	Krankengeschichte, -n	patient's case history
das	Krankenhaus, ⸚er	hospital
die	Krankenkasse, -n	(government) health insurance
die	Krankheit, -en	sickness, malady, disease
das	Kraut, ⸚er	herb, plant
die	Krawatte, -n	necktie
die	Krawattenfarbe, -n	necktie color
der	Krawattenknoten, -	necktie knot
der	Kreis, -e	circle
	kreischen	to shriek, scream, screech
	kreisen	to circle, revolve, rotate
der	Kreislauf, ⸚e	cycle
das	Kreismitglied, -er	group member
das	Krematorium, Krematorien	crematorium

das	Kreuz, -e	cross
der	Kreuzbalken, -	crossbeam
die	Kreuzform, -en	form of a cross
	kreuzförmig	cross-shaped, cruciform
	kreuzigen	to crucify
das	Kreuzzeichen, -	sign of the cross
	kriechen,* o, o	to creep, crawl
der	Krieg, -e	war
	kriegen (coll.)	to get, obtain, catch
der	Krieger, -	warrior
das	Kriegerdenkmal, -e (⸚er)	war memorial
das	Kriegsende	end of the war
der	Kriegsgefangen-	prisoner of war
	kriegsgeschichtlich	of military history
das	Kriegsverdienstkreuz, -e	War Service Cross
	kriegsversehrt	disabled (in the war)
	kriminell	criminal
die	Krippe, -n	crib
die	Krise, -n	crisis
der	Kristall, -e	crystal
die	Kritik, -en	critique, review
der	Kritiker, -	critic
	kritisch	critical
der	Krückstock, ⸚e	cane
	krumm	curved, bent, stooped
der	Krüppel, -	cripple
der	Kübel, -	bucket, pail
der	Kubikmeterpreis, -e	price per cubic meter
die	Küche, -n	kitchen
der	Kuchen, -	cake
die	Küchenbaracke, -n	mess hut
die	Kuchentüte, -n	pastry bag
die	Kuh, ⸚e	cow
	kühl	cool
die	Kühle	coolness
	kühn	bold, daring, audacious
die	Kühnheit, -en	daring, audacity
der	Kuhstall, ⸚e	cowshed
die	Kulisse, -n	movable background scenery painted on canvas, backdrop
der	Kulturdienst	cultural information service
die	Kulturgeschichte, -n	history of civilization
	kulturgeschichtlich	appertaining to the history of civilization
der	Kümmel, -	caraway (seed)
	kümmerlich	wretched
der	Kumpel, - (coll.)	buddy (military), chum, pal
der	Kunde, -n, -n	customer, client
die	Kunst, ⸚e	art
die	Kunsthalle, -n	art museum

Vocabulary 223

das	**Kupfer**	copper
das	**Kupferbecken, -**	copper basin
der	**Kupfernagel, ⸚**	copper nail
der	**Kurfürst, -en, -en**	prince-elector (in the Holy Roman Empire)
der	**Kurs, -e**	course
die	**Kursiv, -en**	cursive (type)
der	**Kurs(us)leiter, -**	instructor
der	**Kursus, des —, die Kurse**	course
die	**Kurve, -n**	curve, bend
	kurz	short, brief; in brief; **vor kurzem** not long ago
	kurzentschlossen	briskly
	kürzlich	recently, lately
die	**Kürzung, -en**	cut
die	**Kusine, -n**	(female) cousin
	küssen	to kiss
die	**Kußhand: eine — zuwerfen**	to blow a kiss to
die	**Küste, -n**	coast
die	**Kutsche, -n**	coach

L

	lächeln (über)	to smile (at)
	lachen	to laugh
das	**Lachen**	laughter, laugh
	lächerlich	ridiculous
der	**Lachkrampf, ⸚e**	paroxysm of laughter
der	**Laden, -(⸚)**	blind, shutter
der	**Laden, ⸚**	store, shop
die	**Lage, -n**	situation; spot, predicament
das	**Lager, -**	camp; warehouse; **auf —** in store
der	**Lagerchor, ⸚e**	camp choir
der	**Lagerkommandant, -en, -en**	camp commander
das	**Lagerleben**	camping
der	**Lagerplatz, ⸚e**	camp square
die	**Lagerstraße, -n**	camp road
	lähmen	to lame, paralyze, enervate
	laichen	to spawn
der	**Laie, -n, -n**	amateur, layman
die	**Laienschwester, -n**	lay nurse, nurse who is not a nun
	lakonisch	laconic
	lakritzig	licorice
die	**Lakritzschnur, ⸚e**	licorice whip
die	**Lampe, -n**	lamp
	landen(*)	to land
die	**Landkarte, -n**	map
	ländlich	rural
die	**Landstraße, -n**	highway, highroad, main road
	lang	long; **acht Jahre —** for eight years

	lange	(for) a long time; **noch — nicht** far from
die	**Länge, -n**	length; **der — nach** (at) full length, lengthwise
	langen	to suffice, be enough; **— (nach)** to reach (for)
die	**Langeweile**	see **Langweile**
	langsam	slow
	längslaufend	running lengthwise, longitudinal
	längst	long ago, long since, for the longest time now
die	**Langweile**	boredom, tediousness
	langweilen	to bore; **sich —** to feel bored
	langweilig	boring, tedious
der	**Lappen, -**	rag
der	**Lärm**	noise
	lassen, ie, a, ä	to let; to leave, allow; to refrain from; to make, cause to, have
	lässig	sluggish, lazy, inactive
die	**Last, -en**	burden, load; charge, trouble, weight
	lästig	burdensome, annoying, tedious
der	**Lastwagen, -**	truck
	lateinisch	Latin
	latent	latent
das	**Laternenlicht**	light from the lamp(s)
der	**Laternenpfahl, ⸚e**	lamppost
	lauern	to watch, lurk; *(coll.)* to lie in wait (for); **— auf** to await with impatience
der	**Lauf, ⸚e**	run
die	**Laufbahn, -en**	career
	laufen,* ie, au, äu	to run; walk
die	**Laune, -n**	mood, humor
	lauschen	to listen to, eavesdrop
	laut	loud
	laut	according to, as per
der	**Laut, -e**	sound
	lauten	to read, run
	lauter	nothing but, pure and simple
	lautlos	silent, mute, without uttering a sound
das	**Lavendelwasser**	lavender water
	leben	to live, be alive
das	**Leben, -**	life; **ums — kommen** to lose one's life
	lebendig	alive, living; lively, aglow
der	**Lebenskampf, -e**	struggle for existence, fight for survival
der	**Lebensunterhalt**	cost of living, livelihood
die	**Lebensweise, -n**	way of life
der	**Leberfleck, -e**	mole
	lebhaft	lively, vivid

224 *Böll für Zeitgenossen*

das	**Leder, -** leather		die	**Lende, -n** loin, haunch, hip
das	**Ledermäppchen, -** small leather case			**lernen** to learn
	ledern leathern, (of) leather			**lesbar** legible, readable
der	**Lederrücken, -** leather back or cover		das	**Lesebuch, ̈-er** reader
das	**Ledersofa, -s** leather sofa or couch			**lesen, a, e, ie** to read
die	**Ledertasche, -n** leather bag		der	**Leser, -** reader
	lediglich merely, solely		die	**Letter, -n** letter, character
	leer empty			**letzt** last; final; latest; **zum**
	legal legal, legitimate			**letztenmal** for the last time, last
	legen to lay, place, put; **sich —** to lie down; to settle; to abate, subside			**leuchten** to shine
der	**Legionär, -e** legionary		die	**Leuchtreklame, -n** neon sign
	legitim legitimate		die	**Leute** (pl.) people
	lehnen(*) to lean; **sich —** to lean		der	**Leutnant, -e (-s)** (second) lieutenant
die	**Lehre, -n** apprenticeship; **in die — geben** to apprentice		die	**Liberalisierung** liberalization
	lehren to teach		das	**Licht, -er** light
der	**Lehrer, —** teacher			**lichten** to thin (of hair)
der	**Lehrgang, ̈-e** course (of instruction)		der	**Lichtkegel, -** headlight beam
das	**Lehrlingsgehalt, ̈-er** salary as an apprentice			**lichtlos** lightless
der	**Leib, -er** body		die	**Lichtung, -en** clearing
	leiblich bodily, natural, one's own		das	**Lid, -er** lid
die	**Leiche, -n** dead body, corpse			**lieb** dear; **meine Liebe** my dear; **mein Lieber** my dear fellow
	leichenhaft corpse-like		die	**Liebe** love
	leicht light; easy; slight, minor			**lieben** to love
die	**Leichtfertigkeit** carelessness; levity		der	**Liebend-** lover
	leichtfüßig light-footed			**lieber** rather; (with verbs) to prefer; **es ist mir —** I prefer; **am liebsten** (with verbs) to like best or most of all
	leichtsinnig frivolous, careless; reckless		der	**Liebesblick, -e** love-look
	leid: es tut mir leid I am sorry; **er tut mir leid** I feel sorry for him		das	**Liebesgeschenk, -e** gift of love
	leiden, i, i to suffer; to endure, put up with, tolerate		die	**Liebeslyrik** love poetry
	leidend ailing, suffering		die	**Liebestat, -en** act of love, act of mercy
die	**Leidenschaft, -en** passion		die	**Liebesunordnung** disarray of love
	leidenschaftlich passionate			**liebevoll** loving, affectionate
	leider unfortunately		der	**Liebhaber, -** lover
das	**Leihhaus, ̈-er** pawnshop		die	**Liebhaberei** favorite hobby
der	**Leim** bird-lime; **auf den — gehen** (coll.) to fall into the trap		der	**Liebling, -e** darling, honey, favorite
die	**Leinenhose, -n** linen pants		das	**Lieblingslied, -er** favorite song
	leise soft, gentle, low; slight, faint		das	**Lieblingsprojekt, -e** pet project
die	**Leiste, -n** border, ledge, molding		das	**Lieblingsrosenbeet, -e** favorite rosebed
	leisten to perform, accomplish; to produce; **ich kann mir das —** I can afford it; **Widerstand —** to offer resistance		die	**Liebschaft, -en** love affair
			der	**(die) Liebst-** sweetheart, love, darling
			das	**Lied, -er** song; hymn
die	**Leistung, -en** performance, accomplishment; achievement			**liefern** to deliver
der	**Leitartikel, -** editorial, leading article		der	**Lieferwagen, -** delivery truck
	leiten to lead, conduct, direct, run			**liegen, a, e** to lie, recline; to be located; **das liegt mir nicht** that is not in my line; **es liegt mir daran** I am anxious; **es liegt viel (wenig) daran** it matters much (little)
der	**Leiter, -** leader; conductor; guide; manager			**liegen-bleiben,* ie, ie** to keep lying, remain (in bed, on the ground, etc.)
die	**Leitung, -en** (telephone) line; circuit; management			**liegen-lassen, ie, a, ä** to let lie, leave (behind)
die	**Lektüre, -n** reading; reading matter			

Vocabulary 225

die	**Limonade, -n**	lemonade
die	**Limonadenflasche, -n**	lemonade bottle
das	**Lineal, -e**	ruler
die	**Linie, -n**	line
	link	left
die	**Link-**	left hand
	links	on the left, to the left
die	**Lippe, -n**	lip
	lispeln	to lisp
die	**Litanei, -en**	litany
das	**Liter, -**	liter
	literarisch	literary
die	**Literatur, -en**	literature
die	**Literaturgeschichte, -n**	history of literature
die	**Liturgie, -n**	liturgy
	loben	to praise
das	**Loch, ¨er**	hole, hollow
	locken	to entice, allure, lure
	locker	loose; relaxed
	lodenmantelig	having the quality of a cloak made from loden cloth
der	**Löffel, -**	spoon
das	**Logierhaus, ¨er**	lodging house
das	**Logis, des —, die —**	lodging(s)
	logischerweise	logically, reasonably
der	**Lohn, ¨e**	recompense, reward, payment
sich	**lohnen**	to pay, be worth it
die	**Lokalrunde, -n**	round of drinks (dispensed in a tavern)
der	**Lorbeerkranz, ¨e**	laurel-wreath
	los	get going, go on, let's go; **was ist —** what is the matter, what is happening, what is wrong
	los(e)	loose
	löschen	to quench
das	**Lösegeld**	ransom money
	lösen	to loosen, untie, release, detach, relax; to dissolve
	los-lassen, ie, a, ä	to let go (of)
	los-legen *(coll.)*	to fire away; **— gegen** to inveigh against
sich	**los-machen**	to get away, break away
	los-schießen, o, o *(coll.)*	to fire away
	los-werden,* wurde, geworden, wird	to get rid of
der	**Löwe, -n, -n**	lion
die	**Lücke, -n**	gap
das	**Luder, -** *(coll.)*	damned wretch
die	**Luft, ¨e**	air; breeze
der	**Luftballon, -s (-e)**	balloon
der	**Luftschutzkeller, -**	air-raid shelter
	lügen, o, o	to lie, prevaricate
die	**Luke, -n**	hatch, dormer window
die	**Lunge, -n**	lung
die	**Lungenentzündung, -en**	pneumonia, inflammation of the lungs
die	**Lupe, -n**	magnifier
die	**Lust**	pleasure, joy; desire, inclination; **— haben** to feel like
	lustig	merry, gay
	lutschen	to suck
der	**Luxemburger, -**	Luxembourger
die	**Lyrik**	lyric poetry
der	**Lyriker, -**	lyric poet
	lyrisch	lyric

M

der	**Mäander, -**	loop, meander
die	**Mache** *(coll.)*	pretence, fraud
	machen	to make, do; to take (a trip, etc.); **es macht mir nichts** I don't care
die	**Macht, ¨e**	might, power
	mächtig	powerful, mighty
das	**Mädchen, -**	girl; maid
der	**Mädchenflügel, -**	girls' wing
das	**Mädel, -** *(coll.)*	girl, lass
die	**Madonna, Madonnen**	Madonna
das	**Magazin, -e**	magazine
die	**Magd, ¨e**	maid
der	**Magen, -**	stomach
	mager	meager; lean, thin, scrawny
der	**Mai**	May
die	**Maisstaude, -n**	stalk of Indian corn
	majestätisch	majestic
der	**Major, -e**	major
der	**Makel, -**	stain, spot, blot, blemish
	makellos	spotless, immaculate
	mal *(coll.)* = **einmal** *(often used with verbs in the sense of* well now *or* just*; can often be ignored in translation)*
	mal	times; **siebenmal** seven times
das	**Mal, -e**	time; **mit einem —(e)** all at once; **zum ersten (letzten) —(e)** for the first (last) time
	malen	to paint, draw
die	**Mama, -s** *(coll.)*	mom, mama
	man	one, people, we, you, they
	managen	to engineer, direct, manage
	manch (-er, -e, -es)	many a; *(pl.)* some; **manches** some things, many things; **so manches** many things like that
	manchmal	sometimes
der	**Mangel, ¨ (an)**	lack, shortage (of)
der	**Mann, ¨er**	man; husband; soldier, (enlisted) man *(invariable pl.)*
der	**Männerbund, ¨e**	men's league
der	**Männergesang**	male choir
die	**Männergestalt, -en**	male figure, figure of a man

Böll *für Zeitgenossen*

der	**Männersport** athletics for men			meiden, ie, ie to avoid, shun
	männlich male, masculine	die	**Meile, -n** mile	
das	**Männerlachen** male laugh		**meinen** to mean; to be of the opinion, think, reckon; to say	
die	**Mannschaft, -en** team, crew			
der	**Mannschaftsdienstgrad, -e** rank of enlisted personnel		**meinetwegen** for all I care, have it your way; for my sake, on my account	
der	**Mannschaftsführer, -** team captain			
der	**Mannschaftsrang** rank of soldier (up to and including **Obergefreiter** corporal)		**meinetwillen** for my sake	
		die	**Meinung, -en** opinion; **meiner — nach** in my opinion; **ich bin der —** I am of the opinion	
der	**Mantel, ¨** coat, overcoat, mantle			
der	**Mantelkragen, -** coat collar		**meist** most; **die meisten** most	
die	**Manteltasche, -n** coat pocket		**meistens** usually	
das	**Manuskript, -e** manuscript	der	**Meister, -** master	
die	**Mappe, -n** folder, portfolio	die	**Meisterleistung, -en** supreme achievement	
die	**Margarine, -n** margarine			
die	**Mark, -** mark (worth 25 cents in 1969)	die	**Melancholie** melancholy, depression	
die	**Marke, -n** label, brand		**melden** to report; report for duty; **sich —** to report for duty; to answer (the telephone); **sich (freiwillig) —** to volunteer	
	markig pithy; forcible, virile			
das	**Marmeladenbutterbrot, -e** jam sandwich			
die	**Marmeladenschale, -n** jam dish	die	**Meldung, -en** announcement, report, notice; application	
	marmorn marble			
die	**Marmorstatue, -n** marble statue		**melodisch** melodious	
der	**Marsch, ¨e** march	die	**Memoiren** (pl.) memoirs	
der	**Marschall, ¨e** marshal	die	**Menge, -n** great quantity or number; crowd, multitude, mass; **eine —** plenty, a great deal, a great many	
	marschieren(*) to march			
die	**Marschmusik** march music			
die	**Marschordnung** marching order	der	**Mensch, -en, -en** human being, man, person	
der	**März** March			
die	**Maschine, -n** machine		**Mensch-ärgere-dich-nicht** Parcheesi	
das	**Maschinengewehr, -e** machine gun	der	**Menschenkenner, -** judge of men	
die	**Maschinenpistole, -n** submachine gun	das	**Menschenleben, -** human life	
		die	**Menschheit** humanity	
die	**Maske, -n** mask		**menschlich** human; humane, good-hearted	
das	**Maß, -e** measurement, dimension			
die	**Masse, -n** mass, crowd, multitude	die	**Mentalität, -en** mentality	
die	**Maßnahme, -n** measure, step; **—n treffen** to take action		**merken** to notice, see	
		das	**Merkmal, -e** mark	
das	**Material, -ien** material		**merkwürdig** remarkable, noteworthy; noticeable; curious, strange	
	matt faint, dim; dull			
die	**Mauer, -n** wall		**merkwürdigerweise** curiously enough, strangely enough	
	mauern to build walls			
der	**Maurer, -** bricklayer, mason	die	**Messe, -n** Mass	
die	**Maus, ¨e** mouse		**messen, a, e, i** to measure	
das	**Mausoleum, Mausoleen** mausoleum		**metallen** metal	
die	**Mayonnaise** mayonnaise		**metaphysisch** metaphysical	
	mechanisch mechanical	das	**Meter, -** meter	
das	**Medikament, -e** medicine, drug	der	**Meterpreis, -e** price per meter	
	meditieren to meditate	die	**Methode, -n** method	
das	**Meer, -e** sea	die	**Metzelei, -en** massacre	
das	**Megaphon, -e** megaphone	der	**Metzgerladen, ¨** butcher shop	
das	**Mehl** flour	die	**Meuterei, -en** mutiny	
	mehr more, anymore	das	**MG, -s = das Maschinengewehr, -e** machine gun	
	mehrere several			
die	**Mehrheit, -en** majority		**MGV = der Männergesangverein, -e** men's glee club, male choral society	
	mehrmals several times, repeatedly			

Vocabulary 227

die	**Miene, -n** mien, look, bearing, countenance	das	**Mittagessen, -** noon meal, lunch, dinner
die	**Miete, -n** rent		**mittags** at midday, at noon
das	**Mikrophon, -e** microphone	die	**Mitte, -n** middle, center
die	**Milch** milk		**mit-teilen** to inform, impart, communicate
die	**Milchkanne, -n** milk can		
die	**Milchküche, -n** dairy	die	**Mitteilung, -en** information, report
	mild(e) mild; gentle, soft	das	**Mittel, -** means, money; remedy, agent
	militärisch military		
	mindestens at least	das	**Mittelfeld** center field
der	**Minister, -** minister	der	**Mittelfeldspieler, -** center fielder
das	**Ministerium, Ministerien** ministry		**mittelgroß** of medium height or build
die	**Minute, -n** minute		
	mischen to mix; **sich —** to mix, blend, combine; to meddle with, interfere		**mittelmäßig** mediocre
			mitten in in the middle of, right in
		die	**Mitternacht** midnight
	miserabel miserable		**mittler** middle, intermediate
	mißachten to disregard, flout	der	**Mittwoch, -e** Wednesday
der	**Mißerfolg, -e** failure	der	**Mittwochabend, -e** Wednesday evening
die	**Mißfallensäußerung, -en** expression of displeasure		
			mit-zählen to count
das	**Missionarsehepaar, -e** missionary couple		**mit-ziehen, o, o** to drag along with one
die	**Mißlaune** bad mood, ill-humor, peevishness	das	**Möbel, -** piece of furniture; *(pl.)* furniture
	mißtrauisch distrustful, suspicious	der	**Möbelwagen, -** furniture van
der	**Mist, -e** dung, manure		**möblieren** to furnish
	mit with; along		**modern** modern
der	**Mitarbeiter, -** assistant		**modisch** fashionable
	mit-bringen, brachte, gebracht to bring along		**modulationsfähig** capable of modulation
	mit-decken to set a place also		**mögen, mochte, gemocht, mag** to like (to), care to; may
	miteinander with one another, together		**möglich** possible, potential
	mit-fahren,* u, a, ä to join in a drive, etc., ride or travel with		**möglicherweise** possibly, if possible
		die	**Möglichkeit, -en** possibility, opportunity
	mit-fressen, a, e, i to eat along (with) (of animals)		**möglichst** if possible
		das	**Mohnblütenblatt, ⸚er** poppy petal
	mitfühlend compassionate	der	**Moment, -e** moment
das	**Mitglied, -er** member	der	**Monat, -e** month
das	**Mitleid** compassion		**monatlich** monthly
	mitleidig compassionate, pitiful	der	**Mönch, -e** monk
	mitleidsvoll sympathetic	der	**Mond, -e** moon
	mit-machen to take part in, join in, participate; to take (a course); to conform		**mondbeschienen** moonlit
			mondhell moonlit
		das	**Mondlicht** moonlight
	mit-nehmen, a, o, i to take along	der	**Mongole, -n, -n** Mongolian
	mit-pfeifen, i, i to whistle in accompaniment		**monogam(isch)** monogamous
			monoton monotonous
	mit-saufen, o, o, äu to drink along (with) (of animals); *(coll.)* booze with		**monströs** monstrous
		der	**Montag, -e** Monday
			moralisch moral
	mit-schleppen to drag along, take along	der	**Mord, -e** murder
			morden to murder
die	**Mitschuld** complicity, joint guilt		**morgen** tomorrow; **— früh** tomorrow morning
der	**Mitschüler, -** schoolmate		
	mit-spielen to join in the game		

der	**Morgen, -** morning; **am —** in the morning	die	**Nachbildung, -en** model, copy, imitation
das	**Morgenrot** dawn		**nach-blicken** to stare after
	morgens in the morning		**nachdem** after, when; afterwards
die	**Mosel** Moselle River		**nach-denken, dachte, gedacht** to think over, reflect, wonder
die	**Moselanerin, -nen** woman from the Moselle district	das	**Nachdenken** reflection, thoughts
das	**Motiv, -e** motif, theme		**nachdenklich** thoughtful, reflective, pensive; **— machen** to give pause for thought
der	**Motor, -en** motor, engine		
	müde tired		**nach-drängen** to press, crowd; **sich — ** to press after
der	**Muff** moldy smell		
	muffig musty, moldy	der	**Nachdruck** stress
die	**Mühe, -n** trouble, pains, effort	der	**Nachfolger, -** successor
	mühsam laborious, painful	die	**Nachforschung, -en** research, investigation
der	**Mull** mull, bandages		
	mullfarben bandage-colored	die	**Nachfrage, -n** demand
die	**Multiplikationsaufgabe, -n** multiplication exercise		**nach-gehen,* i, a** to follow, go after
			nachher afterwards
der	**Mund, ⸚er (-e, ⸚er)** mouth	der	**Nachkomme, -n, -n** descendant
	mündlich verbal, by word of mouth		**nach-kommen,* a, o** to fulfill
die	**Mündung, -en** muzzle	der	**Nachkrieg** post-war period
der	**Mundwinkel, -** corner of the mouth	die	**Nachkriegsverhältnisse** *(pl.)* post-war conditions
das	**Münster, -** cathedral		
die	**Münze, -n** coin		**nach-machen** to copy, imitate, reproduce; to mimic
der	**Murkser, -** *(coll.)* bungler; murderer		
	murmeln to mutter, murmur	der	**Nachmittag, -e** afternoon
das	**Museum, Museen** museum		**nachmittags** in the afternoon
die	**Musik** music	die	**Nachmittagshitze** afternoon heat
	musikalisch musical	die	**Nachricht, -en** (piece of) news, information
	musisch artistic		
	muskulös muscular		**nach-schleichen,* i, i** to steal after
	müssen, mußte, gemußt, muß to have to, must		**nach-schmeißen, i, i** *(coll.)* to hurl or fling after
das	**Muster, -** model; pattern, design; type; sample	der	**Nachschub** supply
			nach-sehen, a, e, ie to look to see, examine, inspect, check; to look after
der	**Musterkoffer, -** sample case		
	mustern to muster, survey		
der	**Mut** courage, spirit, pluck, mettle; **mir ist (zum...) zu Mute** I feel (like...)		**nächst** next, nearest; new; following
			nächstbest nearest, first (that one comes across)
die	**Mutter, ⸚** mother		**nächstbilliger** next-lowest
das	**Müttererholungsheim, -e** rest center for mothers	die	**Nacht, ⸚e** night
		der	**Nachtisch, -e** dessert
die	**Mütze, -n** cap		**nachts** at night
	mysteriös mysterious	die	**Nachtschwester, -n** night nurse
die	**Mystik** mysticism	der	**Nachttisch, -e** bedside table
	mystisch mystical		**nach-weisen, ie, ie** to show, prove, substantiate
	N	die	**Nachwelt** posterity
	na well! now! then! **— also!** well, then! **— ja!** well, of course!	der	**Nacken, -** (nape of the) neck
			nackt naked, bare
	nach to; after; according to	die	**Nadel, -n** needle
der	**Nachbar, -n** *or* **-s, -n** neighbor	der	**Nadelstich, -e** prick of a pin or needle, pinprick
das	**Nachbardorf, ⸚er** neighboring village		
		der	**Nagel, ⸚** nail
das	**Nachbarhaus, ⸚er** next-door house	der	**Nagellack** nail polish

Vocabulary 229

	nagelneu brand-new
	nah(e) near, close
die	**Nähe** vicinity, neighborhood; nearness
sich	**nähern** to approach, draw near
der	**Name, -ns, -n** name; reputation
	namens named
die	**Namensäule, -n** column of names
	nämlich namely, you know, you see, of course *(can often be rendered by for:* **ich gehe —** *for I am going)*
die	**Nase, -n** nose
das	**Nasenloch, ¨er** nostril
die	**Nasenspitze, -n** tip of the nose
das	**Naseputzen** nose-blowing
	naß wet, moist, clammy
die	**Nation, -en** nation
	national national, patriotic
die	**Nationalmannschaft, -en** national team
	naturalistisch naturalistic
	naturgemäß in accordance with (one's) nature
	naturgeschichtlich of natural history
	naturgetreu lifelike, true to nature
	natürlich natural
der	**Nazi, -s** Nazi (member of the **Nationalsozialistische deutsche Arbeiterpartei** National Socialist German Workers' Party)
das	**Nazischwein, -e** Nazi swine
die	**Nazizeit** Nazi era
der	**Nebel, -** fog, mist
	nebelhaft foggy, hazy
	neben next to, near, beside
	nebenbei by the way, incidentally, in passing
	nebeneinander next to one another
die	**Nebenstraße, -n** side road
	neckisch (fond of) teasing, quizzical, arch
	nee *(coll.)* no
der	**Neger, -** negro
	nehmen, a, o, i to take; **sich das Leben —** to commit suicide
der	**Neid** envy
	neigen (zu) to bow; to incline; to tend, incline, or be prone (to)
die	**Neigung, -en** tendency
	nein no
	nennen, nannte, genannt to name, call; to mention; to give (one's name); **sich —** to be called
der	**Nerv, -en, -en** nerve
	nervös nervous
das	**Nest, -er** nest; small town, hick town
	nett nice, cute, pleasant

das	**Netz, -e** net, web
	neu new; fresh; anew
der	**Neuankömmling, -e** new arrival
	neuerdings recently, lately
die	**Neugier(de)** curiosity
	neugierig curious, inquisitive
die	**Neuigkeit, -en** (piece of) news
das	**Neujahr** New Year('s Day)
der	**Neujahrstag** New Year's Day
	neulich recently, of late, the other day
	neutral neutral
die	**Neutralität** neutrality
	Newyorker (of) New York
	nicht not; **— einmal** not even; **— mehr** no longer; **— wahr?** right?
die	**Nichte, -n** niece
	nichts nothing
das	**Nichts** nothingness, chaos
der	**Nickeldeckel, -** nickel cover
	nicken to nod
	nie never
	nieder lower
	nieder-knien to kneel (down); genuflect
	nieder-legen to put (down) in writing
	nieder-schreiben, ie, ie to write down
	nieder-sinken,* a, u to sink to the bottom
	niedrig low
	niemals never
	niemand nobody, no one
die	**Niere, -n** kidney
	nierenkrank suffering from a disease of the kidneys
das	**Nierenmittel, -** remedy for kidney ailments
	nirgendwo nowhere
	nix *(coll.)* nothing
	noch still; yet; even; nor; else; **— eben** just barely; **— ein** another, an additional; **— einmal** once more; **— etwas** another thing, something else; **— nicht** not yet; **— nie** never
die	**Nonne, -n** nun, sister
der	**Norden** north
	nordisch nordic (racial type)
	nördlich northern, north
	nordöstlich north-east
die	**Norm, -en** norm
	normalerweise normally, ordinarily
die	**Not** difficulty, trouble
die	**Note, -n** note; grade, mark
	notfalls if need be

Böll für Zeitgenossen

notieren to note or jot down, record
nötig necessary; — haben to need
der Notizblock, -s scratch pad
notwendig necessary
notwendigerweise of necessity
die Notwendigkeit necessity
der November November
Nr. = die Nummer, -n number
nüchtern sober; fasting; level-headed; auf nüchternen Magen on an empty stomach
die Nüchternheit sobriety, temperance
null zero
die Nummer, -n number
nun now; well
nur only, merely, just
die Nüster, -n nostril
der Nutzen profit, advantage; — ziehen aus to derive benefit from
nützen to be of use, make use of; es nützt nichts it is (of) no use or of no avail
nutzlos useless
die Nutzlosigkeit uselessness, futility

O

ob whether, if; als — as if
oben above, up, on top, upstairs, overhead; — auf on top of; nach — upstairs
obendrauf on top, above
der Oberbannführer, - lieutenant colonel in the Hitler Youth
oberhalb above
der Oberkörper, - upper part of the body
die Oberliga, -ligen major league, upper or first division (soccer)
die Oberprima upper sixth or highest form in a German academic high school
der Oberscharführer, - SS first sergeant
der Oberschenkel, - thigh
oberst top, uppermost
der Oberst, -en, -en colonel
der Oberstleutnant, -e (-s) lieutenant colonel
der Obersturmführer, - SS first lieutenant
obgleich although
objektiv objective
das Obstmesser, - fruit knife
obwohl although
der Ochs(e), -en, -en ox
öde desolate, barren
oder or

der Ofen, ⸚ stove, oven
offen open; frank
offenbar obvious, evident, apparent
offenbaren to reveal
offensichtlich obvious, manifest
öffentlich public
die Öffentlichkeit public
der Offizier, -e officer
(sich) öffnen to open
die Öffnung, -en opening
oft often
ohne without
die Ohnmacht powerlessness; fainting fit; in — fallen to faint
ohnmächtig powerless; swooning, fainting
das Ohr, -en ear
ohrenbetäubend ear-deafening
der Oktober October
die Ölfarbe oil paint, oils
ölig oily
ominös ominous
der Onkel, - uncle
der Operationstisch, -e operating table
das Opfer, - victim
das Opium opium
die Opposition, -en opposition (party)
orangefarben orange-colored
der Orden, - decoration, medal; (religious) order (of the Catholic Church)
ordengeschmückt decorated with medals
ordinär common, vulgar
die Ordnung, -en order, orderliness; alles ist in — everything is okay
die Organisation, -en organization
die Orgel, -n organ
orgeln to play an organ; to strum, thrum
original original
originell original
der Orkan, -e hurricane
der Ort, -e place, locale, village, town
der Ortsgruppenleiter, - local branch leader (Nazi party)
der Ortsname, -ns, -n place name
der Ortspolizist, -en, -en local policeman
der Ost(en) east
ostisch Alpine (racial type)
die Ostmark "Eastern March" *(Nazi designation for Austria after its incorporation into Greater Germany)*
ostwärts eastward
oval oval
die Ovation, -en ovation

P

ein	paar	a few; **ein paarmal** a few times
das	Paar, -e	pair, couple
	packen	to pack, stow away; to seize, grasp; to grip, thrill
der	Packen, -	pile; bale; pack
die	Packung, -en	pack, packet
	pädagogisch	pedagogical; **Pädagogische Akademie** or **Hochschule** teachers' college
das	Paket, -e	package, bundle, packet
die	Palisade, -n	palisade
das	Palmblatt, ⸚er	palm leaf
der	Pantoffel, - (-n)	slipper
der	Panzer, -	tank
die	Panzerfaust, -e	antitank grenade launcher (recoilless), "bazooka"
der	Panzergraben, ⸚	antitank ditch
der	Papa, -s (coll.)	dad, papa
das	Papier, -e	paper
der	Papiersack, ⸚e	paper bag
die	Pappdose, -n	cardboard box
die	Pappelallee, -n	avenue of poplars
die	Parallele, -n	parallel
das	Parfüm, -e	perfume
	parfümieren	to perfume, scent
	Pariser	(of) Paris, Parisian
der	Park, -e (-s)	park, grounds
	parken	to park
der	Parkplatz, ⸚e	parking place
das	Parlament, -e	parliament
die	Partei, -en	(political) party
der	Parteimensch, -en, -en	fellow from the party
die	Parteiorganisation, -en	party organization
der	Parthenonfries	Parthenon frieze
	passen (zu)	to fit (in with)
	passieren*	to happen
die	Pastete, -n	potpie
die	Patenschaft	sponsorship
der	Paternoster, -	paternoster lift
das	Patiencenlegen	laying out cards in a game of patience or solitaire
die	Pause, -n	pause, break, recess
das	Pech (coll.)	bad luck
	pedantisch	pedantic, fastidious
die	Pein	pain, torture
	peinlich	painful, embarrassing, awkward, distressing
	peitschen	to whip
der	Pelzkragen, -	fur collar
der	Pelzmantel, ⸚	fur coat
das	Pendel, -	balance beam
	pendeln(*)	to oscillate, swing
die	Penonse (dial.)	money
das	Pensionat, -e	boarding school for girls
die	Person, -en	person
der	Personenzug, ⸚e	local train
	persönlich	personal
die	Persönlichkeit, -en	personality; personage, person
der	Petersberg	Mount St. Peter
der	Pfadfinder, -	Boy Scout
das	Pfandhaus, ⸚er	pawnshop
der	Pfandschein, -e	pawn ticket
der	Pfannkuchen, -	pancake
die	Pfarre, -n	parish
der	Pfarrer, -	pastor, parson
der	Pfeffer	pepper
das	Pfefferkorn, ⸚er	peppercorn
der	Pfefferminz	peppermint
der	Pfefferminztee	peppermint tea
	pfeffern	to pepper, season
	pfeifen, i, i	to whistle
der	Pfeil, -e	arrow
der	Pfennig, -e and -	pfennig, penny, cent (one-hundredth part of a mark)
das	Pferdefuhrwerk, -e	horse-drawn cart
die	Pflanze, -n	plant
die	Pflegeeltern (pl.)	foster parents
	pflegen	to maintain; to care for; to be accustomed to, be in the habit of; **ich pflege... zu sein** I am usually; **ich pflegte zu sagen** I used to say
der	Pflegesohn, ⸚e	foster son
die	Pflicht, -en	duty
	pflücken	to pick, pluck
die	Pforte, -n	gate
die	Pfote, -n	paw
der	Pfropfen, -	stopper, cork
das	Pfund, -e and -	pound
der	Pfundschein, -e	pound note
die	Pfütze, -n	puddle
	phallisch	phallic
die	Phantasie, -n	imagination; ravings
	phantasieren	to rave
	phantastisch	fantastic, amazing
die	Philosophie, -n	philosophy
	philosophisch	philosophical
die	Phiole, -n	vial
das	Photo, -s	photo
	photogen	photogenic
die	Photographie, -n	photograph
	physisch	physical
der	Pick, -e	prick
	pikiert	piqued
der	Pilz, -e	mushroom, fungus
	pinseln	to paint, daub
die	Pistole, -n	pistol, revolver
	plagen	to plague, torment; to worry; to vex

232   *Böll für Zeitgenossen*

das	**Plakat, -e** bill, advertising poster		der	**Preis, -e** price, fee, charge; **um jeden —** at all costs
die	**Plakatwand, ⸚e** billboard			
der	**Plan, ⸚e** plan; map, chart			**preis-geben, a, e, i** to expose
	planen to plan			**pressen** to press, squeeze, strain
	planmäßig systematic, planned, orderly; according to plan		die	**Prestigefrage, -n** matter of prestige
			das	**Preußen** Prussia
das	**Planspiel, -e** map exercise			**prickeln** to prickle, itch
	plärren (coll.) to bawl, blubber		das	**Prinzip, -ien** principle
	plattgedrückt flattened			**privat** private
der	**Platz, ⸚e** place, spot, seat, space; room; square, plaza, court; playing field; **— machen** to make room; **— nehmen** to take a seat		das	**Privatgespräch, -e** private conversation
			das	**Privatvermögen, -** personal fortune
			die	**Produktion** output, production
			der	**Produktionsapparat** production facilities
	platzen★ to burst			
	plaudern to chat			**produzieren** to produce, manufacture
	plazieren to place		der	**Professional, -e** professional
	plötzlich sudden		der	**Professor, -en** professor
	plump blunt, rude; coarse; clumsy		das	**Profil, -e** profile
	pochen to knock		die	**Prognose, -n** prognosis
das	**Podium, Podia** podium		das	**Projekt, -e** project
die	**Poesie** poetry			**prompt** prompt, quick
	politisch political			**propagieren** to propagate
der	**Polizeihund, -e** police dog			**prophezeien** to prophesy
die	**Polizeistunde, -n** closing time (for taverns)		das	**Prophylaktikum, Prophylaktika** prophylactic
der	**Polizist, -en, -en** policeman		die	**Prosa** prose
das	**Polster, -** padding, upholstery; cushion			**pros(i)t!** cheers! your health!
				protestantisch Protestant
	polstern to pad, upholster		die	**Provinzhauptstadt, ⸚e** provincial capital
der	**Polsterstuhl, ⸚e** upholstered chair			
die	**Polstertür, -en** padded door			**prüfen** to test
	pompös pompous, ostentatious; magnificent		die	**Prüfung, -en** test, examination
				prügeln to thrash
	populär popular		der	**Psycholog(e), -en, -en** psychologist
das	**Portemonnaie, -s** change purse		das	**Publikum** public
die	**Portiersloge, -n** porter's desk		der	**Pullover, -** sweater
das	**Porto, -s (Porti)** postage		der	**Puls, -e** pulse
die	**Portofrage, -n** matter of postage			**pulsieren** to pulsate, throb
	positiv positive		der	**Punkt, -e** point; **— acht** (at) eight on the dot
der	**Posten, -** sentry, guard, lookout; lot, supply; entry, item			
				pünktlich punctual, on time, on the dot
die	**Postkarte, -n** postcard			
der	**Postkartenwechsel** exchange of postcards		die	**Pünktlichkeit** punctuality
			der	**Punsch, -e** punch
der	**Prachtbengel, -** (coll.) splendid fellow, good Joe		die	**Pupille, -n** pupil (of the eye)
				pur pure, sheer
	prachtvoll splendid, magnificent, gorgeous			**purzeln★** to tumble
				putzen to shine, polish, burnish, brush; **sich** (dat.) **die Nase —** to blow one's nose
	Prager (of) Prague			
der	**Prälat, -en, -en** prelate, church dignitary, bishop			
				pyknisch pyknic
das	**Präparat, -e** preparation		die	**Pyramide, -n** pyramid
der	**Präsident, -en, -en** president			
die	**Präsidentin, -nen** (woman) president; chairwoman			**Q**
			der	**Quader, -** (also **die Quader, -n**) square stone, ashlar
die	**Präsidentschaft** presidentship			
die	**Predigt, -en** sermon		das	**Quadrat, -e** square

Vocabulary 233

die	Qual, -en torment, torture, pain			rauchen to smoke
	quälen to torment; harass, worry		der	Rauchfaden, ⸚ thin trail of smoke
die	Qualität, -en quality, caliber		die	Rauchfahne, -n trail of smoke
der	Qualm dense smoke, fume			rauf = herauf
	qualmen to smoke, steam, puff		die	Rauferei, -en brawl
das	Quartett quartet (card game)			rauh rough, coarse, rude
	quatschen (coll.) to twaddle, talk nonsense; **das Blaue von Himmel herunter —** to talk a blue streak		der	Raum, ⸚e room, space
				räumen to leave, evacuate; to clear (away), remove
	quellen,* o, o, i to spring, flow, gush			raus = heraus
	quer diagonal, at an angle, transverse; **— durch** clear through			rauschen to rustle, rush, roar
			das	Reagenzglas, ⸚er test tube
die	Quinta second or next-to-lowest form in a German academic high school			reagieren (auf) to react (to)
			die	Reaktion, -en reaction, response
			der	Rechenlehrer, - arithmetic teacher
	R			rechnen to reckon, count, calculate, figure
	radieren to erase, rub out			
der	Radiergummi, -s eraser		die	Rechnung, -en calculation; bill, check
	radikal radical			
die	Radiostation, -en radio station			recht right; true; real; fitting; very, downright; **— geben** to agree with; **— haben** to be right; **— tun** to do right
	raffiniert cunning, artful			
der	Rahmen, - frame			
	rahmen to frame			
der	Rand, ⸚er edge		das	Recht, -e right; law; **mit —** justly, rightly so; **zu —** justly
die	Randbemerkung, -en marginal note			
der	Rang, ⸚e rank		die	Recht- right hand
	rasch swift			rechtfertigen to justify
der	Rasen, - grass, lawn, turf		die	Rechtfertigung, -en justification
	rasen to rage, rave; to speed *, hurry*, rush*			rechts on the right, to the right; **nach —** to the right
	rasend raging, furious, enraged		der	Rechtsanwalt, ⸚e attorney-at-law
die	Raserei rage		der	Rechtsweg: **den — beschreiten** to take legal action
(sich)	rasieren to shave			
die	Rasierklinge, -n razor blade		(sich)	recken to stretch (oneself)
die	Rasse, -n race, racial stock		die	Redaktion, -en editorial office
der	Rassegedanke, -ns, -n racial idea(s), racial theory (theories)		die	Rede, -n speech, talk; conversation; **eine — halten** to give a talk
das	Rassegesicht, -er racial face			reden to speak, talk
die	Rassel, -n rattle, (rattling) noisemaker		die	Redlichkeit honesty, sincerity
	rasseln(*) to rattle		das	Referat, -e report; **ein — halten** to read a paper
	rassisch racial			
die	Rast rest		das	Regal, -e shelf
der	Rat, (pl. Ratschläge) (piece of) advice			regelmäßig regular, straight
			die	Regelmäßigkeit, -en regularity
	raten, ie, a, ä to advise			regeln to settle, arrange, straighten out; to regulate
	ratlos perplexed, helpless			
	ratsam advisable			regelrecht regular, according to rule; correct, normal; actually, really
	ratsch screech! slish!; suddenly			
das	Rätsel, - puzzle, enigma, riddle		die	Regelung, -en control; regulation
	rätselhaft puzzling, enigmatical		der	Regen, - rain
der	Rattenspeck (coll.) excess fat (lit., rat-fat)		der	Regenmantel, ⸚ raincoat
			die	Regierung, -en government
	rauben to rob, kidnap		das	Regiment, -er regiment (of soldiers)
der	Räuber, - robber, bandit		der	Regimentsstab, ⸚e regimental headquarters or staff
der	Räuberhauptmann, -hauptleute bandit chief			
				registrieren to record, register
der	Rauch smoke			regnen to rain

234 *Böll für Zeitgenossen*

	regnerisch rainy	das	Rezept, -e formula; recipe
	regulieren to regulate	der	Rhein Rhine River
	regungslos motionless		richten to direct, address
	reiben, ie, ie to rub	der	Richter, - judge
	reibungslos smooth, frictionless; without a hitch		richtig correct, right; real; proper
	reich rich, wealthy	die	Richtlinie, -n guide line, instruction
das	Reich, -e realm, empire	die	Richtung, -en direction
	reichen to suffice, be enough; to reach, hand, pass; to extend		riechen, o, o (nach) to smell (of)
		der	Riese, -n, -n giant
die	Reichsschrifttumskammer National Socialist Writers' Chamber		rieseln(*) to ripple
		das	Riesenplakat, -e huge poster
die	Reichweite reach, range	die	Riesenschlange, -n boa constrictor
die	Reife maturity; diploma	das	Riesenwohnzimmer, - gigantic living room
der	Reifen, - tire		
die	Reihe, -n row, series; file, line; turn; der — nach in succession; ich bin an der — it is my turn		riesig giant, huge
			rings um (ringsum) round about, around
			rinnen,* a, o to flow, run; to trickle
die	Reihenfolge sequence	das	Rinnsal, -e streamlet, rill
der	Reim, -e (auf) rhyme (for)	die	Rippe, -n rib
	rein pure, sheer; clean; clear; ins —e schreiben to make a fair copy of	das	Risiko, -s risk
			riskieren to risk
der	Reinfall, ⸚e (coll.) letdown, flop		rittlings (auf) astride (of)
der	Reis rice		robust robust, sturdy
die	Reise, -n trip	der	Rock, ⸚e suit coat; skirt
der	Reisend- traveler; tourist; traveling salesman		roh raw
		die	Rohrpost pneumatic post
die	Reisespesen (pl.) traveling expenses	der	Rokokoschrank, ⸚e rococo cabinet
	reißen, i, i to rip, tear; snatch	die	Rolle, -n rôle, part
	reizen to entice; to induce; to excite, intrigue	der	Roman, -e novel
			römisch Roman
	reizend charming, lovely	die	Römisch Roman (type)
die	Reklame, -n advertisement, advertising (sign)	das	Rondell, -e circular bed (of flowers, shrubs, etc.)
der	Reklamezweck, -e advertising purpose		röntgen to X-ray, take X-rays
			rosa pink
der	Rekrut, -en, -en recruit, conscript		rosenfarben rose-colored
der	Rektor, -en principal		rosenförmig rose-shaped
die	Religion, -en religion		rosenrot rose pink
	religiös religious		rosig rosy
das	Rendezvous rendezvous, date		rostig rusty
	rennen,* rannte, gerannt to run		rot red
die	Rente, -n pension	das	Rot red
das	Reptil, -e (-ien) reptile	der	Rotbarsch, -e red perch, rosefish
die	Republik, -en republic	die	Röte redness, red color, flush
das	Reservat, -e reservation	sich	röten to flush
die	Reserve, -n reserve		rötlich reddish
der	Respekt respect	der	Rotstift, -e red pencil
der	Rest, -e rest, remainder, remnant, lot	der	Ruck jolt, lurch
das	Restaurant, -s restaurant		rückblickend retrospective
	restlich remaining		rücken to jerk, pull; to move, push
	restlos completely, entirely, absolutely	der	Rücken, - back
		die	Rückfahrkarte, -n round-trip ticket
	retten to rescue, save	das	Rückporto, -s (-porti) return postage
die	Rettung deliverance, salvation		
die	Reue repentance, regret, remorse	der	Rucksack, ⸚e rucksack, knapsack
	reuelos unrepentant	die	Rückseite back, reverse

Vocabulary 235

der	Rückspiegel, - rear-view mirror			sammeln to gather, collect, assemble
	rückwärts-gehen,* i, a to walk backwards		die	Sammelstelle, -n assembly point
			die	Sammeltour, -en pickup
der	Rückzug, ⸚e retreat		die	Sammlung, -en collection
der	Rückzugsspezialist, -en, -en specialist on retreats		der	Samstag, -e Saturday
			der	Samstagmorgen, - Saturday morning
der	Ruf, -e call, shout; reputation			
	rufen, ie, u to call, summon; to shout			samstags on Saturdays
				samtartig velvety
die	Ruhe rest, quiet, peace; in aller — very calmly; laß mich in — leave me alone			samten velvet
				sämtlich all
			der	Sand sand
	ruhelos restless			sanft soft; mild, gentle; smooth, mellow
	ruhen to rest			
die	Ruhestunde, -n leisure hour, hour of rest			sanftäugig soft-eyed
				sanftglänzend softly gleaming
	ruhig quiet, calm; safely, simply, without worrying		der	Sänger, - singer
			der	Sangesbruder, ⸚ choral colleague
der	Ruhm fame		der	Sarkophag, -e sarcophagus
das	Rührei, -er scrambled egg		die	Satire, -n satire
	rühren to touch, move, affect; sich — to stir, move, bestir oneself			satt full, satisfied, satiated; saturated
			der	Satz, ⸚e sentence
	rührend touching, moving			sauber clean
die	Rührt-euch-Stellung "at ease" position		die	Sauberkeit neatness, cleanness
				säuberlich neat, clean; proper
der	Rumpf, ⸚e body, torso			sauer sour
	rund round			saufen, o, o, äu (coll.) to drink to excess, guzzle
die	Rundschrift copperplate script			
	runter = herunter		der	Säufer, - (coll.) heavy drinker, drunkard
der	Rupfen burlap			
der	Rupfenbezug, ⸚e burlap covering		der	Säugling, -e infant
der	Russe, -n, -n Russian		die	Säule, -n pillar, column
das	Russenengelchen, - little Russian angel			säumen to line, border
				sausen(*) to rush, zoom
	russisch Russian		die	Schablone, -n mold, pattern
	rutschen(*) to slide, slip		das	Schach chess
			die	Schachtel, -n box
	S			schade too bad, a pity
			der	Schädel, - skull, cranium
die	SA = die Sturmabteilung, -en storm trooper detachment of the Nazi party, Brownshirts			schaden to hurt, harm, injure
				schädlich harmful, unwholesome
				schaffen to do, make; to work; to bring about; to cope with, manage
die	Sache, -n thing; affair, business; case, cause; die — auf die Spitze treiben to carry things too far; die — in die Hand nehmen to take over			
				schaffen, u, a to create
			die	Schale, -n peel; scale (of a balance)
				schälen to shell; to peel
der	Sack, ⸚e sack, bag			schalten to switch on (car generator); to shift (gears)
das	Sacktuch, ⸚er (dial.) handkerchief			
das	Safe, -s safe		der	Schalter, - switch; counter, window
die	Sage, -n legend		sich	schämen (+ gen.) to be or feel ashamed
	sagen to say, tell			
die	Sakristei, -en sacristy, vestry			schamlos impudent, shameless
der	Salat, -e salad			scharf sharp; exact; brisk
der	Saldo, -s, (Saldi, Salden) balance		der	Scharführer, - SS sergeant
der	Salon, -s drawing room, parlor		der	Schatten, - shadow, shade
das	Salz, -e salt			schätzen to esteem, think highly of; to value; to appreciate
	salzen (p.p. weak or gesalzen) to salt			

	schauen to see, observe, behold		der	Schinken, - ham
	schauerlich horrible, ghastly			schlachten to slaughter
das	Schaufenster, - show window		der	Schlaf sleep
der	Schaukasten, ⸚ showcase		die	Schläfe, -n temple
der	Schaum, ⸚e foam			schlafen, ie, a, ä to sleep
der	Schauplatz, ⸚e scene			schläfrig sleepy, drowsy
der	Scheck, -s check		das	Schlafzimmer, - bedroom
das	Scheckbuch, ⸚er checkbook		der	Schlag, ⸚e blow, hit, rap, bang, thud; time at bat; stamp, sort; **am —** at bat, up; **vom —e** like, of the sort; **zum —** to bat
die	Scheibe, -n slice; pane; disk			
	scheiden, ie, ie to divorce; to separate⁽*⁾; **aus dem Leben —*** to depart this life			
der	Schein light			schlagen, u, a, ä to beat, strike; to hit; to pound; to knock; to thrash; to wrap; to inflict; **in Stücke —** to shatter
	scheinbar apparent, seeming			
	scheinen, ie, ie to seem, appear; to shine			
die	Scheinmutter, ⸚ bogus mother		der	Schläger, - racket; bat
der	Scheinwerfer, - headlight; searchlight		die	Schlägerei, -en scuffle, fight
die	Scheiße (coll.) shit, crap		das	Schlagholz, ⸚er bat
	schelmisch roguish		das	Schlagloch, ⸚er pothole
	schemenhaft shadowy, like a phantom, delusive		die	Schlagtechnik stickwork
			der	Schlamm, -e mud, mire; sludge, silt
	schenken to give (as a gift), give away, bestow			
				schlammig muddy, soggy
der	Scherz, -e joke, jest		die	Schlampigkeit slovenliness, sloppiness
	scheußlich hideous, atrocious, abominable		die	Schlange, -n serpent
				schlank slender
die	Schicht, -en layer, film			schlau shrewd, cunning, crafty
	schick chic, fashionable			schlecht bad; wicked; **es geht mir —** things are going badly for me
	schicken to send			
	schieben, o, o to push, shove			schlecken to lick, lap
der	Schiedsrichter, - umpire		die	Schleife, -n loop
der	Schiedsrichterposten umpire's position			schlendern* to stroll, saunter
				schleppen to drag, trail; to lug, tote
	schief crooked, sloping, slanted; awry; **— gehen** to go wrong, flop, turn out badly		das	Schlesien Silesia
			die	Schleuder, -n slingshot
				schleudern to hurl, fling, toss
die	Schiene, -n rail, track			schlicht plain, modest, simple
	schießen, o, o to shoot, fire			schließen, o, o to close, shut; to conclude, make, contract (a marriage, etc.)
die	Schießscheibe, -n target			
der	Schießstand, ⸚e target range			
der	Schießstandschuppen, - target-range shed			schließlich finally; after all
				schlimm bad, serious, disquieting; naughty
das	Schiff, -e ship; nave			
das	Schild, -er sign, plaque		die	Schlinge, -n snare, noose
das	Schilderhaus, ⸚er sentry box		die	Schlingpflanze, -n twining plant, creeper
	schildern to depict			
die	Schillingmünze, -n shilling coin		das	Schloß, ⸚(ss)er castle, château
der	Schimmer, - gleam, shimmer, luster			schluchzen to sob
	schimmern to gleam, glimmer		der	Schluchzer, - (coll.) tear-jerker
	schimpfen to revile, upbraid; to scold; to be abusive; to rail; to grumble; **— über** to rail at; grumble about; **— auf** to rail against		der	Schluck, -e sip, swallow, mouthful, slug
				schlucken to swallow
			der	Schlupfwinkel, - hideout
				schlürfen to sip
	schimpflich outrageous, disgraceful		der	Schluß, ⸚(ss)e closing, finish
das	Schimpfwort, -e invective, insulting or abusive word, insult		der	Schlüssel, - key
			das	Schlüsselbein, -e collar bone

Vocabulary 237

die	Schmach (*pl.* Schmähungen) outrage, disgrace			schrankartig bunk-type
	schmal narrow; slim, slender; small	die	Schranke, -n barrier
der	Schmarotzer, - parasite; sponger, dead beat	der	Schrankenwärter, - gate-keeper (railroad)
	schmecken (nach) to taste (like)	die	Schraubenöffnung, -en socket
	schmeißen, i, i (*coll.*) to fling, hurl, chuck	der	Schraubstock, ̈e vise
		der	Schrecken, - fright, horror, shock, terror
	schmelzen,* o, o, i to melt		schreckhaft fearful, fearsome
	schmelzen, o, o, i (*and weak*) to melt		schrecklich terrible, horrible, frightful
der	Schmerz, -en pain; grief		
	schmerzen to pain, afflict	der	Schrei, -e scream, cry
der	Schmerzenslaut, -e gasp of sorrow		schreiben, ie, ie to write
	schmerzlich painful; grievous, sad, sorrowful	der	Schreiber, - clerk
		das	Schreibgerät, -e writing implement
	schmerzlos painless	die	Schreibmaschine, -n typewriter
	schmieren to grease, lubricate; to butter, spread (on bread); to make (sandwiches)	der	Schreibtisch, -e desk
		das	Schreibverbot prohibition from writing
	schmierig greasy, smeared, dirty	die	Schreibwaren (*pl.*) stationery
	schmücken to adorn, trim, decorate, embellish		schreien, ie, ie to shout, scream, yell
			schreiten,* i, i to stride
	schmucklos unadorned, plain	die	Schrift, -en script, type; handwriting, writing; publication, piece of literature, pamphlet
	schmudd(e)lig (*coll.*) dirty, filthy		
	schmunzeln to smirk, smile broadly, look pleased		
		der	Schriftsteller, - writer
der	Schmutz dirt, filth	das	Schriftzeichen, - letter, character
	schmutzig dirty, filthy; smutty		schrill shrill
das	Schmutzkörnchen, - particle of dirt, dirt granule	der	Schritt, -e pace, step
		der	Schrottwert scrap value
	schnappen to snap; to snap at, snatch at; (*coll.*) to nab, catch		schubsen (*coll.*) to push, shove
			schüchtern shy
der	Schnaps, ̈e strong liquor, schnaps, brandy	der	Schuh, -e shoe
		der	Schuhputzer, - shoeblack
der	Schnapsschmuggler, - bootlegger	die	Schuhwichse, -n shoe polish
	schneckenhaft snail-like	die	Schularbeit, -en lesson, homework
der	Schnee snow	der	Schulaufsatz, ̈e school composition
	schneeweiß snow-white	der	Schulausflug, ̈e school outing
der	Schneid (*coll.*) guts, pluck	die	Schulbank, ̈e school bench
	schneiden, i; i to cut	die	Schuld fault, blame, guilt
	schneidend sharp, biting, sarcastic		schulden to owe
der	Schneidermeister, - master tailor		schuldig guilty, culpable
	schnell fast, swift	die	Schule, -n school
der	Schnellhefter, - folder, document file		schulfrei no school; **schulfreier Tag** school holiday
der	Schnittpunkt, -e point of intersection	der	Schulkalender, - school calendar
der	Schnurrbart, ̈e moustache	der	Schulkamerad, -en, -en schoolmate
die	Schokolade, -n chocolate	der	Schulranzen, - school bag
	schon already	die	Schulrequisiten (*pl.*) school properties
	schön beautiful, handsome; nice, fine	die	Schulschwester, -n teaching nun
		die	Schulter, -n shoulder
sich	schonen to take care of oneself	der	Schupo, -s (*coll.*)= **der Schutzpolizist**, -en, -en cop, policeman
die	Schönheit, -en beauty		
die	Schonung preservation, protection		
	schöpfen to draw, scoop out	der	Schuppen, - shed
die	Schrägspur, -en diagonal trace	die	Schürze, -n apron
der	Schrank, ̈e closet	der	Schuß, ̈(ss)e shot

238   Böll für Zeitgenossen

der	Schutt rubble			schwindeln to cheat, swindle, chisel; **mir schwindelt** I feel giddy, my brain is reeling
	schütteln to shake			
	schütten to heap, pour		der	Schwindler, - swindler, chiseler
der	Schutz protection, safeguard			schwindsüchtig consumptive
	schützen (gegen) to protect (against); — vor to protect from		die	Schwinge, -n wing
				schwitzen to sweat, perspire
	schutzlos defenseless		der	Schwitzkasten, - sweatbox; stranglehold
	schwach weak, feeble; faint			
	schwächen to weaken		der	Schwung verve
der	Schwaden, - vapor exhalation, (smoke, gas) cloud			schwungvoll zestful, full of verve
				sechsstellig of six figures
	schwanken to sway; to totter; to waver, vacillate			sechswöchig of six weeks
			das	Sediment, -e sediment
	schwänzen (coll.) to play hooky (from)		der	Seehund, -e seal
				seelenruhig very calm
	schwärmen (von) to gush, rave (about)		der	Seelöwe, -n, -n sea lion
				segnen to bless
	schwarz black			sehen, a, e, ie to see
das	Schwarze Meer Black Sea		die	Sehnsucht (nach) yearning (for)
	schwarzhaarig black-haired			
der	Schwarzhändler, - black-market operator			sehr very, very much
			der	Seidenschirm, -e silk screen
	schwärzlich blackish		die	Seife, -n soap
	schweben(*) to soar; to hover, float in the air; to be suspended			sein,* war, gewesen, ist to be; **es ist mir** I feel
	schweigen, ie, ie to be silent, keep silence			seinesgleichen such as he, his kind
				seinetwegen for his sake, on his account
das	Schweigen silence			
das	Schwein, -e pig; swine (contemptible person)		das	Sein(ig)- his part, his duty
			der	Seismograph, -en, -en seismograph
der	Schweiß sweat, perspiration			seit since; for
die	Schweißperle, -n bead of perspiration			seitdem since; since then
			die	Seite, -n side; page
	schweißtriefend dripping with sweat, perspiring		das	Seitenschiff, -e side aisle
			die	Sekretärin, -nen secretary
der	Schweißtropfen, - drop of sweat		der	Sekt, -e champagne
	schweißüberströmt bathed in sweat		die	Sekunde, -n second
	schwemmen to float; to wash or carry off			selber himself, herself, etc.
				selbst even; himself, herself, etc.; **von —** by oneself, on one's own
	schwenken to turn			
	schwer heavy; difficult			
der	Schwerenöter, - lady-killer			selbstbewußt self-confident; self-assertive
	schwer-fallen,* ie, a, ä to become difficult			
			das	Selbstbewußtsein self-confidence; self-assertion
	schwermütig melancholy			
das	Schwert, -er sword		der	Selbstmörder, - suicide (person)
die	Schwester, -n sister; nurse; nun			selbstsüchtig selfish
der	Schwiegersohn, ⸚e son-in-law			selbstverständlich self-evident; of course, by all means
der	Schwiegervater, ⸚ father-in-law			
	schwierig difficult			selten rare; seldom
die	Schwierigkeit, -en difficulty		die	Seltenheit rarity, unusualness
	schwimmen(*) a, o to swim; to float			seltsam strange, odd, unusual, peculiar, queer
der	Schwimmkursus, des —, die -kurse course in swimming			seltsamerweise oddly enough, strangely enough
	schwind(e)lig dizzy; **mir wird —** I am getting dizzy		das	Seminar, -e seminary
			die	Senge (pl.) (coll.) sound thrashing

Vocabulary 239

senken to (cause to) sink; sich — to sink, fall, settle
senkrecht vertical, perpendicular
sensibel sensitive
die Sentimentalität sentimentality
der September September
der Septembertag, -e September day
der Septembersonntag, -e Sunday in September
die Serie, -n series
servieren to serve (food)
das Serviergeräusch, -e sound made in serving (food, drinks)
die Serviette, -n serviette, napkin
setzen to put, set, place; sich — to sit down
seufzen to sigh, groan
die Sexta first or lowest form in a German academic high school
sexuell sexual
sicher sure, certain, confident; safe, steady; for certain
die Sicherheit safety; certainty
sicherlich evident
sichern to secure, ensure
sicher-stellen to safeguard, guarantee, secure
sichtbar visible
sichtlich visible, evident
das Sieb, -e sieve, strainer
das Siebengebirge (region of the) Seven Mountains
der Siebzehnjährig- seventeen-year-old boy
die Siedlung, -en housing development
das Silber silver (coins)
silbern silver
die Silhouette, -n silhouette
der Silvester(abend) New Year's Eve (*feast day of Pope St. Sylvester I*)
simpel simple
singen, a, u to sing
die Singerei singing
der Singleiter, - choir director
sinken,* a, u to sink
der Sinn, -e sense; meaning; mind; wish, taste; inclination
sinnen, a, o (über) to ponder (over); — auf to plot, be set on
sinnlos senseless, pointless
die Sippe, -n clan
die Sippschaft, -en *(ironical)* clan, lot
die Situation, -en situation, position
der Sitz, -e seat
sitzen, a, e to sit; to tell, hit home (of a blow)
sitzen-lassen, ie, a, ä *(coll.)* to leave in the lurch, let down, abandon, jilt

der Sitzplatz, ⸚e seat
die Sitzreihe, -n row of seats
der Skeptiker, - skeptic
skeptisch skeptical
der Sket(s)ch, -e sketch
der Slogan, -s slogan
der Smaragdbehälter, - emerald receptacle
so so, thus, this way, that way; in such a way; as; so to speak; — ein such a; — etwas such a thing; — etwas wie something like; so ... wie as ... as
sobald as soon as
der Soccer (*rare; normal word is* der Fußball) soccer
der Sockel, - pedestal, base, socle
das Sofa, -s sofa, couch
sofort at once, immediately
sogar even
sogenannt so-called
der Sohn, ⸚e son
solange as long as
solch(-er, -e, -es) such
der Soldat, -en, -en soldier
das Soldatengemüt soldierly heart or nature
die Soldatenkappe, -n soldier's cap, military cap
die Soldatenmütze, -n soldier's cap
das Soldbuch, ⸚er pay book (soldier's individual pay record)
der Söldner, - mercenary
solid solid; respectable, good, reliable
sollen, sollte, gesollt, soll to ought to, shall, should; to be supposed to, be to; to be said to
der Sommer, - summer
der Sommerabend, -e summer evening
der Sommerhimmel summer sky
sommersprossig freckled
der Sonderflügel, - special wing
sondern but (on the contrary)
der Sonnabend, -e Saturday
die Sonne, -n sun
der Sonnenschirm, -e beach umbrella
der Sonntag, -e Sunday
der Sonntagnachmittag, -e Sunday afternoon
sonntagnachmittags on Sunday afternoons
sonntags on Sundays
das Sonntagsevangelium, -evangelien Sunday gospel
die Sonntagszeitung, -en Sunday newspaper
sonst otherwise, apart from that; formerly

240   Böll *für* Zeitgenossen

	sonstwie in some other way		spöttisch mocking
die	Sorge, -n care, worry, trouble; anxiety, concern; sorrow; sich (dat.) Sorgen machen um to be anxious or worried about; in Sorgen sein to have worries	der	Spottpreis, -e ridiculously low price
		die	Sprache, -n language, tongue
		die	Sprachkenntnis command of the language
	sorgfältig careful		sprachlos speechless, flabbergasted
	sorgsam careful	der	Sprechchor, ⸚e recitative choir
die	Sorte, -n sort, stripe, kind, species		sprechen, a, o, i to speak (to); vor sich hin — to speak to oneself
	sortieren to sort (out), assort		
die	Soße, -n gravy		spreizen to stretch, spread out, extend, straddle
	Soundso so-and-so		
die	Souveränität sovereignty		sprengen to sprinkle, water; in die Luft — to blow up
	soviel so much, as much, as much as; as far as, for aught		
			springen,* a, u to jump, spring
	soweit as far as; so far, that far	die	Spritze, -n syringe, squirt; injection, shot
	sowie as well as		
	sowieso in any case	der	Sproß, -(ss)e (also der Sprosse, -n, -n) offspring
	sowohl. ... wie both ... and		
die	Sozialversicherung social insurance	der	Spruch, ⸚e saying, maxim, quotation; verdict
	sozusagen so to speak		
das	Spalier, -e lane		sprühen (von) to sparkle (with)
die	Spalte, -n column		spülen to flush; to wash, rinse
	spanisch Spanish	die	Spur, -en trace, mark; track, trail
die	Spannung, -en interest; suspense		spüren to feel, sense
	sparen to save	die	SS = die Schutzstaffel, -n Elite Guard, Blackshirts (lit., Defense Echelon)
	sparsam thrifty, economical		
die	Sparsamkeit frugality		
	spät late	der	Staat, -en state
der	Spatz, -en, -en sparrow		staatlich state, government
	spazieren* to stroll, walk	der	Staatsanwalt, ⸚e district attorney, public prosecutor
	spazieren-gehen,* i, a to take a walk		
		das	Staatsexamen, -examina government examination
	spendieren to stand treat		
die	Spendierfreudigkeit joy in standing treat	der	Staatspreis, -e national prize
		der	Stab, ⸚e staff, rod; headquarters
der	Spezialist, -en, -en specialist		stabil stable
	spezifisch specific	der	Stabreim alliteration, head rhyme
die	Sphäre, -n sphere	der	Stacheldraht barbed wire
der	Spiegel, - mirror	das	Stadium, Stadien stage
das	Spiel, -e game; deck (of cards)	die	Stadt, ⸚e city, town
	spielen to play, perform; — lassen to show off, flaunt	das	Städtchen, - (small) town
			städtisch municipal
das	Spielfeld, -er playing field	der	Stadtteil, -e part of town, quarter, district
die	Spielregel, -n rule of the game		
die	Spinne, -n spider	der	Stahl steel
	spinnen, a, o to spin		stählern (of) steel
die	Spirituosen (pl.) spirituous liquors, spirits	der	Stahlhelm, -e steel helmet
		der	Stamm, ⸚e stem, trunk; tribe; stock
der	Spirituosentrinkerfluch, ⸚e swearword characteristic of a drinker of spirits		stammen* to stem, spring, or come (from); to be descended (from); to be derived (from); to date (from)
	spitz pointed, sharp		stämmig stocky
die	Spitze, -n point; head; auf die — treiben to carry to extremes	die	Stammkneipe, -n pub or tavern which one frequents regularly
	spitzen to sharpen	das	Standbein, -e leg bearing the main weight of the body; das — wechseln to shift one's weight
die	Sporthalle, -n gymnasium		
der	Spott mockery, scorn, ridicule		

Vocabulary 241

das	**Ständchen, -**	serenade
der	**Ständer, -**	pedestal, stand
der	**Standpunkt**	standpoint
das	**Standquartier, -e**	fixed quarters
der	**Stapel, -**	pile
	stapeln	to pile (up), stack
	stark	strong, powerful
	starr	rigid, stiff; numb; inflexible
	starren	to stare
der	**Start, -e (-s)**	start, send-off; home plate
	starten(*)	to start
die	**Station, -en**	station, stop
die	**Statistik, -en**	statistics
	statt	instead of; **— dessen** instead (of that)
	statt-finden, a, u	to take place, occur
die	**Statue, -n**	statue
der	**Staub**	dust
	staubig	dusty
das	**Staubkörnchen, -**	dust particle
das	**Stearin**	stearin
	stechen, a, o, i	to stab, jab
	stecken, steckte (stak), gesteckt	to stick, put, place; to stick fast; to lie hidden; to be (somewhere)
das	**Steckenpferd**	hobby; hobby-horse; mania
	stehen, a, a	to stand; to be (written, printed); to suit, become; **es steht in der Zeitung** it is in the paper
	stehen-bleiben,* ie, ie	to stop, stand still; to remain standing
	stehen-lassen, ie, a, ä	to leave (behind)
	stehlen, a, o, ie	to steal
	steigen,* ie, ie	to climb, mount, rise
sich	**steigern**	to increase, be intensified
die	**Steigerung, -en**	increase
	steil	steep
der	**Stein, -e**	stone, brick
	steinern	(of) stone
der	**Steinsockel, -**	stone pedestal
die	**Stelle, -n**	place, point, spot; passage; job, position; **an —** in place of
	stellen	to put, place, set; **sich —** to place oneself; to go; to present oneself to, appear before; **Fragen —** to ask questions
die	**Stellung, -en**	position; post
	stellvertretend	acting, deputy
der	**Stengel, -**	stalk
	sterben,* a, o, i (an)	to die (of)
	stereotyp	stereotypic
der	**Stern, -e**	star
der	**Sterz** (*Austrian dial.*)	grits
	stets	always, constantly

die	**Steuer, -n**	tax, income tax
das	**Steuer, -**	steering wheel; rudder, helm
der	**Steuerberater, -**	tax consultant
	steuern(*)	to steer
das	**Steuerrad, ⸚er**	steering wheel
der	**Stich, -e**	prick, sting; stab, jab; engraving
das	**Stichwort, -e**	catchword
der	**Stiefel, -**	boot
der	**Stiel, -e**	stalk, stem
der	**Stift, -e**	pencil
	stiften	to donate, contribute; **— gehen** (*army slang*) to clear out, bug out, take off
der	**Stil, -e**	style
	still	still, quiet
die	**Stille**	stillness, silence
	stillen	to still; to gratify
die	**Stimme, -n**	voice
	stimmen	to be correct, be true, be accurate; to be all right
die	**Stimmung, -en**	mood
die	**Stirn, -en**	forehead, brow
das	**Stirnrunzeln**	frown(ing)
	stirnrunzelnd	frowning
der	**Stock** (*pl. invariable*)	floor (above ground floor), story
	stocken(*)	to stop, hesitate
der	**Stoff, -e**	material; cloth fabric
	stöhnen	to groan
	stolz (auf)	proud (of)
	stopfen	to stuff; to tuck in
	stoppeln	to patch (together)
	stoppen	to stop
	stöpseln	to plug; **falsch —** to use the wrong plug or switch (telephone)
	störrisch	stubborn, obstinate
die	**Störung, -en**	disturbance; interruption
	stoßen, ie, o, ö	to push, shove, thrust; to jostle; to poke, nudge; to kick; to thrust*, push*, knock*, strike* **(an, auf, gegen** against); **— zu*** to join
	straff	tight, stiff
die	**Straflinie, -n**	foul line
	strafversetzen	to transfer for disciplinary reasons
	strahlen	to flash, beam, radiate
	strampeln (*coll.*)	to cycle, pedal
der	**Strand, -e**	strand, beach
	stranden*	to strand
die	**Straße, -n**	street, road
die	**Straßenbahn, -en**	trolley
das	**Straßenbild, -er**	street scene
der	**Straßenjunge, -n, -n**	street urchin

242 *Böll für Zeitgenossen*

die	Straßenkreuzung, -en intersection, crossing	der	Stumpfsinn stupidity, obtuseness, insensitivity
der	Straßenlärm street noise	die	Stunde, -n hour; lesson, period
das	Straßennetz, -e road network		stundenlang for hours on end
die	Straßenseite, -n side of the street		stupid(e) stupid
der	Straßenverkehr street traffic		sturmgepeitscht gale-lashed, stormy
sich	sträuben to resist, oppose, struggle (against)		stürzen* to fall (suddenly and violently), tumble; to rush
der	Strauch, ¨er (¨e) bush	die	Stütze, -n prop, pillar
	streicheln to stroke, caress		stutzen to stop short; to hesitate; to start, be startled; to trim, lop
	streichen, i, i to stroke, rub gently (with the hand); to paint; sich durchs Haar — to tidy one's hair		stützen to prop, stay; to support; to lean; sich — to lean, rest
			subtil subtle, delicate
das	Streichholz, ¨er match		suchen to seek, look for; — nach to look for
die	Streichung, -en deletion		
	streifen to graze, brush against, touch slightly; to roam*	die	Sucht mania, passion, craze, addiction
			südlich south, southern; southwards
der	Streit, -e quarrel, strife, dispute		südöstlich southeast(ern)
(sich)	streiten, i, i to argue, quarrel, fight	die	Südseite, -n south side
	streng stern; strict	die	Suggestion, -en suggestion
die	Strenge severity, harshness; austerity, sternness		summen to hum, buzz
		der	Summton (sound of the) buzzer
der	Strich, -e line; stripe	der	Sumpf, ¨e swamp, quagmire
	stricken to knit	die	Sünde, -n sin
	strikt strict, exact; strikt(e) strictly, exactly		sündhaft sinful
			supererhaben super-distinguished
	strohgepolstert straw-padded	die	Suppe, -n soup
der	Strohsack, ¨e pallet	der	Suppenteller, - soup plate
der	Strom, ¨e stream; electric current		süß sweet
	strömen(*) to stream, flow		süßlich sweetish, (rather) sweet; sentimental, sugary
die	Stromknappheit shortage of electricity		symbolisch symbolical
die	Stromkontingentierung rationing of electricity	die	Sympathiekundgebung, -en expression of sympathy
das	Strophant(h)in strophanthin		sympathisch congenial, pleasant, likeable; sympathetic; er ist mir — I like him
der	Strudel, - swirl		
das	Stübchen, - small room		symptomatisch symptomatic
die	Stube, -n room (usually one with heating facilities, cf. our "stove")	das	System, -e system
			systematisch systematic, methodical
das	Stück, -e (- as a measure after numbers) piece; stretch; in Stücke schlagen to shatter	die	Szene, -n scene; sequence
		die	Szenerie, -n landscape, scenery
der	Stuckrand, ¨er stucco frieze		**T**
der	Student, -en, -en student	der	Tabak, -e tobacco
	studentisch student's, academic	das	Tabernakel, - tabernacle
der	Studienrat, ¨e secondary school teacher, (assistant) master	das	Tablett, -e tray
		die	Tablette, -n tablet
	studieren to study	das	Tachometer, - speedometer
das	Studium, Studien study		tadellos faultless, blameless, immaculate; perfect, in excellent condition
die	Stufe, -n step; degree; grade, rank		
	stufenweise gradually, by degrees		
der	Stuhl, ¨e chair; (confession) box	die	Tafel, -n board, blackboard; sign, poster; bar (of chocolate, etc.)
	stumm dumb, mute, silent		
der	Stummel, - butt, stub	der	Tag, -e day; eines Tages once, one day, someday
der	Stumpf, ¨e stump; mit — und Stiel root and branch		

Vocabulary 243

das	**Tagebuch, ̈er**	diary
der	**Tagebuchschreiber, -**	diarist
das	**Tageslicht**	daylight
	täglich	daily
	tagsüber	during the day
der	**Takt**	tact
das	**Tal, ̈er**	valley
der	**Taler, -**	taler (silver coin no longer in use; worth three marks)
das	**Tannenidyll, -e**	fir-tree haven
die	**Tante, -n**	aunt
das	**Tanzvergnügen, -**	(public) dance
das	**Tapetengeschäft, -e**	wallpaper store
der	**Tapetenhändler, -**	dealer in wallpaper
das	**Tapetenmuster, -**	wallpaper sample
	tapfer	brave, courageous
die	**Tapferkeit**	bravery, valor
der	**Tapir, -e**	tapir
das	**Tarock**	tarot
die	**Tasche, -n**	pocket; bag
das	**Taschenbuch, ̈er**	paperback
das	**Taschentuch, ̈er**	handkerchief
die	**Tasse, -n**	cup
	tasten	to touch; **— nach** to reach out for; **sich —** to grope, feel one's way
die	**Tatsache, -n**	fact
	tatsächlich	real, actual, positive
	tauchen	to dip, plunge, immerse, steep; to dive,* plunge*
	taufen	to baptize, christen
	taugen (zu)	to be fit or good (for)
	taumeln(*)	to reel, stagger, tumble
der	**Tausch, -e**	exchange
die	**Täuschung, -en**	illusion, deception
	tausendfach	thousandfold
	tausendfältig	thousandfold
das	**Taxi, -s**	taxi
	taxieren	to appraise
der	**Tee**	tea; tea-party
das	**Teetrinken**	drinking tea
der	**Teigbrocken, -**	dough crumb
der	**Teil, -e**	part; **zum —** in part
die	**Teilnahme**	participation; sympathy, interest
	teilnahmslos	unconcerned, indifferent, passive, apathetic
	teil-nehmen, a, o, i (an)	to take part, participate (in)
der	**Teilnehmer, -**	participant
das	**Telefon (Telephon), -e**	telephone
das	**Telefonbuch, ̈er**	phone book
das	**Telefongespräch, -e**	telephone conversation
	telefonieren	to phone
das	**Telefonmädchen, -**	maid operating the telephone
das	**Telefonsystem, -e**	telephone system
das	**Telegramm, -e**	wire, telegram
der	**Teller, -**	plate
das	**Tempo, -s**	tempo, rate of speed, pace
das	**Tennismatch, -s**	game of tennis
der	**Tennisplatz, ̈e**	tennis court
die	**Tennisspielerin, -nen**	tennis player (female)
der	**Teppich, -e**	rug, carpet
die	**Terrasse, -n**	terrace
das	**Tête-à-tête** (Fr.)	tête-à-tête, intimate conversation, lovers' hour
	teuer	expensive; dear, cherished; precious
der	**Teufel, -**	devil; **zum —** the devil! the hell!
der	**Text, -e**	text
das	**Theater, -**	theater
die	**Theke, -n**	counter, bar
das	**Thema, Themen** or **Themata**	theme, subject, topic
der	**Theolog(e), -en, -en**	theologian
die	**Theologie, -n**	theology
der	**Theologiestudent, -en, -en**	theological student, seminarian
der	**Thymian**	thyme
das	**Tibet**	Tibet
	tief	deep, low
die	**Tiefe, -n**	depth
	tiefschürfend	profound
das	**Tier, -e**	animal
der	**Timberwolf, ̈e**	timber wolf
die	**Timberwolfsprache**	timberwolf language
die	**Tinte, -n**	ink
das	**Tintenfaß, ̈(ss)er**	inkpot
der	**Tintenstift, -e**	indelible pencil
der	**Tipper, -**	bettor (in a national soccer pool called **Toto**)
der	**Tisch, -e**	table
die	**Tischdecke, -n**	table cloth
das	**Tischtuch, ̈er**	table cloth
der	**Titel, -**	title; claim
der	**Toast, -e**	toast; piece of toast
die	**Tochter, ̈**	daughter
der	**Tod, -e** (often **-esfälle**)	death
	todernst	deadly serious
die	**Todesqual, -en**	pangs of death
der	**Todesseufzer, -**	death groan
	tödlich	deadly, mortal, fatal, lethal
	toll	mad, crazy; absurd; wild
die	**Tolle, -n**	tuft, wave
die	**Tomate, -n**	tomato
der	**Tommy, -s (Tommies)**	Tommy, British soldier
der	**Ton, ̈e**	tone, tint; sound; note
der	**Ton, -e**	clay

der	**Tonfall, ⸚e** intonation, tone of voice			to separate, leave
	tonlos soundless, voiceless	die	**Treppe, -n** stairs, stairway
das	**Tor, -e** (large) door, gate; goal (soccer)	der	**Treppenaufgang, ⸚e** bottom of the staircase
	töricht foolish, silly, simple-minded	das	**Treppenhaus, ⸚er** staircase, well
der	**Torso, -s** torso		**treten,**⁽*⁾ **a, e, i** to step
das	**Törtchen, -** pastry, tartlet	die	**Tribüne, -n** platform
	tot dead	der	**Trichter, -** (bomb or shell) crater; funnel
der	**Tot-** dead person		
	total total, complete, all-out	der	**Trick, -s** trick
	töten to kill		**triftig** cogent, valid; convincing
das	**Totenhaus, ⸚er** house of the dead	das	**(der) Trikot, -s** (team) jersey
der	**Totenkopfverband, ⸚e** Death's Head unit (SS)		**trinken, a, u (auf)** to drink (to); **einen —** to have a drink
die	**Totenstadt, ⸚e** dead city	der	**Trinker, -** drinker
	totenstill as still as death	die	**Trinkfreudigkeit** joy in drinking
	tot-schießen, o, o to shoot dead	das	**Trinkgeld, -er** tip
die	**Tournee, -n** tour	das	**Trinkgesetz, -e** drinking law
die	**Tradition, -en** tradition	der	**Tritt, -e** step
	tragen, u, a, ä to carry; to bear; to wear; **sich — mit** to have one's mind occupied with		**triumphieren** to triumph; to exult, gloat over one's victory
			triumphierend triumphant
der	**Träger, -** bearer		**trocken** dry; plain
die	**Trägheit** inertia, indolence, sluggishness	der	**Trockenofen, ⸚** drying kiln
		die	**Trommel, -n** drum
	trampeln to trample	der	**Trost** comfort, consolation
die	**Träne, -n** tear		**trösten** to comfort, console
	tränenerstickt choked with tears		**trostlos** disconsolate, inconsolable; desolate; hopeless
der	**Trank, ⸚e** drink, beverage		
die	**Tränke, -n** watering place	die	**Trostlosigkeit** desolation; wretchedness
die	**Transfusion, -en** transfusion		
der	**Transport, -e** transport		**trotten**⁽*⁾ to trot
	transvestitisch transvestite		**trotz** in spite of
	trauen to trust, believe		**trotzdem** nevertheless, in spite of that
die	**Trauer** grief, sorrow, sadness		
die	**Trauerweide, -n** weeping willow		**trotzig** defiant; obstinate; sulky
die	**Traufe, -n** gutter		**trüben** to dim, cloud, obscure
der	**Traum, ⸚e** dream	die	**Trüffel, -n** truffle
	träumen to dream	der	**Trümmerhaufen, -** heap of ruins, pile of rubble
	träumend dreamily		
die	**Träumerei, -en** dreaming; day-dream(ing), reverie	die	**Trümmerliteratur** literature of the ruins
	traumhaft dreamlike, like a dream	der	**Trunk, ⸚e** drink, draft
	traurig sad	die	**Truppe, -n** troop, unit
der	**Trauring, -e** wedding ring	der	**Truppendienst** service with troops, active service
die	**Trauung, -en** wedding		
	treffen, a, o, i to meet, run into; to hit; to hit upon; to take (measures); **sich —** to meet; **sich — mit** to have a date with; **die Schuld trifft mich** I am to blame	die	**Tube, -n** tube
		das	**Tuch, ⸚er** piece of cloth, sheet
		der	**Tuchfetzen, -** shred of cloth, rag
			tückisch malicious; tricky
	treffend appropriate, apt; pertinent; striking	die	**Tugend, -en** virtue
		der	**Tümmler, -** porpoise
	trefflich excellent, choice, first-rate, admirable		**tun, tat, getan** to do; to make, perform; to put; **so —, als ob** to pretend to, make as if
	treiben, ie, ie to drive, force		
	trennen to separate, divide; **sich —**	die	**Tünche** whitewash; plastering; varnish

Vocabulary 245

der	Tupfer, -	swab
die	Tür, -en	door
das	Türchen, -	small door
die	Türfüllung, -en	door panel
der	Türgriff, -e	door handle
sich	türmen	to tower
der	Türspalt, -e	chink of a door
	typisch	typical
der	Typus, des —, die Typen (*also* der Typ, -en)	type

U

übel evil; bad; sick
üben to exercise, practise, train
über over, past, above, about, concerning
überall everywhere
überblicken to survey, glance at
überdrüssig (*+ gen.*) disgusted with, tired of, sick of
übereinander-schlagen, u, a, ä to cross (legs), fold (arms)
überein-gehen,* i, a to go hand in hand
die Übereinstimmung, -en accord, agreement, harmony
überflüssig superfluous, unnecessary
der Übergang, ⸚e transition
die Übergangsstation, -en change-over stop; halfway house
übergeben, a, e, i to hand over; to leave
über-gehen,* i, a to proceed
übergeschnappt (*coll.*) cracked
überhaupt at all, whatever; altogether; generally, on the whole; really, actually
überkleben to paste (over)
über-kochen* to boil over
überkommen, a, o to come over, befall
überlassen, ie, a, ä to let have, leave to, relinquish
überlassen left (to)
überleben to survive, outlive
der Überlebend- survivor
überlegen to reflect (on), consider, figure out; es sich (*dat.*) anders — to change one's mind
übernachten to spend the night
übernehmen, a, o, i to take over, assume
überqueren to cross
überraschen to surprise
die Überraschung, -en surprise; astonishment
überreichen to hand over, present

über-schnappen* to squeak (of the voice); (*coll.*) to go mad
übersehen, a, e, ie to overlook, not see; to take no notice of, ignore
der Übersetzer, - translator
überspannt eccentric
überspritzen to spray
überströmen to overflow, inundate
überstürzen to hurry, precipitate; sich — to follow thick and fast, press one another
über-treten,* a, e, i to convert, change one's religion
überwachsen, u, a, ä to overgrow
überwältigend overwhelming, imposing
überwinden, a, u to overcome, subdue, conquer, surmount
überzeugen to convince
üblich usual, customary
übrig left over, remaining, rest; im übrigen (as) for the rest
übrig-bleiben,* ie, ie to remain, be left (over)
übrigens incidentally, by the way
die Übungspanzerfaust, ⸚e practice-bazooka
die Uhr, -en watch, clock; wieviel — what time; um sieben — at seven o'clock
der Uhrzeiger, - hand of the clock
um around, about, at, by, for; — ...herum circa, around; — ...willen for the sake of; — zehn Uhr at ten o'clock; — ...zu in order to
um-ändern to change, alter
umarmen to embrace, hug
um-bauen to reconvert
um-betten to put into another bed
um-binden, a, u to tie round; to put on (an apron, etc.)
(sich) um-blicken to look round
um-bringen, brachte, gebracht to kill
(sich) um-drehen to turn around
um-fallen,* ie, a, ä to overturn
der Umfang, ⸚e volume, size, bulk: scale
umfangen, i, a, ä to embrace; to surround, encompass
umfassen to comprise
umgeben, a, e, i to surround
umgekehrt reverse; opposite, contrary; vice versa; the other way round
die Umhüllung, -en cover, wrapping, veil

	umklammern to clasp, embrace		**unfair** unfair
	um-legen *(sl.)* to kill	der	**Unfall, ̈e** accident
sich	**um-sehen, a, e, ie** to look round	die	**Unfallmeldung, -en** report of an accident
der	**Umstand, ̈e** circumstance	die	**Unfallstelle, -n** scene (place) of an accident
	umständlich ceremonious; fussy; circumstantial		**unfaßbar** intangible
der	**Umtrunk** round of drinks	die	**Unfruchtbarkeit** sterility, unproductiveness, unfruitfulness
sich	**um-wenden, wandte, gewandt** *(also weak)* to turn round	das	**Ungarn** Hungary
die	**Umzäunung, -en** enclosure	die	**Ungeduld** impatience
	um-ziehen,* o, o to move, change one's place of residence; **sich —** to change (one's clothes)		**ungeduldig** impatient
			ungefähr approximate; about, around
	unabhängig (von) independent (of)		**ungefährlich** harmless, inoffensive
	unabkömmlich indispensable		**ungeheuer** enormous, huge, immense; monstrous, atrocious
	unablässig incessant		
	unabsehbar incalculable	die	**Ungerechtigkeit,- en** injustice
	unanzweifelbar unquestionable, indubitable		**ungeschickt** awkward, clumsy
			ungewohnt unaccustomed, unwonted, unfamiliar
	unaufgeräumt not cleared away, untidy, disorderly		
		das	**Ungeziefer, -** vermin
	unaufhaltsam not to be stopped, irresistible		**unglaublich** incredible
			unglücklich unfortunate
	unbedeckt uncovered	die	**Ungnade** disgrace
	unbedingt unconditional, absolute, positive; at all costs		**ungreifbar** intangible, impalpable
			ungünstig unfavorable, disadvantageous
	unbegreiflich incomprehensible, inconceivable		
			unheilschwanger ominous
	unbehelligt unmolested		**unheimlich** uncanny, weird; sinister; *(coll.)* very, extremely; **mir wird —** I get a strange feeling
	unbeholfen awkward, clumsy		
	unbekannt unknown		
	unbeleuchtet unlit		**unhöflich** discourteous, impolite
	unbenutzt unused	die	**Uniform, -en** uniform
	unbeschreiblich indescribable	die	**Universität, -en** university
	unbestritten undisputed		**unklar** not clear, obscure
	unbeteiligt indifferent, not interested, unconcerned	die	**Unkorrektheit** incorrectness
		die	**Unkosten** *(pl.)* expenses, overhead
	unbewegt unmoved; motionless		**unlogisch** illogical
	und and		**unmerklich** imperceptible
der	**Undank** ingratitude		**unmittelbar** direct
	undurchdringlich impenetrable		**unmöglich** impossible; out of the question
	uneben uneven		
	unendlich interminable, endless, infinite, immense		**unnachgiebig** unyielding, uncompromising
die	**Unendlichkeit, -en** infinity, endlessness		**unparteiisch** impartial
			unpersönlich impersonal
	unentschlossen undecided		**unrasiert** unshaven
	unentwegt unflinching, unswerving, firm	der	**Unrat** rubbish, garbage, trash
			unrecht wrong; unjust; **— haben** to be (in the) wrong; **— tun** to wrong, do injustice
	unerbittlich inexorable, unyielding		
	unerfreulich unpleasant		
	unerkannt unrecognized, incognito		**unruhig** unquiet, restless; uneasy; agitated
	unerklärlich inexplicable		
	unermüdlich indefatigable, untiring, unremitting		**unsagbar** unspeakable; immense, untold
	unerwidert unrequited		
	unfähig incapable		**unsäglich** unspeakable; untold

Vocabulary 247

        unschlüssig irresolute
        unschuldig innocent
        unsicher insecure; hazardous; shaky, unsteady
        unsichtbar invisible
der **Unsinn** nonsense
        unsterblich immortal
        unsympathisch unpleasant, uncongenial; **er ist mir —** I don't like him
        untätig inactive
        unten below, at the bottom, down, downstairs; **nach —** to the bottom, lower, downwards
        unter under, below, among
        unter lower
        unterbewußt subconscious
        unterbrechen, a, o, i to interrupt, break
        unter-bringen, brachte, gebracht to lodge, put up, accommodate, house
        unterdrücken to suppress, stifle
        untereinander together; one below the other
der **Untergeben-** subordinate, inferior
        unterhalb below
        unterhalten, ie, a, ä to entertain
die **Unterhaltung, -en** conversation
der **Unterkörper, -** lower half of the body
die **Unterlage, -n** foundation; *(pl.)* (supporting) documents, data
        unterlassen, ie, a, ä to fail or neglect (to do), omit
        unterlaufen,⁽*⁾ **ie, a, äu** to creep or slip in, occur (accidentally)
die **Unterlippe, -n** lower lip
das **Unternehmen** business, concern
die **Unternehmung, -en** undertaking, enterprise
        unterrichten to inform
        unterschätzen to underestimate
        unterscheiden, ie, ie to distinguish, differentiate; **sich —** to differ
        unterschreiben, ie, ie to sign
das **Unterweltreich** underworld domain
        unterziehen, o, o to subject to
        untröstlich inconsolable, disconsolate
        ununterbrochen uninterrupted, continuous, incessant
        unverblümt direct, blunt
        unvergessen unforgotten
        unvergeßlich unforgettable
        unverkauft unsold
        unvermeidlich unavoidable
        unveröffentlicht unpublished

        unverständlich incomprehensible
        unverwüstlich indestructible
        unwahrscheinlich unlikely
        unwichtig unimportant
        unwillkürlich involuntary
        üppig voluptuous; luxurious, sumptuous
die **Urahne, -n** great-grandmother
        uralt very ancient, old as the hills
die **Urgroßeltern** *(pl.)* great-grandparents
der **Urgroßvater, ¨** great-grandfather
das **Urheberrecht** copyright
das **Urlaubskind, -er** leave child
        ursprünglich original
das **Urteil, -e** judgment; sentence
        urteilen to judge
        usw. = und so weiter etc., and so forth

V

der **Vanillepudding, -e** vanilla pudding
die **Variante, -n** variant, different version
die **Variation, -en** variation
die **Vase, -n** vase
der **Vater, ¨** father
        väterlich fatherly
das **Ventil, -e** valve
der **Venusberg** Venus Mountain
        verabredungsgemäß as agreed upon, as arranged
        verabscheuen to abhor, abominate, detest
sich **verabschieden (von)** to take leave (of), say good-bye
        verachten to despise
        verächtlich contemptuous
(sich) **verändern** to alter, change
die **Veränderung, -en** change
        veranlassen to cause, occasion, induce
die **Verantwortlichkeit** responsibility, accountability
        verbacken to bake
der **Verband, ¨e** dressing, bandage, binding; club, union
der **Verbandskasten, -** medical kit
        verbergen, a, o, i to hide, conceal; **sich —** to hide, be hidden
        verbessern to correct
        verbieten, o, o to forbid
        verbinden, a, u to bind, unite, connect, join; to dress (wounds); **— mit** to put through to (telephone)
die **Verbindung, -en** connection, contact; union
        verbittert bitter, grim
        verbleiben,* ie, ie to remain

	verbluten* to bleed to death; to bleed profusely
	verborgen hidden, concealed
das	**Verbrechen, -** crime
	verbrennen, verbrannte, verbrannt to burn, scorch
	verbringen, verbrachte, verbracht to spend, pass
die	**Verbrüderung, -en** forming or pledging fraternal friendship *(very often via a drinking ritual; characterized by the dropping of the formal Sie in favor of the familiar du, at least until the effects of the alcohol wear off)*
der	**Verbündet-** ally
der	**Verdacht** suspicion
	verdächtig suspect, suspected; suspicious, questionable
	verdächtigen to cast suspicion on
	verdammen to condemn, damn
	verdammt damned, damn; damn it! confound it!
	verdanken to owe, be indebted to
	verdecken to cover; to hide, conceal
	verdienen to earn; to deserve; — **an** to make money from
	verdunkeln to black out
die	**Verdunkelung, -en** blackout
	verehren to respect, revere, esteem, venerate
der	**Verehrer, -** admirer
der	**Verein, -e** society, club, association
(sich)	**verein(ig)en** to unite, combine, join
(sich)	**verengen** to narrow, contract
	verewigen to immortalize
	verfallen,* ie, a, ä to fall, lapse
sich	**verfangen, i, a, ä** to become entangled
	verfassen to write
der	**Verfasser, -** author
	verfluchen to curse
	verflucht damn, damned; damn it!
	verfroren frozen; half-frozen
die	**Verfügung, -en** decree, order; disposal; **zur — stellen** to make available
	vergangen gone, past
die	**Vergangenheit** past
	vergeben, a, e, i to grant, award, give out
	vergebens in vain
	vergeblich fruitless, vain; in vain
die	**Vergebung, -en** issuing
	vergessen, a, e, i to forget
	vergewaltigen to rape
	vergießen, o, o to shed
	vergleichen, i, i to compare
	vergleichsweise comparatively
das	**Vergnügen, -** pleasure, enjoyment; entertainment
der	**Vergnügungsdampfer, -** cruise ship
	vergrößern to magnify; to increase; to exaggerate
die	**Vergrößerung, -en** magnification; increase; exaggeration
	verhaften to arrest
die	**Verhaftung, -en** arrest
sich	**verhalten, ie, a, ä** to act, behave
das	**Verhalten** behavior
das	**Verhältnis, -ses, -se** relationship; *(pl.)* circumstances, conditions
	verhangen veiled, concealed, covered
	verheiratet married
	verhindern to prevent, hinder, hamper
das	**Verhör, -e** interrogation; hearing, trial
	verhören to interrogate, examine; to try
sich	**verirren** to get lost
	verkannt unappreciated, unrecognized
der	**Verkauf, ¨-e** sale
	verkaufen to sell
der	**Verkäufer, -** seller, wholesaler
die	**Verkaufskurve, -n** sales curve
	verkehrsreich congested (with traffic), very busy
der	**Verkehrsunfall, ¨-e** traffic accident
	verkehrt wrong
	verklären to glorify, transfigure
	verkleben to seal
sich	**verkriechen, o, o** to crawl away (and hide), sneak off
	verkünd(ig)en to announce
der	**Verlag, -e** publishing house
	verlagern to shift
	verlangen to demand, require, desire, ask for
das	**Verlangen (nach)** desire (for)
	verlassen, ie, a, ä to leave; to abandon
die	**Verlassenheit** loneliness
	verlaufen,* ie, au, äu to come off, occur, take a ... course; to be situated; to run; to pass, elapse
	verlegen embarrassed
	verleihen, ie, ie to lend (out); to bestow, confer, impart
die	**Verlesung** reading out
	verletzen to hurt, injure, wound
sich	**verlieben (in)** to fall in love (with)
	verliebt (in) in love (with)
	verlieren, o, o to lose
der	**(die) Verlobt-** intended

Vocabulary 249

die	Verlobung, -en engagement, betrothal		verschmiert stained
			verschmutzen to soil, get dirty
die	Verlobungszeit engagement period		verschnörkelt ornate, adorned (with flourishes)
	verloren lost; wasted		
	verlöschen to extinguish, put out		verschonen to spare
der	Verlust, -e loss; (pl.) casualties		verschossen faded, discolored
	vermeiden, ie, ie to avoid		verschreiben, ie, ie to prescribe; sich — to make or give oneself over to, devote oneself to
	vermengen to mingle, mix, blend		
	vermißt missing		
	vermitteln to effect, bring about; to facilitate; to convey		verschwenden to waste, squander, spend
die	Vermittlung, -en (telephone) exchange	die	Verschwendung, -en wastefulness, extravagance
das	Vermögen, - fortune		verschwimmen,* a, o to become indistinct or blurred; to dissolve, fade (away)
	vermuten to surmise, guess		
	vernachlässigen to neglect		
	vernünftig reasonable; rational		verschwinden,* a, u to disappear; verschwindend klein infinitely small
	veröffentlichen to publish		
	verpacken to package		
	verpaffen to whiff or puff away		versehen, a, e, ie to provide, furnish, supply
	verpassen to miss, lose		
	verpetzen to tattle on		versenken to sink, immerse, drop
	verpfänden to pawn		versetzen to put (into a certain condition)
	verpflichtet obliged		
	verprügeln to thrash, wallop		versichern to assure
der	Verputz plaster, coating		versinken,* a, u to sink, be swallowed up, disappear
	verraten, ie, a, ä to betray; to reveal		
sich	verrechnen to miscalculate, make a mistake	die	Versöhnung, -en reconciliation
		sich	verspäten to be late
	verrichten to perform; (s)ein Bedürfnis — to relieve nature	die	Verspätung, -en delay; zehn Minuten — haben to be ten minutes late
			versprechen, a, o, i to promise
	verrückt mad, crazy, cracked		verständlich intelligible
der	Vers, -e verse		verstärken to strengthen, reinforce; sich — to grow stronger, become intensified, increase
	versagen to fail, break down		
die	Versammlung, -en gathering, collection		
	verschärfen to intensify, whet	(sich)	verstecken to hide
	verscheiden,* ie, ie to pass away		versteckt hidden, hiding
	verschenken to give away		verstehen, a, a to understand; (darunter) to mean (by that)
	verschieden different, diverse, unlike, distinct; (pl.) various		
		die	Versteigerung, -en sale at auction, public sale
	verschlagen, u, a, ä to board up; das verschlägt mir den Atem that takes my breath away		
			verstopfen to obstruct, choke
			verstümmeln to mutilate, mar
	verschleudern to sell at a loss, sell dirt-cheap	der	Versuch, -e attempt
			versuchen to try, attempt; to tempt
	verschließen, o, o to close, shut, lock up or away		
			versucht tempted
	verschlissen worn out, threadbare		versüßen to sweeten
	verschlucken to swallow (up)		verteidigen to defend
der	Verschluß, ¨(ss)e stopper, top; seal	der	Verteidiger, - back (in soccer)
		der	Verteidigungsminister, - defense minister
die	Verschlüsselung ciphering; cryptic remark		
			vertieft absorbed, engrossed, deep
	verschmähen to disdain, scorn, slight	der	(das) Vertiko, -s decorative cabinet
		die	Vertonung, -en composition

250 Böll für Zeitgenossen

	vertragen, u, a, ä to tolerate, brook, endure			**verzweifelt** desperate, despairing; in despair, in desperation
das	**Vertrauen (auf)** trust, confidence (in); **— schenken** to trust, bestow confidence on		die	**Verzweiflung** despair
			der	**Veteran, -en, -en** veteran
			der	**Vetter, -n** (male) cousin
die	**Vertrauenswürdigkeit** trustworthiness, reliability			**viel** much; *(pl.)* many
				vielleicht perhaps, maybe
	vertraut confidential, intimate			**viereckig** rectangular
	vertreiben, ie, ie to sell; to drive away, expel; **sich** *(dat.)* **die Zeit —** to divert oneself, pass the time		das	**Viertel, -** quarter, section
			das	**Viertelpfund** quarter of a pound
			die	**Viertelstunde, -n** quarter of an hour
			die	**Villa, Villen** villa, country house
der	**Vertreter, -** representative, agent			**violett** violet, purple
der	**Vertrieb, -e** sale, distribution		der	**Vogel, ⸚** bird; *(coll.)* fellow, customer, type
	vertropft spilled			
	vertun, vertat, vertan to squander, spend foolishly, waste		das	**Volk, ⸚er** people, nation, race; common people
	verunglücken* to meet with an accident or misfortune; to perish		die	**Volksschule, -n** public elementary school
der	**Verunglückt-** victim, casualty			**voll** full (of), complete
	verunstaltet deformed, misshapen			**vollbesetzt** fully loaded
	verurteilen to sentence; to condemn			**vollenden** to complete
	verwalten to administer, take care of (for someone else)		die	**Vollendung** perfection
				voller full of
die	**Verwaltung, -en** administration, management			**völlig** complete, total, absolute
				vollkommen perfect, complete, entire, absolute
der	**Verwaltungsapparat** administrative machinery			**voll-pfropfen** to stuff
				voll-stopfen to stuff, cram
(sich)	**verwandeln** to change, turn			**vollzählig** complete, at full strength
der	**Verwandt-** relative			**von** from, of, by; **— ... aus** from; **— ... her** from the direction of; **— ... herunter** down from;
	verwaschen faded; wishy-washy, characterless			
	verweigern to refuse, deny			
	verwenden, verwandte, verwandt *(also weak)* to employ, expend			**voneinander** from one another
				vor before, in front of, in the face of; ago; **— allem** above all; **— Freude** with joy; **— sich hin** to oneself
	verwesen* to decompose			
	verwirren to confuse, bewilder, disconcert			
				voran-gehen,* i, a to lead the way, go ahead; to move ahead, progress
	verwischen to wipe away, blot out, efface, obliterate			
				voran-machen to hasten, be quick, get a move on
	verwunden to wound			
der	**Verwundet-** wounded person, casualty			**voraus-setzen** to presuppose, assume, take for granted
die	**Verwundung,- en** wound			**vorbehalten** reserved
	verzapfen to sell on draft; to pour from the tap, draw			**vorbei** past, over and done with
				vorbei-blicken to look past, gaze past
der	**Verzehr** consumption (of food)			**vorbei-fahren,* u, a, ä** to drive past
	verzehren to consume, eat up			
	verzeihen, ie, ie to pardon, forgive			**vorbei-führen (an)** to lead past, go past
	verzerren to distort, twist, pull out of shape; **sich —** to get out of shape, become contorted			
				vorbei-gehen,* i, a to go past, walk by, pass in front of
	verzieren to adorn, decorate			**vorbei-kommen,* a, o** to pass by, get around
die	**Verzierung, -en** decoration, ornament			
				vorbei-lassen, ie, a, ä to permit to pass
die	**Verzögerung, -en** delay			
	verzweifeln to despair, despond			**vorbei-marschieren*** to march past

Vocabulary 251

	vorbei-schweben* to sway or float past
	vorbei-tragen, u, a, ä to carry past
	vorbei-trotten* to trot past
sich	**vor-bereiten (für, auf)** to prepare (for)
die	**Vorbereitung, -en** preparation
(sich)	**vor-beugen** to bend or lean forward
	vorder fore, foreward, anterior, in front
der	**Vordergrund** foreground
	vorderst foremost, front
	vor-dringen,* a, u to push on, penetrate
der	**Vorfahr, -en, -en** ancestor
	vor-fahren,* u, a, ä to drive up
die	**Vorfreude, -n** anticipated joy
	vor-führen to display
der	**Vorgänger, -** predecessor
	vor-geben, a, e, i to pretend
	vor-gehen,* i, a to proceed; to go on, happen
	vor-haben, hatte, gehabt, hat to intend
der	**Vorhang, ¨e** drape, curtain
	vorher before, previously; first
	vorhergehend preceding
	vorhin a little while ago, just now
	vorig previous, former, last
	vor-kommen,* a, o to be found; to happen, occur; to seem; **es kommt mir vor** it seems to me; **ich komme mir dumm vor** I feel silly
das	**Vorkommnis, -ses, -se** occurrence
	vorläufig temporary; for the time being
	vor-legen to produce, present, submit
die	**Vorlesung, -en** lecture
	vor-machen to demonstrate, show
der	**Vormittag, -e** forenoon, morning
	vorn(e) in front, in the foreground, up front; **nach —** to the front
der	**Vorname, -ns, -n** first name
	vornehm distinguished; fashionable; aristocratic; high-class
	vor-nehmen, a, o, i to undertake; **sich** *(dat.)* **—** to resolve, make up one's mind (to), purpose
der	**Vorort, -e** suburb
der	**Vorplatz, ¨e** entrance area
der	**Vorschlag, ¨e** proposition, proposal, suggestion
	vor-schlagen, u, a, ä to suggest, propose, put forward
	vor-schreiben, ie, ie to prescribe

die	**Vorschrift, -en** regulation(s); prescription; instruction
	vorschriftsmäßig according to regulations, as prescribed by regulations
der	**Vorschuß, ¨(ss)e** advance (of money)
	vor-setzen to set before; serve (up)
die	**Vorsicht** caution
	vorsichtig careful, cautious
	vor-singen, a, u to sing (to, before)
die	**Vorstadt, ¨e** suburb
	vor-stellen to introduce; **sich** *(dat.)* **—** to imagine, envision
die	**Vorstellung, -en** idea, conception, notion, image; performance
der	**Vortrag, ¨e** lecture
	vorüber past, over, by
	vorüber-gehen,* i, a to go past or by, walk past; to pass
	vorübergehend temporary
	vorüber-kommen,* a, o to come by, pass
	vorüber-ziehen,* o, o to move past
der	**Vorwand, ¨e** pretext, pretense, excuse
	vor-weisen, ie, ie to show, produce
	vorwiegend preponderant
	vor-zählen to count out
	vor-ziehen, o, o to prefer
der	**Vorzugspreis, -e** special price

W

die	**Waage, -n** weighing machine, balance, scales
die	**Waagschale, -n** scale (of a balance)
	wach awake
die	**Wachmannschaft, -en** guard detail
das	**Wachs, -e** wax
	wachsen,* u, a, ä to grow
die	**Wachstube, -n** guard room
der	**Wach(t)turm, ¨e** watch tower
	wagen to dare, risk
der	**Wagen, -** car; truck, van; carriage; cart
die	**Wahl, -en** election; choice
	wählen to choose, select; to elect; to vote; to dial
der	**Wahnsinn** insanity, madness
	wahnsinnig insane, crazy, mad; frantic
	wahr true; **nicht — ?** right? isn't that so?
	wahren to preserve
	während during; while, whereas
die	**Wahrheit, -en** truth
	wahr-nehmen, a, o, i to perceive, notice; to make use of, avail oneself of

252   *Böll für Zeitgenossen*

	wahrscheinlich probable, likely, plausible
die	Währungsreform currency reform
das	Waisenkind, -er orphan
der	Wald, ⸚er forest, woods
der	Waldmeister woodruff
die	Walze, -n roller
	wälzen to roll or push forward; Bücher — (coll.) to pour over books
die	Wand, ⸚e wall
der	Wanderer, - traveller, wanderer, stranger
	wandern* to walk, wander, ramble, hike
	wanken⁽*⁾ to totter
	wann when, at what time; — immer whenever
das	Wappen, - coat of arms
	wappnen to arm
die	Ware, -n article, commodity, merchandise
	warm warm
	warnen (vor) to warn (of, about), caution (against)
die	Warnung, -en (vor) warning (of)
die	Wartehalle, -n waiting room
	warten (auf) to wait (for)
der	Wartesaal, -säle waiting room
	warum why
die	Warze, -n wart
	was = etwas something
	was what; that, which; something which, that which; — für (ein) what sort (kind) of
das	Waschbecken, - wash basin
(sich)	waschen, u, a, ä to wash
das	Wasser, - water
das	Wasserbecken, - basin
	wäßrig (wässerig) watery
	waten* to wade
die	Watte wadding; cotton
die	Wechselbeziehung, -en correlation
	wechseln to change ⁽*⁾, switch, exchange
	wecken to wake
	weder....noch neither ... nor
	weg away, gone, off
der	Weg, -e way, road; trip
	weg-blicken to look away
	weg-bringen, brachte, gebracht to take away, bring away, remove
der	Wegelagerer, - highjacker
	wegen because of, on account of
	weg-fahren,* u, a, ä to drive away, go away
	weg-gehen,* i, a to go away, leave
	weg-gucken to look the other way
	weg-laufen,* ie, au, äu to flow away
	weg-machen to take away, remove
	weg-reißen, i, i to tear away
	weg-schicken to send away, dismiss
	weg-schmeißen, i, i (coll.) to fling away, throw away
	weg-sehen, a, e, ie to look away
	weg-spülen to wash away
	weg-werfen, a, o, i to throw away
	weh tun to hurt; to offend
	wehen to blow
die	Wehrmacht Armed Forces (of Nazi Germany)
die	Wehrpolitik defense policy
die	Weiblichkeit femaleness
	weich soft
	weichen,* i, i to give way, give in; to leave, vanish
(sich)	weigern to refuse
	weihen to dedicate
die	Weihnachtszeit Yuletide
das	Weihwasserbecken, - holy-water font
	weil because
die	Weile while
der	Wein, -e wine
	weinen (vor) to cry, weep (for); to shed (tears)
der	Weinname, -ns, -n name of a wine
	weintrinkend wine-drinking
	weise wise
die	Weise, -n manner, way; auf diese — in this way
	weisen, ie, ie (auf) to point at, (to)
die	Weisheit wisdom
	weiß white
der	Weiß - white man
	weißhaarig white-haired
	weißlackiert varnished in white
	weit wide; far; a long way off; ein weiter Weg a long way or trip; zehn Meter — for a distance of 10 meters
	weitaus by far, far
	weiter on, farther, further; additional; das Weitere what follows; immer — on and on; ohne weiteres without further ado, readily
	weiter-fahren,* u, a, ä to drive on, continue driving
die	Weiterfahrt continuation of the trip; (train) leaving again
	weiter-flüstern to hand down in whispers or tacitly
	weiter-fragen to go on asking, continue asking

Vocabulary 253

      weiter-gehen,* **i, a** to go on, walk on, continue walking
      weiter-laufen,* **ie, au, äu** to go on operating or running, continue to function
      weiter-schreien, ie, ie to go on screaming
      weiter-singen, a, u to sing on, go on singing
      weiter-spielen to continue playing
der **Weizen** wheat
      welch (-er, -e, -es) which, what; who, that; **— ein** what a
      welche = irgendwelche *(pl.)* some, any
      welk faded, shrivelled; flabby
das **Wellental, ⸚er** depression between two waves, wave trough
die **Welt, -en** world
      weltanschaulich ideological
      weltberühmt world-famous
      wenden, wandte, gewandt *(also weak)* to turn; **sich —** to turn, turn away or round, veer; to change
die **Wendung, -en** turn of expression
      wenig little, a little; *(pl.)* few
      weniger less
      wenigstens at least
      wenn if; when, whenever; **— ... auch** even if
      wer who; whoever, he who
die **Werbeabteilung, -en** advertising department
der **Werbespruch, ⸚e** advertising slogan
die **Werbestory, -s** *(lit.)* advertising story, advertisement in the form of a story
die **Werbung, -en** advertising (campaign), advertisement
      werden,* **wurde, geworden, wird** to become; **— zu** to become, turn into
      werfen, a, o, i to throw, hurl, flip; **einen Blick —** to cast a glance
der **Werfer, -** pitcher (baseball)
das **Werk, -e** plant; work
      werktags on working days
der **Werktagnachmittag, -e** weekday afternoon
der **Wermut** vermouth
      wert worth; worthy of *(+ gen.)*; **der Mühe —** worth the effort
der **Wert, -e** worth, value; **großen — legen auf** to attach great importance to, set great value on
der **Werwolf, ⸚e** werewolf; Nazi partisan

das **Wesen, -** being; essence, nature; character
      wesentlich essential, substantial
der **West(en)** West
die **Weste, -n** vest, waistcoat; **eine weiße — haben** *(coll.)* to be blameless
      westisch Mediterranean (racial type)
      westlich western
      weswegen why, for what reason
das **Wetter** weather
der **Wettkampf, ⸚e** contest, sporting event
der **Whisky, -s** whiskey
      wichtig important, momentous, weighty
der **Wickel, -** roller; **am — packen** *(coll.)* to collar
      wickeln to wrap, bind; to wind, roll, twist
      wider against, contrary to
      widerlich repulsive; disgusting, unsavory
der **Widerschein** reflection
      widersprechen, a, o, i to contradict
der **Widerspruch, ⸚e** opposition; contradiction
der **Widerstand** resistance, opposition
der **Widerstandskämpfer, -** resistance fighter
      widerstandslos unresisting
      widerstehen, a, a to resist, withstand
der **Widerwille, -ns** aversion, dislike; repulsion; reluctance
      widerwillig unwilling, reluctant
      widmen to dedicate; to devote; to consecrate; **sich —** to devote oneself to
      wie how; as, like; as if; as it were
      wieder again, once more
      wieder-erkennen, erkannte, erkannt to recognize again
      wieder-finden to find again
      wieder-geben, a, e, i to give back, return; to reproduce
      wiederher-stellen to restore
      wiederholen to repeat
      wieder-küssen to kiss back, return a kiss
      wieder-nicken to nod back, nod in return
      wieder-sehen, a, e, ie to see again
das **Wiedersehen** meeting again; **auf — till we meet again! good-bye!**
      wiederum again, anew; in return
der **Wiederverkäufer, -** reseller, retailer
      wiegen, o, o to weigh

die	**Wiese, -n** meadow, (green) field		**wohlhabend** well-to-do, wealthy
	wieso why		**wohlriechend** pleasant-smelling, sweet-scented
	wieviel how much		
	wild wild; angry	der	**Wohltäter, -** benefactor
der	**Wilderer, -** poacher		**wohltuend** pleasant, comforting; beneficial
der	**Wille, -ns, -n** will; **wider Willen** unwillingly		**wohl-tun, tat, getan** to benefit, do good; to be pleasing to
	willkommen welcome	der	**Wohnblock, -s** (block of) apartment houses
	wimmeln (von) to swarm, teem (with)		**wohnen** to live, dwell, reside
	wimmern to whimper, whine, moan	die	**Wohnung, -en** apartment; dwelling
der	**Wind, -e** wind; — **bekommen von** to get wind of	das	**Wohnungsamt** housing office
sich	**winden, a, u** to writhe; to hedge	das	**Wohnzimmer, -** living room, drawing room
die	**Windjacke, -n** windbreaker		
die	**Windschutzscheibe, -n** windshield	der	**Wolf, ⸚e** wolf
der	**Winkel, -** corner	die	**Wolke, -n** cloud; **er fiel wie aus den Wolken** he was thunderstruck
	winken to beckon, wave, nod, wink		
der	**Winter, -** winter		**wollen, wollte, gewollt, will** to want to, wish to; to claim to
	winterlich wintry		
der	**Wintermantel, ⸚** winter coat	das	**Wort, -e (⸚er,** *when signifying single unconnected words*) word; **das — ergreifen** to begin to speak, take the floor
der	**Wintertag, -e** winter day		
	winzig tiny		
	wirken to work; to operate, act; to have an effect; to seem, give an impression; to affect; to take effect	der	**Wortschatz** vocabulary
			wozu why, for what reason
	wirklich real	die	**Wucht** force
die	**Wirklichkeit** reality	die	**Wühlarbeit, -en** raking, digging; subversive activity
	wirksam effective		
die	**Wirkung, -en** effect, impact	der	**Wühleifer** passion for digging
der	**Wirt, -e** landlord, host, innkeeper, tavernkeeper		**wühlen** to burrow; to rummage; to agitate; to twist and turn violently, roll and toss about; **im Gelde —** to wallow in money
die	**Wirtin, -nen** landlady, hostess, innkeeper		
die	**Wirtschaft, -en** inn		**wummern** to rumble
	wirtschaftlich economic	die	**Wunde, -n** wound
das	**Wirtschaftswunder** economic miracle		**wunderbar** wonderful, marvelous
	wissen, wußte, gewußt, weiß to know, know how	der	**Wunsch, ⸚e** wish, desire
			wünschen to wish, desire, want
die	**Witwe, -n** widow	die	**Würde** dignity
der	**Witz, -e** joke, jest		**würdig** worthy (of), deserving (of); venerable, estimable
	wo where; **zu einer Zeit, —** at a time when		**wurmzerfressen** worm-eaten, vermin-infested
die	**Woche, -n** week		
die	**Wochenkarte, -n** trolley discount ticket good for one week	die	**Wurst, ⸚e** sausage
			würzen to season
die	**Wochenration, -en** week's ration	die	**Wut** rage; — **haben** to be in a rage
die	**Wochenschau, -en** newsreel		**wütend** enraged, furious, mad
die	**Woge, -n** wave, surge		

Y

	woher from where, whence; how come	der	**Yankee, -s** Yank(ee), American (soldier)
	wohin where to, whither		
	wohl well; probably, very likely, no doubt, I suppose, perhaps; indeed, to be sure *(often not translated)*		

Z

			zäh(e) tough, tenacious
das	**Wohl** well-being	die	**Zahl, -en** number, figure
	wohlanständig respectable		**zahlen** to pay

Vocabulary 255

	zählen to count	
der	Zähler, - meter	
die	Zählermiete, -n fixed service charge for availability of a meter	
	zahm tame; gentle, mild	
	zähmen to tame; to restrain	
der	Zahn, ¨e tooth	
der	Zahnartz, ¨e dentist	
(sich)	zanken to quarrel	
	zänkisch quarrelsome, irritable	
	zart tender	
die	Zärtlichkeit tenderness	
der	Zaster (coll.) dough (money)	
	zauberisch enchanting	
	zechen to drink freely, tipple	
die	Zechine, -n zechin (obsolete Italian gold coin)	
	zehnjährig ten-year-old	
das	Zehntel tenth	
das	Zeichen, - sign; indication; signal	
der	Zeichenlehrer, - art teacher	
der	Zeichensaal, -säle art-room, drawing-room	
	zeichnen to draw	
der	Zeigefinger, - index finger	
	zeigen to show, indicate, point; sich — to appear, become evident, show up	
der	Zeiger, - pointer, hand, needle	
die	Zeile, -n line	
die	Zeit, -en time; die ganze — über all the while, all along; zur — at present; timely	
das	Zeitalter age	
der	Zeitgeist spirit of the times	
der	Zeitgenosse, -n contemporary	
	zeitgenössisch contemporary	
die	Zeitlang while; eine — for a time	
	zeitraubend time-consuming	
die	Zeitung, -en newspaper	
	zelebrieren to celebrate; to celebrate or say Mass	
das	Zelluloid, -e celluloid	
der	Zementweg, -e cement path	
das	(der) Zentimeter, - centimeter	
der	Zentner, - hundredweight, fifty kilograms	
die	Zentrale, -n supply house, wholesaler	
das	Zentralkomitee, -s executive committee	
das	Zentrum, Zentren center	
das	Zepter, - scepter	
	zerbrechen,(*) a, o, i to shatter, break (in pieces), crush; sich (dat.) den Kopf — to rack one's brains	
	zerbröckeln* to crumble away, molder	
	zerdrücken to crush, squash	
die	Zeremonie, -n ceremony	
	zerfetzen to shred, tear in or to pieces; to smash	
	zerfliessen,* o, o to dissolve, melt away	
	zerflossen languid	
	zerfurcht (deeply) furrowed or wrinkled	
	zerkauen to chew up	
	zerlumpt ragged, tattered	
	zermürben to wear down or out	
	zernebelt (neologism) mist-rent	
	zerquetschen to squash, crush	
	zerreißen, i, i to tear (to pieces), rend	
	zerren to pull	
	zerschleißen, i, i to wear off, grow tattered	
	zerschlissen tattered, worn to shreds	
	zerstören to destroy	
	zerstreuen to dispel	
	zertrampeln to trample under foot	
	zertreten, a, e, i to crush, stamp out, grind under one's foot	
	zertrümmern to demolish, smash	
	zerwühlen to rumple	
der	Zettel, - scrap (slip) of paper; card; note, notice; ticket	
das	Zeug, -e stuff, material	
das	Zeugnis, -ses, -se credential; testimony, evidence	
die	Zeusfratze, -n grimacing mask of Zeus, Zeus grotesque	
die	Ziege, -n goat	
der	Ziegenkäse goat cheese	
	ziehen, o, o to pull, draw; puff; to move,* go*; es zieht it is drafty; ein Gesicht — to make a face	
der	Zieher, - an instrument used for drawing or pulling; e.g., a corkscrew	
das	Ziel, -e goal, aim, objective, destination	
	zielen to take aim, draw a bead, direct one's aim	
sich	ziemen to become, suit (+ dat. or für)	
	ziemlich rather, pretty, fairly	
	zierlich dainty, exquisite, neat	
die	Ziffer, -n numeral, figure, cipher	
die	Zigarette, -n cigarette	
das	Zigarettenrauchen smoking of cigarettes	
die	Zigarettenschachtel, -n cigarette pack	
der	Zigarettenstummel, - cigarette butt	
die	Zigarre, -n cigar	

die	Zigarrenkiste, -n cigar box		der	Zuhörer, - listener, (pl.) audience
das	Zimmer, - room			zu-kehren to turn to
	zimperlich squeamish, finicky			zu-klappen to close, shut
das	Zinkdach, ⸚er roof covered with zinc			zu-kleben to glue up
die	Zinsen (pl.) interest			zu-knöpfen to button up
	zischen⁽*⁾ to hiss, whiz			zu-kommen,* a, o (auf) to come up to, walk toward
	zitieren to cite, quote			
die	Zitrone, -n lemon		die	Zukunft future
	zitronengelb lemon-yellow			zu-lächeln to smile at
	zittern to tremble, shake, quiver; — um to fear for, feel very nervous about			zu-lassen, ie, a, ä to allow, permit, let happen
				zu-laufen,⁽*⁾ ie, a, äu to run to or towards
das	Zivil civilian clothes, civvies			
	zögern to hesitate			zuletzt finally, in the end; last; the last time
	zölibatär celibate			
der	Zopf, ⸚e tress			zumal especially since, all the more so as
der	Zorn anger			
	zornig angry			zumute sein,* war, gewesen, ist to feel; mir ist gut zumute I feel well
die	Zote, -n obscenity, dirty joke			
	zu to, toward, at, in, on, by, for; too			zunächst for the time being; for a moment; first of all; at first
sich	zu-bewegen auf to head for			
	zu-blicken to look at, watch		die	Zunge, -n tongue
	zucken to shrug; to jerk, start, wince; to twitch, quiver			zungenfertig fluent, glib
			der	Zungenschlag speech impediment
	zücken to draw or pull out (quickly)			zu-nicken to nod to
der	Zucker sugar			zupfen to pull, tug
die	Zuckerstange, -n sugar-stick		sich	zurecht-finden to find one's way
	zu-decken to cover			zurecht-legen to arrange, adjust
	zu-drehen to shut or fasten by turning, turn off; den Rücken — to turn one's back			zurecht-machen to get ready, prepare, fix; sich — to make oneself up
	zueinander to one another		sich	zurecht-tasten to find one's way by groping
	zu-erkennen, erkannte, erkannt to confer			
				zurück back
	zuerst at first; first			zurück-bekommen, a, o to get back
	zu-fallen,* ie, a, ä to fall to (one's lot), come to			zurück-bleiben,* ie, ie to remain behind, be left behind
	zufällig accidental; by chance			zurück-blicken to look back
das	Zufallsprodukt, -e chance product			zurück-brummen to mutter, growl, or grumble back
	zu-flüstern to whisper to			
der	Zug, ⸚e train; feature; draft; puff; in den letzten Zügen liegen to be breathing one's last			zurück-fahren,* u, a, ä to drive back
				zurück-finden, a, u to find one's way back
die	Zugabe, -n addition, extra; als — — into the bargain			
				zurück-fordern to demand back, reclaim
	zu-geben, a, e, i to admit, concede			
	zu-gehen,* i, a to take place, happen; to move toward, go up to			zurück-geben, a, e, i to give back, return
	zu-gestehen, a, a to admit, concede, grant			zurück-gehen,* i, a to go back, retreat
	zugig drafty			zurück-halten, ie, a, ä to hold back
	zugleich at the same time, together, both			zurück-kämmen to comb back
				zurück-kehren* to return, go back, come back
	zu-halten, ie, a, ä to keep shut or closed; to close (ears, etc.)			
				zurück-kommen,* a, o to come back
	zu-hängen to cover			
	zu-hören to listen (to)			

Vocabulary 257

        zurück-lächeln to smile back, return a smile
        zurück-lassen, ie, a, ä to leave (behind)
        zurück-laufen,* ie, a, äu to run back
sich **zurück-lehnen** to lean back
        zurück-liegen, a, e to date back
        zurück-rufen, ie, u to call back; to shout back
        zurück-schieben, o, o to push back
sich **zurück-sehnen** to long to return, wish oneself back
        zurück-sein,* war, gewesen, ist to be back
        zurück-sinken,* a, u to sink back
        zurück-stecken to put back, replace
        zurück-stoßen, ie, o, ö to push back
        zurück-streichen, i, i to stroke back, smooth back
sich **zurück-tasten** to grope one's way back
        zurück-treten,* a, e, i to step back; to return, go back
        zurück-weichen,* i, i to step back; to shrink back, recoil
        zurück-werfen, a, o, i to throw back
        zurück-winken to wave back
        zurück-ziehen, o, o to draw or pull back, withdraw; **sich —** to retire, leave
        zu-rufen, ie, u to shout to, call out to
        zu-sagen to suit, please, be to (someone's) taste or liking
        zusammen together
die **Zusammenarbeit** cooperation work(ing) together, collaboration
        zusammen-brechen,* a, o, i to collapse
der **Zusammenbruch** collapse
        zusammen-fahren,* u, a, ä to ride together
        zusammen-falten to fold (up)
        zusammen-fassen to summarize
die **Zusammenfassung, -en** summary
        zusammen-halten, ie, a, ä to hold together, stick together; to hold tight
der **Zusammenhang, ⸚e** connection
        zusammen-knüllen to crumple
        zusammen-laufen;* ie, au, äu to run together, converge
        zusammen-raffen to snatch up; to amass
        zusammen-rollen to roll up

        zusammen-schrumpfen* to shrivel
die **Zusammensetzung, -en** combination; composition
        zusammen-stehen, a, a to stand together
        zusammen-stellen to put together, compile
die **Zusammenstellung, -en** compilation
        zusammen-streichen, i, i to abridge (by deleting), cut down
        zusammen-suchen to collect, gather up
das **Zusammentreffen** coincidence, concurrence
        zusammen-trommeln to round up
(sich) **zusammen-ziehen, o, o** to contract
        zusammen-zucken to wince
        zusätzlich additional
        zu-schieben, o, o to push or shove toward
        zu-schielen to cast furtive glances at
der **Zuschlag, ⸚e** contract (awarded to the lowest bidder); winning bid
        zu-schlagen, u, a, ä to slam (a door)
        zu-schnüren to lace up; to constrict
        zu-schreiben, ie, ie to ascribe
        zu-schreien, ie, ie to shout out to
        zu-schreiten,* i, i to step up to
        zu-sehen, a, e, ie to watch, witness
der **Zustand, ⸚e** state, condition
        zustande bringen, brachte, gebracht to bring about, achieve
        zu-stimmen to agree with
        zu-tragen, u, a, ä to carry to
        zu-trauen to credit with, believe capable of, expect from
        zuverlässig reliable
        zuviel too much
        zuvor before
sich **zu-wenden, wandte, gewandt** *(also weak)* to turn toward
        zu-werfen, a, o, i to slam shut; to throw to; **Blicke —** cast glances at
        zu-winken to wave to
        zwanghaft compulsive
        zwar indeed, of course, to be sure, it is true
der **Zweck, -e** aim, goal, purpose, point
        zwecklos fruitless, useless, purposeless
die **Zwecklosigkeit** uselessness, purposelessness
        zweierlei two (different) things
        zweifellos doubtless
der **Zweig, -e** branch
        zweistündig two-hour
        zweitens secondly, in the second place

der	Zwerg, -e dwarf	das	Zwischenergebnis, -ses, -se
die	Zwiebel, -n onion		intermediate product (in multiplying)
die	Zwiebelnase, -n onion nose	der	Zwischenfall, ⸚e incident
	zwingen, a, u to force, compel		zwitschern to twitter, chirp
	zwischen between, among		zwölfmal twelve times